START-UP MANAGEMENT

창업경영

조삼현, 황선주, 전타식

북넷

들어가는 말

최근 세계적인 경제불황으로 기업의 끊임없는 구조조정과 채용감소가 급속도로 나타나고 있으며 국가마다 4차 산업혁명의 변화에 대응하기 위한 준비가 한창이다. 이러한 상황에서 취업을 준비하는 사람들은 자연스럽게 창업시장에 관심을 갖게 되는 것은 당연하다. 취업난을 이겨낼 수 있는 유일한 대안으로 제시되고 있는 창업이야말로 실업을 맞이하는 이들에게는 어쩌면 한 가닥의 희망일 것이다. 그러나 창업이 희망이라는 것과는 달리 그 한 편에서는 실패의 확률이 높다는 것을 모두가 인지하는 바이다.

누구나 도전하고 싶은 창업분야에서 성공이라는 목표를 달성하기 위해서는 어떤 준비와 절차가 필요할까?

창업에 실패한 사람도 창업에 성공한 사람도 모두가 창업성공을 위해서 필요한 것이 '이것'이라고 명확하게 제시하기 쉽지 않은 것이 사실이다. 그러나 중요한 것은 창업의 성공을 위해서 고객이라는 가장 중요한 중심축을 이해해야 한다는 것이다. 그것이 바로 창업성공의 열쇠이며 또한 창업경영의 핵심인 것이다.

변화무쌍한 고객욕구변화에 대한 대응과 그 속에서 문제해결의 중심을 찾아내는 노하우만이 바로 어려운 시대의 창업성공을 위해 반드시 필요하다.

창업성공을 위한 창업자는 창업기업 내부의 물적자원, 인적자원 그리고 스스로가 갖추어야 할 경영지식 및 마인드까지도 사전에 검토해야 한다. 또한 창업 이후 기업의 생존과 발전을 위해 반드시 경영에 대한 기본적인 지식과 실행능력을 겸비해야만 한다.

더불어 창업자만이 경영에 대한 이해를 필요로 하던 시대는 이미 오래전에 끝났다. 조직내에서의 어떤 일들을 수행하든지 구성원들이 경영을 제대로 이해하지 못한다면 조직의 목표를 수행하는데 오랜 시간이 걸릴 것이다. 또한 쉽게 조직의 비전을 받아들일 수 없을 것이다. 이처럼 창업이후 경영은 내가 몸담고 있는 조직이 어디로 가야하는지를 함께 고민하고 서로 협력하게 만드는 출발의 공유점이다.

이 책에서는 창업을 준비하는 많은 예비창업자들에게 기본적인 창업의 개념부터 현장에서 활용할 수 있는 응용된 여러 패러다임을 소개하는 데 중점을 두고자 다양한 기업의 생생한 사례들을 보여주고 있다. 또한 각 장마다 'Highlight'를 통해서 현장의 경영사례를 쉽게 접하고 창업과 경영 전반을 이해하도록 제시했다.

이 책은 총5부 14장으로 구성되어 있다.

제1부는 창업환경에 대한 전반적인 이해부분으로 창업의 이해, 창업과 경영환경 프레임, 기업가정신과 창업자 등을 다루고 있다.

제2부는 창업의 기본과정을 다룬 부분으로 아이템선정, 사업타당성 분석, 사업계획서, 상권분석 및 입지조건에 대해 설명하였다.

제3부는 창업과 고객관리과정을 다룬 부분으로 창업과 고객, 창업과 고객관계관리(CRM)에 대한 부분을 다루고 있다.

제4부는 창업과 경영관리과정 분야로 창업과 마케팅, 창업과 인적자원, 창업과 경영전략, 창업과 조직에 대해 상세히 다루고 있다.

제5부는 다양한 업종별 창업에 대해 소개하였다.

아무쪼록 이 책이 현재 창업을 준비하는 많은 분들에게 좋은 지침서가 되길 바라며 또한 창업경영학에 대해 더 많은 관심을 갖고자 하는 학생들과 일반인들에게도 작은 밑거름이 되기를 바랄 뿐이다.

일부 내용은 저자의 부족함으로 선행연구와 실무내용에 대해 많이 참고하여 창의적이지 못한 부분이 있으나 부족한 부분은 다음 기회에 더 충실한 내용으로 수정, 보완하고자 한다.

이 책이 나오기까지 출판을 위해 애써주신 도서출판 북넷의 류재식 사장님과 임직원 여러분들께 진심으로 감사를 드린다.

2023년 2월

저자 일동

차 례

제 1 부 창업환경의 이해

제 2 부 창업의 기본과정

제 4 장 아이템선정

제 3 부 창업과 고객관리과정

제 8 장 창업과 고객

제 9 장 창업과 고객관계관리

제1부

창업환경의 이해

제1장

창업의 이해

“룩셈부르크, 유럽진출 노리는 기업에 최적의 실험장”

‘수교 60주년’ 룩셈부르크 경제사절단 방한
헤드버그 룩스이노베이션 국제사업 책임자

룩셈부르크는 작은 나라다. 세계시장을 이끌 만한 큰 산업도 거의 없다. 그러나 이곳은 유럽 진출의 관문이다. 유럽물류의 중심이기도 하다. 더 많은 한국의 스타트업들이 룩셈부르크에서 성장할 수 있도록 지원하려 한다.

룩셈부르크 경제사절단이 수교 60주년을 맞아 지난달 27일 한국을 방문했다. 기욤 장 조세프 마리 대공세자와 프란츠 파이요 경제부 장관을 주축으로 87명의 사절단은 나흘간 한국에 머무르며 경제협력 의지를 다졌다. 룩셈부르크는 인구 65만명의 작은 나라지만 유럽의 대표적인 강소국가다. 지난해 1인당 국내 총생산(GDP)은 13만 5683달러(약 1억 8000만 원)로 수년째 세계 1위를 유지하고 있다.

서울 송파구와 인구규모가 비슷한 이 나라가 한국 1인당 GDP의 4배에 달하는 부국이 된 데엔 개방적인 혁신문화가 있다. 룩셈부르크 경제부 산하 혁신기관 ‘룩스이노베이션’에서 글로벌사업을 책임지고 있는 제니 헬렌 헤드버그는 “룩셈부르크는 유럽에서 일곱 번째로 혁신적인 곳이다. 이 수치는 상당히 의미있는 신호이자, 룩셈부르크가 나아가야 할 방향”이라고 말했다. 그를 지난달 28일 서울 종로구 광화문 포시즌스호텔에서 만났다.

◇ 룩셈부르크의 스타트업 생태계는 단기간에 빠르게 성장한 것으로 알고 있다. 동력이 무엇이었나.

“정부의 의지가 컸다. 룩셈부르크의 스타트업 생태계는 최근 20년간 매우 빠르게 성장했다. 특히 2017년부터 5년 간의 성장이 눈부셨다. 2017년 전까지만 해도 10개 정도에 불과했던 스타트업이 500개를 넘어섰다. 민간과 정부기관 인큐베이터도 15개에 다다른다.

룩셈부르크는 그동안 금융산업과 은행업에 의존해왔는데 먹거리가 다양해지고 있는 것을 느낀다. 최근에는 미국의 유명 액셀러레이터(AC · 창업기획자) 중 한 곳이 룩셈부르크에 첫 해외지사를 내는 등 다양한 플레이어들이 유입되면서 생태계가 (민간위주로) 변화하고 있다.”

◇ 룩스이노베이션은 어떤 기관인가.

"룩스이노베이션은 룩셈부르크 경제부 산하의 혁신기관(Innovation Agency)이다. 기업이 룩셈부르크에서 더 혁신적이고 더 지속가능할 수 있도록 다방면에서 도움을 주고 있다. 경제부와 교육부, 상공회의소 등이 자금을 지원하고 있다.

대표적으로는 '핏 포 스타트(Fit 4 Start)'라는 스타트업 AC(Accelerator · 스타트업이 성장하도록 돕는 기관) 프로그램이 있다. 연간 30개 기업을 선정해 6개월 간 코칭과 업무공간, 네트워크를 지원하고 최대 15만유로(약 2억원)를 직접 투자한다. 이 프로그램에 참가할 혁신기업들을 발굴하고 있고 이들이 룩셈부르크에 진출할 수 있도록 노력하고 있다.

스타트업이 국내외로부터 민간투자나 정부투자를 받을 수 있도록 지원하기도 하고, 마케팅과 홍보를 지원하기도 한다. 특히 산업별 기업이 모인 '클러스터'가 있는데, 각 클러스터에는 그 분야 전문가인 매니저가 있어 분야별로도 세세한 도움을 받을 수 있다. 스타트업이 대학이나 연구기관과 협업할 수 있도록 연결고리가 되어주기도 한다. 현재 90개국의 130개 스타트업이 핏 포 스타트를 거쳐갔다. 한국의 '포스처에이아이(Posture AI)'도 올해 선정됐다."

◇ 스타트업에 대한 정부의 과도한 지원과 개입이 장기적으로는 자생력을 해친다는 비판도 있다.

"그렇기 때문에 핏 포 스타트 참가를 희망하는 기업을 대상으로 초기단계부터 매우 꼼꼼히 듀딜리전스(현장실사)를 진행해 선별하고 있다. 단순히 가능성만 지닌 곳이 아니라 기술력과 자생력을 고루 가진 곳들을 뽑아 지원하고 있다. 그것이 AC 프로그램의 목적에 맞는 일이라고 생각한다. 엄격한 기준을 두고 선별해야 우리 프로그램의 잠재력도 높아지기 때문이다. 그 덕에 핏 포 스타트에 참가한 기업들의 수준이 꾸준히 오르고 있다. 매우 고무적이다."

◇ 선별하는 기준이 있나.

"소수의 기업에 신중지원을 하는 것이 핏 포 스타트의 취지이기 때문에 여러 가지 측면을 따진다. 기업의 연구개발(R&D) 활동, 기술력, 혁신성, 팀구성, 재무상황, 타국에서의 사업성공률, 룩셈부르크와의 기술연관성 등이다. 물론 그 중에서 이곳에 적합한 사업인지가 가장 중요하다.

룩스이노베이션은 구성원이 100명도 되지 않는 작은 조직이지만, 참가기업들에 많은 시간과 정성을 쏟고 있다. 참가기업도 과도하게 많이 뽑지 않으려고 하고 있다. 그렇기 때문에 참가 기업이 실제루 제품화에 성공하고 시상반능을 이끌어낼 수 있는지를 따지지 않을 수 없다."

◇ 룩스이노베이션은 어떤 분야에 주목하고 있나.

"단연 기술분야다. 헬스테크, 핀테크, 에듀테크, 클린테크, 우주, 모빌리티 등 분야를 유의깊게 지켜보고 있다. 이 때문에 아시아 최고 기술연구원 중 하나인 카이스트(KAIST · 한국과학기술원)의 글로벌기술사업화센터(GCC)와도 양해각서(MOU)를 맺어 지속적인 교류를 약속했다."

◇ 사업지로서 룩셈부르크의 강점은 무엇인가.

"유럽시장에 진출하기에 가장 좋은 지리적 특성을 가지고 있다. 룩셈부르크는 유럽연합(EU) 국가 중 다국적 인구가 가장 많다. 인종도 다양하고 언어도 다양한 데다, 유럽에서 큰 시장인 프랑스와 독일과 이웃하고 있어 유럽진출을 준비하는 기업에는 최적의 실험장이다.

또 룩셈부르크는 유럽물류의 중심이기도 하다. 룩셈부르크에는 유럽에서 여섯 번째로 큰 화물공항이 도시 한가운데에 있다. 유럽에서 두 번째로 큰 화물항공사 '카고룩스'도 룩셈부르크 샌드윌러에 본사를 두고 있다. 중국으로 곧장 가는 기차도 룩셈부르크에 있다. 이 때문에 아마존, 이베이 등 글로벌 대기업의 유럽본사가 룩셈부르크에 있다.

혁신에 개방적인 문화도 있다. 우리는 어떤 기업이 가진 아이디어나 기술력이 흥미롭고 혁신적이라고 생각하면 조건없이 네트워크에 불러들이고 열정적으로 돕는다. 사업환경도 기업 친화적이다."

◇ 최근 글로벌침체로 실리콘밸리를 비롯해 전 세계 스타트업들이 불황에 빠졌는데 룩셈부르크는 어떤가.

"다행히 아직 큰 문제가 발견되지는 않고 있다. 스타트업 생태계의 규모자체가 한국보다 작고 아직 성장단계에 있기 때문이다. 내년엔 올해보다 어려울 것으로 전망되기는 하지만, 룩셈부르크는 아직 인공지능(AI), 우주산업 등 딥테크분야에서 기회가 많은 나라다.

벤처캐피털(VC)들도 투자를 활발하게 하고 있고 오히려 투자할 기업을 적극적으로 찾아다니는 등 아직 여력이 충분하다고 말한다. 특히 클라우드 컴퓨팅이나 디지털전환 분야 기술기업들은 시장에 진입한 비율이 각각 15%, 30%밖에 되지 않는다. 선진국 기준으로도 이 정도로 추산하고 있기 때문에 국경을 넘으면 더 많은 기회가 있을 것으로 보고 있다."

• 출처 : 조선일보, 2022년 12월 3일

과거에는 한 지역을 먹여살리는 것은 산업이었다. 미국 디트로이트를 중심으로 한 지역은 자동차산업이, 동부뉴욕을 중심으로 한 지역은 금융산업이 각각 지역경제를 이끌었다. 하지만 최근에는 산업이 아니라 단일기업이 이런 역할을 대체하고 있다. 기업의 덩치가 점점 더 커지고, 지역사회에 미치는 영향력도 막대해지면서 시애틀을 먹여살리는 아마존 같은 케이스가 속속 등장하는 것이다.

이러한 비즈니스 환경의 변화는 최근 세계적인 취업난 속에서 새로운 패러다임으로 자리잡고 있는 창업의 열기를 더 끌어올리고 있다. 이제 창업은 취업이 어려워져서 선택하는 대안이라기보다는 새로운 일에 대한 창의적인 도전을 성취하고자 하는 급속한 변화를 이겨내는 방법이며 수임에 틀림없다.

제1절 창업의 정의와 중요성

1. 창업의 정의

경기가 어려워지면서 더욱 많은 사람들이 예전보다 창업에 더 많은 관심을 갖고 있다. 많은 사람들이 만들어 낸 취업전쟁이라는 신조어는 이제 취업대신 창업을 선호하는 현실을 반영한 것이다.

최근에 일어나는 창업광풍(光風)은 비단 한국만의 흐름이 아니다. 전 세계가 창업의 붐을 맞이하고 있으며 그것은 혁명과도 같이 도처에서 시작되고 있다. 창업이란 사업(業)의 기초를 만드는 것이다. 이것은 고객이 욕구(needs)를 만족시키기 위해서 창업가가 아이디어를 만들어내고 자본을 조달하여 제품(goods)과 서비스(service)를 생산 및 판매하게 되는 기업을 설립하는 것을 말한다.

이런 창업의 과정에서 가장 필요한 몇 가지 자원을 살펴보면 창업자, 창업아이디어, 자본이다. 이 세 가지 요소 중 어느 하나가 부족하거나 문제가 생긴다면 창업을 이루고 성공시키는 과정에서 문제점이 발생하게 된다. 또한 이 모든 요소를 갖추고 있어도 창업의 지속적 성공은 고객만족이라는 변수와 항상 연결되어 있고 이를 위한 다양한 노력은 수반되어야 한다.

1) 창업자

창업에서 가장 중요한 것은 창업을 주도하는 인적자원인 창업자 자신이다. 창업자는 창업을 위한 밑그림부터 아이디어를 창출해내는 능력, 그 사업에 대한 전반적인 타당성 분석능력, 사업에 대한 계획서 작성 그리고 계획한 바를 성실히 실천해 나가는 저돌적인 추진력까지 갖추어야 한다. 물론 이 모든 과정에서 발생하는 문제들에 대한 책임도 그의 몫이다.

창업자는 창업과정에서의 문제해결 및 성공유도를 위해 여러 가지 자원들을(유형자원, 무형자원) 동원하고 자원을 유기적으로 결합함으로 시스템을 만들어 낼 수 있어야 한다. 또한 창업한 기업을 목표한 방향으로 이끌어 갈 수 있도록 관리하는(managing) 역할도 해야 한다.

많은 일들이 이처럼 복잡하고 어렵게 연관되어 있으므로 창업자의 능력과 철학 그리고 개인적인 가치관 등은 창업한 기업의 성공과 실패에 지대한 영향을 주게 된다. 그렇기 때문에 창업의 여러 요소에서 창업자는 가장 중요한 요인이라 할 수 있다.

2) 창업아이디어(idea)

창업아이디어는 기업이 무엇으로 먹고 사는가의 문제를 결정하는 사업내용을 말하는 것이다. 예를 들어 창업아이디어가 기발하다면 그것이야말로 창업은 대박을 맞이할 수 있는 것이며 창업아이디어가 너무 진부하거나 이미 가치가 색바랜 것이라면 아마도 창업은 성공하지 못할 가능성이 크다. 또한 창업아이디어는 기업의 존재이유와 목적을 대변하는 것이기도 하다.

3) 자 본

창업자, 창업아이디어 모두가 창업에서는 없어서는 안 될 요소이다. 그러나 아무리 좋은 창업아이디어와 훌륭한 창업자가 있다고 해도 그것을 사업으로 완성시키는 데에는 필요한 자본이 있어야 한다.

자본은 창업아이디어를 제품화시키는 기술, 설비, 재료, 건물 등을 이야기 한다. 자본은 창업자가 직접 출자하기도 하고 같이 창업하는 동료들이 낼 수도 있다. 또한 제3자로부터 조달되기도 한다.

2. 창업의 중요성

최근 세계적으로 불어오는 창업의 광풍은 그 누구도 막을 수 없는 대세임에 틀림없다. 이는 취업시장의 어려움을 극복하는 수단으로써의 역할을 해내기도 하며 다양한 의미를 담고 있다. 이처럼 창업이 점점 중요해지는 시점에서 왜 그들은 창업에 집중하고 있는지 그 중요성에 대해 알아보기로 하자. 아울러 창업의 중요성은 다음과 같이 다섯 가지로 정리될 수 있다.

1) 이윤창출

창업은 기업을 설립하고 유지하는 것이므로 가장 중요한 목표가 바로 이윤을 만들어 내는 것이다. 이러한 이윤은 개인과 사회적으로 모두 필요한 것이다. 많은 사람들의 물질적 풍요는 사회를 좀 더 풍요롭게 만들고 사회적 부(富)의 증가로 이어진다.

2) 자원의 활용

창업은 자원을 활용하여 더욱 가치롭게 재화(goods)와 서비스(service)를 생산하게 된다. 이를 테면 창업을 통해 기업이 추진하는 일들은 지구상의 많은 자원들을 활용하고 그를 통해 부를 만들어 내는 활동을 하는 것이다. 창업이 되지 않는다면 이러한 자원활용은 없었을 것이다.

3) 일자리 창출

창업은 일자리를 만들어 내게 된다. 지금처럼 경기가 어려운 상황에서 취업대신 창업을 선택하게 되면 일자리는 더 많이 제공될 수 있게 된다. 이것은 경제활동인구를 늘리고 실업문제를 해결하는 좋은 방법이다.

4) 기술발달촉진

창업은 기술을 활용하게 되는 경우가 많다. 또한 이러한 과정에서 새로운 기술들이 개발되고 결국 창업을 통해 과학 혹은 기술분야는 더욱 발달될 수밖에 없다.

5) 삶의 질 향상

창업은 이제 단순이 먹고사는 문제만으로 연결되는 것은 아니다. 직업을 갖는다는 의미는 개인의 삶의 질을 높이고 자기스스로의 자아를 찾아내는 과정인 것이다. 많은 사람들이 일하는 동안 삶의 질에 대한 고민을 지속적으로 하게 된다. 결국 창업이라는 과정을 통해 창업자와 종업원 모두는 각자의 삶의 질을 향상시키는 행위들을 하게 된다.

Highlight

예비창업자 3년간 100만명 급감…안정적인 직업 선호도 증가

2019년 13% → 올해 10.6%…97만명 감소
기업에 대한 인식은 긍정이 부정보다 높아

창업을 계획하고 있는 예비창업자가 점차 감소하고 있는 것으로 나타났다. 대내외 경제상황이 이들의 창업의지에 영향을 미친 것으로 추측된다.

19일 중소벤처기업부와 한국청년기업가정신재단에 따르면 '2022 기업가정신 실태조사' 결과 창업계획이 있다는 응답은 10.6%에 그쳤고 없다는 응답은 89.4%에 달했다.

이를 모수 4066만 4540명에 적용시키면 약 429만 2858명이 현재 창업계획을 가지고 있는 것으로 계산이 가능하다.

신종 코로나바이러스 감염증(코로나19) 여파로 자영업자들의 폐업이 늘고있는 가운데 29일 오후 서울 중구 황학동 주방가구거리 매장에 중고주방기기가 쌓여 있다.

2017년엔 응답자의 19.1%가 창업계획이 있다고 답했으나 2019년 13%, 올해 10.6%로 계속해서 감소하는 추세다.

2019년 조사 당시 기업가정신 활성화를 저해하는 요인으로 '안정적 직업에 대한 선호'가 가장 많이 꼽혔는데, 여기에 코로나19 여파와 국제정세악화 등 리스크가 겹쳐 창업의지감소가 장기화된 것으로 풀이된다.

이번 조사는 개인 1만 1958명과 기업 3120개의 표본조사결과를 모수(개인 4066만 4539명, 기업 541만 3891개) 추정한 결과다.

한편 이번 조사에선 개인과 기업의 기업가정신 수준이 지난 2019년 대비 전반적으로 향상된 것으로 나타났다.

개인의 종합적인 기업가정신 수준은 2019년도 49.1점에서 56.4점으로 7.3점 가량으로 향상됐다. 항목별로는 기업가적 지향성은 9.2점 상승했고, 기업가적 역량은 8.4점, 기업가적 태도는 4.5점 올랐다.

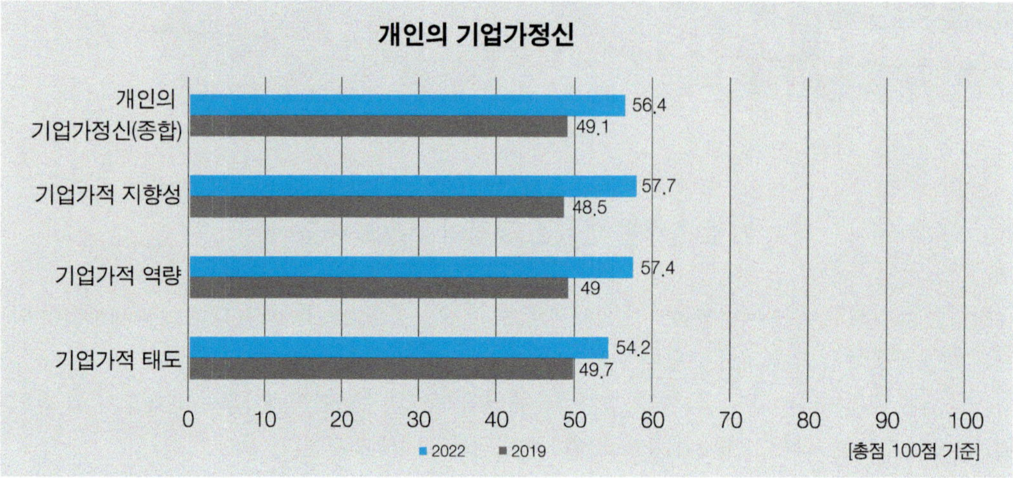

자료 : 중소벤처기업부, 2022년 12월 19일

이에 재단측은 "인식조사라는 특성상 인과를 단정지을 수는 없지만, 2019년 말에 시작된 코로나19 상황이 점차 완화된 것이 환경적인 요인으로 작용한 게 아닌가 추측하고 있다"고 분석했다.

개인의 특성에 따라 분류해보면 남성이 여성보다 기업가정신 수준이 높았고, 연령별로는 2~30대가 타 연령대에 비해 상대적으로 더 높게 나타났다.

아울러 이번 조사에서 추가된 '기업에 대한 인식' 항목의 경우 기업에 대한 긍정적 인식이 반기업정서보다 높은 것으로 확인됐다. 긍정적 인식은 64.0점, 반기업정서는 57.6점으로 나타났다.

• 출처 : 뉴스핌 , 2022년 12월 19일

제2절 창업의 특성과 범위

1. 창업의 이유

사람들은 왜 어려운 창업을 선택하고 있는가? 창업의 성공률이 그렇게 높지않다는 것은 창업을 준비하는 예비창업자라면 누구든 알고 있을 것이다. 그럼에도 불구하고 그들은 창업의 길을 선택한다. 과연 그 이유는 무엇일까? 다양한 이유가 존재하겠지만 대표적인 네 가지로 접근해본다.

1) 경제적 이유

가장 기본적인 창업의 이유는 경제적인 것이다. 최근 경제의 어려움이 고용불안으로 이어지고 장래성이 보장되지 못하는 상황에서 많은 직장인들은 창업을 통해 더 나은 미래를 만들어 보려고 도전하고 있는 것이다.

2) 아이디어 실현이유

누구든지 자신만이 가지고 있는 아이디어가 있다면 그것을 상품으로 만들어 내고 비즈니스를 통해 시장에서 성공하고 싶어할 것이다. 아이디어를 활용하여 기회를 만들어보려는 도전정신이 바로 창업가들에게는 있으며 그것이 창업의지를 만들어낸다.

3) 사회적 이유

창업을 통해 사회적으로 봉사와 헌신하려는 이유이다. 사람들은 자신이 늘 다른 사람과는 다르다고 생각한다. 자신이 감춰진 재능을 실현함으로 사회적 책임감을 가지고 인류에게 봉사하기를 바라는 이유가 바로 그것이다.

4) 자아실현의 이유

개인의 현장경험과 지식을 바탕으로 꼭 해보고 싶은 일을 하려는 비경제적 목적을 추구하는 창업의 경우를 말한다. 자신의 기업을 소유한다든지 운영해보고 싶은 욕구, 더 나아가서는 화려한 경력을 소유하고 싶은 욕구 등을 통해 자아실현을 하려는 창업의 이유이다.

2. 창업의 특성

창업은 기존 기업의 경영활동과 많은 점에서 다른 특성을 가지고 있다. 창업은 매일매일 수없이 진행되고 있지만 성공한 창업자는 흔치 않다. 그것은 창업이 나름대로 그 특성을 지니고 있기 때문이다.

1) 모험적 특성

창업은 진취적이며 모험적인 성격을 가지고 있다. 이것은 창업이 가지고 있는 불확실성과 위험때문이기도 하다. 또한 변화에 민감하고 상상력이 뛰어나고 결단력이 있는 창업가들이 도전하기 때문이다.

2) 불확실성

창업은 불확실성을 기본으로 하는 의사결정이다. 아무리 완벽하게 준비하더라도 창업의 성공은 장담할 수 없다. 그것은 창업의 과정에서 변수들이 등장하기 때문이다. 예상하지 못했던 변수들은 자원의 과용을 유발하고 과다비용을 발생시킨다. 그러므로 창업은 전혀 예상치 못한 새로운 일을 시작하는 것이므로 예측이 어렵고 불확실한 특성을 가지고 있다.

3) 전략화 필요

위험의 부담이 항상 존재하는 창업은 투자에 대해 철저한 전략이 필요하다. 특히 자원의 투입면에서 단기간의 목표달성을 위해 투자하는 것보다는 장기적 안목과 성과에 대한 달성을 고려하면서 인적자원, 물적자원을 전략적으로 투입해야만 위험을 줄일 수 있다.

3. 창업의 유형

창업의 유형은 기준과 목적에 따라 다양하지만 기본적인 몇 가지를 살펴보면 다음과 같다.

1) 무점포창업

최근 사회적 추세는 바로 무점포창업이다. 인터넷의 발달로 공장을 설립하거나 점포를 갖는 창업보다는 온라인 중심의 입소문 창업이 바로 무점포중심의 창업으로 이어지고 있다.

이러한 경우 점포확보에 대한 자금이 절약되어 자금면에서 효율적인 창업이 된다. 예를 들면 인터넷 쇼핑몰, 온라인 번역사업, 온라인 정보제공업 등은 무점포창업이 가능하다. 이는 사업자금 조달에 어려움이 있는 창업자들의 관심대상이다.

그러나 창업비용은 절감할 수 있는 반면, 소비자들에게 알리는 측면에서는 많은 어려움이 있는 것이 사실이다. 특별히 유명한 브랜드네임을 갖고 있지 않는 한, 평범한 온라인 점포로써는 소비자들에게 알리기까지 많은 과정과 노력, 추가적인 비용이 반드시 필요하다.

2) 개인중심 창업

개인중심의 창업은 개인이 자금조달 및 경영 등을 주도하는 경우를 말한다. 개인창업의 경우, 독자적으로 경영하는 형태이므로 자신이 생각한 비즈니스의 방향을 그대로 추진해 나갈 수 있다. 또한 사업이익에 대한 결정권을 직접 가지고 운영이 가능하기 때문에 주변의 상황과 시장변화에 능동적으로 대처하여 수익을 추구할 수도 있다. 개인중심 창업은 책임과 권한의 소재가 분명하며 의사결정이 신속하다는 장점도 있다.

그러나 한 개인에게 의존하면서 발생하는 한계성이 있을 수 있고 개인적 주관에 의한 의사결정의 왜곡도 발생할 가능성이 높다. 가끔은 처음부터 모든 것을 스스로 만들고 신경써야 하는 부분이 많으므로 일이 생각대로 진행되지 않아 애를 먹기도 한다. 사업이 처음인 초보창업자라면 돌발문제가 발생하였을 때 대처하는 방법이 미숙하기 때문에 더 큰 문제로 이어지는

안산 한양대역 앞 참숯통삼겹살 전문점 삼사오전경

경우도 발생한다. 따라서 개인창업을 하고자 한다면 충분한 사전준비와 공부가 반드시 필요하다.

3) 프랜차이즈 가맹창업

최근 유행처럼 번지고 있는 창업의 유형은 프랜차이즈 가맹창업이다. 프랜차이즈 가맹창업이 급성장하고 있는 이유는 다점포를 확보한 프랜차이즈 가맹본부의 공동구매가 제공하는 규모의 경제효과와 가맹본부의 검증된 여러 가지 노하우를 가맹점이 그대로 활용할 수 있다는 것이며 또한 본부의 후광효과(halo effect)를 누릴 수 있기 때문이다.

프랜차이즈 가맹본부(franchisor)로부터 프랜차이즈 가맹점(franchisee)은 파트너 계약체결 후, 상품공급과 관리기법, 경영기법전수, 인테리어, 마케팅, 판매노하우 등을 제공받는 대신 가맹본부와의 계약내용들을 이행하며 프랜차이즈 본부의 의사결정에 따라 영업을 수행해야 하는 불편함도 동시에 감수해야 한다.

프랜차이즈 가맹창업의 가장 큰 장점은 가맹본부의 브랜드 인지도가 소비자들에게 충분히 높기 때문에 일정 고객을 좀 더 쉽게 확보할 수 있다는 것이다. 또한 창업시장에 대한 전문적인 지식이 없는 예비창업자들은 이미 시장의 검증이 끝난 가맹본부의 시스템 전체를 계약기간 동안 자기브랜드로 사용할 수 있다는 안정성과 신뢰성을 갖게되므로 창업의 시작단계에서 좀 더 쉽게 비즈니스에 접근할 수 있다.

하지만 개인중심 창업유형과 비교했을 때, 인테리어비, 가맹비 등 초기자본이 많이 요구되며 로열티와 물품공급 가격이 높은 편으로 마진율이 많이 떨어지는 경우가 있어 넉넉한 수익을 내지 못하기도 한다. 특히 정기적으로 내야하는 로열티로인해 매출이 떨어지는 점포라면

이디아 커피매장

실제 순이익이 매우 낮거나 마이너스인 경우도 있다.

또한 브랜드이미지가 본사에 의해 좌우되기 때문에 본사 이미지에 따라 가맹점이 타격을 받는 경우도 많다. 최근 발생했던 Mr.피자와 BBQ 제너시스 관련사건들이 모두 이런 경우의 대표적 사례이다.

4) 업종별 창업

산업분류에 따라 제조업 창업, 서비스업 창업, 유통업 창업 등으로 분류해 볼 수 있다. 구체적인 업종별 창업은 본서 14장에서 깊이있게 다루고 있다.

(1) 제조업 창업

제조업 창업이 어려운 것은 제품을 직접 생산하는 분야이기 때문에 기술 및 전문지식과 경험을 갖춘 인력이 필요하며 제품생산을 위한 기계설비와 이를 설치할 공장을 확보하는데 드는 비용, 즉 초기투자 자금이 다른 산업에 비해 많기 때문이다.

특히 공장을 새로 설립하여 창업하려는 경우 그 절차가 복잡하고 공장을 건축하는데도 상당한 기간이 소요되므로 이를 성공적으로 창업하려면 업종선정, 입지선정, 시장분석, 자금조달계획 등 창업준비사항에 대하여 충분한 기간을 가지고 검토하여야 한다. 제조업 창업은 창업이후 만들어 낸 다양한 제품에 대한 시장판매 및 유통에 대한 구체적인 전략도 동시에 수립해야 하며 창업이전에 판매채널과 명확한 표적고객, 기술동향에 대한 예측 등을 충분히 고려하여 창업을 추진해야 한다. 기술기반의 제조업 창업은 부가가치가 높고 파급효과가 크기 때문에 정부기관에서도 적극 권장하는 창업유형이다.

(2) 서비스업 창업

서비스업 분야의 창업은 산업사회의 고도화로 인해 그 비중이 증가하고 있으며 향후 더욱 활발한 성장이 예고되고 있다. 이제는 제조업을 하더라도 세계적 정보를 활용하여 제품의 디자인, 가격, 품질을 수요자의 니즈에 인식시켜야 할 뿐 아니라 판매원의 친절, 적기공급, 양질의 애프터서비스 등 다양한 서비스 활동이 고려된 통합적 차원의 경영을 하지 않으면 안 된다.

이처럼 서비스산업의 영역이 확대되고 비중이 높아지는데 특히 무엇보다도 소비자의 니즈(needs)가 복잡 다양화됨에 따라 창업의 기회도 많아져 창업자의 창업욕구를 북돋우고 있다.

우리나라도 소득과 여가시간의 증가에 따라 건강관련 서비스업, 외식산업 등이 크게 성장하고 있으며 기업환경의 변화에 부응하여 금융서비스, 정보서비스, 사업관련 서비스 등의 수요가 괄목할 만큼 증가하고 있다. 서비스업 창업은 소상공인들이 가장 많이 진출을 하고 있는 대표업종으로 창업 이후 적극적이고 지속적인 서비스품질향상이 창업의 경쟁력을 결정하는 중요한 기준이 된다.

(3) 유통업 창업

유통업으로도 불리는 도·소매업은 1차산업의 생산물 즉, 농·임·수산물과 2차산업의 광·공업제품을 수요자에게 직접 공급(판매)하기까지의 과정을 맡아서 하는 산업이다.

도·소매업을 창업하려는 자는 경제활동 중에서 유통업이 갖는 경제적 의미와 개념을 먼저 이해할 필요가 있다. "유통"이라는 말은 생산물이 최종 소비자에게 이전되는 과정, 즉 생산물의 경제적, 사회적 이전을 말한다. 여기서 단순한 이전이 아니라 경제적, 사회적 이전이라는 말로 표현되는 것은 생산물의 생산자와 소비자, 생산지와 소비지가 서로 달라야 하는 사회성과 이전과정을 통하여 생산물의 효용이 높아져서 부가가치가 증대되는 경제성이 있어야 한다는 뜻이다.

따라서 집에서 재배한 야채를 부엌에서 요리하여 식탁에 올리는 행위는 비록 생산자에서 수요자로, 생산지에서 수요지로 이전하였다 하더라도 경제성과 사회성이 없기 때문에 유통에 해당하지 않는다. 생산물이 소비자에게 이르는 유통경로는 전통적으로 제조업자(생산자) → 도매업자 → 소매업자 → 소비자(최종 수요자)로 전달되는데 경우에 따라 도매업자가 2개 이상이 될 수도 있다. 최근 전통적인 유통경로는 온라인의 등장으로 그 유형이 단순하고 획기적으로 변화하고 있다. 생산자가 바로 최종소비자와 거래하는 직거래유통이 등장한 것이다. 이처럼 유통업 분야의 창업은 시장의 빠른 변화로 인해 경쟁력을 갖추기가 더욱 어려워지고 있다.

4. 창업자의 성공 핵심역량

창업자는 많은 능력이 필요하다. 특히 경영성과에 미치는 창업자의 성공 핵심역량은 심리적 특성, 배경적 특성, 창업준비성 등 세 가지로 구분할 수 있다.

심리적 특성은 창업자가 창의적 특성에 대한 위험을 충분히 인지하고 성과에 대한 높은 성취욕을 보이는 역량을 의미한다. 배경적 특성은 창업자의 경험과 인간관계를 통한 네트워크 형성 및 구축, 안정된 재무자원 등에 대한 배경능력을 의미한다. 창업준비성은 시장상황으로부터의 사업기회파악, 장·단기계획수립, 관련 전문가와의 지속적인 교류 및 활용에 관련된 역량을 말한다. 그밖의 성공창업을 위한 창업자의 역량은

첫째, 환경변화에 대한 대응을 위해 판단력과 통찰력이 발휘되어야 한다.

이는 장기적인 목표설정에 도움을 주게되고 이를 근거로 한 경영활동을 해낼 수 있도록 한다.

그림 1-1 창업자의 핵심역량

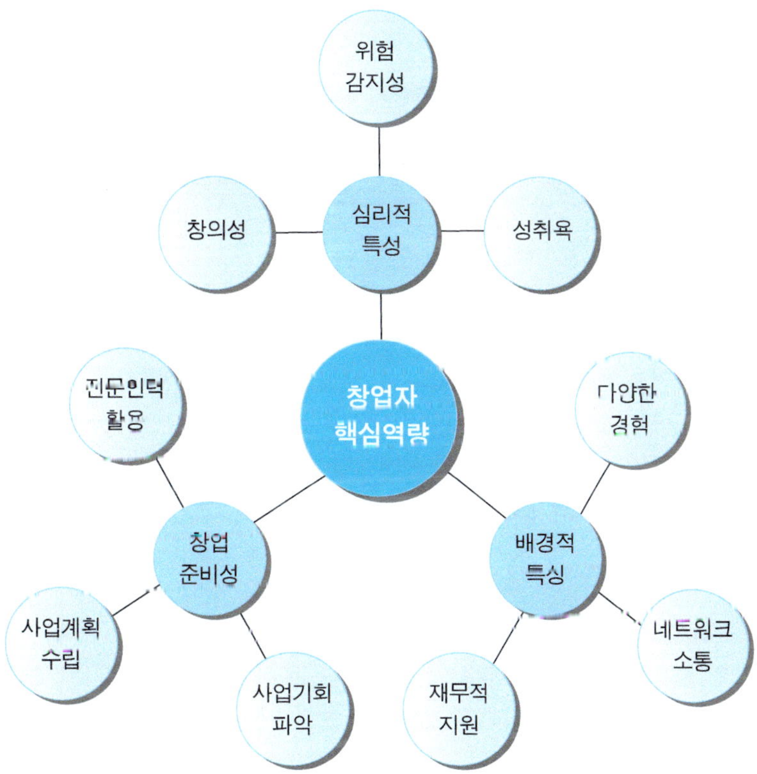

출처 : 이종성 외(2017)

둘째, 창업자는 항상 적극적인 사업성 기회를 모색해야 한다.

사업의 기회를 모색하는 것은 새로운 환경에 대한 도전의식이 있다는 것이고 이것은 사업의 성공과 더불어 투자에 대한 철저한 분석을 유도하게 된다. 이로 인해 투철한 기업가정신이 생겨나게 되는 것이다.

셋째, 창업자는 윤리의식이 있어야 한다.

기업은 결국 이윤추구가 목표이지만 수익을 낸 만큼 사회환원을 통해 책임의식을 실천할 수 있어야 한다. 이는 가계와 사회를 연결해 주는 기업의 역할이며 창업자의 윤리적 책임이기도 하다.

넷째, 창업자는 적극적인 능력개발에 힘써야 한다.

창업자 자신의 능력은 기업의 성공과 연결될 것이며 자발적인 노력에 의해 얻어진 경험과 지식, 기술 등은 결국 창업성공의 밑거름이 될 것이다. 이를 위해 창업자는 대학이나 전문교육기관에서 끊임없는 교류와 연구, 세미나 등에 적극 참여하여 자신을 개발해야 한다.

Highlight

얼어붙은 생태계, 모두가 숨 죽였다 자금 수혈부터 막혔다...돈맥경화

팬데믹 이후 글로벌경제가 인플레이션 공포에 빠지며 스타트업 시장의 혼란도 커지고 있다. 자금 수혈이 막히며 일종의 '돈맥경화'현상까지 시작된 가운데 제2의 닷컴버블 붕괴가 임박했다는 공포도 감지되고 있다. 과연 그럴까? 혼란의 파도를 넘어서는 순간 보이는 또 다른 세계는, 여전히 스타트업에게 기회가 있다 말하고 있다.

스타트업 시장의 겨울이 심각하다. 강력한 생태계를 자랑하며 승승장구하던 스타트업 업계전체가 강력한 한파로 얼어 붙었다. 업계의 화두가 미래 비전을 위한 꿈을 넘어 '생존'이 된 이유다.

◇ "살아남아야 한다"

국내 최대규모의 스타트업 행사인 '컴업(COMEUP) 2022'가 지난 11월 동대문 디자인플라자(DDP)에서 열린 가운데, 당시 가장 많은 관심을 받았던 화두는 행사의 슬로건이기도 한 'WE MOVE THE WORLD'(세상을 움직이는 스타트업)였다.

컴업 2022 행사가 열리고 있다. [출처 : 연합뉴스]

스타트업의 미래를 낙관하는 것을 넘어 스타트업이 세상을 움직일 것이라는 자부심이다. 컴업 2022를 글로벌 5대 스타트업 행사로 키우겠다는 야심이 엿보였으며, 기조연설을 영어로 할 정도로 글로벌무대를 정조준했다.

다만 행사의 이면에는 떠들썩한 축제의 흥겨움보다, 생존을 위한 처절한 몸부림이 더욱 격렬했다. 쏘카대표인 박재욱 코리아스타트업포럼 의장은 행사에 참석한 이영 중소벤처부 장관과의 대담을 통해 생존에 대한 화두를 꺼냈다. 박재욱 의장은 “스타트업 시장에 겨울이 찾아오고 있다”면서 “이제는 지속가능한 생태계를 구축하는 일에 집중해야 한다”고 말했다.

박 의장의 말대로 현재 스타트업 시장은 생존을 위한 악전고투의 연속이다.

VC(벤처캐피털)업계가 움츠러들었다. 한 VC업계 관계자는 “올해 초 정권이 바뀌기 전만해도 많은 자금이 풀려 정신이 없을 정도였다”면서 “지금은 180도 상황이 달라졌으며, 돈줄 자체가 막히고 있다는 것이 정확한 표현”이라고 말했다.

스타트업얼라이언스와 오픈서베이가 창업자, 스타트업 종사자 등의 생각을 조사해 발표한 ‘스타트업 트렌드 리포트’가 발표된 가운데 현재 스타트업 창업자들은 지금의 스타트업 생태계 분위기에 대해 100점 만점 기준 53.7점을 줬다. 2019년엔 73.4점, 2020년엔 71.3점, 2021년엔 79점이라는 것을 고려하면 창업생태계 전체가 나빠지고 있다는 뜻이다.

전체 창업자의 40.5%는 올해에 이어 내년에도 현재 분위기에 변화가 없을 것으로 내다봤다.

◇구소조성에 폐업까지

스타트업 생태계가 흔들리며 경고음은 점점 커지고 있다.

토종 OTT의 자존심인 왓챠는 올해 초 왓챠 2.0을 선언하며 새로운 가능성을 타진한 바 있으나 지금은 생존을 걱정하고 있다. 기업가치가 5000억원에 육박할 정도로 OTT 시장의 강자로 활동했지

샌드박스 네트워크의 편의점 장면. [출처 : 연합뉴스]

만 현재는 780억원 수준으로 수직낙하했다.

국내 최대 다중채널네트워크(MCN)인 샌드박스네트워크는 한 때 유튜버 왕국으로 불리며 국내 MCN업계 빅3로 군림했으나 지금은 뼈를 깎는 구조조정에 돌입했다. 지난해 매출이 1137억원을 돌파하는 등 외형은 급성장했지만 무리한 크리에이터 확보경쟁에 나서는 등 출혈경쟁을 불사, 121억원의 영업적자를 기록한 바 있다.

샌드박스네트워크는 “수익성 중심의 전략에 따라 콘텐츠 글로벌유통 및 국내 미디어 판매사업과 출판사업은 외부제휴 혹은 파트너십을 통해 전개할 예정”이라면서 “신사업 중 e스포츠 대회운영 대행부분은 사업종료하고, 자체 브랜드 커머스부문은 매각할 계획”이라고 설명했다.

미디어 스타트업인 닷스페이스를 비롯해 모바일 데이터분석 스타트업 유저해빗은 아예 문을 닫았다. ‘오늘회’를 운영하는 오늘 식탁은 협력업체에 대금을 지급하지 못할 정도로 휘청이다 최근에야 일부 서비스를 재개했으나, 강도높은 구조조정에 따른 후폭풍 및 유동성 위기는 여전하다는 평가다.

메쉬코리아도 유동성 악화에 직면한 나머지 상반기 강도높은 구조조정에 나섰으나 결국 법정관리에 들어가고 말았다.

◇상장시계도 느려졌다

규모의 경제를 어느정도 달성한 스타트업도 한파에는 예외가 없다. 특히 상장을 추진하던 스타트업들은 대부분 숨 고르기에 들어가며 분위기파악에 열중이다. 올해 들어 코스피시장에 신규 상장한 기업이 지난해 14개사에서 올해 3개사에 불과한 정도인 가운데, 스타트업의 상장도 시간이 갈수록

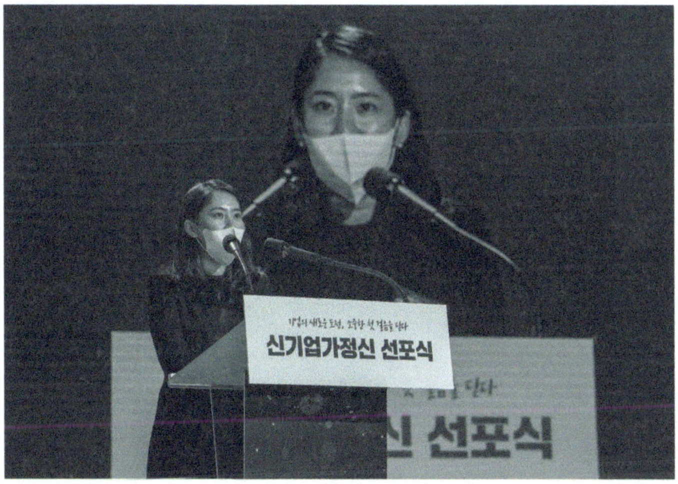

김슬아 컬리 대표가 발언하고 있다. [출처 : 연합뉴스]

줄어들고 있다는 뜻이다.

일례로 '대어' 컬리가 상장속도조절에 들어갔다. 2020년부터 2021년까지 급격하게 몸집을 불리며 상장을 노렸으나 급변한 시장상황에 한 발 물러난 분위기다. 기업가치도 크게 하락하며 고전중이다. 지난 8월 상장예비심사를 통과하며 내년 2월 상장을 마쳐야 하는 상황에서 고민이 깊어지고 있다.

국내 · 외 유명 작가의 미술품을 공동구매하는 플랫폼을 운영중인 열매컴퍼니도 상장속도조절 행렬에 동참하고 있다. 당초 계획보다 늦춘 2024년 상장에 들어간다는 설명이다.

보안인증 솔루션인 'Guardian-CSS'을 통해 비밀번호없는 블록체인 기반 플랫폼을 운영하는 에

컴업 2022 행사가 열리고 있다. [출처 : 연합뉴스]

프엔에스벨류도 당장의 상장이 아닌 일종의 숨 고르기에 들어갔다.

전승주 에프엔에스벨류 대표는 본지와의 인터뷰에서 "말레이시아 국영통신기업인 텔레콤말레이시아(Telekom Malaysia)와 협력하는 등 동남아시아 시장에서 큰 성공을 거둔 상태"라면서도 "최근 시장상황이 나빠 무리한 상장을 시도하지는 않을 것"이라 말했다. 에프엔에스벨류는 2021년 4월 미래에셋증권과 기업공개를 위한 주관계약을 체결했고 2025년 말에 증시입성을 목표로 하고 있다.

◇해외도 상황은 비슷

국내 스타트업 시장만 공포에 빠진 것이 아니다.

한 때 390억 달러로 평가됐던 식료품구매 대행 스타트업 인스타카트는 현재 150억 달러 이하로 기업가치가 폭락해 업계에 충격을 줬다. 세계에서 가장 기업가치가 높았던 온라인 결제기업 스트라이프도 기업가치가 크게 하락하는 상황이다.

약속의 땅 동남아시아도 마찬가지다. 한국에도 잘 알려진 온라인쇼핑 플랫폼쇼피는 최근 7000명에 달하는 직원들을 해고해 스타트업 시장에 상당한 후폭풍을 일으키는 중이다.

글로벌 시장조사업체 CB인사이트가 지난 3분기 기준 세계 벤처투자액을 집계한 결과 1년 전보다 55% 감소한 745억달러로 집계됐다. 글로벌 스타트업 업계전체에 비상등이 들어온 셈이다.

• 출처 : 이코노믹리뷰, 2022년 12월 17일

제2장

창업과 경영환경 프레임

미취업청년 73%, '창업' 희망…
"생계형창업 의사 높아"

경총, 'MZ세대 미취업청년의 창업 인식 조사' 결과 발표
응답자 72.8% "현재 창업을 준비 중이거나, 미래에 창업할 의향"
청년창업희망자의 48.9%는 '숙박음식? 도소매' 같은 생계형 창업희망
청년창업희망자의 50.5%, '보다 자유롭게 일하기 위해' 창업

〈청년창업희망자의 창업희망 분야〉

구분	숙박 음식	도소매	IT · 정보통신	예술 · 문화 서비스	전문과학 및 기술서비스	전통 제조업	수리 및 기타 개인서비스	기타	잘 모르겠음
응답률	31.0%	17.9%	14.6%	9.9%	7.7%	4.7%	4.1%	1.1%	5.5%

미취업청년의 72.8%는 창업을 준비중이거나 창업할 의향이 있다는 조사결과가 나왔다.

이들은 주로 '숙박음식 · 도소매'같은 생계형 업종에서 '보다 자유롭게 일하기 위해' 창업을 희망하는 것으로 나타났다.

13일 한국경영자총협회(경총)은 MZ세대(1980년대 초~2000년대 초 출생) 미취업청년 500명을 대상으로 'MZ세대 미취업청년의 창업인식조사' 결과를 발표했다.

먼저 '현재 창업을 준비중이거나, 미래에 창업할 의향이 있다'는 응답이 72.8%로 집계됐다.

'현재는 아니지만, 미래에 창업할 의향이 있다'는 응답은 56.8%, '현재 창업을 준비 중'이라는 응답은 16%, '창업할 의향이 없다'는 응답은 27.2%로 집계됐다.

〈청년창업 희망자의 창업 동기〉

구분	보다 자유롭게 일하기 위해	더 많은 경제적 수입을 위해	정년없이 오래 일하기 위해	더 큰 성취감을 얻기 위해	취업하기 어려워서
응답률	50.5%	46.2%	36.3%	26.7%	13.7%

주 : 복수응답, 각 항목의 비중의 합이 100을 초과

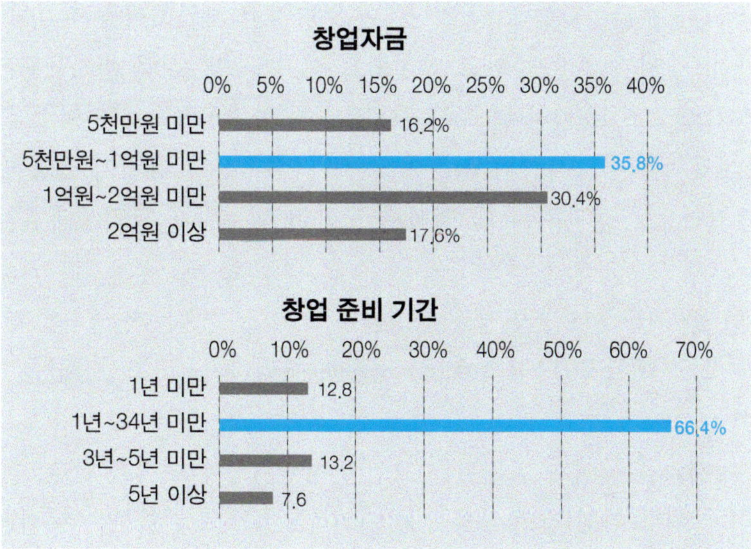

청년창업희망자에게 창업희망 분야를 조사한 결과, '숙박음식업'이라는 응답이 31%로 가장 많았고, '도소매업'(17.9%), 'IT · 정보통신업'(14.6%), '예술 · 문화서비스업'(9.9%), '전문과학 및 기술서비스업'(7.7%) 순으로 나타났다.

청년창업희망자에게 창업동기를 물은 결과, '보다 자유롭게 일하기 위해'라는 응답이 50.5%로 가장 많았고 '더 많은 경제적 수입을 위해'(46.2%), '정년없이 오래 일하기 위해'(36.3%) 순으로 집계됐다.

창업자금에 대해서는 응답자의 35.8%가 '5000만원~1억원 미만'이라고 답했다. 그 외 응답은 '1억~2억원 미만'(30.4%), '2억원 이상'(17.6%), '5000만원 미만'(16.2%) 순이었다.

창업준비 기간의 경우, 응답자의 66.4%가 '1년~3년 이내'라고 답했고, 그 외 응답은 '3년~5년 이내'(13.2%), '1년 미만'(12.8%) 순으로 나타났다.

청년창업 활성화를 위한 과제에 대해서는 '창업자금지원 확대'라는 응답이 51.6%로 가장 많았고 '창업인프라 확충'(42.4%), '체계적 창업교육시스템 구축'(30.2%), '창업절차 간소화 및 진입규제완화'(22.2%) 순으로 집계됐다.

임영태 경총 고용정책팀장은 "창업희망 업종은 생계형 업종이 많았는데, '레드오션'으로 지적되는 생계형 창업에 청년들이 몰리는 것은 바람직하지 않다"며 "성장 가능성이 크고 경제선순환에 기여할 수 있는 기술형 창업이 활성화되도록 창업지원 정책의 패러다임 전환이 필요하다"고 밝혔다.

• 출처 : 뉴시스, 2022년 09월 13일

우리나라는 창업생태계 활성화를 위해 지난 5년간 다양한 지원정책을 추진해 왔다. 이런 노력은 최근 벤처기업, 창업기업 수 증가로 연결되고 벤처캐피털 신규 투자규모가 2012년 1조 2000억 원에서 2016년 2조 1000억 원으로 확대되는 등 양적성장으로 이어졌다.

정부지원의 확대와 벤처투자시장의 성장이 실제 기술혁신형 창업이 성공해 글로벌 강소기업 혹은 유니콘기업으로 성장하는 데 얼마나 도움이 되는지가 창업생태계의 경쟁력을 좌우한다.

하지만 전체기업 중 최근 3년간 연평균 성장률이 20%를 웃도는 신생기업(창업후 5년 이내)의 비율이 2010년 2.5%에서 2015년 1.6%로 꾸준히 하락하는 등 고성장하는 신생기업의 비중은 오히려 줄었다.

창업 생태계의 경쟁력을 높이기 위해서는 고성장 창업기업에 초점을 맞추고 질적성장을 도모해야 할 시점이다. 이를 위해 창업 생태계를 민간주도형으로 전환하는 문제를 고민해야 하며 교육시스템 개편, 기업혁신을 수용하는 규제체제 정비, 창업실패비용을 줄여줄 수 있는 사회안전망 확충 등이 필요하다.

이러한 창업경쟁력 확보를 위해 일반적인 경영환경에 대한 이해가 우선되어야 한다.

제1절 경영환경

1. 경영환경의 의의

경영환경은 기업경영에 있어서 기업활동에 영향을 주고받는 기업의 내적 혹은 외적요인의 집합을 말한다. 물론 기업의 규모와는 상관없이 기존 기업이든, 새로이 창업을 하는 기업 및 점포든 모두 다 이러한 경영환경에 영향을 받는다.

사람이 환경에 적응하고 환경에 따라 삶의 방식이나 사고가 달라지는 것처럼 기업도 마찬가지이다. 기업은 경영환경과 상호작용을 하며 배우고 그 관계속에서 유지되고 또 발전해 나간다.

그러므로 기업이 환경의 변화에 적응하지 못하면 사업의 실패와 동종 업종에서의 퇴출은 어쩔 수 없는 수순인 것이다. 그러므로 기업이 생존하고 특정한 목표를 계속달성해 나가기 위해서는 환경조건에 철저히 적응해야만 한다.

그림 2-1 기업 외부환경

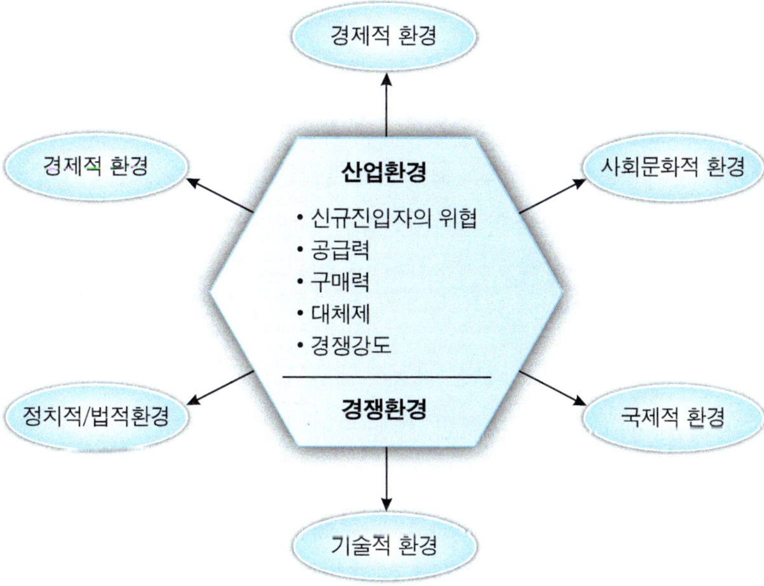

기업의 경영환경은 크게 두 가지로 구성된다. 기업내부의 요인들로 구성된 내부환경과 기업을 둘러싼 외부환경이 그것이다. 또다시 외부환경은 거시적 환경과 산업환경으로 구성된다.

거시적 환경은 기업의 목표달성과 의사결정에 영향을 미치는 제반요인들을 말한다. 예를 들어 정치, 경제, 사회, 문화 등의 요인들이 기업의 여러 가지에 영향을 주게 된다. 반면 산업 환경은 고객, 경쟁자, 공급자 등이 기업활동에 직접적인 영향을 미치는 요인들로 과업환경이라 부르기도 한다.

기업은 높은 성과를 달성하기 위하여 환경에 맞는 전략을 선택할 필요가 있다. 또한 환경의 변화에 대응할 수 있도록 경영환경변화에 노력을 다해야 한다. 이러한 과정은 결국 기업의 성과달성에 도움을 줄 뿐만 아니라 지속적인 기업발전에 기여할 수 있게 된다.

2. 거시환경분석

기업을 둘러싼 경영환경 중 거시환경은 시장수요에 지대한 영향을 준다. 거시환경의 요인들이 지속적으로 기업에 영향을 주어 사업관련 기회의 요인으로 혹은 위협적인 요인으로 다가오기도 한다.

1) 인구통계적 환경

인구통계적 환경으로는 소득, 연령, 교육수준, 주거지, 인구증가율, 이혼율, 출생률, 사망률 등이 있다. 인구통계적 변화는 기업으로 하여금 새로운 전략을 준비하도록 하는 기본적인 것이다. 예를 들어 인구의 분포에 따른 산업의 변화도 이에 속한다. 다산으로 아기가 많았던 시대에는 유아용품 시장이 성장하였고 노령인구가 늘어나는 현재와 이후로는 실버산업이 급성장될 것으로 기대된다. 우리나라의 경우 노령인구는 2000년 337백만 명이고, 2010년 503백만 명, 2020년 690백만 명, 2030년 1,017백만 명으로 총인구의 7.1%로부터 19.3%까지 급속한 증가가 예상된다.

이러한 인구통계적 변화가 노인전용 공동주택의 필요성을 점차 확산시키고 있다. 또한 출산율 저하로 중국처럼 아이들을 황제처럼 키우는 사회적 풍조가 확산되고 있다. 교육비와 양육비가 고급화되면서 기업은 더 차별화된 교육시스템을 구축하도록 유도하고 있다.

또한 인구통계적 시스템은 다른 요인들에 비해 예측이 가능하다. 따라서 창업자가 이러한 인구통계적 환경의 변화에 적응하지 못해 어려움을 겪는다면 그것은 창업자의 실수인 것이다.

2) 기술적 환경

경영환경에서 기술적 환경은 신기술을 통한 새로운 제품과 시장기회를 만드는데 영향을 미치는 영향력을 이야기한다. 기술환경이야말로 기업운명을 결정짓는 가장 중요한 요인이다. 특히 창업을 하는 기업의 입장에서는 기존 기업과 비교하여 기술적 요인이 더욱 차별화되어야 하는 만큼 기술환경의 변화에 민감해야 한다.

이러한 기술의 급속한 변화는 기존 제품의 수명을 단축시키고 있으며 새로운 제품을 출현시키는 계기가 되고 있다. 그러므로 기업은 기술변화가 어떠한 영향을 줄 수 있는지를 예측하고 전략적으로 그 효과를 분석해야 한다. 이는 창업에서부터 기업을 지켜주는 중요한 출발이며 기술변화에 적극적인 대응으로 기업성공을 이끌어내는 경쟁력이 된다.

3) 정치적, 법적환경

현대사회에서는 정치적 환경과 법적환경에 의해 위기를 맞게 되는 경우가 빈번하다. 법적 규제에 의해 진행하던 사업이 위협을 받을 수 있기 때문이다. 국가기관이 정한 다양한 법조항들을 면밀히 검토하여 준수할 수 있도록 경영자는 노력해야 한다. 최근에는 환경과 관련된 문제들에 대해 수많은 규제가 일어나므로 관련기업들의 사전검토와 전략수립이 필요하다.

4) 사회문화적 환경

사회문화적 환경요인의 대표적인 것은 문화적 요인, 심리적 요인, 종교적 조건 등을 의미한다. 이 요인들은 이념, 가치관, 태도 등에 영향을 미침으로써 기업의 사업기회와 위협으로 작용한다.

결국 이러한 사회문화적 요인들은 고객들의 구매행동에 영향을 주고 조직구성원들의 태도와 행동에까지도 영향을 주게 된다. 예를 들어 경기가 어려워지면 소비의 위축으로 인해 구매행동이 긴축되어 문화비, 외식비 등을 줄이는 성향을 보이는 소비성향도 이에 속한다. 이럴 경우 외식분야 혹은 문화분야 창업은 지양해야 하며 나름대로의 돌파구를 찾아야 한다.

또한 사회문화의 발전으로 종교단체, 소비자단체 등의 이익집단활동 등이 증대된다. 이따금 이익집단은 자신의 이익을 추구하는 측면에서 기업을 압박하기도 한다.

5) 경제적 환경

기업을 둘러싼 경영환경에서 경제적 환경은 경제의 반적인 방향과 성격을 말한다. 이러한 경제적 환경이 기업의 전반적인 활동에 영향을 준다. 수요에 대한 변화, 경제성장률, 원료의 가격, 생산원가, 판매가격 등이 경영활동에 서로 다른 영향력을 행사하고 있다. 이런 경제환경 변수로는 경제성장률, 환율, 금리 등을 들 수 있다.

(1) 경제성장율

경제성장은 소비와 지출을 늘게하며 이는 기업성장의 기회가 된다. 반면 경제불황은 그 반대의 결과를 만들어 극심한 가격경쟁으로 기업을 몰고 간다.

(2) 환 율

환율변동은 수출시장에서 제품경쟁력에 큰 영향력을 미치지만 국내시장 전체에도 많은 영향을 미치게 된다. 예를 들어 통화가치가 다른 나라에 비해 낮으면 그나라 기업의 제품가격은 상대적으로 다른 나라 기업의 제품보다 저렴하게 된다. 그러므로 환율의 평가절하는 가격경쟁력을 증대시키는 것이다.

(3) 금 리

소비자들이 돈을 차입하여 제품을 구입하는 경우 금리의 변화는 중요한 결정요인으로 작용하기 때문에 금리는 제품의 수요수준에 영향을 미칠 수 있다.

Highlight

"국내 청년창업 생계형에 편중돼 준비된 창업유도해야"

중기벤처연, '준비된 가벼운 청년창업을 위하여' 보고서 발표

국내 청년창업은 시장진입 · 퇴출이 쉬운 생계형에 편중돼 있어 준비된 창업을 유도해야 한다는 연구결과가 나왔다.

중소벤처기업연구원은 2일 이같은 내용이 담긴 '준비된 가벼운 청년창업을 위하여'라는 보고서를 발표했다.

강재원 중기벤처연 창업벤처연구실장은 "국세청 분석에 따르면 국내 청년창업은 시장진입 · 퇴출이 쉬운 생계형에 편중돼 있고 중소벤처기업부 · 창업진흥원 창업기업 실태조사에 따르면 청년창업자는 △준비기간부족, △창업교육경험 미흡, △금융서비스 접근의 어려움, △낮은 금융 안정성 등의 한계를 갖고 있다"며 "교육부 · 한국대학교육협의회 조사결과를 보면 학생창업은 지속적으로 증가하고 있으나 실제 경제적 성과는 양적성장 대비 상대적으로 미흡하다"고 말했다.

그는 "대학은 창업인재양성의 요람으로 창업교육 역량강화가 필요하다"며 "실제 창업을 희망하는 대학생들을 위해 대학창업교육을 실무중심으로 운영하는 것이 바람직하다. 창업보육센터는 물리적 공간지원에서 서비스제공 중심으로 프로그램 전환이 시급하다"고 강조했다.

또한 "실패를 용인하는 사회적 문화를 조성해야 한다. 나의 실패를 공유하고 남의 실패에서 배우는 문화, 실패를 비난하지 않는 문화, 실패해도 다시 일어날 수 있는 사회적 분위기가 확산돼야 한다"며 "'창업천국'이라 불리는 이스라엘의 경우 실패하더라도 책임을 묻거나 비난하지 않는 문화가 창업기반을 형성하고 있다. 한 번 실패한 뒤 다시 창업하면 성공확률이 더 높다는 통계에 기반하여 재창업에 대해 첫 번째 창업에 비해 20% 추가지원을 하고 있다"고 언급했다.

그는 "창업경험을 경력으로 인정하는 문화가 정착돼야 한다"며 "모든 창업자가 자신의 일에 만족하는 것은 아니다. 상당수 창업자는 자발적 또는 비자발적으로 다시 취업시장에 진입하고 있다. 이때 창업경력을 인정한다면 창업 리스크에 대한 부담이 줄어 창업을 활성화할 수 있다"고 강조했다.

그는 "청년정책 간 연계가 필수적이다. 청년창업정책은 다부처 청년정책과 연계하여 상호보완 방식으로 추진돼야 효과가 높아진다. 예를 들어 법률 · 지자체 · 지원사업 등에 따라 청년의 범위가 서로 달라 지원대상자가 누구인지부터 혼선을 불러일으키고 있는데 이는 청년기본법을 중심으로 통일하는 것을 고려해야 한다"며 "취업에 실패하고 창업을 선택하는 비자발적 창업의 경우 실패로 이어지기 쉬우므로 양질의 일자리를 만드는 정책과 병행해야 한다. 창업실패 시 경제적 어려움으로 낙오되지 않도록 충분한 사회 안전망을 구축해야 한다"고 밝혔다.

• 출처 : 아시아투데이, 2022년 9월 2일

일반적으로 금리가 하락하면 통화량은 증가하고 주가는 상승한다. 이는 기업의 자금사정에 영향을 주어 경기를 부추기게 된다.

3. 산업환경분석

산업특성을 분석할 수 있는 5요인 모형은 마이클 포터가 발표한 산업의 경쟁질서를 좌우하는 요인을 의미한다.

[그림 2-2]에서 보는 바와 같이, 모든 산업내에는 새로운 경쟁자의 시장진입위협, 경쟁자의 압력, 구매자의 협상력, 공급업자의 협상력, 전통적인 산업경쟁자들과의 경쟁 등 많은 외부적 위협과 기회가 존재한다.

1) 구매자(고객) 협상력

오늘날 기업들은 고객중심의 시장에서 경쟁해야만 한다, 다양한 고객의 요구에 신속히 대응하지 못하면 경쟁적 우위를 확보하기는커녕 생존조차 위협받을 수 있다. 캠퍼스가 밀집한 지

그림 2-2 산업환경 분석모형(5요인 모형)

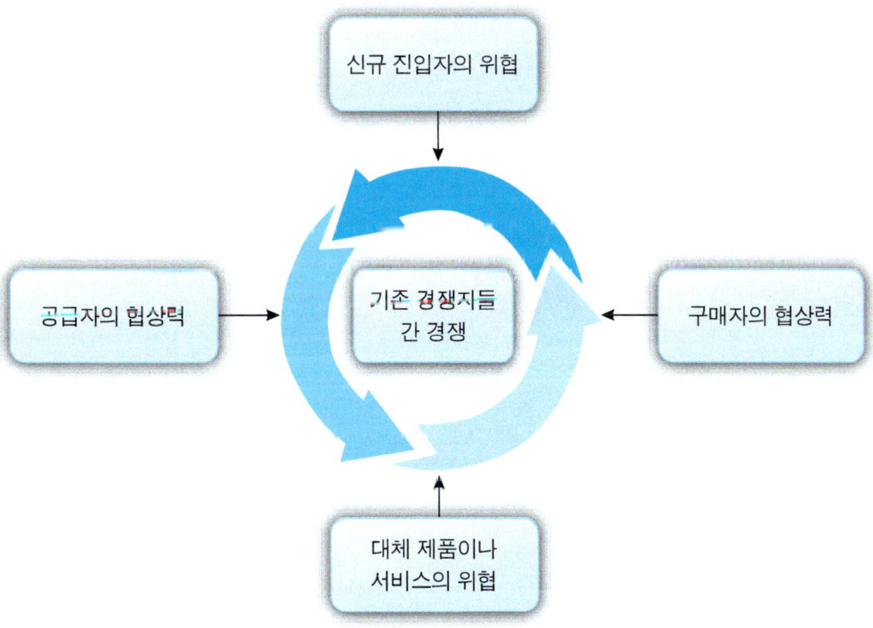

Michael E. Porter. Competitive Strategy. The Free Press, 1980.

방도시에서 학교주변 음식업소들이 식대를 인상하자, 그 지역의 학생들이 불매운동을 전개해서 식대를 원위치로 환원시킨 사례가 있었다.

이와 같은 소비자 구매자 집단은 경우에 따라서 단체로 협상력을 발휘하여 음식업소들의 이윤을 잠식할 수도 있다는 점에서 경쟁세력들 중의 하나에 해당한다, 대고객 협상력을 강화하기 위해서는 고객이 다른 경쟁사로 옮길 경우 발생하는 교체비용(switching cost)을 높은 수준으로 유지하는 것이다.

구매자의 교섭력(bargaining power)은 공급자와 수요자 간에 상대적인 힘의 격차에서 발생한다. 구매자의 교섭력은 구매자(수요자)의 힘이다. 만일 구매자가 제품가격의 인하나 보다나은 품질 또는 보다나은 서비스를 요구하게되면 공급자인 기업에게는 위협이 된다.

반면에 고객입장이 약화되면 가격을 인상할 수 있고 보다나은 수익을 얻을 수 있다. 구매자가 상대적으로 판매자보다 힘이 있을 때 수요자는 사업의 수익성을 악화시킬 수 있다. 예를 들면, 다음과 같은 상황에서 구매자는 높은 교섭력을 갖게 된다.

첫째, 구매자의 구매량이 판매자의 전체 매출액에서 큰 비중을 차지할 때이다. 특정 구매자가 전체 매출의 상당부분을 차지한다면 자연히 영향력이 커지고 그 구매자의 요구를 수용하지 않을 수 없게 된다.

둘째, 구매자가 대량의 제품을 구매할 때이다. 이 경우 구매자는 강력한 구매력을 활용하여 가격인하를 시도하기 쉬워진다.

셋째, 제품이 차별화 되어있지 않은 경우이다. 이 경우 구매자들은 언제라도 다른 공급회사들로부터 제품을 구입할 수 있기 때문에, 자신에게 보다 유리한 조건을 요구하는 경향이 있다.

넷째, 구매자가 용이하게 후방통합을 할 수 있는 경우이다. 이 경우 구매자는 후방통합의 위협을 통하여 거래상 양보를 끌어내기 쉽다.

다섯째, 구매자들이 자세한 정보를 확보하고 있을 때이다. 구매자들이 구매상황, 시장가격 동향, 공급자들의 구체적인 원가구조 등을 파악하고 있다면 구매자의 협상능력이 보다 커질 수 있다.

한편 구매자의 교섭력이 구조적으로 취약하다면 기업은 보다 유리한 가격을 책정하여 수익성을 높일 수 있는 기회를 얻을 수 있다.

2) 공급자 협상력

공급자들은 기업들에게 판매하는 제품의 가격인상을 요구하거나 제품이나 서비스의 질을 떨어뜨리겠다고 위협을 가해 협상력을 발휘할 수 있다. 전통적으로 고임금의 노동력에 의존하여 왔던 자동차회사들은 생산라인 작업을 자동화함으로써, 기하급수적으로 치솟는 임금을 효과적으로 상쇄하여 협상력을 제고시킬 수 있었다.

공급자와 수요자의 교섭력은 상대적이다. 공급자는 수요자의 경우와 마찬가지로 공급자의 수와 원자재의 중요성에 따라서 기업의 수익성에 영향을 미친다. 즉 공급자의 교섭력이 강할수록 기업의 수익성을 악화시킬 수 있다. 이러한 교섭력은 다음과 같은 상황에서 커진다.

첫째, 대체품이 없는 경우이다. 공급자의 제품을 대체할만한 다른 제품이 없다면 그 만큼 공급자에 대한 의존도가 높아지고 공급업자의 요구를 수용하여야 되는 경우가 많다.

둘째, 공급자의 제품이 기업의 생산 및 경영활동에 중요한 요인이 될 때이다.
이 경우 경영활동에 차질을 일으키지 않기 위하여 어쩔 수 없이 공급자의 요구를 수용하여 되는 경우가 많다.

셋째, 제품이 차별화 되어 있는 경우이다. 제품이 차별화되어 다른 공급업자로 쉽게 전환할 수 없는 경우 공급업자에 대한 의존도가 높아진다.

넷째, 공급자들이 손쉽게 전방통합을 할 수 있는 경우이다. 이 경우 공급자들은 전방통합의 위협을 통하여 보다 유리한 조건으로 거래를 할 수 있다.

한편, 공급업자의 교섭력이 취약하다면 기업은 공급업자에게 가격인하나 품질향상의 요구를 하기 쉽기 때문에 기업의 수익성을 향상시킬 수 있다.

3) 대체자

특성산업 내에서 경영활동을 수행하고 있는 기업들은 넓은 의미에서 대체품을 생산하고 있는 기업들과 경쟁을 벌이고 있다. 기존의 제품이나 서비스에 대한 대체재를 고객이 찾지 못하거나 힘들도록 하는 것이 필요하다.

예를 들어, 철강생산자의 경우 어떤 고객에게 있어서는 기존의 다른 철강생산자 외에 알루미늄 생산자나 플라스틱 생산자가 경쟁자가 될 수 있다.

대체품압력의 증대는 대체품의 가격이 상대적으로 낮은 경우, 혁신기술에 의해 대체품이 개발된 경우, 또는 고객의 선호가 바뀌는 경우에 발생하게 된다. 산업의 수익률은 대체재의 존재 여부에 따라 크게 달라진다. 그러므로 이러한 대체재의 존재 여부는 기업의 가격책정에 영향을 미치며, 그 결과 수익성에도 영향을 준다.

만약 뚜렷한 대체재가 존재하지 않는다면 그 만큼 위협이 줄어들고 가격책정에 있어서도 유리한 입장에 있을 수 있기 때문에 기업의 수익성 증대에 도움을 준다. 이러한 대체재가 가격결정에 위협을 주는 정도는 고객의 대체성향과 가격대비 성능비율에 의해서 결정된다.

4) 잠재적 진입자

잠재적 진입자는 현재 경쟁기업은 아니지만 앞으로 진입할 가능성이 있는 기업들을 말한다. 시장으로의 진입장벽을 구축하여 잠재적 진입자가 진입의사를 가지지 못하도록 이미지, 품질, 서비스수준, 납기 등을 관리하여야 한다.

잠재적 경쟁자의 진입위협이 크면 클수록 기존의 기업들은 수익성과 시장점유율 측면에서 위협을 느끼게 된다. 그러므로 이러한 진입위협이 클수록 기존 기업의 수익성은 더 많이 위협받는다고 할 수 있다. 반면에 진입위협이 낮을수록 기존 기업들은 쉽게 가격을 올리고 더 많은 수익을 확보할 수 있는 기회를 갖게 된다. 이러한 잠재적 경쟁자가 될 수 있는 기업들에는 다음과 같은 여러 종류가 있다.

첫째, 시장확대를 노리는 기업이다. 예를 들면 다른 지역에서 활동하고 있는 기업은 지역이동을 통해 쉽게 경쟁자가 될 수 있다.

둘째, 제품영역을 확대하고자 하는 기업이다. 유사한 제조기술과 유통망을 토대로 산업에 쉽게 진입할 수 있는 기업들이 여기에 해당한다.

셋째, 후방통합의 가능성이 있는 기업이다. 기존 제품을 부품으로 구매하고 있는 기업들의 경우 자체 생산의 필요성이 있을 때 산업에 진입하고자 할 것이다.

넷째, 전방통합의 가능성이 있는 기업이다. 부품을 공급하고 있는 기업의 경우 완제품이 전략적 가치가 크다고 판단되는 경우 산업진입을 감행하기 쉽다.

잠재적 경쟁자의 진입위협은 진입장벽(barriers to entry)에 따라 그 크기가 달라진다. 이때 진입장벽이란 잠재적 경쟁자가 특정산업에 진입하는 것을 제한하는 각종 장애요인으로써 산업진입에 수반되는 비용을 의미한다.

이러한 비용(진입장벽)이 크면 클수록 산업의 수익성이 높다 하더라도 잠재적 경쟁자는 산업에 진입하기가 어려우며, 그 결과 기존 기업들은 더 높은 이익을 향유할 수 있다. 잠재적 경쟁자가 부담하여야 될 비용이 많을수록 진입장벽은 그만큼 높게 된다.

2017 BRAND KEYS CUSTOMER LOYALTY ENGAGEMENT INDEX					
Airline	Allergy Medications (OTC)	App-based Rideshare	Athletic Footwear	Automotive	Banks
JetBlue	Allegra	Lyft	Nike	Hyundai / Ford	Chase
Beer (Light)	Beer (Regular)	Bottled Water	Breakfast Bars	Car Rental	Casual/Fast Casual Dining
Coors Light	Coors	Aquafina	Kind	Avis	Panera / 5 Guys Burger & Fries

(1) 상표충성도

상표충성도란 지속적인 광고, 특허, 제품혁신, 고품질, 애프터서비스 등을 통하여 창출할 수 있는 기존 기업의 제품에 대한 구매자의 선호도를 말한다. 이러한 상표충성도가 강할수록 신규 진입자는 기존 기업으로부터 시장점유율을 뺏어오기 어렵다. 그러므로 상표충성도는 신규진입자로부터 기존 기업의 이익을 보호하는 역할을 한다.

(2) 절대적 비용우위

기존 기업이 비용측면에서 신규진입자가 따라올 수 없는 월등한 제조기법, 특허, 값싸게 원자재를 확보할 수 있는 능력 등의 절대적 우위를 점한다면 신규진입으로 인한 위협은 그만큼 줄어든다.

(3) 규모의 경제

규모의 경제란 대량생산 및 대량구매로 인한 원가절감, 대규모 매출에 의한 고정비용부담률의 감소, 광고에서의 규모의 효과 등으로부터 창출되는 기업규모에 따른 원가상 이점을 의미한다.

이러한 규모의 경제에 의한 이점이 클수록 신규진입자들은 어려움에 처하게 된다. 왜냐하면 원가측면에서 불이익을 감수하지 않으려면 대규모의 투자가 불가피하지만 이에는 많은 투자 비용과 위험이 수반되기 때문이다. 따라서 규모의 경제에 의한 효과가 클수록 진입위협은 감소하고 기존 기업은 더 높은 수익성을 확보할 수 있다.

5) 기존 산업내의 경쟁자

산업 또는 시장내의 기존 기업들 간의 경쟁은 비용우위전략이나 차별화 전략 등을 통하여 시장점유율을 높이고 기업의 인지도를 높이려고 하는 데서 출발한다. 산업전체의 이윤에 영향을 주는 경쟁세력은 경쟁사이다. 기존 기업간의 경쟁정도가 심한 경우는 경쟁기업이 많거나 비슷한 시장점유율을 가지고 있는 경우, 제품수명주기가 성숙기에 있는 경우 또는 철수장벽이 높은 경우 등이 있다.

(1) 경쟁기업의 수와 활동 특성

경쟁업체의 수가 많고 유사한 목표, 동일한 비용구조로 생산활동을 하고, 유사한 전략을 활용할수록 경쟁이 더욱 치열해진다.

(2) 제품차별화

제품차별화는 제품의 용도는 본질적으로 동일하나, 제품의 구조, 성능, 디자인 등의 차이에 의해 발생하며 때로는 이러한 제품의 물리적 특성 차이 외에도 특정 브랜드와 관련된 주관적 인식의 차이에 따라 발생하기도 한다.

해태제과 허니버터칩과 롯데리아 라면버거

시장특성에 있어 제품차별화의 여지가 적을수록 기업들은 가격경쟁에 의존하게 된다. 왜냐하면 제품과 서비스에 대해 기업간 차별성이 없다고 인식될 때 소비자는 가격을 중시하기 때문이다.

따라서 제품차별화의 정도가 약한 산업일수록 기업 간의 가격경쟁이 심하다.

(3) 원가구성

일반적으로 경쟁기업들 간에 수익성 증가보다 시장점유율 증가를 위한 경쟁이 이루어질 때 기업간 경쟁은 더욱 치열해진다. 특히 구조적으로 고정비의 비중이 높은 경우 가동률을 높이려는 압력을 받게 된다. 따라서 무리한 물량경쟁이 촉발될 수 있으며 이 경우 지나친 가격인하 경쟁으로 치닫는 수가 있다.

(4) 퇴출장벽

퇴출장벽은 특정 산업에 참여하고 있는 기업이 해당 산업으로부터 떠나고자 할 때 이를 제한하는 장애요인이나 비용을 의미한다. 이러한 퇴출장벽이 높을 경우 기업간 경쟁이 심해진다.

왜냐하면 사업에서 손을 떼려해도 많은 비용이 소요되므로, 기업들이 배수의 진을 치고 경쟁에 임하기 때문이다. 이러한 퇴출장벽에는 경제적·감정적 요인들이 있다. 경제적 요인에 관한 예로는 보유자산이 특수목적에 전문화된 것일수록 청산시 시장가치가 적기때문에 그만큼 많은 비용을 지불하여야 퇴출이 가능해진다. 또한 사업에 대한 자부심과 자존심 등 심리적 요인이 퇴출장벽이 될 수 있다.

Highlight

"붕어빵 가게찾다 지쳐 직접 차렸어요"… '풀빵장사' 뛰어든 2030

물가폭등에 계속 사라지는 붕어빵 노점
메뉴 다양화, SNS로 무장한 청년사장들
"큰돈 벌지 않아도 사업경험 자체소중"

국화빵집 사장 이정수씨가 서울 서대문구 연희동에 있는 노점에서 국화빵을 굽고 있다. (자료 : 한국일보)

서울 서대문구 연희동의 한 골목. 어디선가 달큼하고 고소한 냄새가 풍겼다. 정체는 '국화빵'. 그런데 점포모습이 우리가 알던 노점과 많이 다르다. 흰색 캐노피 천막안에 알전구가 설치돼 있고, 재즈 음악도 흘러나왔다. 한쪽엔 세련된 '국화빵 포스터'도 붙어 있다. 가장 이질적인 존재는 사장님. 스물여섯 살 젊은 사장 이정수씨는 "겨울에 취미로 붕어빵을 팔아볼까 했다가 일이 커졌다"며 웃었다.

'붕어빵의 계절'이 돌아왔다. 하지만 요즘 거리에서 풀빵(철판으로 된 틀에 액체 밀가루 반죽물을 부어 굽는 빵) 가게를 찾기란 여간해선 쉽지 않다. 젊은 세대는 애플리케이션까지 깔아가며 점포위치를 수소문하기도 한다. 그래도 눈에 띄지 않자 아예 직접 붕어빵 장사에 팔을 걷어붙인 2030이 늘고 있다.

◇젊은 감각으로 재편되는 붕어빵 시장

붕어빵 노점이 멸종위기를 맞은 건 물가상승이 가장 큰 몫을 했다. 밀가루, 식용유 등 밀재료부터 액화석유가스(LPG)까지 값이 뛰지 않은 게 없다. 8일 소비자물가정보서비스에 따르면 밀가루 1kg 평균가격은 지난해 11월 1,488원에서 지난달 2,155원으로 44.8% 폭등했다.

서울 마포구의 한 붕어빵 노점에 슈크림 메뉴가 보인다.

재료값이 치솟아도 '붕어빵은 저렴하다'는 인식이 강해 소비자 가격을 올리기는 어렵다. 서울 동작구에서 10년 가까이 붕어빵을 파는 장모(67)씨는 "지난해 한 통(20L)에 3만 9,000원 선이던 LPG 가격이 5만 2,000원까지 인상됐지만 판매가는 그대로"라며 "요즘엔 그저 '의리'로 장사한다"고 푸념했다.

'생계형' 장·노년들이 수지타산이 안 맞아 떠난 빈자리를 젊은 감각으로 무장한 청년들이 빠르게

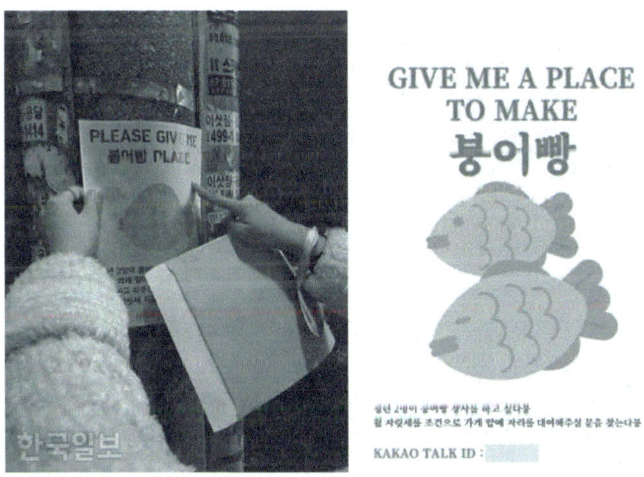

지난달 붕어빵 창업을 준비하는 변모씨가 전봇대에 전단을 붙이고 있다. 사용료를 지불할 테니 자리를 내줄 가게를 찾는다는 내용이다. (독자 제공)

지난달 23일 서울 연희동에서 국화빵 노점을 운영하는 이정수씨가 갓 구운 상품을 보여주고 있다. 팥, 슈크림, 초코슈크림 등 젊은 세대가 좋아할 만한 메뉴로 구성했다. (나광현 기자)
폭등한 재료비를 만회할 신세대의 승부수는 '차별화' 다. 이씨의 국화빵 가게는 노점치곤 드물게 반죽과 속 등 모든 재료를 손수 만든다. 오래 연구해 개발한 초코슈크림, 누룽지 슈크림, 애플시나몬 맛 등 또래가 좋아할 만한 새 메뉴를 계속 내놓고 있다. 전략은 적중했다. 개당 500원인 이씨의 국화빵은 매일 조기 품절된다.

메우고 있다. 장사 시작계기는 간단하다. 붕어빵이 없어서다. 직장동료와 함께 붕어빵 창업을 준비 중인 변모(26)씨는 "맛 좋은 붕어빵 가게를 찾아다닐 정도로 좋아하는데 많이 없어져서 창업을 결심했다"고 말했다.

진입장벽은 높지 않다. 무엇보다 풀빵장사는 무자본창업이 가능하다. 재료를 대주는 도매상이 기계 등 장비 역시 공짜로 빌려준다. 초기 재료비와 세팅비 수십만 원을 제외하면 큰 자금이 필요없고, 제조기술도 까다롭지 않다. 전국 가맹점에 재료를 공급하는 A잉어빵 관계자는 "10%도 안 되던 20, 30대 창업문의가 올겨울 10건 중 3건까지 늘었다"며 "대개 취미 겸 사업경험을 쌓을 요량으로 관심 갖는 젊은이들"이라고 설명했다.

◇승부수는 '차별화'… "장사도 경험"

사회관계망 서비스(SNS) 홍보도 강력한 무기다. 젊은 사장들은 준비부터 영업까지 운영 전 과정을 SNS에 공유해 입소문 효과를 톡톡히 누리고 있다.

노점의 최대 고민인 '자리'문제해결 역시 전략적이다. 거리 아무데나 점포를 차리는 대신, 자리세(월 20만 원 선)를 내고 식당, 카페 등 옆에 둥지를 튼다. 변씨도 '붕어빵 장사자리를 구한다'는 전단을 돌리자마자 점주들의 연락이 쏟아졌다. 서로에게 '윈윈'인 셈이다.

청년세대가 풀빵장사를 매력있는 아이템으로 받아들인 데는 낮은 리스크와 높은 접근성 등 사업적 장점뿐 아니라 자기주도적 가치관도 영향을 미쳤다는 분석이다. 이재흔 대학내일20대연구소 책임연구원은 "Z세대(1996~2012년 출생)는 어릴 때부터 스스로의 노력으로 소득을 얻는 경험이 잦고, 경험 자체에 큰 의미를 부여한다"며 "수익을 많이 내지 않아도 경력을 쌓는 일종의 놀이로 인식하는 것 같다"고 진단했다.

• 출처 : 한국일보, 2022년 12월 10일

제2절 소비자 구매환경

1. 소비자환경의 변화

소비자의 소득수준향상, 자유시간의 증대 등으로 가치관, 윤리관, 생활관이 급변함에 따라 소비문화에도 대변형의 바람이 일고 있다. 의식주를 비롯한 소비형태가 크게 달라지고 있는데다가 새로운 소비계층으로 등장한 신세대들의 기호변화 등으로 소비자체를 즐기려는 생활형태가 나타나고 있는 것이다.

아울러 산업구조가 빠른속도로 바뀌면서 유통혁명이 새로운 풍속도를 그려내고 있고 편의점, 할인점, 양판점 등 신유통업체들이 잇날아 선보임으로써 소비자의식을 급격히 변화시키고 있으며 소비자의 구매양식도 변화되고 있다.

1) 생활양식의 변화

생활양식이란 사람들의 생각, 행동양식, 사회적·계층적 차이를 전체적으로 표현하는 것이다. 이러한 생활양식은 일반적으로 일정구간에서 살아가는 사람들에게 이어지고 쉽게 변하지 않는 특성을 가지고 있다.

그러나 최근에는 각자의 개성이 중시되면서 지금까지 우리가 일정한 경계선을 긋고 상식에 맞게 행동하려던 사고방식이 크게 변화하고 있다.

(1) 개성화 및 다양화 추구

산업화, 공업화, 기계화로 대량생산이 급속했던 1970년대에는 판매도 대량 판매중심이었다. 그러나 1980년대 이후부터는 자신만의 생활패턴을 중시하게 되었다. 가정에서도 각자에게 필요한 프로그램을 시청하기 위해 TV 수(數)가 늘어났으며, 가정에서 사용하는 생활용품도 세대별로 구입하는 사례가 늘었다.

또한 여름에 부츠를 신고, 겨울에 앙고라 반팔스웨터를 입는 것은 무난하다기 보다는 오히려 독특한 개성을 중시하고 자신만의 가치창조를 추구하는 것이다. 이미 고객의 다양한 욕구(needs)는 고객의 당연한 권리로서 인정되고 있다. 이러한 소비자의 다양성은 유통업체 입장

에서는 시장경쟁의 강화와 함께 과학적, 체계적 잠재욕구의 개발에 대한 연구가 필요하며 시장세분화 전략이 점점 필요해 지는 이유이다.

단순한 친절이나 서비스 강화에서 더 나아가 고객이 원하는 바가 무엇인지를 정확히 파악하여 이를 제품과 서비스에 반영시키고자 하는 노력이 강화되어야 한다는 것이다.

예를 들어 백화점의 연령별 매장차별화(실버, 신세대, 미시코너), 백화점 이색코너의 등장(머리방, 애완동물 병원, 여성전용 휴게실) 등 소비자가 미처 생각하지 못했던 다양화전략이 전개되어야 할 것이며, 대중을 대상으로 하던 전략에서 개인을 대상으로 접근하는 전략이 또한 필요하다고 하겠다.

(2) 상식의 붕괴

최근의 주목할만한 변화는 상식의 붕괴현상이다. 남성의 영역만으로 생각되던 역도, 권투, 축구 등에도 여성이 참가하고 있다. 또한 건설현장에도 여성이 진출하는가 하면 가정대학이나 간호대학 등에도 남학생이 입학하는 사례가 나타나고 있다.

아울러 예전에 볼 수 없었던, 어린이들에게 나타나는 고혈압, 당뇨병 등도 이에 속한다. 이렇게 현대는 성별, 연령, 이념, 국경, 사회의 모든 분야 등에서 상식의 붕괴현상이 두드러지고 있다. 이런 사회에서는 상식으로 소비자에게 접근한다면 실패하게 될 것이다.

2) 간편성 지향

우리의 생활양식은 간단함과 편리함을 선호하는 방향으로 발전하고 있다. 가정의 인테리어 소품을 줄여서 공간을 넓게 꾸미는가 하면 아침 식단이 간편해지고 가전제품의 슬림화, 패스

트 푸드점이 인기를 끌며, 다양한 인스턴트 식품의 수요가 폭발하고 있다.

이렇게 현대의 소비자들은 점점 더 작고 가볍고 간단한 것에 관심을 기울이고 있다. 이에 따라 고객에 대한 접근방향으로는 가구, 주거 등의 고가 내구재를 비롯하여 악세서리, 실내용품, 음식 등 소형 고성능제품의 개발이 요구된다.

3) 환경의식의 강화

외국소비자들의 환경의식 및 그린(green)운동의 활성화에서 미루어 볼 때 환경관련 기준은 더욱 강화될 것이다. 국내민간소비단체를 중심으로 환경문제에 대한 시민운동이 확산되고 있으며 이 운동이 본격화되면 환경에 부정적인 제품과 서비스에 대한 불매운동 등이 일어날 수 있다.

환경에 대한 관심이 행동으로 변화된다면 기업은 단기적으로는 제품자체 및 포장재에서 비롯되는 폐기물을 감량할 수 있는 과잉포장 및 과잉서비스의 축소, 자원의 재활용 등을 고려해야 한다.

물론 이러한 소극적 대응에서 장기적으로는 그린제품의 개발 등 자연친화성의 강화와 함께 소비자에게 편리성, 경제적 이득을 제공할 수 있도록 대응하는 전략이 필요하다.

4) 새로운 외식문화의 정착

핵가족화와 자동차보급으로 새로운 외식문화가 정착되고 있다. 맞벌이 부부나 가족들이 오랜만에 한 자리에 모일 수 있는 외식이 최근생활의 주요한 부분을 차지하고 있다.

가족단위의 외식이 많아지면서 경관이 좋은 야외식당이나 서구풍의 음식점을 찾는 현상이 두드러지고 있으며 또한 신세대가족에 맞는 안락하고 편리한 외식분위기를 위해 어린이를 위한 놀이시설을 갖추는 등 주말 외식문화에 대응하고 있다.

외식문화의 패턴도 먹는 외식에서 즐기는 외식으로 또 주먹밥, 족발 등 우리 고유의 식품을 외식산업화하는가 하면, 그 형태도 가져다 먹는 셀프서비스 형태의 카페테리아, 자리에 앉기 전에 미리 주문하는 프리오더(free-order)시스템 레스토랑 등 다양하다.

특히 백화점, 편의점, 할인점 등은 유통업의 기본역할과 먹고 쇼핑하고 즐기는 장소로 새로운 형태의 변모를 시도하는 추세이다.

5) 여가의 증대

생활수준의 향상과 여과의 증대는 레저산업의 급성장을 가져 왔다. 전문가들은 앞으로의 레저산업은 소비자들이 능동적으로 체험하는 시대로 진행될 것으로 전망한다.

삼림욕, 자연탐구여행은 물론 그림, 도자기 등을 직접 즐기는 사람들과 행글라이딩, 스카이다이빙, 스킨스쿠버, 윈드서핑, 요트 등 자연과 밀착될 수 있는 스포츠를 즐기는 인구가 늘어나고 있으며 주말농장에서 농작물을 직접 거둬들이거나 붓글씨 등 창작물을 발표하기도 한다.

이처럼 일과 여가의 균형속에서 생활의 활력과 보람을 찾으려는 신세대들의 욕구는 가족단위의 야외레저 활동을 적극적으로 추구하게 될 것이다.

제3장

기업가정신과 창업자

‘투자 혹한기’에 네이버 · 카카오 문턱넘은 스타트업, 시장서도 주목

안목입증한 네이버 · 카카오, 시장위축에도 스타트업 발굴
거품꺼진 시장서 옥석나와…투자유치=경쟁력 인식 확산

투자혹한기다. 세계 경제불황에 투자시장 역시 얼어 붙었고, 스타트업은 자금난에 허덕이고 있다. 다만 이 같은 시장상황이 되레 기회가 될 수 있단 분석도 나온다. 거품이 빠진 만큼 알짜 스타트업이 수면위로 드러날 수 있단 견해에서다.

국내 대표적 기술기업으로 꼽히는 네이버와 카카오도 이와 비슷한 접근을 하고 있다. 위축된 투자기조에서도 경쟁력을 뽐낸 스타트업이 양사의 선택을 받았다. 네이버·카카오로부터 최근 투자를 끌어낸 스타트업의 공통점은 ‘기술력을 기반으로 한 혁신성’으로 압축된다.

14일 업계에 따르면 최근 투자위축 기조에 따라 자금난을 겪고 있는 스타트업이 증가하는 추세다. 굵직한 벤처 · 중견업체의 기업공개(IPO) 일정 연기는 물론 숱한 스타트업에서 사업·임직원 축소 등이 이뤄지고 있다.

세계 경제불황으로 투자시장도 위축됐다. 이 같은 상황에서도 네이버와 카카오로부터 투자를 유치한 스타트업은 경쟁력을 입증한 셈이라 시장의 관심을 받고 있다. [게티이미지뱅크]

한 정보기술(IT) 스타트업 대표는 기자와의 통화에서 "최근 6개월 사이 투자위축 기조가 피부에 와 닿을 정도로 심해졌고, 우리도 대외홍보업무를 줄이고 신규 사업진출 일정연기도 검토하고 있다"고 했다.

◇ 투자활황 뒤 찾아온 '혹한기'

이 같은 시장분위기는 수치로도 확인된다. 중소벤처기업부가 최근 발표한 자료에 따르면 올해 3분기 벤처투자 규모는 1조 2525억원으로 지난해 같은 기간과 비교해 40% 줄었다. 올해 상반기까지만 하더라도 벤처투자 규모가 전년 동기 대비 24.3% 증가한 약 4조원을 기록, 역대 최대치를 달성했던터라 현재 '투자 혹한기'의 영향이 더욱 크다는 분석도 나온다.

스타트업 얼라이언스가 조사한 '스타트업 트렌드리포트 2022'에서도 이 같은 분위기가 읽힌다. 창업자를 대상으로 진행한 설문에서 82%가 지난해와 비교해 올해 투자시장 위축이 이뤄졌다고 응답했다.

다만 이 같은 상황을 되레 성장기회로 작용할 수 있단 견해도 나온다. 최근 6개월 사이 투자를 끌어낸 스타트업은 유치자체를 경쟁력을 입증한 트랙레코드로 삼을 수 있어 향후 성장을 도모할 수 있단 분석이다.

벤처캐피탈(VC) 관계자는 "위축기조에 영향을 안 받을 순 없어 조금 더 기업을 꼼꼼하게 분석하는 추세"라면서도 "투자에는 늘 적기가 있다는 점을 VC·액셀러레이터도 잘 알고 있어, 경쟁력을 입증한 기업이라면 시장상황과 상관없이 자금을 모을 수 있을 것"이라고 설명했다.

이 때문에 네이버·카카오가 최근투자를 단행한 기업들이 시장에서 관심을 받는 분위기다. IT·디지털·인공지능(AI) 등의 영역에서 핵심기술을 보유한 두 기업이 설정한 투자의 '좁은 문'을 통과했다는 점만으로도 경쟁력을 입증한 이력이 될 수 있어서다.

네이버는 필요한 경우 각 사업부에서 직접 투자를 단행하기도 하지만, 전략적 투자전담조직 D2SF(D2 Startup Factory)을 통해 스타트업과의 접점을 늘리고 있다. 카카오는 후속 투자위주의 카카오인베스트먼트와 액셀러레이터 성격의 카카오벤처스를 운영 중이다.

오는 1월 5일(현지시간) 미국 라스베이거스에서 개최되는 최대 IT 전시회 '소비자가전쇼(CES) 2023'에는 양사가 투자한 다수의 스타트업이 참여해 기술을 뽐낸다. 네이버 D2SF가 투자한 스타트업 8곳과 카카오벤처스가 자금을 댄 업체 3곳은 CES 2023에서 혁신상을 받기도 했다. 이 중 증강현실(AR) 안경개발기업 레티널은 네이버·카카오 모두로부터 투자받은 기업으로, 이번 CES 2023에선 2

증강현실(AR) 안경개발기업 레티널의 제품 이미지. [사진 네이버]

년 연속 혁신상이란 성과를 냈다.

◇ 네이버·카카오 투자받은 가지랩 주목받아

투자위축이 두드러진 최근 6개월 사이 네이버와 카카오의 투자를 받은 스타트업은 시장의 집중을 한 몸에 받고 있다. 대표적 사례로 가지랩이 꼽힌다. 카카오벤처스는 지난 6월 해당 기업의 시드투자를 리드했다. 이어 네이버 D2SF도 지난 8월 신규투자를 단행했다.

가지랩은 개인 맞춤형 웰니스(wellness·신체적·정신적·사회적 건강이 조화를 이루는 이상적인 상태) 큐레이션 플랫폼을 개발중인 스타트업이다. 설문을 통해 개인의 문제를 파악해 맞춤형으로 영양·운동·수면·휴식 등의 솔루션을 제공하는 서비스를 기획하고 있다. 현재 일부 기능을 갖춘 '나를 알아 가지(GAZI)'를 무료베타 서비스로 내놨다. 회사는 지난 11월 13억원 규모의 브릿지투자도 마치며 서비스 고도화를 추진하고 있다.

네이버 D2SF는 이 밖에도 최근 ▶빅크(크리에이터 테크·후속), ▶NFT뱅크(자산관리 플랫폼·신규), ▶프리딕티브(유전체분석·신규), ▶아이티앤베이직(HR 테크·신규), ▶가우디오랩(오디오 솔루션·추가), ▶스퀴즈비츠(AI 모델 경량화·신규) 등에 투자를 단행했다.

카카오벤처스의 경우 ▶마이쉽단(건강식단추천 배송시리즈A), ▶위플로(비행체 안전진단·시드), ▶액트노바(AI 임상·비임상 행동 분석·시드), ▶코넥티브(의료 AI 로봇·시드), ▶노틸러스(지식교양 웹툰 플랫폼·프리시리즈A) 등에 투자를 집행했다.

카카오벤처스 관계자는 "올해 하반기에 약 13건의 투자를 집행하며 다양한 스타트업과 호흡을 맞추고 있다"며 "정보통신기술(ICT)·소프트웨어(SW)를 기반으로 한 서비스는 물론 테크·디지털 헬스케어·게임분야에서 '필요한 미래를 앞당기는 극초기기업'에 투자, 스타트업의 든든한 지원군(코파일럿·copilot)으로 함께 하고 있다"고 말했다.

가지랩의 웰니스 큐레이션 플랫폼 무료베타 서비스 이미지. [사진 가지랩]

네이버 D2SF도 스타트업과의 상생을 강조했다. 회사는 지난해 31건의 투자를 집행하며 177억원을 썼다. 올해에는 투자건수가 26건으로 줄었지만, 금액은 167억원으로 큰 차이를 보이지 않았다. 또 올해는 투자뿐 아니라 'D2SF @분당' 공간을 별도로 마련해 스타트업이 네이버와 시너지를 낼 수 있도록 지원하고 있다. 제도도 특정 기간에 투자대상 기업을 모집하던 방식에서 벗어나 상시지원으로 바꿨다.

네이버 D2SF 관계자는 자사 투자원칙으로 '인라이어'와 '아웃라이어'를 꼽았다. 그는 "네이버와 당장 시너지가 기대되거나 협력을 필요로 하는 인라이어 스타트업에 투자하는 전략과, 당장은 네이버와 어떤 시너지를 그릴지 알 수 없지만 기술적 가치가 높은 아웃라이어 기업에 투자하는 전략을 운용하고 있다"며 "연간 투자액 기준 약 50% 이상을 아웃라이어에 집행하고 있다. 투자 후 아웃라이어 스타트업과 접점을 찾기 위한 긴밀한 교류도 지원하고 있다"고 설명했다.

• 출처 : 이코노미스트, 2022년 12월 14일

인터넷 포털기업 네이버는 이제 더 이상 검색포털만은 아니다. 미래의 먹거리를 찾아 나서고 있고, 신기술확보를 통해 시장확대의 기회를 만들겠다는 야심찬 도전도 준비하고 있다. 최근 네이버가 로봇기술 확보에 나선 것은 미래 기술확보를 통해 당장 불어닥칠 기술변화에 대응하고자 하는 것이며 PC와 스마트폰의 영역을 넘어, 신개념의 기기와 기술시장에 진입하겠다는 강한 의지이다.

로봇 이외에도 최근 자율주행차와 번역 소프트웨어, 착용형(웨어러블) 기기 등 다양한 분야의 첨단기술과 제품을 선보이며 네이버는 연간 1조원 안팎의 연구개발비를 신기술분야에 쏟아 붓고 있다. 이는 스타트업(start-up)시절 창업정신이 그대로 살아있다는 방증이며 지속적 창업정신과 기업가 마인드를 여전히 중요하게 생각하는 기업임을 알 수 있다.

제1절 기업가정신의 개념과 특성

1. 기업가정신의 개념

기업가정신은 다차원적이고 다양하게 사용되어 명확한 정의에 합의를 이루지 못하고 있으나 대체로 다음과 같이 정의한다.

기업가정신(entrepreneurship)은 새로운 조직이나 기존 조직을 건전하게 경영하면서 리스크를 적극적으로 극복하고, 창의성을 발휘 및 혁신하므로 경제활동을 창조하고 발전시키는 정신이며 과정이다(Commission of the European Communities, 2003).

기업가정신은 창업정신이라고도 한다. 창업은 타인의 권한과 책임을 위임받아 활동하는 것이 아니라 자신의 책임과 권한으로 기업을 만들어 새롭게 경영하며 발전시키려는 정신과 그 과정이기 때문이다. 경영혁신은 기업가정신을 발휘하는 수단이다. 기업가정신은 일반적으로 혁신과 창조성을 바탕으로 하기 때문에 경제활력의 원동력이 된다. 경쟁시대에 한 경제가 경쟁력을 유지하면서 성장을 계속하기 위해서는 지속적인 혁신활동이 필요하고 이는 창조적인 사고로 리스크를 적극적으로 수용하는 기업가정신이 그 바탕이 된다.

또 다른 정의로는 기업가정신은 시장에서의 가치를 창출하는 것(creating value in the market place)으로 신상품이나 서비스 혹은 새로운 기능을 상품화하여 시장에서 화폐적 가치로 실현해 내는 것을 의미한다.

다시 말하면 혁신된 것을 가지고 상업적으로 상품을 출현시켜 시장영역을 형성하고 소비자에게 새로운 만족감을 부여하거나 새로운 수요고객을 창출하는 것이다.

한편 기업가정신은 중소기업의 성공경영을 위한 중요사항으로서 연구되어 왔으며 여러 학자들이 경제학, 심리학, 경영학 등 연구분야에 따라 다양하게 정의하고 있다.

경제학에 기반을 둔 관점에서는 주로 시장의 불확실성과 변화에 기반한 위험을 내포한 기회 그리고 기술혁신에 중점을 둔다. 이에 반해 경영학자들은 새로운 조직의 출현, 새로운 자원의 조합과 활용 등 조직과 전략의 관점에서 기업가정신을 정의한다. 즉 전략적 사고와 기업가적 사고의 통합이 필요하다.

2. 기업가정신의 특성

심리학자들에 의한 기업가정신의 특성은 기업가가 일반인 또는 다른 관리자들과 다른 심리적 특성을 기졌을 깃이라는 가정하에서 기업가의 성취욕구, 위험감수성, 통제의 소재 또는 혁신성 등의 특성을 밝히고자 한 경우가 많다.

슘페터는 기업가정신을 산업혁명 및 인류의 근대화, 공업화의 원동력이며 그 특성으로 혁신추구성(innovativeness), 진취성(pro-activeness), 민첩성(alertness), 위험감수성(risk-taking)의 네 가지로 구분하였다.

웰츠 등은 기업가정신의 특성으로 자기통제욕구, 도전의식, 위험추구성을 제안하였다. 또한 쿠퍼 등은 성장지향성, 독립성, 장인정신 등을 제시하였다.

최근 오티오 등과 자라(Zahra)는 혁신성, 진취성, 위험추구성을 제시하였고, 코빈 등은 기업가적자세(entrepreneurial posture)라고 말할 수 있는 기업가정신의 요소를 혁신성(innovativeness), 미래지향성(pro-activeness), 위험감수성(risk-taking)의 세 가지 성격의 범주로 인식하여 구분하고 있다.

럼프킨 등은 기업가 지향성(entrepreneurial orientation)을 기업가정신으로 명명하였고, 라센 등은 추가적으로 자율성(autonomy), 경쟁적인 저돌성(competitive aggressiveness) 등 두 가지 범주를 추가함으로서 개념을 확장시켰다.

〈표 3-1〉은 상기 학자들에 의하여 정의된 기업가정신의 특성차원에서의 개념적 정의를 제시하였다.

반면 기업가정신의 적용개념에서는 학자들마다 다양한 분석수준과 연구흐름을 가지고 있다. 기업가정신은 개인수준에서 창업가 또는 기업가 뿐만 아니라 중소기업이나 대기업 그리고 신생기업 및 기존의 기업에도 적용되는 개념이라 할 수 있다.

표 3-1 기업가정신 특성차원의 개념적 정의

특 성	개념적 정의
혁신성	새로운 제품과 서비스, 그리고 프로세스 개발을 목표로 한 실험과 창조적 프로세스를 통한 새로운 것을 기꺼이 하는 마음
위험감수성	예측가능한 결과의 지식없이 실행하는 의사결정 활동 : 위험을 감수하는 벤처(venture)프로세스에서 구체적인 자원의 몰입을 포함하는 실행
미래지향성	미래수요의 예측에서 기회를 포착하는 통찰력을 가진 선도자의 진취적 특성
자율성	개인이나 팀이 아이디어와 비전을 제시하기 위해 독립적으로 수행하는 기업가적 감각으로 조직의 관료주의를 탈피하여 새로운 아이디어를 요구하는 기업가적 독립성
경쟁적인 저돌성	시장에서 경쟁사를 압도하기 위해 직접적이고 집중적으로 경쟁하는 기업의 성향

출처 : Lumpkin & Dess(1996), Covin & Slevin(1991), Miller(1983), Lassen at al.(2006)

본서에서는 급변하는 환경이나 조직변화에 적극적인 대응에 초점을 두고 기업가정신은 기업의 환경이나 조직의 변화에 대처하는데 사용되어지는 진취적인 반응메커니즘이며(Zahra, 1991) 변화에 대처하기 위해 조직을 지속적으로 혁신하는 기업가적 행동을 기반으로 한 개념으로 이해하면 될 것이다.

또한 조직혁신을 변화에 대응하고 기업경쟁력을 향상시킬 수 있는 주요변수라고 이해할 때 기업가정신은 미래지향성, 위험감수성, 자율성 및 저돌성의 네 가지 특성으로 검토할 수 있다.

1) 혁신성

혁신성은 새로운 제품과 서비스 그리고 프로세스 개발을 목표로 한 실험과 창조적 프로세스를 통한 새로운 것을 기꺼이 하는 마음을 의미한다. 현대기업에서의 혁신성은 경쟁의 중심이 되고있으며 소비자들의 선택을 위해서는 지속적인 혁신성이 경영의 모든 단계에서 요구되어진다.

또한 경영에서의 혁신성은 그 누구보다 최고경영자가 경영혁신을 추진하고자 하는 의지가 있느냐에 달려 있다. 기업의 최고경영자가 혁신하고자 하는 의지가 없고 혁신성이 부족하게 되면 경영혁신이 성공하기는 상당히 어렵다.

2) 위험감수성

위험감수성은 기업가정신에 대한 연구에서 많이 언급되고 있다. 이는 위험감수성이 어떠한 분야에서든 기업가정신을 말할 때 다양한 의미로 해석이 되고 적용된다는 것을 의미한다. 위험감수성은 경영자들의 모험적인 의사결정으로 자원과 이에 따르는 손실이 클 것으로 예상되지만 성과있는 기회를 이용하고 잘하는 정도로 정의되고 있으며(Miller & Friesen, 1978), 불확실성이 존재하는 사업의 의사결정에 있어 위험선호적 의사결정을 도입하는 기업의 경향을 의미한다(Miller, 1983).

또한 위험감수성은 전략경영의 필수요소로 보고 있으며 위험한 프로젝트에 대하여 실행하고자 하는 기업의 의욕으로 보고 있다(Ruefit, Collins & Lacugna, 1999). 이러한 위험을 몇 가지 유형으로 분류한 학자들도 있다. 대표적으로 베어드 등(Baird & Thomas, 1985)은 위험을 전략전개의 필요한 요소로 보고 미지에 대한 도전(venturing into the unknown), 자신의 많은 부분을 연관된 곳에 위임(committing a relatively large portion of assets), 많은 차용(borrowing heavily)의 세 가지 유형으로 나누고 있다. 특히 미지에 대한 도전은 불확실성이 포함되어 있다.

3) 미래지향성

미래지향성은 미래수요의 예측에서 기회를 포착하는 통찰력을 가진 선도자의 진취적 특성을 말한다. 기업의 최고경영자가 현재의 경영판단 뿐만 아니라 미래에 발생하게 될 여러 가지 문제에 대해 수요예측이 불가능하다면 그것은 기업의 미래성장을 확신할 수 없게 된다. 물론 그것은 개인의 탁월한 능력도 중요하지만 미래 수요예측을 위해 다양하고 반드시 필요한 정보를 관리하고 분석할 수 있는 능력이 더욱 필요한 것이다.

정보에 대한 수집능력, 분석능력, 예측능력 등이 결합되어 미래 고객수요와 시장의 방향을 읽어내는 것은 기업가로서의 탁월한 능력이라 할 수 있다. 이러한 기업가의 미래지향성은 현재만큼이나 중요한 미래 산업분야의 기회를 찾아내는 데 아주 중요하다. 그리고 사업의 기회를 찾아내고 사전에 철저히 준비해야만 기업경쟁력을 만들어 낼 수 있기 때문에 기업가정신에서의 미래지향성은 기업의 영속성을 보장할 수 있는 중요한 요인이라 할 수 있다.

4) 자율성

자율성은 위험감수성 및 혁신성에 밑거름 역할을 하는 것으로 기업이 조직구성원에 대한 자율적이고 허용적인 분위기 조성으로 새로운 제품개발 및 다양한 아이디어의 출현에 큰 역할을 할 수 있다. 즉 조직의 측면에서 자율성은 새로운 아이디어와 비전을 향하여 목표를 달성하고자 하는 개인이나 팀의 독립적인 행동을 의미한다.

정성한 등은 직무에 대한 자율성에 대하여 기존척도의 수정과 아울러 새롭게 개발하였는데 자율성을 직무목표, 직무방법 그리고 직무일정계획에 관하여 조직원이 발휘할 수 있는 선택 또는 자유재량의 정도로 정의하고 있다.

직무목표의 자율성은 작업자가 자신의 직무목표를 수립하고 수정하는데 갖는 선택 또는 자유재량의 정도를 말하며, 직무방법의 자율성은 작업자가 자신의 작업을 수행하는데 활용하는 절차나 방법들에 대해 갖는 선택 또는 자유재량의 정도를 말한다.

직무일정계획의 자율성은 작업자가 작업활동들의 일정계획, 작업순서, 시기 등을 선택 또는 결정할 수 있다고 느끼는 정도를 말하는 것이다. 이처럼 조직구성원들에게 자신들의 업무와 관련된 자유와 재량권을 부여하게 되면 조직원들은 자신들의 공헌을 가치있게 인식하게 되므로 직무에 대한 자율성은 조직적 차원에 대한 인식(perceived organizational support)을 향상시키게 된다.

조직내에서 기업가정신의 자율성이 효과적으로 발휘될 수 있는 방법에는 두 가지가 있다.

첫째, 독립적으로 생각과 행동을 할 수 있도록 연구개발부문을 사용하는 것이다. 이는 조직내에서 일반부서와는 별도로 구성하고 직무조건과 압력으로부터 자율적 직무환경을 부여하는 것으로 의미할 수 있다. 연구개발 부문은 새로운 아이디어에 대해 창조적 사고와 브레인스토밍 기법을 자주 사용할 수 있다.

둘째, 기업가정신을 고취시키기 위하여 직무를 재편성하는 것이다. 기업은 종종 새로운 생각을 자극하기위해 독립된 씽크탱크(think tank)를 만드는 것이 중요하며, 기존의 조직구조의 변화를 통하여 경쟁력을 유지할 수 있는 팀 혹은 직무단위를 통해 창조적인 사고를 할 수 있도록 할 필요성이 있다. 이는 멤버들 간의 공유를 통해 창조적 사고가 더욱 강화될 뿐만 아니라 조직적 조정과 지배를 개선할 수 있다. 그러나 이러한 직무의 재편성 및 독립부서의 강조는 조직내 위화감조성 및 인원감축 등이 일어날 수 있으며 과도한 분산은 오히려 효율성을 저하시켜 자원의 효과적 활용을 저해할 수 있다. 따라서 조직의 변화는 정확한 성과측정과 모니터링이 뒷받침되어야만 노력의 결실을 얻을 수 있다.

5) 경쟁적 저돌성

경쟁적 저돌성은 동종 산업내에서 라이벌 관계의 기업보다 우위를 차지하기 위한 노력으로 볼 수 있다. 경쟁적 저돌성이란 기업이 새로운 시장으로 진입하기위해 경쟁사들에게 직접적이고 집중적으로 도전하는 경향을 말한다.

럼프킨 등의 연구에 따르면 경쟁적 저돌성은 민감한 반응이나 기존의 전통적 방법에 의존하기보다 현재의 틀을 벗어나 기꺼이 하고자 하는 마음으로 보고 있으며, 경쟁사의 약점을 분석

Highlight

"세살 입맛 평생가네" 장수과자 전성시대

1983년 첫 출시 롯데 빼빼로 40년간 누적매출 1조 8천억원
출시 50년 넘은 농심새우깡 남녀노소 불문 최고의 인기
1960~70년대 베이비붐 세대 어릴적 입맛 사로잡은게 비결

1970년대 중반 태어난 이 모씨는 매일저녁 텔레비전을 보면서 새우깡을 즐겨 먹는다. 중학생과 초등학생인 이씨의 두 자녀가 가장 좋아하는 과자는 홈런볼과 빼빼로다. 공교롭게도 이 과자들은 모두 1970~1980년대 처음 출시된 장수과자다. 이씨는 "새로운 과자가 나오면 한두 번 사 먹어보지만 다시 옛과자를 찾게된다"면서 "아이들도 과자에서만큼은 입맛이 다르지 않은 것 같다"고 말했다.

10일 제과업계와 닐슨IQ코리아에 따르면 올들어 9월 말까지 국내 과자판매 상위 10개 가운데 7개는 출시된 지 40~50년이 지난 국산 장수과자인 것으로 나타났다. 새우깡(823억원), 홈런볼(602억원), 빼빼로(599억원), 포카칩(583억원), 초코파이(570억원), 꼬깔콘(564억원), 가나초콜릿(432억원) 등이 이 시기 출시돼 지금까지 인기를 얻고 있다. 10위권 안에 든 나머지 과자는 수입제품인 하리보 젤리와 프링글스, 롯데제과의 자일리톨껌(1994년) 정도다. 국내 과자시장은 장수과자들의 독무대라고 해도 과언이 아닌 셈이다.

1970년대 출시된 대표 장수과자는 새우깡(1971년), 초코파이(1974년), 맛동산(1975년), 가나초

빼빼로데이를 앞둔 10일 한 CU 편의점에 빼빼로가 진열돼 있다.
[사진 제공=BGF리테일]

국내 과자 판매 톱10 (단위 = 억원)

순위	과자	출시년도	판매액
1	농심 새우깡	1971	823
2	하리보 젤리	1920	652
3	해태 홈런볼	1981	602
4	롯데 빼빼로	1983	599
5	오리온 포카칩	1988	583
6	오리온 초코파이	1974	570
7	롯데 꼬깔콘	1983	564
8	롯데 자일리톨껌	1994	554
9	켈로그 프링글스	1968	481
10	롯데 가나초콜릿	1975	432

※2022년 1~9월 누적 기준. 자료 = 닐슨IQ코리아

콜릿(1975년), 오징어땅콩(1976년), 빠다코코낫(1979년) 등이다. 특히 1971년 출시된 새우깡은 연간 매출액이 1000억원을 넘어 장수과자 가운데서도 대표상품으로 꼽힌다. 농심 관계자는 “새우깡 한 봉지에는 5~7㎝ 크기의 생새우 4~5마리가 들어가는데 이것이 고소한 맛의 비결”이라고 말했다.

1980년대 출시된 대표 장수과자로는 홈런볼(1981년), 꼬깔콘(1983년), 빼빼로(1983년), 칸초(1984년), 포카칩(1988년), C콘칩(1988년) 등이 있다. 국내에 프로야구가 도입된 1981년 탄생한 홈런볼은 비스킷류 가운데 가장 많이 판매되는 과자다. 크라운해태 관계자는 “프로야구 출범을 계기로 야구공 모양에 착안해 홈런볼이란 브랜드가 만들어졌다”면서 “올해 말 누적 매출액 1조원 돌파를 예상한다”고 말했다.

11일 빼빼로데이를 맞은 롯데제과 빼빼로는 국내 과자시장 최대매출을 기록중인 공전의 히트작이다. 출시 첫해인 1983년부터 작년까지 누적 매출액이 1조 8000억원에 이른다. 편의점 CU에 따르면 빼빼로데이 기간(11월 1~12일)에 팔리는 빼빼로 매출은 작년기준 연간 전체매출에서 무려 46.9%를 차지했다.

장수과자의 인기와 관련해 대한민국의 인구통계학적 구조와 상관성이 높다는 해석이 나온다. 연평균 100만명이 태어난 1차 베이비붐 세대(1955~1963년 출생)와 2차 베이비붐 세대(1966~1974년 출생) 등 총 1800만명에 달하는 인구가 어렸을 적 과자를 본격적으로 소비하기 시작한 시기가 바로 1970년대와 1980년대였다. 이들이 나이가 들어서도 어렸을 적 먹던 과자를 찾고 그들의 자녀세대에게도 먹이고 있는 것이다. 이은희 인하대 소비자학과 교수는 “원래 입맛은 잘 변하지 않는다”면서 “1970~1980년대 출시된 과자 가운데 경쟁력 있는 제품들이 소비자 입맛을 한번 사로잡았고, 어릴 때 먹은 경험이 무의식적으로 나이가 들어서까지 소비로 연결되고 있다”고 설명했다.

• 출처 : 매일경제, 2022년 11월10일

하는 것을 목표로 하고자 할 뿐만 아니라 새로운 상품으로 시장을 초기에 점유하고자 하는 회사의 경향도 포함시키고 있다.

예를 들어, 동종업계보다 가격을 대폭 낮춘다거나 공격적 마케팅활동 등을 통하여 시장점유율을 높이기 위한 노력들이 모두 포함된다. 전략경영자는 시장위치를 위협하는 동종 업계보다 우위를 차지하기 위한 혁신제품 및 프로세스 개발에 더 많은 관심을 가질 것이고 기업이 생존하기 위하여 현재보다 미래에 대비하는 자세를 전사적 관점으로 접근할 것이다.

대기업보다 낮은 경쟁력을 가진 중소기업이 성공하기 위해서는 경쟁적 저돌성을 통하여 기업가정신을 강화하는 경향이 있다. 중소기업이 경쟁적 저돌성을 실행하는 방법으로 대기업보다 큰 폭의 낮은 가격을 통한 시장점유율 확대와 성공한 기업의 사례를 벤치마킹(bench marking)하여 자사에 적용하는 방법과 신제품 및 기술개발을 통한 성장의 예를 들 수 있다.

그러나 많은 중소기업들은 경쟁적 저돌성의 기업가정신을 가질 수 없는 경우가 많다. 이는 경쟁적 저돌성의 주요 대상이 독점적 지위를 가진 제품이라든지 높은 기업이미지로 인한 잠재적 의식이 변화될 수 없는 상품들에게서 크게 작용하므로 중소기업에서는 이러한 경쟁적 우위를 점유하지 못한다.

제2절 기업가정신과 경영

1. 기업가정신과 혁신

이미 많은 선행연구들이 경영혁신을 위해서 기업가정신이 중요함을 제시해왔다. 경영혁신은 기업가정신의 구체적 기능으로 기업에서의 혁신활동은 다른 경영활동처럼 관리될 수 있고 관리해야 하는 실질적인 업무로 분류된다. 경영혁신이란 기업가정신을 표출하기 위한 구체적인 수단이다. 그러므로 경영혁신을 이끌어 낼 수 있는 것은 바로 경영자가 되어야 함을 시사한다.

다양한 학자들의 견해가 있으나 스튜워드(1994)가 제시한 경영혁신의 성공요인을 살펴보면 다음과 같다.

- 경영자 리더십
- 경영층의 적극적인 지원
- 명확한 비전(vision)제시
- 혁신성과 측정
- 조직과 연계한 혁신
- 협력분위기 확산과 경영자의 강력한 지원

국내연구자들 중에는 경영혁신의 핵심 성공요인을 명확한 목표와 방향제시, 최고경영층의 적극적인 참여와 지원, 전사적 확산분위기 조성, 장기적 관점의 혁신추진 등을 제시한 경우도 있다.

아울러 기업가정신 측면에서 혁신은 환경변화와 조직변동에 적응하기 위해 진취적으로 대응해 나가는 행동을 기반으로 하는 개념이라 할 수 있으며 이러한 조직혁신은 기업의 경쟁력에 주요변수로 떠오르고 있다. 또한 최고경영자나 관리자가 기업의 혁신 혹은 기업가정신을 만들어 내기 위해 이끌어 내는 모든 활동을 기업가정신이라고도 한다.

이러한 기업가정신은 기업의 규모에 따라 조금씩 다를 수 있다. 특히 중소기업에서 기업가정신의 결정요인은 조직을 리드(lead)하는 경영자의 개성이나 지식에 의해 만들어진다. 그러나 조직원들의 기업가정신도 제대로 된 팀워크(teamwork)가 만들어진다면 충분히 좋은 성과로 연결될 수 있다. 또한 기업가정신이 높은 사람과 조직은 궁극적인 혁신성과에도 영향을 미치는 결과를 가져오게 될 것이다.

대부분 성공한 기업가들은 특정한 유형의 인격자라기보다는 혁신을 체계적으로 실행하기 위해 노력하는 실천가들이다. 따라서 경영혁신활동을 성공적으로 실행하기 위해서 경영자의 기업가정신이 경영혁신활동에 긍정적 영향을 줄 것이다.

2. 기업가정신과 전략지 향성

기업의 규모에 따라 서로 다르게 진행되는 전략지향성은 특히 중소기업의 경우, 최고경영자로부터 시작된다. 왜냐하면 불확실한 경쟁상황에서 기업의 운명을 결정하는데 있어 최고경영자의 위험감수성, 혁신성, 진취성 등이 의사결정에 그대로 포함되기 때문이다.

콜리 등의 연구에서 기업가의 위험감수성의 정도가 시장지향성에 강력한 영향력을 행사할 수 있음을 검증하였다. 밀러 등(1989)의 또 다른 연구에서는 기업가정신의 구성개념인 진취성이 신(new)시장을 발굴하고 사업기회를 포착하기위해 경쟁사보다 선제적인 자세를 취하도록 한다고 주장하였다.

또한 나이트(2000)의 연구에서는 중소기업이 글로벌 시장환경의 도전에 효율적으로 대응하기 위해서는 기업가정신이 필수적이며 기업가정신은 해당 기업의 시장지향성을 촉진시켜 성과를 긍정적으로 변화시키는 데 도움을 준다는 사실을 밝혔다.

이외에도 많은 연구들은 최고경영자의 의지가 시장지향성에 영향을 주고있으며 나아가서는 기업경쟁우위와 성과에도 영향을 미친다는 것을 밝혀냈다. 또한 혁신성이 전략지향성에 긍정적 영향을 주고 있음도 확인하였다. 이러한 상황에서 최고경영자의 역할은 기업의 전체성향을 결정하며 조직의 구조, 프로세스, 정책과 지식의 전달체계에도 영향을 준다. 결과적으로 최고경영자의 태도는 조직원들의 아이디어 창출과 확산, 새로운 지식에 관한 긍정적 반응과 피드백 등에 영향을 주며 기업의 원동력이 된다.

제3절 기업가정신에 관한 선행연구

기업가정신의 선행연구에는 기업가정신을 조직적 개성과 일반적으로 자신의 기업을 위한 전략적 의사결정을 하는 독립적 성격을 가진 소유경영자를 통해 규정하려는 경향이 있었으며 제품–시장 및 기술혁신, 모험, 사전행동 등에 관련짓는 다차원적 개념으로 다루어져 왔다.

기업가정신의 결정요인도 개성적 요인, 정신역할, 성격, 혁신, 기업가적 활동을 촉진하는 환경·조직구조·전략요인 등 상이하게 강조되어 왔다. 특히 초기연구에서는 기업가개인이 가지고 있는 특성 즉 최고경영자, 창업가 또는 소기업에 초점을 두고 연구가 진행되었으나 최근의 연구에서는 주로 조직차원에 초점을 두고 연구가 진행되고 있으며 기업가정신을 개인수준, 집단수준, 전체 조직수준에 모두 적용될 수 있는 개념으로 이해하고 있다.

1. 기업가정신의 연구흐름

기업가정신에 관한 연구의 흐름은 다음과 같다.

첫째, 기업가정신을 환경과 관련하여 연구한 것으로서 이는 기업의 내·외적인 환경에 의해 기업가적 강도가 결성된다는 관점이며 이러한 배경에서 나타난 기업가정신의 구성요소가 혁신성, 진취성, 위험감수성이다.

둘째, 급변하는 환경이나 조직변화에 대한 적극적인 대응전략과 관련되는 연구들이다.

이러한 연구에서는 환경이나 조직변화에 대처하는 진취적인 반응메커니즘이 바로 기업가정신이라고 보고 있다. 이는 변화에 적응하기 위해 지속적으로 조직이 혁신하는 기업가적 행동을 기반으로 한 개념이다. 특히 이러한 조직혁신에 대응하고 기업경쟁력을 향상시킬 수 있는 주요변수임을 강조하였다.

셋째, 기업가정신을 창출하고자 하는 연구의 등장이다.

이 연구에서는 최고경영자 혹은 관리자가 조직의 혁신 또는 기업가정신을 창출하기 위해서 이끌어 내는 모든 활동을 기업가정신으로 보고 있다.

결론적으로 중소기업에서는 기업가정신의 결정요인은 조직을 리드(lead)하는 경영자의 개성 또는 지식에 의한 것으로 연구되었다. 특히 기업에 종사하는 조직구성원들이 기업가정신을 발휘할 수 있는 팀워크체제로의 전환에 기여할 수 있는 것으로 보고 있다. 아울러 기업의 경쟁력제고나 바람직한 새로운 조직문화의 형성과 발전에도 긍정적인 작용을 할 수 있다.

따라서 지금까지의 많은 연구에서 제시하고 있는 성공적인 기업가정신의 특성을 종합해보면 다음과 같다.

2. 성공적 기업가정신의 특성

- 자신감 : 주도성
- 위험감수성
- 성취지향성
- 창의성 : 독창성
- 미래지향성 : 비전제시, 과업 및 경과지향성 등
- 신뢰와 정직

이러한 특성의 대부분은 기업가자신의 개인적인 특성과 매우 밀접한 관계를 가지고 있다. 앞선 연구들을 토대로 기업가정신의 연구수준 및 연구대상을 정리해 보면 〈표 3-2〉와 같다.

표 3-2 기업가정신의 연구수준 및 연구대상

구 분	신생기업형	기존기업형
개인·집단수준	기업가, 창업가, 설립자	사내기업가, 사내벤처
조직수준	신생기업, 벤처기업	기업가적 조직, 조인트벤처

출처 : 위홍복(2002)

제4절 흔들리는 기업가정신

현대경영학의 거장인 피터 드러커는 한국을 세계에서 기업가정신이 가장 강한 나라로 평가했다. 개발도상국으로 진입하는 과정에서 대한민국은 가장 보범적인 국가였고 이제는 선진국 대열에 진입해야 하는 새로운 도전과제를 안고 있다. 그러나 전 세계 60개국을 대상으로 기업가정신을 비교연구한 GEM(Global Entrepreneurship Monitor)에 의하면 우리나라는 생계형 창업이 대다수를 차지하고 기업가적 창업은 매우 낮게 나타났다.

기업가정신은 2000년의 5분의 1이하로 추락했고 대한상공회의소가 내는 기업가정신 지수도 1977년 72.3을 최고점으로 2001년 이후 4~7수준으로 떨어졌다. 기업가정신을 회복하고 10년 뒤에도 지속성장하려면 어떻게 해야할까?

현대경영학의 거장 피터 드러커

1. 기업가정신과 기업규모

1931년 지브라는 기업의 성장과 규모는 서로 관계가 없다는 법칙을 발견하였다. '지브라의 법칙' 또는 '비례효과의 법칙'으로 잘 알려진 이 이론은 오랫동안 연구자들 사이에서 논란의 대상이 되었다.

지난 30여 년 동안 미국, 영국, 독일, 캐나다 등지에서 이 법칙을 검증하기 위해 많은 연구가 이루어졌다. 그러나 대부분의 연구가 규모가 큰 기업일수록 시장에서 오래 살아남고 중소기업은 대기업보다 빠르게 성장하지만 실패하기도 쉽다는 결론에 도달하였다. 그렇다면 과연 대기업은 중소기업들보다 무너질 가능성이 낮을까? 덩치가 큰 기업들만 언제나 승승장구하게 될까?

2003년 7월, 삼성전자 임원단은 모토로라를 누르고 세계 1위 휴대전화 제조업체로 성장한 노키아를 벤치마킹하기 위해 핀란드를 방문하였다. 당시 (故)이건희 회장은 탁월한 기술력으로 세계이동 통신산업을 선도하는 노키아의 역동성과 잠재력에 깊은 인상을 받았다고 한다. 그러나 10년이 채 못 된 지난해 노키아는 세계 통신사 브랜드평가에서 30위로 추락했고 올해는 48위다. 노키아는 헬싱키 본사를 매각하고 유럽전역에서 다수의 공장을 폐쇄했으며 전체 직원의 20%인 1만여 명을 구조조정하기에 이르렀다.

기업의 규모와 관계없이 오늘날 글로벌 경영환경은 녹록지 않은 상황이다. 불확실성이 심화되고 급속한 기술혁신이 가능해지면서 기업의 규모만으로는 시장에서 안정적 지위를 보장받을 수 없게 되었다. 탄탄대로를 달리던 대기업이 한순간에 무너지기도 하고 보잘것 없어 보였던 작은 기업이 세상을 바꾸는 혁신적 상품을 내놓기도 한다. 노키아만이 아니라 디지털시장에서 도태된 코닥, 아날로그 플랫폼에 갇혀 스마트폰 게임시장을 놓쳐버린 닌텐도 등의 사례에서 알 수 있다. 기업이 혁신의 끈을 잠시라도 놓으면 자신도 모르는 사이에 쇠퇴의 길을 걷게 되는 것이다.

2. 기업생존의 필수 조건

그렇다면 기업이 지속적으로 성장할 수 있는 힘은 어디에서 나오는 것일까? 바로 '기업가정신'이다. 기업의 규모가 아니라 끊임없이 변하는 고객가치를 창조하기위한 속도, 유연성, 집중력이 기업생존의 필수조건이 된 것이다.

1960년 이후 우리나라가 급속한 경제성장을 이룰 수 있었던 이면에는 역동적인 기업가들이 큰 역할을 했기 때문이다. 반도체, 철강, 조선, 자동차, 가전, 휴대전화분야에서는 끊임없는 기술혁신으로 기존 제품을 모방하는 단계를 뛰어넘어 세계적인 경쟁력을 갖추게 되었다. 세계적 석학인 소르망 파리정치대 교수가 "한국의 경제발전사는 인류의 소중한 문화유산"이라고 언급할 정도다.

그러나 최근 우리나라는 기업가정신이 쇠퇴하고 있다. 세계에서는 정보기술(IT) 혁신을 통해 거대기업이 계속 나타나고 있지만 우리는 1997년 외환위기 이후 독립적으로 성장한 대기업이 단 3개에 불과하다. 여러 요인으로 인해 더 이상 글로벌 경쟁력을 갖춘 새로운 기업들이 나타나지 못하는 현실은 우리경제의 성장과 활력측면에서 매우 심각한 문제로 여겨진다.

3. 한국산업을 이끌 기업의 조건

애플, 구글, 페이스북, 아마존은 창업한 지 5년이 되기도 전에 세계 최고기업으로 성장했다. 이런 기업들의 특징은 특정기술이나 상품만으로 성장하겠다는 기업문화가 없다. 기존 대기업들과 안정적인 공생관계도 찾아보기 어렵다. 현재 상황에 만족하거나 안주하는 것을 거부하고 실패를 하더라도 새로운 기회를 잡으려는 기업가정신이 그들의 성장동력이었던 것이다.

만약 벤처기업이 대기업에 의존하면 그 하청관계만으로도 어느 정도 규모를 갖춘 중소기업으로 충분히 성장할 수 있을 것이다. 그러나 세계 최고기업은 안 될 것이다.

물론 신규벤처·중소기업들이 세계 최고기업이 되긴 쉽지 않다. 조직생태학 연구자들은 이러한 문제점을 '신생조직의 불리함'이라고 정의했다. 열악한 자원과 역량, 낮은 인지도, 불안정한 고객기반 때문에 시장우위를 갖춘 기존 기업들과의 경쟁이 어렵기 때문이다.

이런 점에서 정부의 강력한 지원과 보호정책은 매우 중요하다. 또 정부는 중소기업과 대기업이 조건없이 창조적 아이디어만으로 경쟁할 수 있는 공정한 기업생태계를 만들어줘야 한다.

10년 뒤 산업구조와 경영환경이 어떻게 바뀔지 정확하게 예측하기는 어렵다. 하지만 현재 4차 산업혁명시대를 맞이하는 상황에서 기업을 경영하는 기업가(企業家)가 더 많아진다면 우리는 또 한 번 대한민국의 기적을 만들 수 있을 것이다.

Highlight

삼삼오오 대면모임 늘자 화장품 · 주류부터 웃었다

포스트 코로나시대 맞아 제로슈거 소주 · 블루쿠션 등 2030세대 겨냥한 제품인기
프리미엄가전 · 새치염색샴푸 삶의 질 향상시키는 상품눈길

코로나19 펜데믹시대로 접어들면서 포스트코로나를 겨냥한 제품들이 인기를 얻고 있다. 갈수록 사람들이 모이는 자리가 많아지면서 주류업계의 매출이 늘어나고 있다. 이에 이들 업체는 잇달아 새로운 제품을 출시하거나 스페셜 에디션을 내놓고 있다. 또 대면모임이 늘어난 덕분에 남녀노소를 막론하고 뷰티에 관심을 보이는 사람이 증가하면서 이들을 위한 제품도 인기다. 이와 더불어 이동이 활발하고 사회관계망서비스(SNS) 소통방식에 익숙한 2030세대를 타깃으로 한 제품들도 눈길을 끌고 있다. 이 같은 트렌드에 힘입어 올 하반기 소비자로부터 사랑을 많이 받은 주요 히트상품들을 소개한다.

고급스러운 맛과 비주얼로 SNS를 즐겨쓰는 젊은 엄마들을 사로잡은 대표 브랜드는 이랜드이츠가 운영하는 프리미엄 베이커리 카페 '프랑제리(frangerie)'다. 시그니처 상품인 사과빵 한 품목만 1년간 70만개 넘게 팔리면서 눈에 띄는 성장을 보이고 있다.

맥주 가운데는 하이트진로의 '테라'가 인기를 끌었다. 테라는 100% 리얼 탄산공법을 활용한 라거 특유의 청량감을 살린 맥주다. 코로나19 엔데믹을 맞아 올해 테라의 누적 판매량은 9월까지 33% 증가했다. 이에 하이트진로는 연말을 노리고 '청정라거-테라'의 싱글몰트 스페셜 에디션도 한정 출시한다. 싱글몰트 에디션은 청정국가 호주 최남단 지역의 태즈메이니아섬에서 자란 보리만을 100%

아모레퍼시픽 '비레디 블루쿠션' 동서식품 '맥심 슈프림골드' 롯데칠성음료 '처음처럼 새로' 삼성전자 '비스포크 제트' LG전자 '디오스 오브제컬렉션 무드업'(왼쪽부터)

2022년 하반기 매일경제 히트상품

부문	회사	제품
가전	삼성전자	BESPOKE 제트
		NEO QLED 8K
	LG전자	디오스 오브제컬렉션 무드업
정보통신	더존 비즈온	ERP 10
식품 · 음료 · 주류	농심	라면왕 김통깨
	동서식품	맥심 슈프림골드
	롯데칠성음료	처음처럼 새로
	하이트진로	테라
	hy	헬리코박터 프로젝트 윌
	KGC인삼공사	정관장 천녹 비스트롱
생활용품	LG생활건강	리엔 물들임 새치커버 샴푸
외식	이랜드이츠	프랑제리
유통가전	롯데하이마트	연말 총결산 세일
프랜차이즈	롯데GRS	크리스피크림도넛
화장품	아모레퍼스픽	비레디 블루쿠션

사용한 것이 특징이다.

소주는 롯데칠성음료가 9월 중순 첫선을 보인 '처음처럼 새로'가 주목을 받았다. 이 제품은 기존의 소주제품과는 달리 과당을 사용하지 않은 '제로 슈거' 소주로 산뜻하고 부드러운 맛이 특징이다. 내년부터 본격도입되는 주류 제품의 영양성분 표시도 미리 적용했다.

화장품은 아모레퍼시픽의 남성 메이크업 전문 브랜드 '비레디'에서 나온 블루쿠션이 눈길을 끌고 있다. 비레디는 남성 토털 스타일링 브랜드로 도약하기 위해 국내 대표힙합 레이블 AOMG 소속 아티스트 '코드 쿤스트' '그레이' '로꼬'를 브랜드 앰배서더로 발탁하고 리브랜딩 캠페인도 진행하고 있다. 브랜드 대표컬러인 파란색을 살린 비레디 블루쿠션은 지난달부터 온라인 패션플랫폼 '무신사'와 비레디 네이버 공식브랜드 스토어 등을 통해 판매되고 있다. 이 제품은 지난 5월 출시하자마자 올리브영 전체 판매량 1위를 기록한 '마그네틱 피팅쿠션'과 동일한 내용물이 제품에 새로운 브랜드 로고와 디자인을 적용한 것이다.

기술이 발전하면서 편리하게 새치를 관리하고자 하는 수요도 강해지고 있다. LG생활건강의 '리엔 물들임 새치커버 샴푸'가 특히 높은 인기를 얻었다. 이 샴푸는 손톱에 봉숭아 물을 들일 때 염료가 장기간 선명하게 유지될 수 있도록 '백반'을 사용하는 점에 착안해 개발된 제품이다. 모발에 염료를 결합시켜주는 '블랙틴트 콤플렉스TM' 성분이 백반역할을 한다.

2030세대가 자주 이용하는 SNS 등에서 주목받은 제품도 많았다. 동서식품의 프리미엄 커피믹스 '맥심 슈프림골드'가 대표적이다. 맥심 슈프림골드는 맛과 향은 물론 제품패키지까지 MZ세대의 취향을 반영한 프리미엄 커피믹스다. 코로나19로 뜬 홈카페 트렌드가 이어지며 SNS 등에서 '카페 부럽지 않은 진하고 크리미한 홈커피'라는 평을 듣고 있다. 그 덕분에 지난해 8월 출시한 이후 올해

9월까지 2억 3000만잔 이상 판매하기도 했다.

롯데GRS의 '크리스피크림도넛'은 오픈 당시 특유의 달콤한 맛과 도넛 제조기계를 통해 도넛이 만들어지는 과정을 직접 볼 수 있다는 즐거움 등으로 높은 관심을 받은 바 있다. 이후 최근에도 맛있게 먹는 '꿀팁' 등이 SNS를 통해 올라오는 등 꾸준히 인기를 누리고 있다.

라면 가운데서는 농심의 '라면왕 김통깨'가 화제가 됐다. 지난 8월 출시 이후 온라인 후기에 "건면이라 쫄깃하면서도 붓지않고, 국물도 자극적이지 않아 좋다"는 호평이 다수 올라왔다. 라면왕 김통깨는 튀긴면보다 칼로리가 낮은 건면으로 만든 데다 구운 김 플레이크와 볶음참깨, 고추기름 조미유를 넣어 고소한 풍미를 살린 것이 특징이다. 김 토핑은 1.1g으로 넉넉하게 담아 면위에 풍성하게 쌓이는 모습을 연출할 수 있다.

삶의 질과 만족도를 향상시킬 수 있는 방법 중 하나로 기존에 쓰던 가전제품의 성능을 보다 업그레이드하는 이들도 많았다. 이에 삼성전자의 프리미엄 가전라인인 'BESPOKE(비스포크)' 시리즈의 인기가 이어지고 있다. 삼성전자에서 내놓은 프리미엄 무선청소기 '비스포크 제트'는 업계 최초로 먼지 자동배출 시스템이 적용돼 있고, 높은 사용편의성과 주변공간과 잘 어우러지는 감각적인 디자인까지 갖춘 제품이다. 또 삼성 TV의 기술이 집대성된 프리미엄 TV '네오 QLED 8K'도 실사에 가장 가까운 압도적인 화질을 구현해 인기를 얻었다.

LG전자의 '디오스 오브제컬렉션 무드업' 냉장고는 고객이 원하는 컬러를 선택하면 냉장고 색상은 물론 공간 분위기까지 바꿀 수 있는 제품으로 주목을 받았다.

• 출처 : 매일경제, 2022년 12월 7일

제5절 창업자의 역할

창업이후 창업자는 이제 비로소 기업가로서의 역할을 시작하게 된다. 물론 창업을 마음먹는 순간부터 이미 기업가임에 틀림없다. 개인기업의 형태이든 큰 규모의 기업형태이든 그저 작은 점포하나를 소유하는 형태이건 상관없이 창업자는 이제 기업가로서 그 역할이 각자 정해져 있다. 이러한 기업가로서의 역할을 정리하면 다음과 같다.

1. 사업구상 및 기회발굴

경쟁자의 선점을 사전에 막기 위해서 창업자는 스스로의 사업기회를 발굴해야만 한다. 물론 뛰어난 상상력과 창의력 동원으로 스페셜(special)한 아이디어가 필요하다. 이것은 창업의 생존전략이면서 훌륭한 성과를 만들어 내는 가장 중요한 전략이며 창업자의 역할이다.

2. 사업진행 및 실천

창업자는 구상 및 사업기회의 발굴을 통해 구체화된 사업의 목표를 설정해야 한다. 그 목표에 따라서 사업의 진행과 실천을 시도해야 한다. 물론 그 과정에서 새로운 위험과 난항들이 도사리고 있는 것은 사실이다. 그러나 그것을 이기지 못하면 경쟁자들의 희생양이 될 수밖에 없다.

이러한 과정에서 위험을 줄이기 위해 정확한 정보분석 및 판단을 통해 대안을 선정할 수 있도록 노력해야 한다. 이를 위해서는 좋은 참모(staff)를 육성하고 만나야 하며 사업에 관한 전반적인 지식배양도 필요하다.

3. 우호적 관계형성

창업자는 창업에 필요한 여러 자원에 대한 조달을 위해 사업전반에 관련된 이해집단 구성원들과도 충분한 협조와 관계유지가 필요하다.

예를 들어 주변 상권사람들과의 관계, 상가번영회, 거래은행, 심지어는 지역상권관리회원들까지도 모두 자신의 조력자가 될 수 있도록 노력해야 한다. 이는 바꾸어 말하면 인적자원에서 물적자원까지 모두 창업자의 원활한 관계형성이 필요한 것을 의미한다.

4. 리더십발휘

창업자는 그 규모에 상관없이 개인창업을 제외하고는 구성원을 보유하게 된다. 이는 조직으로써의 구성을 의미하며 그 구성원들의 능력을 통합 발휘시키기 위해서 창업자는 그들에게 비전(vision)을 제시해 주어야 하며 그들의 잠재적 열정과 끼를 유도할 수 있는 동기부여를 시켜주어야 한다. 그것은 창업자가 제공해야 하는 리더십인 것이다.

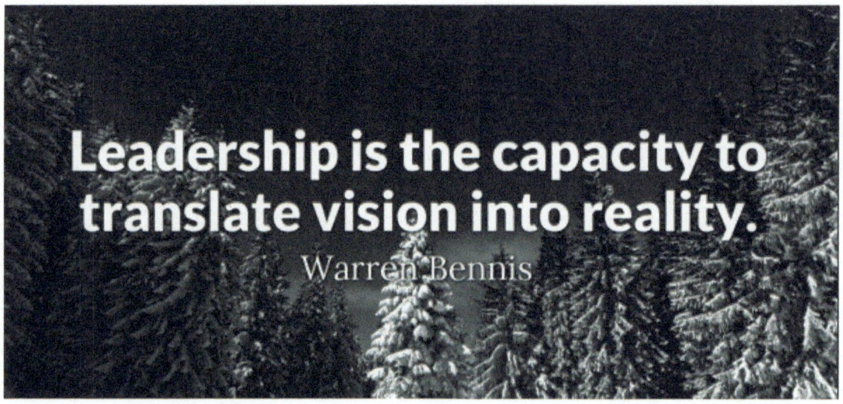

제6절 창업자의 특성

본서에서는 기업가로서의 창업자 특성을 맥클랜드가 주장한 바에 의해 접근해 보도록 한다.

맥클랜드는 사람의 행동을 결정하는 중요한 요인으로 무엇인가를 달성하고자 하는 성취욕구와 누군가와 어울리고자 하는 친교의 욕구, 타인을 통제하고자 하는 권력의 욕구를 제시하였다.

그 중에서 성취욕구가 기업을 운영하는 사람들의 핵심적 특징이라고 주장하였다. 즉 성취욕구가 높으면 문제해결을 주도적으로 처리하려하거나 목표에 대한 달성을 위해 노력하는 성향이 있다는 것이다.

이러한 성향은 기업경영자들의 성향에 잘 부합한다고 할 수 있으며 이러한 주장을 정리해 보면 다음과 같다.

표 3-3 창업자의 역할과 요구능력

창업자 역할	필요능력
사업구상 및 기회발굴	열정적 의욕, 정신적 능력, 개념적 능력, 시장파악 능력
사업진행 및 실천	기술적 지식, 의사결정 능력, 추진력, 열정적 의욕
우호적 관계형성	인간관계 능력, 의사소통 능력, 기술적 지식
리더십 발휘	의사소통 능력, 동기부여 제공, 비전공유 능력

1. 과업지향적

창업을 하는 사람들은 그렇지 않은 사람들에 비해 더 어려운 일이나 성취에 의해 의의를 느낄 수 있는 일들에 관심을 갖게 된다. 또한 도전에 대한 가치 혹은 일의 결과로부터 얻게되는 보상과 지위보다는 일 자체의 성취과정에 관심을 갖는다.

성취동기가 높은 사람은 더 보람을 느낄 수 있고, 도전할 가치가 있는 일에 관심이 많으며 성취동기가 낮은 사람에 비해 일을 더 잘 해낸다.

2. 모험지향적

창업자는 어느 정도의 모험성을 선호하며 자력으로 성취하는 데 더 만족을 느낀다. 너무 쉽거나 단순한 일에는 관심을 덜 갖게 된다. 그 이유는 쉬운 일에 대한 달성이 자기능력에 대한 과시를 평가받을 수 없기 때문이다. 하시난 보험지향적 창업자라도 능력에 비해 지나치게 어려운 일에는 흥미를 갖지 않는다.

3. 자신감

창업자는 스스로의 정보분석을 통해 추진하는 일에 대한 성취가능성을 발견하게 되면 더욱 확고한 자신감을 갖고 일을 실천한다. 창업자의 자신감은 비즈니스 성공을 위해서 그 어떤 요인보다도 더 중요함에 틀림없다.

또한 창업이후 발생하는 다양한 문제들은 창업자의 좌절과 스스로에 대한 자신감을 떨어뜨릴 수 있다. 이는 누구나 겪는 당연한 과정이지만 극복하지 못하는 창업자라면 추진하는 사업들도 실패할 수밖에 없다. 이 상황에서 창업자는 일에 대한 열정과 창업에 대한 지속적인 사신의 소신을 바딩으로 성취할 수 있다는 자신감을 가져야만 한다. 수없이 발생하는 난관들은 결국 자신감을 통해 도전하고 풀어갈 수 있게 될 것이다.

4. 열정적 혁신활동

창업자는 일에 집중하고 더 새로운 일을 발굴하고 계획하며 온갖 노력을 기울인다. 좀 더 가치있는 일과 조금은 어려운 일에도 자신의 능력측정을 위해 일에 매진하기도 한다. 그리고 그 일에서 무엇인가를 찾고 개선하고 문제를 해결하는 대안도 제시하며 나름대로의 보람과 성

취감을 얻는다.

우리는 이 과정을 혁신이라 부르며 혁신을 통해 결국 아이디어를 고객가치창조를 위한 상품과 서비스로 만들어 낼 수 있게 된다.

5. 미래지향성

창업자는 새로운 일에 대한 성취를 위해 언제나 장기적인 접근을 한다. 그런 과정속에서 일어나는 어려움과 갈등에 대해 참아내기도 한다. 곧 미래에 얻게 될 미래가치에 대해 성취만족을 개인적으로 기대하고 있는 것이다. 또한 그 과정에서 창업자는 자신감을 얻기도 한다.

제2부

창업의 기본과정

제4장 아이템 선정
제5장 사업타당성 분석
제6장 사업계획서
제7장 상권분석 및 입지조건

제4장

아이템 선정

[스타트업 리포트]

'1인 가구와 함께 뜬 셀프 스토리지' 압도적 1위 '다락' 만든 세컨신드롬

AI가 공기 질까지 관리하는 짐보관 서비스
1인 가구 증가에 맞춰 내년까지 150개 지점 확대

1인 가구가 증가하며 새롭게 성장하는 사업이 있다. '셀프 스토리지'라고 부르는 짐보관 서비스다. 살면서 짐이 늘어나는 것은 어쩔 수 없는 일. 하지만 여기 맞춰 집을 늘리기는 힘들다. 그래서 일정액을 내면 집에 보관하기 힘든 짐을 맡아주는 사업이 바로 짐보관 서비스다. 해외에 보편화된 짐보관 서비스가 국내에서도 1인 가구가 늘며 급속도로 확대되고 있다.

홍우태(40) 대표가 2016년 창업한 세컨신드롬은 단순 창고업이었던 짐보관 서비스를 인공지능(AI)과 사물인터넷(IoT)을 이용해 해외에서도 찾기 힘들만큼 획기적으로 바꿔 놓은 신생기업(스타트업)이다. 덕분에 그가 선보인 '미니창고 다락'은 전국에 55개 지점이 돌아갈 만큼 급성장하며 국내에서 압도적 1위를 달리고 있다. 서울 강남역 인근 다락지점에서 그를 만나 성공비결을 들어 봤다.

홍우태 세컨신드롬 대표가 서울 테헤란로의 다락 강남역점에서 AI를 이용한 짐보관 서비스에 대해 설명하고 있다.

◇ AI가 공기질까지 관리

과거 짐보관 서비스라면 낡은 창고와 컨테이너를 떠올리기 십상이다. 빈공간에 되는대로 짐을 넣어 놓고 돈을 받는 것이 전부여서 관리인력 외에 별다른기술이나 시설투자가 필요없다. 그렇다 보니 오래 맡기면 온도와 습도관리가 안 돼 물건이 망가지거나 변질되기도 한다.

하지만 다락지점에 들어서면 기존에 갖고 있던 짐보관 서비스에 대한 선입견이 깨진다. 다락은 모든 과정이 자동화돼 사람이 필요없는 무인시설이다. 출입구와 옷장을 닮은 짐보관 시설인 로커에 앱으로 여닫는 디지털 잠금장치가 설치돼 있고, 무인카메라로 내부를 살핀다. 또 공기청정기와 냉난방시설을 가동해 적정온도와 습도를 유지하며 물건의 손상을 막아주고 깨끗하고 쾌적한 환경을 유지한다.

이 모든 것들을 '다락 AI관제 솔루션'이라고 부르는 자체개발한 AI 시스템이 통제한다. 본사 중앙 관제센터에 설치된 AI는 각 지점의 카메라와 천장에 설치된 IoT 감지기를 이용해 출입장치, 조명과 냉난방장치 등을 원격 제어한다. "IoT 감지기가 온도, 습도를 확인해 본사 관제센터로 보내면 AI가 자동으로 냉난방기를 작동하죠. 지하에 있는 지점은 IoT 감지기가 이산화탄소포화도 등 공기질까지 측정해 공기청정기를 가동해요. 누수, 누전 등 이상 상황만 직원에게 알려요. 따라서 굳이 사람의 손을 거칠 필요가 없어 지점을 계속 늘려도 인건비가 증가하지 않죠."

◇ 앱으로 맡기고 찾는다

이용 방법은 간단하다. 다락 홈페이지나 스마트폰용 소프트웨어(앱)에서 집근처지점을 찾아 빈공간

세컨신드롬이 운영하는 짐보관 서비스인 다락의 서울 강남역점 모습. AI가 냉난방, 조명 및 공기질까지 관리하는 공간에 취미용품부터 각종 짐을 보관할 수 있다.

을 예약하고 결제한 뒤 짐을 맡기면 된다. 다락지점들은 24시간 운영돼 아무때나 짐을 맡기고 찾을 수 있다. 짐이 무거울 경우 배달신청을 하면 대신 실어간 뒤 보관 후 인증사진을 찍어 보내준다. "결제하면 보관공간을 열 수 있는 큐알코드가 떠요. 이용자마다 큐알코드가 달라서 안전하게 짐을 맡길 수 있죠."

보관공간은 크기가 정해져 있지만 블록을 쌓듯 기본공간을 이어 붙이면 짐에 맞춰 늘릴 수 있다. 기본공간은 2m 높이에 폭과 깊이가 각 1m다.

이삿짐도 맡아준다. "서울 명일동과 경기 일산지점에 집안살림이 모두 들어가는 공간을 갖추고 일정 기간 해외에 나가거나 이사날짜가 어긋난 사람들을 위해 이삿짐을 맡아줘요. 이삿짐도 온도, 습도가 자동조절되는 실내에 보관해 눈, 비를 그대로 맞는 컨테이너와 달리 망가질 염려가 없죠."

비용은 보관기간과 각 지점이 위치한 건물임대료에 따라 다르다. "보통 한 달 단위로 짐을 맡겨요. 4년씩 짐을 맡기는 장기이용자도 있죠. 비용은 월평균 8만 원 입니다."

맡기는 짐도 다양하다. "사진첩이나 책, 음반 등 추억이 깃든 물건부터 골프채, 낚싯대, 운동기구 등 취미용품, 아이들 장난감이나 철지난 옷과 신발, 반려동물 용품 등 다양하죠. 심지어 해외파견근무 나가면서 수백만 원대 레고 장난감을 맡긴 경우도 있어요."

◇ "연내 대기업 계열사 인수"

다락은 MZ세대 취향에 부합하며 지점이 급속도로 늘어났다. "2016년 창업 당시 서울 삼성동 무역센터점에 30평 규모의 1호점을 냈어요. 당시 다락을 알리려고 가방가득 전단지를 채워 넣고 1층부터 54층까지 걸어 올라가며 직접 전단지를 돌렸어요. 일명 '빌딩타기'라고 하죠."

이후 입소문을 타고 찾는 사람이 늘어 2, 3호점 개설간격이 1년에서 6개월로 점점 짧아졌다. 2019년 지점이 7개로 늘어나자 카카오벤처스, SBI인베스트먼트 등에서 30억 원을 투자받았다 "하나씩 늘리지 말고 대규모로 확장하자는 판단을 해서 투자를 받았어요."

2020년 말 18개 지점을 개소하며 이듬해 다올인베스트먼트, 퀀텀벤처스 등에서 추가로 100억 원을 투자받았다. 이후 지점을 서울, 경기, 인천, 대전, 대구 등 전국 55개로 확대해 1위 업체로 올라섰다. "2~5위 업체를 모두 합쳐도 우리보다 지점숫자가 적어요."

홍 대표는 지난 9월 메가박스 중앙의 짐보관 서비스사업을 인수했다. "메가박스 중앙은 영화관을 운영하는 메가박스 계열의 업체로, '보관복지부'라는 이름으로 짐보관 서비스를 하며 6개 지점을 운영했는데 잘 안 됐죠. 지난 9월 인수하며 다락앱으로 이용할 수 있게 했어요. 다락과 정체성이 달라 보관복지부라는 명칭은 그대로 유지합니다."

앞으로도 그는 지점확대를 위한 인수를 적극 추진할 예정이다. "연내 국내 대기업 계열사를 인수하려고 협상중입니다. 이렇게 되면 다락앱 안에 여러 짐보관 서비스가 들어오게 되죠."

홍우태 세컨신드롬 대표는 혼자사는 MZ세대가 늘어나면서 짐보관 서비스도 성장할 것으로 보고 다락지점을 내년까지 150개로 늘릴 계획이다.

◇ 내년까지 지점 150개로 확대

여기 그치지 않고 홍 대표는 지점을 올해 말 80개, 내년 150개로 늘릴 계획이다. 관건은 지점확대를 위한 비용이다.

비용마련을 위해 그는 지난 5월 '다락 크라우드'라는 독특한 투자금조달 시스템을 만들었다. "투자를 원하는 개인들 문의가 많아 만들었어요. 개인들이 오직 다락에만 투자할 수 있는 상품이죠. 투자단위는 1인당 최소 1,000만 원인데, 100만 원 단위까지 낮출계획입니다. 연 20% 정도 발생하는 운영수익을 월 배당으로 지급하는 투자상품이죠. 8호 상품까지 모두 완판됐고 9호 상품을 준비합니다."

월 배당이 가능한 것은 다락의 재사용률이 높기 때문이다. "다락에 1년간 짐을 맡긴 사람의 재사용률이 50% 이상입니다. 한 번 쓰면 계속 쓰죠. 따라서 매달 크라우드 펀딩에 참여한 사람들에게 꾸준히 배당을 주고도 수익이 나요."

매출도 계속 오르고 있다. "지난해 매출이 31억 원입니다. 올해 매출은 전년 대비 3배 이상 증가할 겁니다. 아직은 투자단계여서 적자이지만 내년에 흑자전환을 예상합니다."

◇ 혼자사는 MZ세대와 함께 크는 사업

홍 대표는 성균관대 경영학과를 나와 금융권에서만 11년을 일한 금융전문가다. "대학 4학년 때 썬마이크로시스템즈에 취직했어요. 문과생이 서버컴퓨팅 등 엔지니어 일을 하려니 힘들어 퇴사하고 미래에셋증권에 신입사원으로 다시 들어갔죠. 5년간 애널리스트와 금융상품팀 일을 했죠. 이후 독일계자산운용사 알리안츠글로벌인베스터스로 이직해 5년 이상 다녔어요."

그는 증권사 시절인 30세 때부터 창업을 준비한 계획형 창업가였다. "정해진 역할보다 스스로 역할을 만들고 싶어 창업을 준비했죠."

특이하게 그는 사업아이템보다 3가지 창업기준을 먼저 세웠다. "3가지 기준은 현금창출이 쉽고, AI와 관련있으며 국내에 없는 사업을 한다는 것이었습니다. 안정적인 회사원 생활을 하다가 사업가로 변신하며 큰 위험을 지기 싫어 바로 현금창출이 가능한 사업을 하기로 했죠. 또 앞으로 로봇이나 AI가 사람을 대체할 테니 사람을 많이 쓰지 않는 사업을 하되, 국내에 없는 사업을 새로 만들어 사람들에게 새로운 가치를 주고 ㅠ싶었죠. 그게 기존과 다른 짐보관 서비스였어요."

이후 5년간 일과 후 밤늦게까지 시장조사를 했다. "짐보관 서비스가 잘되려면 도시화 비율이 80%를 넘고 1인당 국민소득이 3만 달러를 넘어야 하는 조건을 발견했어요. 한국은 창업 이듬해인 2017년부터 국민소득이 3만 달러를 넘었죠."

그가 발견한 시장은 놀라웠다. "전 세계 짐보관 시장규모는 60조 원입니다. 그런데 전 세계 어디에서도 AI를 이용한 무인 짐보관 서비스를 하지 않았죠. 충격이었어요."

그는 MZ세대가 주를 이루는 1인 가구 증가와 함께 짐보관시장이 커질 것으로 확신한다. "앞으로 1인 가구는 계속 늘어날 겁니다. 결혼하면 자녀교육을 생각하며 주거를 확정하는데 1인 가구는 그런 게 없어서 주거가 불안정하고 이사를 많이 다니죠. 그래서 이들을 겨냥해 짐을 덜어주는 다락사업을 고안했죠. 이용자의 46%가 1인 가구입니다. 이 사업은 MZ세대 및 1인 가구와 함께 가는 사업이죠."

앞으로 그는 도심물류로 사업을 확대할 계획이다. "물류업체 대부분이 도시외곽에 물류센터를 갖고 있어 배송시간이 오래 걸려요. 도심에 있는 다락지점을 물류센터로 활용하면 배송 시간을 줄일 수 있죠. 이미 일부 지점을 물류센터로 활용하는 방안을 여러 물류업체들과 시험 중입니다. 이를 발전시켜 부동산 투자회사들과 손잡고 건물지을 때부터 아예 짐보관 영역을 확보해 사업을 벌이는 방안도 검토중입니다."

해외에도 진출할 계획이다. "해외에도 자동화된 짐보관 서비스가 없어요. 미국과 일본에 자동화된 IT 짐보관 솔루션을 판매하는 것을 시작으로 내년 이후 해외시장에도 진출할 계획입니다."

• 출처 : 한국일보, 2022년 12월 7일

"창업을 해서 성공하려면 늘 겪는 불편함(inconvenience)을 그냥 지나치지 말고 사업아이템으로 만드는 연습을 해야 한다"고 세계적인 모바일 메신저 업체 바이버(Viber)를 이끌고 있는 탈몬 마르코 창업자 겸 CEO가 말한다.

이는 어떤 창업아이템이든지 갑자기 나타나는 것이 아니라 우리의 생활속으로부터 나와야 한다는 것을 강조하는 것이다. 또한 '당연히 해야 하는 일'과 '무조건 해야 하는 일'에 항상 '왜'라는 질문을 던지는 습관이 필요하며 서로 이견(異見)이 있을 경우, 논쟁을 통해 결과를 도출해내는 과정이 새로운 아이템에 대한 깊이있는 생각을 하도록 유도해 낼 것이다.

제1절 창업아이템 개념과 절차

1. 개 념

창업의 기회는 매우 다양한 방법과 여러 상황에서 발생한다. 창업기회는 창업을 준비하는 동안 그 아이디어로부터 출발하여 어떤 아이템을 선택할 것인지가 가장 중요하다. 창업아이템은 창업대상이 탐색되고 이에 대한 타당성 등이 검토되면서 진행되는 창업의 중심축이다.

창업아이템이란 기업의 산출요소를 규정하며 기업의 목적달성을 위한 수단으로서 최종 목적물인 제품 혹은 서비스를 의미한다. 창업아이템은 물리적 제품, 고객들이 얻게 되는 제품과 서비스로부터의 만족, 즉 그 가치에 중점을 주고 있다. 그러므로 창업아이템은 고객의 욕구(needs)와 표적시장의 특성을 반영하면서 경쟁자와 다르게 제공하고 접근할 수 있는 차별화 요소를 가지고 있을 때 그 성공은 보장받을 수 있다.

2. 아이템 선정절차

창업에서 가장 중요한 것은 무엇일까? 아마도 비즈니스 시장을 어떤 주요무기로 승부할 것인가가 관건이 될 것이다. 즉 창업아이템을 선정하는 일이 가장 중요하다 할 수 있다.

창업아이템의 선정은 성장가능성이 있어야 하며 현재뿐만 아니라 미래의 가능성에 더 무게를 두어야 한다. 그것은 곧 성공과 연결되어질 것이며 창업하는 업종의 유기적 관계를 통해 소비자의 특성에 맞도록 아이템 탐색이 이루어져야 한다. 또한 하나의 아이템 선정보다는 여

표 4-1 창업아이템 선정절차

단 계	내 용
1단계	창업아이템 선정을 위한 다양한 정보수집
2단계	후보아이템 선정을 위한 분석, 아이템 순위결정
3단계	아이템별 타당성(시장성, 수익성, 성장성) 검토
4단계	창업아이템 최종확정
5단계	창업관련 경영수업(견습 및 경영기술 습득)
6단계	구체적 창업준비(계획서 작성, 자금조달, 회사설립, 팀 결성 등)

러 개의 후보군을 선정한 후 평가절차를 거쳐 최종 창업아이템을 선정해야 한다. 다음은 창업아이템에 대한 선정절차를 알아보자.

3. 창업아이템 탐색

여러 가지 아이템 중에서 가장 적합한 창업아이템을 찾아내는 것은 탐색단계의 핵심이라고 할 수 있다. 창업아이템의 탐색은 창업자의 흥미와 관심이 중요하다. 아무리 잘되는 사업아이템일지라도 창업자 자신이 전혀 관심이 없다면 그것은 별로 의미가 없다.

자신이 평소에 하고 싶어하는 분야와 흥미롭게 생각하는 것들을 위주로 아이템을 선발하는 것이 중요하다. 창업자의 경험과 지식 등도 창업아이템을 선정하는데 중요한 부분이다. 이것

은 창업자로 하여금 꾸준히 흥미있는 분야에 투자하도록 만드는 자신감과도 연결될 수 있다.

특히 기술적 부문에 창업하는 경우에는 국내외 기술수준을 명확하게 파악하고 향후 제품과 기술의 발전동향, 수요예측 등이 창업아이템을 선정하는데 중요한 요인이 된다. 상세한 정보가 없는 경우에는 유사분야 혹은 관련분야에서 종사하는 사람들의 객관적인 조언이 큰 도움이 되기도 한다.

4. 창업아이템 탐색요령

창업아이템은 자신의 가장 가까운 주변에서부터 접근하는 것이 바람직하다. 정보수집을 통해 사전에 준비하고 사람들과의 인터뷰과정을 통해 얻은 것들은 빠짐없이 기록하고 정리하는 습관이 필요하다. 또한 다양한 견해에 대해서는 옳고 그름을 판단하기 전에 먼저 기록하되 상황에 맞도록 연결지어보는 것도 필요하다. 개인의 편견에 의해 비판적인 의견을 무시하거나 하면 창업아이템에 대한 다양한 접근이 이루어질 수 없다.

창업아이템을 위한 정보원천(source)으로는 신문과 잡지 등의 인쇄물 혹은 TV 프로그램 등 다양한 채널이 있다. 특히 인터넷을 통한 창업사이트 활용은 최근 창업아이템 선정을 위해 좋은 수단이기도 하다. 이러한 다양한 창업관련 정보원천을 통해서 향후 창업시장을 예측해 보고 나름대로의 시장전망도 해 볼 수 있다.

이러한 과정을 거쳐 선택한 몇 가지의 창업아이템은 다음단계에서 직접 시장에 대한 반응과 현장조사를 실시한다. 그것은 현장에서 아이템이 갖는 특성을 직접 확인함으로써 아이템에 대한 위험(risk)을 파악할 수 있게 된다.

또한 장·단점 파악을 통해 아이템에 대한 차별화 포인트를 찾아내는데 주력할 수 있게 된다. 이 때 국내시장과 해외시장 모두를 망라하여 동향을 파악한다면 좀 더 구체적인 접근이 될 수 있다. 특히 자신의 관심아이템은 여러 분야에 걸쳐 구체적 정보와 잠재성 전망을 진단해 보는 것이 더욱 필요하다.

5. 창업아이템 탐색방법

창업아이템을 탐색하는 과정에서는 양적접근으로 시작하여 질적접근으로 귀결하는 것이 바람직하다. 물론 양적정보만 많아지는 것은 좋은 접근은 아니나 정보량이 너무 적을 경우, 다양한 정보에 대한 정보탐색이 한계가 있을 수 있다. 그러므로 탐색단계에서는 더 많은 아이템을 찾는 것이 좋다. 그렇게 찾아낸 아이템이 여러 타당성 진단에 의해 자신이 찾는 최적의 아이템으로 만들기 위해서는 일반적으로 다음과 같은 방법을 사용한다.

1) 설문지를 통한 점수합계법

이 방법은 창업아이템에 대한 기본적인 평가를 위해 충분한 내용으로 설문문항을 구성하고 설계하여 아이디어를 선별해내는 접근방법이다. 그 방법은 조사자의 결정에 의해 5점 혹은 7점의 리커트척도를 활용한다. 충분한 내용의 검토와 점검을 통해 각각의 항목에 점수를 부여하고 부여된 점수의 합계를 계산하여 아이템 내용에 객관적인 경쟁력을 진단하는 방법이다.

이 방법에서는 아이템과 관련된 주요한 설문문항을 만들어 내는 것이 중요하다. 단순하게 다양한 내용을 나열하기 보다는, 내용구성을 카테고리별로 그룹핑(grouping)하는 것이 더 효율적이다. 그러기 위해서는 먼저 창업아이템과 관련된 핵심 성공요인(CSF: critical success factor)을 찾아낸 후, 각각의 4P를 중심으로 분류하고 설문문항을 전개한다.

설문지를 통한 점수합계법의 활용 예는 〈표 4-2〉와 같다.

예를 들면, 먼저 제품관련 설문문항을 모두 정리한 후 가격관련 문항을 구성하며, 유통과

표 4-2 설문지를 통한 점수합계법의 예

구 분	내 용	척 도				
		1점	2점	3점	4점	5점
1	제품의 품질은 우수한가?					
2	제품의 기능은 다양한가?					
3	제품의 디자인은 경쟁력이 있는가?					
4	제품의 가격은 경쟁력이 있는가?					
5	제품의 가격은 고객이 선호하는가?					
6	해당 제품을 취급하는 유통점은 가까운가?					
7	취급 유통점 내 제품의 구색은 다양한가?					
8	제품관련 프로모션은 다양한가?					
9	고객들은 제품광고에 호의적인가?					
10	제품의 서비스는 잘 이루어지는가?					
11	생산관련 기술적 문제는 없는가?					
12	신제품에 대한 경쟁력은 있는가?					
합 계						

Highlight

"라이프스타일에 주목"…생활 파고드는 기업에 돈 몰린다

라이프스타일 혁신하는 스타트업에 투자금 몰려
기술력 · 실행력은 물론, 트렌드 캐치능력도 중요
"라이프스타일 주목하면 이미지 개선 · 매출 성장"

"기술력은 기본이고, 소비자 라이프스타일을 파고들어 그 안에서 또 다른 가치를 창출할 여력이 있는지를 본다."

경기불황 속 소비자의 '라이프스타일'을 앞세운 스타트업들의 투자유치소식이 심심찮게 들리는 가운데 최근 만난 한 투자사 대표가 한 말이다. 소비자들이 좀처럼 지갑을 열지 않는 현 시기에 '라이프스타일'은 스타트업들이 투자라운드를 돌 때 빠뜨리지 않는 단어가 됐다는 설명이 덧붙는다.

소비자 라이프스타일에 집중하는 기업들이 속속 브랜드 이미지뿐 아니라 매출성장세를 보이자 스타트업을 바라보는 투자사들의 시각도 달라지는 모양새다. 기술력은 물론, 하루가 다르게 변화하는 사람들의 라이프스타일을 빠르게 캐치하고 이를 토대로 일종의 새로운 문화를 만들어내는 기업을 물색하기 시작하면서 극초기부터 후기단계에 놓인 스타트업들의 움직임도 민첩해진다.

◇ 라이프스타일 집중했더니 팬덤까지…영역확장하는 스타트업

라이프스타일을 내세운 스타트업들 중 가장 화제를 모은 곳은 푸드 · 라이프스타일 브랜드기업 GFFG다. 지난 2015년 설립된 GFFG는 도넛 브랜드 노티드와 수제버거 브랜드 다운타우너를 비롯해 총 9개의 외식브랜드를 운영하고 있다.

GFFG는 단순 외식브랜드에서 더 나아가 소비자 라이프스타일에 영향을 끼치는 기업으로 거듭났다는 평가를 받는다. 킬러메뉴들이 MZ세대를 중심으로 인기를 끌자 푸드지적재산권(IP)을 바탕으로 타 브랜드들과 협업제품을 내놓으며 팬덤을 형성했고, 외식에서 더 나아가 라이프스타일까지 사업영역을 확장했다는 설명이다.

올해 11월 약 490억원 규모의 시리즈C 투자를 유치한 비대면 모바일 세탁서비스 '런드리고' 운영사 의식주컴퍼니도 마찬가지다. 국내 최초로 비대면 모바일방식의 세탁서비스를 선보인 의식주 컴퍼니는 '편리미엄(편리함+프리미엄)' 트렌드를 빠르게 잡아냈다는 평가를 받는다. 집안일이 외주화됨에 따라 단순 세탁서비스에서 그치지 않고 고객들의 의식주 전반의 문제를 해결하며 사업영역을 확장하고 있다는 설명이다.

◇ 극초기 스타트업도 비슷…화초관리부터 육아까지

극초기 투자라운드를 도는 신생 스타트업들도 예외는 아니다. 투자사들이 한 번의 클릭 혹은 킬러제품 등으로 생활 속 편리함을 추구하는 업체에 주목하면서 애초 업체 방향성을 '라이프스타일 플랫폼' 등으로 정하고 사업을 꾸리는 곳도 속속 포착된다.

예컨대 식물관리 플랫폼 스타트업 트리팜은 최근 프리A 시리즈 투자를 유치했다. 회사가 운영하는 식물관리 커머스 '식물회관'은 식물에 대한 전문지식없이도 누구나 간편하게 식물관리를 받을 수 있는 서비스다. 흙갈이나 화분교체, 식물심기 등 고객이 필요한 서비스를 신청하고 문앞에 내놓으면 식물회관이 직접 수거후 농원을 연결해 화분관리작업을 하고 다시 고객에게 배송해 준다. 트리팜에 투자한 뉴패러다임인베스트먼트는 개별적으로 나뉜 식물생활을 하나의 앱에서 해결했다는 점을 높이 평가한 것으로 전해진다.

육아 라이프스타일 플랫폼 '키즈닝'을 운영하는 밀크코퍼레이션도 마찬가지다. 회사는 키즈닝을 통해 육아소비정보 비대칭문제를 겪는 소비자들의 불편함을 해소한다는 평을 받으며 최근 시드 브릿지투자를 유치했다. 특히 유저가 플랫폼을 통해 다양한 셀러와 육아상품을 접할 수 있도록 하며 디지털 네이티브 육아세대 소비자가 편리하고 합리적으로 소비할 수 있는 환경을 제공한다는 평가다.

관련업계 한 관계자는 "소비자 라이프스타일에 집중하는 기업들은 그간 큰 매출성장을 꾀해왔다"며 "예컨대 국내 한 가구업체의 경우, 코로나19가 유행하던 시기 소비자들의 라이프스타일이 크게 변화할 것을 예측하고 업무·학습공간 콘셉의 가구를 출시해 매출성장을 견인한 사례가 있다"고 말했다. 그는 이어 "소비자 일상에 집중한 덕에 해당 업체는 가구전문 브랜드라는 정형화된 이미지에서 소비자 라이프스타일과 함께 숨쉬는 기업이라는 이미지까지 갖추게 됐다"며 "이러한 성공사례가 있다보니 스타트업들도 이 부분에 중점을 두고 비즈니스를 꾸리는 것"이라고 덧붙였다.

• 출처 : 이데일리, 2022년 12월 16일

아이템 선정,
어떤 상품을 판매할 것인가?

시장 상황과 아이템에 따른 특성을 고려하여
자신이 가장 잘 판매할 수 있는 자신 있는 아이템으로 성공창업의 시작을 준비하세요

관련된 설문문항을 도출한 후, 촉진관련 문항을 차례대로 정리한다. 더불어 시장관련, 인적자원관련, 생산관련, 서비스관련 등의 구체적인 내용들을 중심으로 질문문항을 만들고 아이디어를 선별할 수 있도록 활용한다.

또한 각 항목에 대한 점수척도는 '매우 그렇다' 5점, '조금 그렇다' 4점, '보통 그렇다' 3점, '조금 그렇지 않다' 2점, '전혀 그렇지 않다' 1점으로 표시한다.

설문항목이 제대로 구성된 이후 항목마다에 점수를 표시하고 모든 항목의 총합계를 계산하여 현재 구성된 설문문항에 대한 아이템의 경쟁력을 창업자 스스로 판단해 보는 기회를 가질 수 있다. 물론 창업 이후에는 동일한 방법을 통해 고객에게 직접 의견을 물어보고 고객에 대한 다양한 의견을 수렴하는 좋은 수단으로 활용하기도 한다.

2) 가중치지수법

가중치지수법은 창업아이템의 성공요인을 중심으로 핵심요인들에 가중치를 부여하고 합계된 점수의 범위에 따라 아이디어를 평가하는 방법이다. 이 방법은 의사결정시 여러 가지 대안을 선택하고 확정할 때에도 활용된다. 이 방법은 다음과 같은 절차가 필요하다.

■ **성공을 위한 주요 요인(CSF)을 먼저 선정한다**

창업아이템과 관련하여 가장 중요한 성공요인을 찾아낸다. 이 과정에서 다양한 요인들을 찾아보지만 그중에 최적의 요인들을 발굴하는 것이 중요하다.

대부분의 경쟁력 있는 성공요인은 4p'를 중심으로 한 제품요인, 가격요인, 유통요인, 촉진요인 이외에 디자인요인, 서비스요인, 입지요인, 설비요인 등을 선정할 수 있다.

■ **성공요인이 결정된 후, 중요도에 따라 가중치(weight)를 다르게 부여한다**(단, 가중치의 합

은 반드시 100이 되어야 한다)

첫 단계에서 찾아낸 성공요인 중 그 합이 100이 되도록 그 중요도를 각각 부여한다. 점수를 부여하는 과정에서 가능한 객관적인 접근이 필요하며 반드시 가중치에 대한 부분을 신중하게 검토해야 한다.

- **요인에 대한 평가척도를 만들고 해당 평가척도를 부여한다**(예를 들어 1점~10점으로 함)
- **가중치와 평가척도를 서로 곱하여 평가점수를 계산한다**
- **성공요인별 총 점수를 계산하고 평가점수의 합계를 통해 성공요인별 평가를 실시한다** (평가과정에서 평가의 기준은 상대적 의미를 갖게 된다)

위의 절차에 의해 예제를 만들어 보면 다음과 같다(표 4-3 참조).

예제에서 보는 것처럼 가중치를 활용한 지수법에 의해 창업하려는 아이템은 조금은 부족하지만 어느 정도(66점 획득) 괜찮은 사업아이템으로 평가되었다. 평가 이후 창업자는 성공요인에 대한 평가점수를 면밀히 분석하고 전략으로 연결시켜야 한다.

〈표4-3〉에서 보면, 평가점수가 상대적으로 낮은 유통요인, 디자인요인, 입지요인에 대한 구체적인 전략이 수립되어야 한다. 유통요인강화를 위해 무엇을 준비할 것인지? 디자인요인의 경쟁력 증진을 위해 어떤 노력을 할 것이지? 입지요인강화를 위해 정보탐색은 어떻게 할 것인지? 등을 구체화된 프로그램으로 수립해야만 한다.

이와 같은 가중치지수법에 의한 평가방법은 성공요인 선정과 각각의 요인에 대한 가중치 부여과정에서 창업자 개인의 주관이 개입될 소지가 있어 나름대로의 한계점을 가지고 있기도 하다.

제2절 창업아이템 선정

시장에서의 새로운 창업을 위해서 아이템의 탄생은 기나긴 시간을 기다리게 된다. 모든 업종에서 상품이 시장에 출시되기까지는 아이디어 도출과 개발기를 지나 도입기까지 이르는 오랜 기간 동안의 노력과 비용이 투입된다. 창업측면에서도 새로운 아이디어, 기술 등이 시장에 도입되기 위해서는 비용과 시간에 대한 노력이 부단히 필요하다. 그러나 이런 노력이 뒤늦게 허사가 되는 경우가 종종 발생한다. 그것은 바로 기술에 관한 사전점검을 확인하지 않는 것이

표 4-3 가중치지수법 예제

성공요인	가중치(weight)A	요인에 대한 평가척도(B)	평가점수(A*B)*0.1
		1점 ~ 10점	
제품요인	30점	8	24점
가격요인	20점	9	18점
유통요인	15점	6	9점
촉진요인	15점	8	12점
디자인요인	10점	1	1점
입지요인	10점	2	2점
합 계	100점		66점

다. 최근 들어 첨단제품이나 신기술과 관련해서는 창업전 국내외 특허관련 혹은 기술등록 여부에 대해 반드시 사전에 확인해야 한다. 이것은 추후분쟁의 소지를 없애는 중요한 절차다.

그렇다면 창업시 성공할 수 있는 유망아이템은 어떤 것일까? 누가 뭐라해도 그것은 시장성, 수익성, 성장성, 안정성 등이 보장되는 대박아이템일 것이다. 하지만 세상에는 이렇게 완벽한 아이템은 존재할 수 없다. 그러므로 유망한 아이템은 성공이 보장되는 것보다는 목표시장이 가능하면 비수기보다는 성수기가 길고 경기에 덜 민감하며 수익의 지속성이 오래 유지되는 업종으로 이해하면 될 것이다. 물론 동시에 부가가치가 있고 실패확률이 낮다면 그야말로 유망한 아이템인 것이다.

1. 창업아이템 선정의 기본원칙

- 자신의 적성과 경험, 지식 등이 사업수행능력에 적합한가?
- 창업아이템이 경쟁자와 비교해 차별성이 있는가? 혹은 지속적 경쟁우위가 있는가?
- 자금동원능력이 있는가?
- 창업아이템에 대한 잠재수요층이 있는가?
- 창업아이템이 성장가능성이 있는가?
- 입지선정의 용이성이 있는가?
- 사업형태(도매업 혹은 소매업?) 및 취급제품과 서비스는 무엇인가?
- 투자비용의 회수는 언제쯤 가능한가?
- 상품조달과 지속적인 공급이 가능한가?
- 창업인가 혹은 창업절차는 어떠한가?

- 국내외 기술, 특허관련 분쟁소지는 없는가?

기본원칙에서처럼 창업아이템 선정시 크게 다섯 가지 분야의 고려사항이 있을 수 있다. 창업자의 적성과 능력, 상품과 서비스의 시장성, 수익성, 상품성, 위험성 등을 고려해야만 한다. 이것은 창업을 준비하기 전에 고려할 사항이지만 창업후 경영을 하면서도 지속적으로 점검해야 하는 부분들이다.

2. 창업자의 성격과 창업아이템

창업아이템을 선정할 때 창업자의 성격과 적성을 반영하는 것이 좋다. 물론 절대적인 것은 아니지만 고려할 사항임에는 틀림없다. 자신의 적성과 맞아야만 더욱 애착도 가질 수 있고 관심이 깊어지기 때문이다.

사람들의 성격은 다양하지만 여기서는 7가지 성격과 창업아이템을 제안해 보면 다음과 같다.

(1) 아이디어형

새로운 아이디어를 내놓는 스타일(style)의 소유자들은 주로 발명사업가, 벤처사업가와 같은 모험지향적이며 미래지향적인 업종에 적합하다. 예를 들면 과학모형기기 전문점, 소프트웨어 개발, 정보통신업종 등이 여기에 속한다.

(2) 저돌적 추진형

사람들 중 추진력이 있고 도전적인 성격의 소유자들이 있다. 이런 사람들은 종업원 통제 및 관리가 능하고 고객접대의 노하우가 필요한 사업에 적합하다. 예를 들면 주점업, 이삿짐센터, 오락이벤트업, 실내사격연습장, 경기용품판매업 등이다.

(3) 사교형

사람들과 사귀기를 선호하며 많은 사람들과 잘 어울리는 사람들은 비교적 많은 업종에 적합한 성격이다. 예를 들면 웨딩이벤트업, 유통판매업, 여행알선 등의 업종이다.

(4) 소극형

소극적인 성격의 소유자들은 큰 영업활동 없이도 꾸려갈 수 있는 업종이 적합하다. 주로 일상적으로 고객이 찾아오는 아동의류, 완구·팬시점, 꽃가게, 여성의류, 숙박업, 전통찻집 등의 업종이다.

Highlight

[실리콘밸리사람들] 김명선 KVIC 미국센터장 "실리콘밸리는 나무보다 숲보는 곳"

김명선 한국벤처투자(KVIC) 코리아벤처창업센터 미국센터장.

"다양성을 존중하고 성과를 보상하고 평등한 의견개진 등 실리콘밸리의 혁신요소는 너무나 많다. 그 중에서도 나무보다 숲을 보는 투자자가 많다는 점이 실리콘밸리 혁신의 원동력이 아닐까 생각한다."

지난 2021년 9월부터 한국벤처투자(KVIC) 코리아벤처창업투자센터 미국센터(이하 KVIC 미국센터)를 이끌고 있는 김명선 센터장이 생각하는 실리콘밸리만의 강점이다. 김 센터장은 "상대와 나의 시간을 소중히 여기는 문화도 실리콘밸리의 혁신 원동력으로 보인다"면서 "사람마다 느끼는 바가 다르겠지만 상대와 나의 시간을 소중히 여기는 실리콘밸리 문화도 실리콘밸리 혁신의 바탕으로 느껴졌다"고 했다.

◇ 나무보다 숲, 시간 소중히 여기는 실리콘밸리

그는 "회의 참여자가 가장 편한 시간대에 필요한 시간만을 미리 책정해 약속을 잡고 핵심 위주로 논의, 쟁점에는 해결책을 찾되 상대의 시간과 노력이 과다할 것 같다면 무리하게 요구하지 않는 것도 실리콘밸리만의 문화다"고 소개했다. 회의 후 실현가능한 액션플랜을 정리하는 실리콘밸리의 문화가 업무효율을 높이고 관계를 개선하는 점도 그가 발견한 실리콘밸리만의 문화다. 김 센터장은 "실리콘밸리에서 열리는 네트워킹, 해피아워(Happy hour)도 격식없이 편안하게 비즈니스 어젠다를 논의하고, 정시에 끝난다"고 말했다.

그는 "사회시스템이 상대와 나의 시간과 노력을 낭비하게 할 때, 이를 해결하려는 노력이 창업과 혁신으로 이어졌다"면서 "교통혁신을 이룬것도 상대와 나의 시간을 소중히 생각하는 실리콘밸리 문화가 도내나"고 소개했다.

그러면서 우버의 탄생배경을 소개했다. 우버는 우버의 창업사 드레비스 갈라닉이 지난 2008년 프랑스 파리에서 택시를 잡지못해 큰 불편을 겪은 후 터치만 하면 차가 오는 스마트앱을 만들 수 없나 하는 고민끝에 창업됐다.

그는 이런 실리콘밸리의 문화를 파악하고 KVIC 미국센터에서 우수한 미국 VC(벤처투자)펀드를 발굴하고 현장 실사를 통해 KVIC이 어떤 펀드에 출자할 것인지 판단하는 의견을 제시하는 것을 주업무로 하고 있다. 또 한국 스타트업의 미국 시장진출을 지원하는 것도 또 다른 주 업무다. KVIC 미국센터는 미국 VC로부터 투자유치를 돕기 위해 연간 30~40개 한국기업들의 프라이빗 IR을 개최한다. 또 실리콘밸리 내 한인스타트업, VC 커뮤니티를 적극 지원해 미국 내 한인사회 영향력 강화에도 기여하고 있다.

◇ 우수기술, 사업모델 확보 스타트업은 살아 남는다

김 센터장은 "각 VC의 투자전략이 상세하게 담긴 자료를 읽어나가며 질문을 도출, 실사를 통해 면밀히 확인하는 과정은 LP(유한책임투자) 투자기관 업무의 본질에 해당하는데 국익에 기여하는 일이는 만큼 제가 가장 집중하고 있다"고 소개했다. 그는 "센터장으로 일한 뒤 1년이 넘는 시간동안 우수후보사들을 직접 만나 그들의 전략이 현 시장상황에서 어떠한 의미가 있는지 한국벤처 생태계 발전에 어떤 의미가 있는지 고민하고 생각을 정리하던 일도 기억에 남는다"고 했다.

KVIC 미국센터는 올해 '실리콘밸리 디지털 유니콘·스타트업 간담회'와 '뉴욕 한미 스타트업 서밋' 행사를 주도했다. 김 센터장은 "이런 행사를 통해 한국과 미국의 유수한 스타트업, 유니콘기업, 탑티어 VC를 초대해 스타트업 축제를 알차게 만들 수 있었다"고 설명했다. 그는 "정부단위의 행사를 함께 하면서 KIVC 미국센터가 한 · 미 벤처생태계 전체를 조망했고 네트워킹을 통해 한국 스타트업들이 글로벌무대를 누릴 수 있는 교두보를 마련했다고 생각한다"고 힘줘 말했다.

현재 실리콘밸리는 한국과 마찬가지로 어려운 경제환경과 주식시장 하락세에 스타트업들의 자금확보가 어려운 상황이다. 하지만 예외도 있다는 것이 그의 분석이다.

김 센터장은 "스타트업 자금모집단계의 특성상 창업초기단계 기업들일수록 주식시장의 직접 영향권에서는 벗어나 있다"고 진단했다. 우수한 기술과 사업모델을 확보한 스타트업들은 어려운 여건하에서도 활발하게 자금모집을 하고 있다는 것이다. LVIS(뇌 회로분석)와 팬텀 AI(자율주행 솔루션) 젠에디트(유전자치료) 등이 대표적이다.

그는 "정부가 이미 해외 VC글로벌 펀드의 확대조성을 천명한만큼 KVIC 미국 코리아벤처창업센터도 한국 · 한인 스타트업의 글로벌성공을 위해 일조하고 싶다"며 이같이 강조했다. "세계 무대에서 활약하고 있는 한인 스타트업 대표들을 한국국민들이 더 잘 알고 자랑스러워 하며 이분들이 한국 경제발전의 힘이 될 수 있도록 한국벤처투자(KVIC) 코리아벤처창업투자센터 미국센터가 힘을 쏟겠다"고 덧붙였다.

◇ 한국벤처투자(KVIC)는

VC(벤처투자)펀드에 출자해 한국 스타트업에 자금을 지원하는 정부 모태펀드전문 운용기관이다. 국내 VC뿐 아니라 해외 VC에도 출자해 한국 스타트업의 해외진출을 지원하고 있다. KVIC은 미국을 비롯해 중국, 싱가폴 등 3곳에 코리아벤처창업투자센터를 운영중이고 유럽에도 개소를 준비중이다.

지금까지 KVIC은 해외 VC글로벌펀드라는 전문펀드를 통해 10개국 52개 해외자펀드에 총 5634억 원을 출자, 6조 6976억 원 규모의 펀드를 조성해 왔다. 이를 통해 470개 한국기업에 9267억 원을 투자했다. 이 중 미국 자펀드는 27개로 2246억 원을 출자해 2조 8479억 원 규모로 펀드가 조성되어 있다.

미국 자펀드를 통해 408개 한국기업에 총 6550억 원이 현재까지 투자됐다. KVIC의 미국 자펀드를 통해서 한국의 간판 유니콘기업들이 배출되기도 했다. 비바리퍼블리카(토스운영 핀테크기업)를 비롯해 컬리(온라인 쇼핑 · 배송기업), 당근마켓(중고거래 커뮤니티), 직방(부동산거래 플랫폼)등이 대표적이다.

• 출처 : 파이낸셜뉴스, 2022년 12월 18일

(5) 연구형

연구형 성격은 교육사업 및 컨설팅사업 등의 지식사업에 적합하다. 예를 들어 학습교재 대여점, 학원업, 독서실, 창업 및 경영컨설팅업 등의 업종이다.

(6) 원칙주의형

창업자의 성격이 원칙주의를 선호하는 유형은 개인을 위한 공급자 중심형 사업에 어울린다. 전기제품 혹은 주택관련 수리업, 청소용역업, 자동차수리업 등의 업종이 적합하다.

(7) 인내형

성격이 우직하고 인내심이 많은 성격은 개인서비스업이 적합하다. 고객의 다양성이 집요하게 요구되는 현시점에서 잘 참아낼 수 있도록 인내가 요구되는 업종은 전문음식점, 출장배달서비스업, 택배업 등이 이에 해당한다.

제3절 창업아이템 평가

창업아이템 평가항목으로는 사업수행능력분석, 제품성 분석, 시장성 분석, 수익성 분석, 자금수지 분석 등으로 이루어진다. 이를 구체적으로 설명하면 다음과 같다.

1. 평가기준

창업아이템의 평가기준으로는 절대평가와 상대평가기준으로 구성된다. 절대평가의 기준은 경영이념 및 목표와의 부합도, 전략과의 일치성, 법률적인 제한, 공익에 대한 저해여부, 과다한 소요자금, 기술확보여부, 마케팅활동 저해요인 등이다.

상대평가기준은 업계의 매력도(시장규모, 시장성장성, 제품의 성숙도 등), 진입가능성(경영노하우, 전문기술, 자금운용능력 등), 경쟁력(생산능력, 연구개발력, 마케팅능력 등), 수익성(매출, 수익률, 투자회수 기간 등), 위험 등이다.

창업아이템 심층평가 장면

2. 사업수행능력분석

(1) 사업의 목적

기본적으로 사업목적이 경영이념과 일치하는지의 여부와 정관 등에 나타난 사업의 목적과 범위, 창업자의 경력, 적성 등이 사업아이템과의 부합정도를 검토한다.

(2) SWOT 분석

경쟁자를 포함한 경영 외부환경을 기회(opportunities)와 위협(threats)으로, 조직의 내부환경을 강점(strengths)과 약점(weaknesses)으로 파악하여 기업의 제대로 된 현위치를 직시한다.

즉 강점을 최대로 부각하고 약점을 보완하여 전략을 수립할 수 있도록 준비한다. 이는 경쟁사와의 비교를 통해 진지한 분석과 정보전략 수립으로 경쟁력확보의 근간을 이루는 것이다.

이러한 평가요인으로는 시장점유율, 경쟁적 우위, 인적자원의 수준, 기술력, 재무능력, 경영자의 능력 등이 포함된다.

(3) 사업경영의 특징

경쟁사 대비 조직적인 면, 생산적 요소, 마케팅측면 등의 차별화 전략과 소비자 지향적인 기업을 부각시키기 위한 경영전략수립의 가능성 여부를 검토하고 확인한다.

3. 제품성 분석

(1) 제품성

제품의 용도 및 기능, 물리적 특징과 국내외 표준규격품과의 품질 및 기술수준을 확인한다.

(2) 생산계획 검토

생산공정의 타당성, 생산방식, 생산인력의 자격요건, 생산능력, 기간별 가동률에 대한 전반적인 생산계획을 확인한다.

(3) 입지조건

교통의 용이성, 전력, 원재료 조달용이성, 종업원 접근용이성, 사업장 취득상 제한사항 등 입지조건 제반을 확인검토한다.

번화가 입지상권의 모습

(4) 기술성 분석

기술성 분석은 창업아이템 또는 생산제품의 개발, 설계, 생산을 추진하는데 있어 아이템의 성능과 기술구현, 자체개발과 아웃소싱여부, 차별화구현을 위한 기술적인 항목 등을 검토해야 한다.

특히 최근 기술적인 타당성 검토에서 중요해지는 것은 인증과 관련된 것이다. 수출의 경우 거의 상품마다 CE마크 인증을 요구하며 이를 위해 기업은 사전준비가 필요하다.

인증과 관련된 문제는 한국산업기술평가원 등에서 컨설팅, 심사를 대행하므로 이를 활용하면 비교적 편리할 수 있다.

4. 시장성 분석

(1) 시장분석

시장성 평가를 진행할 때 고려해야 하는 항목은 경쟁업체와의 현황 및 성장률분석, 시장의 지리적 위치, 시장의 특성, 주요고객, 잠재시장규모 등이다. 또한 기존 기업이 가지고 있는 여러 가지 능력평가도 중요하다.

예를 들면 기존 기업의 제품가격, 제품의 질(quality), 제품전략, 유통전략, 판매전략 등이다.

(2) 판매전망

기업을 평가하는데 가장 자주 활용하는 것이 시장점유율(market share)이다. 동종 업계에서 경쟁사가 차지하는 점유율, 자사가 차지한 시장점유율 등은 판매전망과도 유관하다. 한정된 시장에서의 서로에 대한 시장점유율 공략은 결국 살아남기 위한 생존전략을 반영하는 것과도 같다.

시장에서의 점유율예측과 확보를 위해 어떤 전략을 구사해야 하는지? 혹은 어떠한 방향으로 광고전략과 촉진전략을 실시해야만 시장점유율에 긍정적 영향을 주게되는지 등을 고려해야만 한다.

5. 수익성 분석

기업운영의 최대목표는 이윤창출이므로 창업 이후 수익성이 저조하면 그 사업은 다시 한번 타당성 검토를 해야만 한다. 또한 창업아이템을 개발하고 경쟁사와의 경쟁에서 이기려고 노력하는 것은 판매이윤을 극대화하기 위한 경영자의 필연적인 노력인 것이다. 그러므로 창업자에게 수익성은 비즈니스의 모든 것이라고 해도 과언이 아니다.

(1) 수익성을 위한 검토

창업에서 수익성을 남기기 위해서는 경영만큼이나 중요한 것이 돈과 관련된 재무분석이다. 대표적인 것은 손익계산서, 대차대조표, 현금수지 분석표에 기초를 둔 미래의 재무구조예측, 재무예측을 위한 자료로 판매대금의 회수기간, 재고수준, 경비에 대한 지불기간, 생산원가의 항목, 판매, 관리, 재정적 비용과 수익에 관한 재무분석을 위한 투자수익률, 주당수익률, 손익분기점, 생산량, 가격분석 등에 관한 것이다.

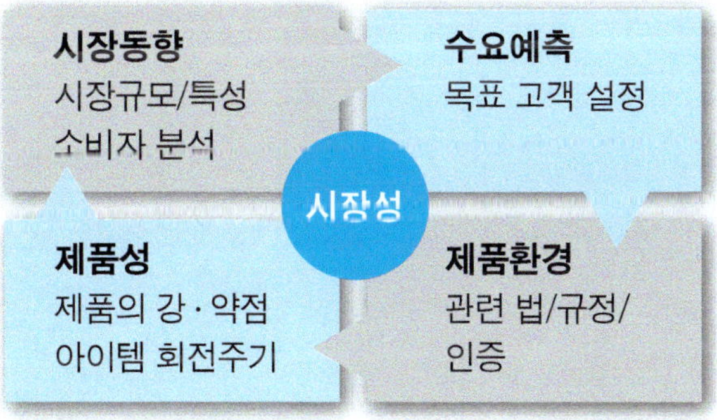

(2) 손익분기점(BEP; Break Even Point)

창업자의 주요관심인 손익분기점은 매출액과 투자비용이 영(zero)으로 만나는 지점이다(순이익이 '0'이 되는 지점). 그 이상의 이익이 발생하면 창업자는 비로소 수익을 남기기 시작한다.

또한 창업자는 손익분기점을 얼마나 빨리 당길 수 있는가에 비즈니스의 초점을 맞추기도 한다. 손익분기점의 계산방법은 다음과 같다.

매출액 − 변동비 − 고정비 = 순이익 = 0
손익분기점 = 고정비/(1 − 변동비/매출액)
= 고정비/(1 − 변동비율)
= 고정비/(공헌이익률)

총 비용에는 판매량에 비례하여 증감되는 변동비와 판매량과 상관없는 일정한 원재료 매입비용, 운반비, 판매수수료 등이 포함된다. 고정비에는 감가상각비, 설비보험료, 임차료, 수선비, 임직원 보수 등이 있다. 판매량 수준에 상관없이 월별 고정비용과 변동비용을 커버하는 것 즉 손익분기점을 얻고자 하는 것이 손익분기점 분석의 기본목표이다.

6. 자금수지 분석

(1) 자금조달능력

소요자금의 규모를 검토하고 어떻게 자금을 조달할 것인지 또한 차입금에 대한 상환조건 및 가능성을 검토한다.

(2) 위험요소분석

기업이 처한 재무환경분석 및 여러 가지 위험요소를 검토 및 분석하고 그에 맞는 대응전략들을 구상한다.

제5장

사업타당성 분석

제1절 사업타당성 분석

제2절 사업타당성 분석내용

프랜차이즈 창업준비 가이드

창업을 결심한 이들이 맞닥뜨리는 첫 번째 중요한 기로는 바로 프랜차이즈 창업을 하느냐, 개인 브랜드창업을 하느냐는 것이다.

프랜차이즈 창업과 개인 브랜드 점포를 내는 것은 엄청난 차이가 있기 때문에 여기서 어떤 선택을 내리는지가 이후 사업의 운영방향을 크게 좌우한다.

그렇다면 프랜차이즈는 정확히 무엇이며, 어떤 프랜차이즈를 선택하는 것이 유리할까. 그리고 프랜차이즈를 선택하기만 하면 모든 것이 해결될까. 프랜차이즈 창업을 하려는 이들을 위해 프랜차이즈 창업의 모든 것을 소개한다.

◇ 프랜차이즈, 시스템과 노하우의 종합체

처음 창업하는 분이라면 개인 브랜드사업보다 프랜차이즈 사업이 수월하다는 말을 들어봤을 것이다. 프랜차이즈는 '시스템'전반을 전수받아 내 가게를 꾸리는 것이기 때문이다.

카페를 예로 들어보자. 개인 브랜드로 카페를 오픈하려면 원두 및 부자재구입, 간판 및 인테리어 등 브랜딩전반에 관한 업무, 직원교육 등 모든 일을 스스로 해야 한다. 반면 프랜차이즈 카페는 상표, 간판, 기술 등이 잘 짜여진 이미 완성된 시스템을 통으로 들여오는 거나 마찬가지다.

모든 것이 정해져 있으므로 운영의 독자성은 다소 떨어지지만, 이미 성공한 시스템을 그대로 따라하니 운영이 좀 더 쉬울 수 있다.

가맹본부는 점포운영에 필요한 모든 경영 노하우도 가맹점에 제공해야 한다. 그러니까 가맹본부가 가맹점 사업자에게 기술과 노하우, 상표, 간판, 그 밖의 각종 교육 등을 지원하고, 가맹점 사업자는 그에 대한 대가로 로열티를 포함한 가맹비용을 지급하는 형태가 바로바로 프랜차이즈다.

우리나라에서는 가맹사업법이 프랜차이즈 사업에 관한 모든 사항을 규제 · 관리한다. 흔히 창업 희망자들 중에서 대리점과 가맹점을 구별하지 못하는 경우가 많은데, '가맹금의 지급여부'에 따라 대리점과 가맹점이 구별된다. 가맹점은 가맹본부에 정기적 혹은 비정기적으로 가맹금을 지급하지만, 대리점은 개점 시 납부하는 보증금만 존재할 뿐 가맹금이 없다.

◇ 프랜차이즈의 장점, 무시할수 없는 브랜드파워와 마케팅

그렇다면 프랜차이즈 창업이 개인 브랜드창업보다 성공가능성이 높을까. 정답을 획일적으로 내릴 순 없지만, 프랜차이즈가 가진 몇 가지 장점은 창업자가 매장을 더욱 쉽게 운영하도록 도와주고 지속적인 운영을 지원해준다.

프랜차이즈는 기본적으로 그 업에 대해 잘 아는 사람들이 가게운영전반에 관한 지식을 쏟아부어 만든다. 프랜차이즈 본사는 각각의 가맹점이 잘되면서 가맹 수가 늘어야 수익이 나는 구조이기 때문에 본사가 가진 노하우를 최대한 가맹점에 전달해 준다.

반면 창업초보들은 대부분 맨땅에 헤딩해야 하는 경우가 많다. 이때 프랜차이즈는 점포입지선정부터 인테리어, 개업준비까지 소요되는 시간과 비용을 크게 줄여주고, 준비과정에서 발생할 수 있는 위험부담도 줄여준다.

특히 이름이 알려진 프랜차이즈 브랜드의 경우 홍보와 마케팅에 큰 도움을 준다. 유명 브랜드는 로고, 인테리어부터 시작해 콘셉트까지 많은 측면에서 '통일성'을 유지하게 되는데, 여기서 오는 브랜드파워를 무시할 수 없다.

장사를 처음 시작하고 한동안은 매출이 잘 나오는 경우가 많다. 흔히 '오픈빨'이라고 하는데 그 오픈빨이 떨어지면 매출이 하락해 좀처럼 오를 기세가 보이지 않을 때가 있다.

프랜차이즈 창업은 지속적인 홍보와 마케팅은 물론이고 신메뉴 업데이트, 조리법개선 등 품질관리까지 다양한 측면에서 본사의 지원을 받을 수 있다.

◇ 프랜차이즈 선택은 어떻게

먼저 프랜차이즈 창업으로 가닥을 잡은 이들에게 가장 어려운 출발은 '어떤 프랜차이즈 본사를 선택할 것인가'이다. 어떤 회사와 계약하여 가맹점을 내고 영업을 해나갈지를 결정하는 단계에 방향추가되어줄 좋은 정보가 있다. 바로 '가맹사업 정보공개서'다.

공정거래위원회 가맹사업거래 사이트에서 확인할 수 있는 정보공개서는 모두에게 완전히 공개되고, 무료다.

정보공개서에는 프랜차이즈 본사의 매출액이 얼마나 되는지, 가맹점수가 몇 개나 되는지, 창업비용이 얼마나 드는지, 본사 재무구조는 탄탄한지(망할일은 없는지)가 모두 나와 있다.

가맹사업법도 가맹계약 14일 전 프랜차이즈 본사는 정보공개서와 가맹계약서를 가맹희망자에게 미리 제공하여 계약 전 충분히 숙고기간을 가질 수 있도록 정하고 있다. 창업희망자의 요청에도 정보공개서를 제공하지 않는 본사는 무조건 피하는 것이 좋다.

◇ 나쁜 프랜차이즈 본사를 피하는 법

프랜차이즈 업종과 브랜드를 선택하는 일은 '창업의 반'에 해당할 정도로 중요하다. 특히 어떤 브랜드를 선택하느냐에 따라 앞으로의 장사가 순탄할지 혹은 어려울지 결정된다.

이때 좋은 브랜드를 고르는 것보다 나쁜 브랜드를 피하는 것이 창업시 피해를 줄이는 차선책이 될 수 있다. 다음의 사항만 유의해도 브랜드선택이 좀 더 수월해질 수 있다.

첫째, 정보공개서나 공식 홈페이지가 없는 브랜드는 피해야 한다. 기본적으로 브랜드에 대해 알리고 싶다면 본사 차원에서 홈페이지를 제작해 예비창업자 누구나 정보를 확인할 수 있도록 제공해야 한다. 홈페이지조차 없다면 최소한 준비가 되지 않았거나 최악의 경우 사기일 가능성도 있다. 더불어 정보공개서를 확인하지 않고 프랜차이즈를 창업하는 것은 절대로 해선 안된다.

둘째, 근거없는 고수익을 약속하는 브랜드는 피해야 한다. 상담을 하자마자 가장 성과가 좋은 점포의 매출만을 계속 언급한다면 의심해볼 필요가 있다. 특히 가장 매출이 좋은 점포와 반대로 가장 낮은 점포를 각각 확인해보고, 차이가 너무 크다면 이유를 꼭 물어보자. 더불어 높은 매출을 자랑하는 브랜드라도 실제로 수익이 나지 않으면 곤란하다. 정보공개서에 손익계산서에 인건비나 원재료비 등 항목이 너무 낮게 잡혀있지는 않은지 확인할 필요가 있다.

셋째, 가맹점 수가 너무 적은 브랜드 단기간 폐점이 많은 브랜드는 피해야 한다. 한동안 전국에 다점포로 위세를 떨치다가 모래성처럼 무너져내린 브랜드는 너무나 많다. 분명히 잘 되고 있는 것 같은데 알고보면 다양한 이유로 폐점이 진행되는 브랜드도 유의해야 한다.

넷째, 간혹 가맹점만 운영하고 직영점은 두지 않는 가맹본부가 있다. 직영점을 직접 해봐야 실제 운영에 필요한 노하우를 습득할 수 있기 때문에, 직영점이 없는 브랜드는 선택하지 말아야 한다. 특히 2021년 11월 19일부터 가맹사업법 개정안이 시행되어서, 최소 1개 직영점을 1년 이상 운영한 경험이 있는 본부만이 가맹점을 낼 수 있게 돼 직영점이 없는 브랜드는 불법 업체인 셈이다.

◇ 사업계획서 반드시 만들자

프랜차이즈 창업을 하는 경우 사업계획서를 작성하지 않는 경우가 많다. 프랜차이즈 본사에서 어느 정도의 사업계획을 구두로라도 제공하기 때문이다. 그러나 프랜차이즈 본사가 제공하는 사업계획에 기대지 말고 나의 사정을 고려한 나만의 사업계획서는 반드시 작성하는 것이 좋다.

사업계획서에는 △창업의 목적과 목표, △창업비용 조달계획, △창업추진일정, △주변 상권분석과 경쟁사 현황, △(외식업의 경우)메뉴구성, △매장 레이아웃(인테리어, 주방, 객석 등), △인력운영계획, △배달이벤트 등 마케팅계획, △운영단계의 재무계획 등이 포함돼야 한다.

더불어 프랜차이즈 본사측에 창업할 지역의 상권분석과 경쟁사 현황, 매장 레이아웃에 관한 자료를 꼭 문서로 받아 계획서에 반영한다.

• 출처 : 브릿지 경제, 2022년 11월 23일

프랜차이즈 전성시대이기는 하지만 덜컥 매장을 열었다간 낭패를 보기 일쑤다. 창업자문 전문가들은 "퇴직 후 창업실패는 빈곤층으로 전락함을 뜻한다."며 반드시 창업전에 프랜차이즈의 안정성을 반드시 검토해야 한다고 강조한다. 프랜차이즈 사업에서 안정성을 나타내는 지표는 프랜차이즈 본사가 얼마나 많은 직영점을 보유하고 있는지 비율로 가늠해 볼 수 있다. 이는 프랜차이즈 본사가 직영점을 운영하면서 얻은 각종 노하우를 가맹점과 공유하며 실패가능성을 낮춘다는 것이다.

이러한 절차는 본격적인 사업의 시작단계에서 반드시 거쳐야하는 필수과정이다. 물론 이 과정에서 우리는 사업의 타당성이라는 중요한 의미를 곱씹어봐야만 한다. 과연 창업 이후 성공할 준비가 얼마나 되어있는가? 경쟁사와의 치열한 경쟁에서 살아남을 수 있을까? 등의 사전예측을 통한 점검이 반드시 필요하다.

제1절 사업타당성 분석

1. 사업타당성 분석의 의의

사업아이템이 성공하기 위해서는 반드시 사업타당성 분석과정을 거쳐야만 한다. 창업을 준비하는 사람들은 사업타당성 분석을 철저하고 객관적으로 접근해야 하는 절차임을 알지만 주관적이고 쉽게 넘겨버리는 경우가 많다.

사업타당성 분석은 창업 후 경영활동의 결과인 목표(매출, 수익 등)에 대해 달성가능성을 사전에 객관적으로 조사하고 검토, 분석하는 과정을 말한다. 구체적으로 이야기하면 창업하고자 하는 아이템을 가지고 사업을 시작했을 때 상품화 및 기획, 광고촉진, 홍보 등을 통해 수요를 어떻게 만들어 갈 것인지 성공가능성 정도는 몇 % 정도인지 체계적으로 분석해보는 것을 의미한다. 이런 타당성 분석은 사업의 실패를 피하기 위한 사전점검 장치이다. 그래서 창업의 규모와 업종에 상관없이 사업타당성 분석은 반드시 필요하다.

2. 사업타당성 분석의 필요성

사업의 성공여부를 결정짓는 사업타당성 분석은 몇 가지 차원에서 반드시 필요하다.

1) 효율적 업무수행

사업타당성 분석을 통해 창업자들은 전반적인 문제점과 제약요인들을 사전에 파악함으로써 창업기간을 단축시킬 수 있거나 문제점에 대한 대응책을 준비할 수 있다.

이 과정에서 이후 사업의 방향과 자사의 강점과 약점에 대한 분석도 실시하게 된다. 창업자는 자신의 아이디어를 사업화하는데 필요한 여러 자원과 요소들을 명확하게 하며 이를 통해 좀 더 효율적인 업무수행이 이루어지게 된다.

2) 성공 가능성 증진

타당성 분석을 통해 창업자는 자신의 아이디어에 대해 객관적이고 체계적인 접근을 할 수 있다. 이는 사업을 시작하기 전 발생할 수 있는 위험요인, 제약요인 등을 파악함으로 성공가능성을 높일 수 있다는 것이다.

창업자의 지나친 주관적 과신이 창업의 실패를 불러오는 경우가 많이 있다. 이는 체계적인 사업타당성 분석을 무시하는 처사이고 약점을 보완하거나 위험요인을 극복하는 기회를 잃게 된다. 곧 창업의 성공 가능성을 낮출수밖에 없다.

3) 사전예방

창업자가 사업에 대한 여러 측면에서의 접근을 할 수 있도록 도와주는 것이 바로 사업타당성 분석이다. 사업의 시장성, 기술적 타당성, 재무적 타당성 등 세부사항에 대한 사전인지가 성공적인 창업을 만들어 낼 수 있다.

새로운 아이디어는 언제나 매력적이며 성공적일 것으로 판단하기 쉽다. 하지만 면밀한 분석을 통해 예상치 못한 위험도를 제거함으로 정교한 성공창업을 이끌어 낼 수 있게 된다. 물론 위험에 대한 요인이 사전에 파악되면 그 문제를 해결할 수 있는 준비가 필요하다.

3. 사업타당성 분석방법 및 절차

사업타당성 분석은 쉬운 일은 아니다. 객관적 분석을 실시하고 재검토과정을 통해 창업의 성공을 위해서는 창업자가 할 수 있는 사업타당성 분석의 방법이 필요하다.

1) 사업타당성 분석방법

(1) 인터넷 및 간행물 활용

창업관련 기관의 간행물이나 관계 전문잡지 등을 참고하고 최근 인터넷에 수록된 각종 자료 검색을 통해 자료를 모으고 타당성 분석을 하는 것이 중요하다. 왜냐하면 고객들의 욕구에 대한 이슈사항들이 인터넷에 실시간 자료화되고 있기 때문이다.

(2) 인터뷰

또한 사업타당성 분석을 위해 창업자는 많은 사람들을 만나보는 것이 중요하다. 물론 자신의 사업아이디어에 대한 좋은 이야기 혹은 듣기싫은 이야기 모두를 수용할 수 있어야 한다. 사람들과의 인터뷰과정에서 반드시 기록하고 그것을 나름대로 사업의 방향설계에 접목해야 한다.

인터뷰 대상으로는 가까운 사람들(가족, 친구, 이웃 등)로부터 동종업을 이미 하고 있는 사람, 경쟁사, 금융업 관계자, 잠재고객 등 폭넓게 시도할 필요가 있다. 이것은 결국 창업의 성공과 연결되므로 수요자 측면에서 그들의 이야기를 반드시 들을 필요가 있다.

(3) 경 험

인터뷰를 통해 어느 정도의 지식이 갖추어지면 동종 업종의 현장에서 직접 경험을 통해 자료를 수집하고 인터뷰를 통해 수집자료를 보충해야 한다. 현장경험은 사업의 노하우를 키워주고 스스로의 현장 적응력도 측정해 볼 수 있는 좋은 기회가 된다.

2) 사업타당성 분석절차

사업타당성 분석을 위한 절차는 [그림 5-1]과 같다. 먼저 사업의 다양한 아이디어를 도출하는 과정을 그 출발로 한다. 더불어 쏟아져 나온 풍부한 아이디어를 대상으로 탐색과정을 거친다. 물론 아이디어 탐색과정에서는 아이디어가 아이템으로 전환가능한가에 대한 사업화부분을 구체적으로 검증할 필요가 있다.

그림 5-1 사업타당성 분석절차

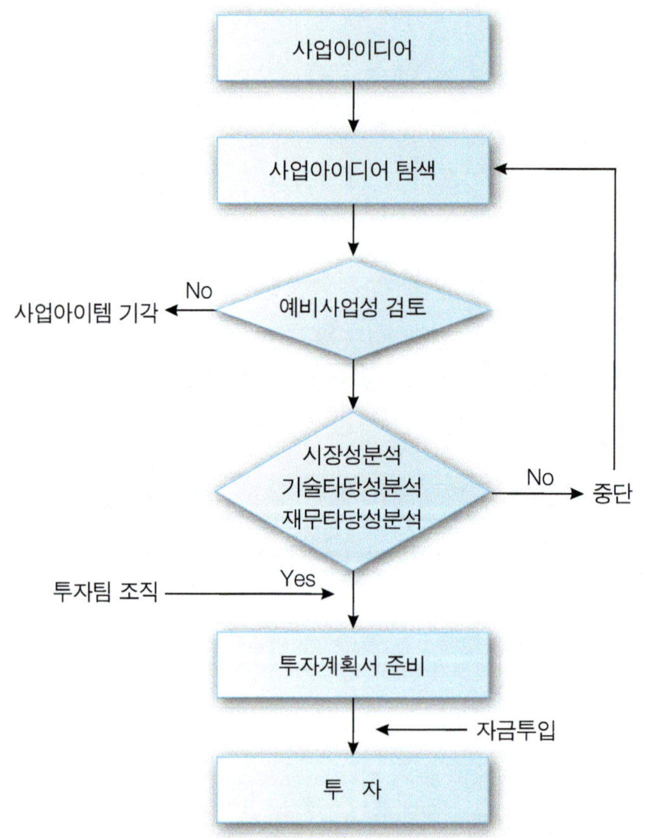

Highlight

스타트업 너무 빨리 크거나, 수익성 떨어진 곳 먼저 무너졌다 시장의 약점은?

스타트업 겨울에 '유난히 아픈 직격탄'을 맞은 곳은 어디일까? 자금흐름에 문제가 생기며 많은 스타트업이 고통을 당하고 있으나 특히 너무 빠른속도로 성장을 추진하거나 제대로 된 수익성을 확보하지 못한 곳부터 문제가 커졌다는 말이 나온다.

◇ 너무 아픈성장통

팬데믹기간 엄청난 성장을 거듭했던 이커머스 시장에서 이러한 현상이 부각되고 있다. 실제로 신선식품 유통플랫폼 정육각은 2016년 설립된 후 한 때 기업가치가 1000억원에 달할 정도로 폭풍성장을 거듭했으나 최근에는 유동성 위기를 겪는 중이다.

지난달 신한캐피탈로부터 빌린 단기대출 370억원의 만기를 6개월 연장하는데 가까스로 성공하며 한시름 놨으나 위기는 현재 진행형이라는 설명이다.

정육각의 위기는 단기간의 성장과정에서 무리하게 인수합병을 단행했기 때문이다. 실제로 정육각은 올해 초 신선식품 유통업체인 초록마을을 인수했으며, 이 과정에서 1500억원의 투자를 받아 자금문제를 해결하려고 했으나 스텝이 꼬였다. 스타트업 겨울이 시작되며 자금줄이 말라버렸기 때문이다.

결국 단기간에 너무 큰 성공을 거둔 나머지 무리하게 사업을 확장했고, 여기에 스타트업 겨울이 시작되며 상황이 악화된 사례다. 최근 470억원의 추가투자유치에 성공했으나 아직은 완전한 돌파구마련에 어려움이 크다는 평가다. 기업가치도 크게 하락했다.

스타트업 관계자는 "글로벌 인플레이션 우려 등에 따른 경기악화로 스타트업의 어려움이 커지고 있으나, 특히 단기간에 성장을 거듭한 스타트업들이 더 심각한 고통을 받고있다"면서 "팬데믹 등 특수한 상황을 거치며 사업을 크게 확장한 경험을 가진 이들이 경기악화를 인지하지 못하고 여전히 무리한 배팅에 나섰기 때문"이라고 말했다.

그는 이어 "단기간에 성장한 스타트업이 더 큰 어려움을 겪는다는 것은 결국 이들이 경기악화를 제대로 인지하지 못했고, 관성적으로 사업을 키워왔다는 것을 의미한다"면서 "단기간에 성장한 모든 스타트업이 고통받는 표현도 맞겠지만, 더 정확한 표현은 단기간에 성장한 스타트업 대부분이 위기가 낙쳐옴에도 관성적으로 경영을 했기 때문에 위기가 커졌다는 것"이라고 진단했다.

법정관리에 들어간 메쉬코리아와 전 직원 대상 권고사직을 단행한 오늘회도 비슷한 공식이 적용될 수 있다. 메쉬코리아는 팬데믹기간 크게 높아진 배달수요를 기회로 삼아 이륜차가 아닌 사륜차 식자재배송까지 사업을 급속도로 키웠고, 오늘회도 유통영역과 속도를 높이려 엄청난 투자를 단행한 바 있기 때문이다. 그러나 끝은 좋지 않았다.

◇ 결국은 수익성

스타트업 겨울의 한파에 떠는 이들의 공통점 중 하나는 수익성이 없다는 점이다.

단기간에 지나치게 성장한 스타트업들도 여기에 다수 해당된다. 수익성이 없는 스타트업 모두가 단기간에 성장한 곳은 아니며, 또 단기간에 지나치게 성장한 스타트업 모두가 어려움을 겪는 것은 아니지만 '수익성이 없는 스타트업'은 예외없이 어려움을 겪고있다는 점에서 따로 한 번 조명할 필요가 있다.

◇ OTT 왓챠의 사례가 의미심장하다.

올해로 창립 11주년을 맞는 왓챠는 2011년 출시한 콘텐츠추천 서비스 왓챠피디아와 이를 기반으로 2016년 출시한 OTT 서비스 왓챠를 통해 국내 주요 콘텐츠 플랫폼으로 발돋움했다. 여세를 몰아 방대한 데이터에 기반을 둔 고도화된 추천기술과 플랫폼 경쟁력, 데이터 기반의 새로운 콘텐츠 수급 및 제작역량으로 글로벌사업자 및 유수의 국내 사업자들과 함께 콘텐츠 시장을 성장시켜 왔으며, 2020년에는 국내 OTT 최초로 일본에서 서비스를 개시하면서 해외시장에 진출했다.

2.0 전략을 가동하며 다양한 가능성을 타진하기도 했다. 상에 이어 웹툰과 뮤직을 연결해 일종의 원스톱 플랫폼(취향분석기반 구독경제를 통해 영상-음악-웹툰의 연결) 서비스를 제공하는 것이 골자다.

문제는 현실성이다. 가장 중요한 수익성을 확보하지 못하며 왓챠는 하반기로 접어들며 흔들리기 시작했고, 그 결과 매물로 시장에 나왔다. 가입자 수 감소가 이어졌고, 영업손실폭이 커졌다. 그 결과 LG유플러스가 인수하는 것으로 가닥이 잡혔다.

물론 왓챠를 비롯해 현재 고통받는 모든 스타트업들은 하나같이 수익성이 없다는 지적을 받는다. 이는 다시 스타트업의 고질적인 문제, 특히 단기간에 성장한 스타트업들이 보여주는 '관성적인 경영'으로 이어지는 악순환을 반복하고 있다.

• 출처 : 이코노믹리뷰, 2022년 12월 17일

그 첫 번째로 사업의 예비사업성을 점검한다. 예비사업성 검증단계에서 사업으로써의 역할을 제대로 해낼 수 없다면 기각으로 처리하여 미련을 갖지말아야 한다. 그러나 이 단계에서 예비사업성을 어느 정도 인정을 받는다면 본격적인 사업타당성 부분을 구체적으로 분석 및 접근해 보아야 한다.

그 경우 시장성 분석, 기술타당성 분석, 재무타당성 분석이 대표적인 사업타당성의 기준이 된다. 세 가지 타당성 기준을 어느 정도 통과할만한 아이템이라면 비로소 투자계획을 달성하기 위한 투자팀을 꾸릴 준비에 돌입한다.

그러나 사업타당성 부분에서 전반적인 준비가 이루어지지 않았다면 즉각 중단을 통해 이전 단계인 사업아이디어 탐색단계로 다시 돌아가야 한다. 이는 아이디어 탐색을 통해 새로운 아이템을 발굴하는 작업을 다시 한 번 진행해야 한다는 것을 의미한다.

투자팀 조직 이후 구체적인 투자계획서를 준비 및 완성하고 자금투입에 대한 전략을 동시에 수립하여 본격적인 투자를 구체화한다.

4. 창업자 평가

사업의 타당성과 더불어 창업자에 대한 평가는 창업의 성공여부를 좌우한다. 그러므로 창업자에 대한 평가에서는 창업자 자신의 특성과 능력, 사업을 하고자 하는 의지 등을 분석한다. 창업자 평가단계에서는 창업자 자신의 성향, 능력에 알맞은 사업을 추진하고 있는지 혹은 자원조달을 잘 할 수 있는지 살펴보아야 한다. 창업자 평가는 스스로에 대한 평가이므로 신중하고 객관적인 접근이 필요하다. 창업자 평가를 통한 자질파악이 매우 중요함에도 창업자들은 개인의 평가에 대해 게을리 하는 경우가 많다. 창업자는 개인의 역량, 주변의 평판 등에 대해서도 객관적이며 보수적으로 평가하여 사업타당성 분석에 반영하여야 한다. 또한 창업자는 자신의 기타 능력(의사소통 능력, 위험관리 능력, 추진력 등)에 대해서도 구체적인 검토를 진행해야 한다. 창업자와 관련된 평가항목은 일반적으로 다음과 같다.

표 5-1 창업자 평가항목

구 분	주요항목	평가방법
창업자 경영능력	인지능력	· 산업에 대한 변화인지 · 경쟁우위 창출방안 유무
	신뢰성	· 주변평판 · 재무적 신용평가
	인적네트워크	· 창업이전/이후 인적네트워크 · 학연, 지연에 의한 인적네트워크
	추진력	· 목표 달성정도 · 목표달성 위한 몰입정도
	창의력	· 아이디어 개발능력 · 신규사업 기회포착 능력
	위기관리 능력	· 위험에 대한 감지능력
	분석력	· 기회분석 · 경쟁사 분석력
	기획력	· 사업계획 구체화 · 향후 산업에 대한 기획능력
	조직력	· 조직구축 및 관리능력 · 조직내부 갈등관리 능력

제2절 사업타당성 분석내용

1. 시장성 분석

사업타당성 분석은 다양한 특성을 가지고 있다. 그러나 일반적으로는 시장성 분석, 기술성 분석, 재무성 분석 등으로 구성된다.

1) 시장성 분석

시장성 분석은 창업하고자 하는 기업에게 가장 중요한 부분이다. 왜냐하면 시장성이 있느냐 없느냐를 알려주기 때문이다. 즉 고객에 대한 반응이 어떠한지를 시장성 분석을 통해 알 수 있다. 계획제품(상품, 서비스, 용역)이 언제 얼마나 팔릴 것인가?

이것은 창업기업이 시장에서 성공할 것인지에 대한 여부를 나타내기도 한다. 흔히 좋은 제품과 아이디어가 기발한 제품을 만들고도 고객에게 선택받지 못하는 경우도 있다. 창업자의 시장분석의 최종분석은 사업성패를 사전에 판단할 수 있는 중요한 정보를 얻는 것이다. 즉 향후 계획제품이 시장에서 얼마나 팔릴 것인가에 대해 예측하고 분석하는 데 그 의미를 찾을 수 있다.

또한 시장성 분석시 창업자가 놓치지 말아야 하는 부분은 소비자욕구에 대한 변화와 경쟁자에 대한 변화를 반드시 진행해야하는 부분이다. 특히 경쟁에서 이기기 위한 자사의 차별화 요인을 찾아보는 것이 필요하다.

시장분석에서 중요한 요소는 수급동향 및 동향파악, 시장의 구조 및 특성, 경쟁상태 및 경쟁제품 출현여부, 가격동향, 목표시장 선정을 위한 판매전략, 수출가능성 예측 등이다.

2) 시장성 분석내용

- 시장분석의 중요성 : 사업성패의 갈림길이며, 사업타당성 분석의 핵심
- 시장성 분석의 범위 및 평가항목
- 전반적인 시장동향(시장규모, 구조, 특징)

표 5-2 시장성 분석항목

평가요소	분석항목
시장전망	· 전체시장 현황 · 시장 규모 및 전망 · 판매영역별, 고객별 잠재수요 분석 · 대체품, 유사품 수급실적 · 시장의 구조 및 특성 · 소비자 특성 및 변화추세 분석
가격/품질 경쟁력	· 경쟁제품과 수입품과의 비교 · 자사제품의 경쟁력 요인추출
매출계획	· 시장개척 가능성 분석 · 시장점유율 분석 · 판매량 증감요인 분석
제품분석	· 제품 강 · 약점분석 · 제품보급률 분석 · 원가 및 마케팅 비용분석 · 마진 및 가격분석

그림 5-2 시장성 분석

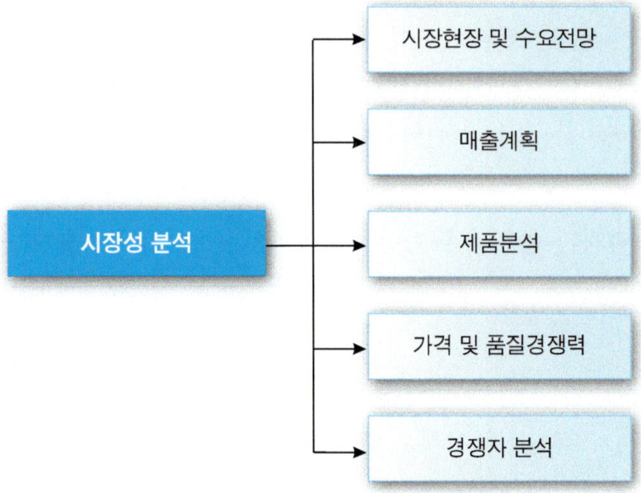

- 제품의 SWOT분석과 라이프사이클
- 동업계 및 경쟁회사 현황(재무상태, 생산능력, 기술 및 가격경쟁력)
- 제품의 채산성인 제품원가, 마진율, 향후 국내외 가격추세
- 시장점유율과 판매전망을 통하여 제품의 수요예측
- 시장(목표시장) 및 제품의 환경을 분석하여 판매전략 수립

2. 기술타당성 분석

1) 기술타당성 분석

기술타당성 분석은 제품이 원만하게 생산될 수 있는지에 대한 분석을 하는 것이다. 기술성 분석의 일반적 요소로는 제품의 특성, 생산 공정의 적정성, 효율적 생산가능성, 입지조건의 적합성, 시설규모 및 생산능력 적정성 여부, 원재료의 수급계획 등이다. 즉 이러한 제반여건이 계획제품의 생산을 기술적으로 실현가능하게 하는가의 정도를 파악하는 것이다.

이 과정을 통해 핵심제품을 확보할 수 있게 되며 불량률을 낮추고 제품에 대한 경쟁력과 경제적 생산능력을 보유할 수 있게 된다.

이 부분은 사업타당성 분석과정에서 가장 전문성이 요구되며 어려운 분야이다. 평가기준을 정하기도 어렵고 객관성을 갖고 접근하기가 어려운 실정이다. 그러나 창업성공을 위해서 기술타당성을 확보하지 못하면 사업의 성공은 어렵게 된다.

2) 제품의 기술적 타당성 분석내용

- 계획제품의 특성(용도, 사양, 성능 등)
- 생산공법 및 생산공정의 적정성
- 공장입지 조건의 적합성
- 시설규모 및 생산능력, 계획시설의 적정여부, 생산계획의 적정성, 소요 원재료의 수급계획
- 계획사업의 핵심기술, 기술의 유용성(파급효과)
- 기술의 위험요소 및 기술적 성공가능성

표 5-3 기술타당성 분석항목

평가요소	분석항목
기술개발 능력	· 기술인력 개발실적 · 개발기술 보유내용
R&D 투자	· R&D 투자비율 · 총인원 대비 기술인력 비율
대표자의 기술 장악력	· 대표사 기술개발 능력 · 핵심 기술인력 이탈가능성 · 신규인력 확보노력
기술 특징	· 기술상의 차별성 · 경쟁사와의 기술력 차이 · 외부 연구기관의 자문

Highlight

"설립하자마자 수백억"…창업뛰어든 前 티몬 의장의 비밀

지난해 상반기 티몬의 전성기를 이끌었던 유한익 당시 의장이 사의를 표명했습니다. 쿠팡 창립멤버출신으로 국내 이커머스 1세대로 꼽히는 유 의장의 거취에 업계의 눈이 쏠렸는데요. 롯데그룹과 CJ그룹 등이 그에게 커머스 미래전략을 담당하는 부사장급 자리를 제안하며 러브콜을 보냈지만 결국 그가 선택한 길은 창업이었습니다. 스타트업 대표가 된 티몬 의장은 어떤 꿈을 꾸고 있었을까요? 한경 긱스(Geeks)가 그를 만나봤습니다.

지난해 7월 문을 연 모바일 커머스 스타트업 RXC는 설립과 동시에 200억원의 투자금을 유치했다. 시드(초기) 라운드에서, 그것도 창업과 동시에 수백억원대 투자금을 유치하는 건 이례적인 사례다. 지난 5월엔 프리 시리즈A 라운드에서 다시 한 번 200억원을 조달했다. 설립 1년도 채 되지 않은 시점에 400억원의 '잭팟'을 터뜨린 '스타' 스타트업으로 자리매김했다.

회사에 베팅한 투자자들의 면면도 화려하다. 아모레퍼시픽이나 F&F 같은 대기업뿐만 아니라 LB인베스트먼트, 미래에셋벤처투자, 네이버-소프트뱅크 합작사 Z홀딩스의 ZVC 등이 회사의 성장성에 높은 점수를 줬다. 예상보다 많은 돈이 몰려 오히려 투자금을 줄이는 과정을 거쳤다는 후문이다.

투자자들이 아무것도 없는 회사에 수백억원을 싸들고 몰려간 건 RXC가 그린 청사진 덕분이다. RXC의 주력 서비스인 '프리즘'은 국내 최초 '리테일 미디어' 플랫폼이라는 정체성을 내세웠다. 커머스 플랫폼에 라이브방송, 경매, 래플(추첨)같은 디지털 콘텐츠를 붙인 게 핵심이다. 단순히 수수료나 검색 · 베너형 광고로 수익을 내던 커머스 플랫폼과는 달리 미디어 회사가 하던 다양한 광고를 수익모델로 활용할 수 있는 이유다.

물론 회사 구성원의 역량도 투심을 이끄는 데 한몫했다. 커머스업계를 주름잡던 대표와 커머스 '히트작'들을 내놓은 개발자 군단이 이끄는 회사라는 점에서다. 투자자들은 RXC가 커머스 시장에 새로운 파도를 몰고 올 것으로 보고 있다.

◇ 쿠팡과 티몬…이커머스 포문열다

13일 한경 긱스와 만난 유한익 RXC 대표(사진)는 국내 이커머스 1세대로 꼽힌다. 연세대 경영학과를 졸업하고 글로벌 컨설팅회사 베인앤컴퍼니에서 일하던 그는 2010년 쿠팡의 창립 멤버로 합류했다. '스타트업'이라는 용어조차 생소할 때였다. 잘 나가던 컨설턴트가 월급 50만원 받는 벤처기업으로 이직한다는 건 당시엔 쉬운 선택이 아니었다. 주위에선 좋은 직장을 박차고 나가는 그에게 "미쳤다"고 했다. 하지만 26살이던 그는 성장하는 조직에서의 '도전'을 택했다.

유 대표는 "막상 스타트업으로 옮겨보니 컨설팅회사를 다니면서 멋진 PPT를 만들고 고객사 임원에게 칭찬받는 삶보다 발로 뛰어다니며 영업하는 게 더 재밌었다"고 회상했다.

스타트업 업계에 발을 들인 유 대표는 이 때부터 창업에 대한 꿈을 꾸기 시작했다. 회사를 어떻게 꾸릴지 고민하던 중에 컴퍼니빌더인 패스트트랙아시아를 만났다. 패스트트랙아시아 공동대표엔 당시 티몬대표를 지내던 신현성 전(前) 티몬 의장이 있었다. 티몬이 막 소셜커머스 샛별로 떠오르던 시기였다. 티몬은 종합 이커머스 회사로의 도약을 준비하고 있었다. 신 전 의장은 유 대표에게 손을 내밀었다. 유 대표는 "애초 커머스가 싫어서 쿠팡을 떠난 건 아니었고, 급성장하는 조직에 한 번 더 몸담아보는 것도 좋은 경험일 것 같았다"고 했다.

그렇게 정해진 다음 행선지는 티몬이었다. 2012년 입사 이후 티몬에서 유 대표의 역량은 꽃을 피웠다. 처음맡은 프로젝트가 당시 국내 이커머스 최초 생필품 묶음배송 서비스인 '슈퍼마트'였다. 2015년 하반기 선보인 이 서비스는 쌀이나 생수, 라면, 주방세제와 같은 제품들을 최저가로 소량구매한 뒤 빠르게 집에서 받아볼 수 있는 게 장점이었다.

유 대표는 "여러 커머스 회사가 신선식품 당일 배송을 선보이는 최근과는 달리 당시만 해도 흔치 않았던 서비스"라며 "덕분에 소비자들 사이에서 입소문을 꽤 탔다"고 설명했다. 슈퍼마트의 흥행 덕분에 2015년 1959억원이던 티몬의 매출은 이듬해 2644억원, 2017년엔 3572억원까지 뛰었다. 2018년엔 매출 5000억원을 넘겼다.

유 대표는 경영전략실장, 핵심사업추진단장, 최고사업책임자(CBO) 등을 거쳐 2017년 티몬의 대표이사자리에 올랐다. 그해엔 그가 CBO 재임시절부터 준비하던 라이브커머스 서비스인 '티비온'이 출시됐다. 그는 일찌감치 미디어 커머스를 티몬의 미래 먹거리로 낙점했다. 티비온은 이커머스업계에서 '라방'시장을 개척했다는 평가를 받는다. 대표로 있던 시절 그는 정체됐던 티몬의 성장세를 다시 한 번 끌어올린 '구원자'로 꼽힌다.

유 대표는 "쿠팡에서 급격히 성장하는 스타트업 생태계를 경험했다면, 티몬에서는 내가 원하던 사업을 체계적으로 짜고 쌓아나가는 경험을 한 셈"이라고 설명했다.

◇ 최연소 티몬의장, 창업의 길로

1984년생인 유 대표는 2018년 말엔 불과 34세의 나이로 티몬이사회 의장이 됐다. 모든 것을 다 이뤘다는 부러움의 시선을 받을 때 그는 다시 한 번 창업의 꿈을 꿨다. 나이가 더 들기전에 도전하고 싶었다. 이커머스가 시장의 주류로 떠올랐지만 한 단계 더 도약하기 위해 새로운 플랫폼을 만들기로 했다.

그는 "천편일률적인 '원 오브 뎀' 형태의 커머스 플랫폼엔 입점하지 않으려는 브랜드들이 점점 늘어나는 것을 지켜봤고, 그들은 인스타그램 같은 SNS를 활용해 마케팅을 하는 경우가 많았다"며 "결국 브랜드 '아이덴티티'를 중시한다는 뜻이었고, 그럼 그들을 멋져보이게 만들어주는 플랫폼을 만들어보고 싶었다"고 했다.

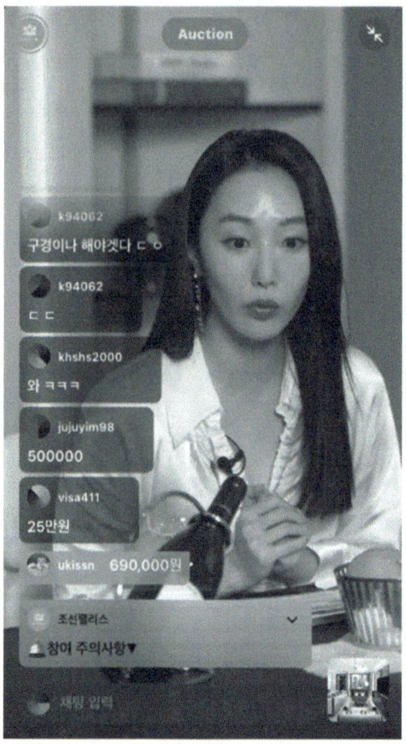

프리즘의 핵심기능 중 하나인 라이브경매. 실시간 참여가 가능해 시청자들의 선호도가 높다.

지난해 티몬 의장 자리에서 물러난 뒤 창업의 길로 뛰어들었다. 티비온 프로젝트시절 함께 하던 20여 명의 화려한 개발자 군단과 손을 잡았다. 모바일 콘텐츠 플랫폼 '피키캐스트'를 만든 팀이다. 무신사에 인수되며 성공신화를 써내려간 29CM와 스타일쉐어도 이 팀의 손에서 나왔다.

든든한 병사들로 무장한 '유한익호(號)'는 새로운 커머스 플랫폼인 프리즘을 만들었다. 프리즘이 지향하는 가치는 '발견형 쇼핑'이다. 유 대표는 소비자들이 점점 '목적형 쇼핑'에서 발견형 쇼핑으로 옮겨가는 중이라고 보고 있다. 그는 "예전엔 소비자들이 살 물건을 정한 뒤 플랫폼에 와서 상품을 구매했다면, 이제는 플랫폼에 놀러와서 다양한 콘텐츠를 구경하고 우연히 마음에 드는 제품을 발견한 뒤 구매로 이어지는 구조"라고 말했다.

프리즘에서 눈에 띄는 서비스는 라이브 기능이다. 라이브경매 서비스 '슬라이딩'은 시청자가 화면을 왼쪽으로 밀면 입찰할 수 있게 했다. 한정판 스니커즈 같은 구하기 어려운 제품들이 주요 경매대상이다. 사전응찰방식이 아닌 실시간 경매라 소비자들의 선호도가 더 높다는 설명이다. 평균 시청시간이 1~2분밖에 되지 않는 기존 라이브 커머스에 비해 흡입력도 더 좋다. 또 보증금을 맡겨야 응찰할 수 있도록 해 경매자의 안전성도 보장했다.

추첨 라이브기능인 '와우드로우'도 주목받는다. 특정 상품을 실시간으로 추첨해 시청자들 중 당첨자를 정하는 방식이다. 진행자가 추첨버튼을 누르면 방송에 '접속해 있는' 시청자들 중 무작위로 당첨자가 선정된다. 유 대표는 "통상 25분의 방송시간 중 평균 17~18분의 시청시간이 나올 만큼 반응이 좋다"며 "광고모델로 확장하기 적합한 기능"이라고 설명했다.

그밖에 이미지와 영상으로 브랜드를 홍보할 수 있는 '브랜드 쇼룸'이나 브랜드 대표자와의 토크쇼 등으로 구성된 '브랜드 베네핏', 라이브 드로잉 등으로 실시간으로 아티스트와 소통할 수 있는 '오버더 캔버스' 등도 프리즘이 내세운 주요 서비스다.

탄탄한 개발진은 프리즘에 기술력을 불어 넣었다. 우선 일반적인 라이브 커머스 플랫폼보다 화질을 3배 이상 높였다는 설명이다. 그러면서도 앱이 충돌하는 현상인 크래시율을 0.03% 수준까지 낮췄다고 한다. 통상 1% 미만으로 크래시율을 유지해야 앱의 안정적인 구동이 가능하다고 평가받는다. 또 앱의 용량을 40MB 수준으로 유지해 가볍게 디자인했다. 유 대표는 "대형 앱을 만들어 본 개발진 덕분"이라며 "기능을 덕지덕지붙여 용량이 불어나는 실수를 하지 않고, 처음부터 최적화된 설계방식을 사용했다"고 했다.

덕분에 프리즘에는 MZ세대에게 관심을 받는 '힙'한 브랜드들의 입점이 늘어나고 있다. 프리즘이 만든 용어는 '힙스티지'다. 힙과 프레스티지(Prestige)를 합친단어다. 특정 집단에 팬덤을 불러 일으키면서도 너무 싸구려 같지는 않은 힙스티지 브랜드가 모여있다. 시엔느, 몬스트럭쳐, 차홍, 톤28, 노앙, 오어 등 100여 개의 브랜드가 들어왔다.

◇ "브랜드중심 플랫폼 될 것"

반응은 좋았다. 프리즘의 가입자 수는 35만 명을 넘어섰다. 1만명 이상의 동시접속자 수를 기록하기도 했고, 최대 100만 조회수 기록을 세우기도 했다. 뷰티 크리에이터 이사배와 협업한 라이브 콘텐츠에 시청자 16만명이 몰렸다. 모델 김진경, 한현민 등과 함께 한 패션라이브 방송에선 브랜드노앙이 제품을 단독론칭하면서 1억원 이상의 매출을 올렸다.

특급 호텔과도 프로모션을 진행했다. 조선팰리스와의 협업에선 롤스로이스로 픽업한 뒤 호텔에 데려다주는 서비스를 선보였다. 부산 파티에 오시리아, 워커힐 더글라스, 몬드리안호텔 카바나스위트 등과도 협업했다. 올해 열렸던 '워터밤 서울 2022'이나 '힙합플레이야 페스티벌 2022' 같은 오프라인 행사에선 티켓을 판매했다. 워터밤에선 전용부스도 설치했는데, 아이키와 레오세이 등 셀럽들이 이곳을 직접 방문하기도 했다.

RXC의 직원 수는 어느새 100여 명까지 불어났다. 이 중 40명 이상이 개발인력이다. 내년 상반기까지 적극적인 채용에 나선다. 150명 수준까지 직원을 늘린다는 계획이다.

수익모델도 다져나갈 예정이다. 기존 커머스가 하던 검색 · 베너형 광고를 넘어 브랜드 그 자체를 광고할 수 있는 모델을 구축하고 있다. 브랜드를 광고하는 건 일반적인 미디어가 했던 역할이다. 프리즘이 리테일 미디어로 불리는 이유다. 또 플랫폼에 단독입점하는 브랜드들이 늘어나면 이들의 지식재산권(IP)을 활용, 새로운 수익원을 창출할 수 있을 것으로 보고 있다. 수익없이 덩치만 키우는 식의 성장모델은 이미 힘을 잃었다는 게 유 대표의 판단이다.

그는 "지금까지의 커머스산업이 '플랫폼' 중심이었다면, 앞으로는 '브랜드' 중심으로 재편될 것"이라며 "소비자들이 특정 브랜드가 '이 곳에만 있구나'라는 인식을 줘야한다"고 설명했다. 이어 "그렇게 되면 플랫폼이 하나의 브랜드로 자리매김할 수 있을 것"이라며 "10년 뒤엔 대중들의 뇌리에 프리즘 자체가 '힙스티지'의 상징처럼 각인되는 게 목표"라고 덧붙였다.

• 출처 : 한경긱스, 2022년 12월 19일

3. 재무타당성 분석

1) 재무성 분석

재무타당성 분석은 시장성 분석과 기술성 분석을 통해 수집하고 분석한 자료를 바탕으로 경제성이나 수익성을 측정하는 여러 가지 자료를 이용하여 사업의 타당성을 검토하는 것이다.

품질이 뛰어나고 시장에서 성공적으로 판매된다고 하더라도 수익을 만들어 내지 못하면 경제성이 없다는 것이므로 그 사업에 대한 실제이익은 없는 것이다. 재무타당성 분석은 사업타당성 분석의 최종단계가 될 수 있으며 창업후 경영전략수립의 사전준비과정이 될 수도 있다. 재무성 분석에서 수익이 낮은 이유와 근거를 찾아낸다면 그 부분에 대한 전략수립으로 극복해 낼 수 있도록 만들어야 한다.

재무타당성 분석을 위해서는 재무구조, 수익성, 자금수지 상황분석과 소요자금을 조달하는 방법으로서 영업활동을 통해 들어오는 현금과 증자 등을 통한 자금조성의 가능성을 검토한다. 이후 기간별 예상되는 자금부족분의 차입에 대한 가능성, 상환능력 등도 평가한다. 이러한 과정을 통해 불확실성을 단순화시키고 효율적 투자를 할 수 있도록 검토해야 한다.

표 5-4 재무타당성 분석 항목

평가요소	분석 항목
필요자금 분석	· 시설자금 · 운전자금 · 향후 현금흐름
경제성 분석	· 자본조달비용 · 수익성 추정 · 손익분기점 도달시기
유동성 분석	· 민감도 분석 · 부채비율 · 유통비율

2) 재무타당성 분석내용

- 소요자본의 추정 및 자금조달계획
- 수익전망(추정 손익계산서 작성)
- 손익분기점 분석
- 각종 투자수익률 산출작성
- 외부자금 상환조건 및 상환능력

제6장

사업계획서

소상공인 매출활로, 디지털에서 찾다
온라인 전환으로 매출상승세 이어가는 기업들

◇ 닥터김바이오로직, 안정적인 억대매출

닥터김바이오로직은 의사가 만든 건강식품을 판매하는 업체이다. 의사인 김연휘 대표는 대학병원근무 당시 잘못된 정보로 인해 피해를 보는 환자들이 많이 생겨 이를 바로 잡고 부족한 정보는 채워주는 일이 질병예방에 더 큰 도움을 줄 수 있다고 판단해 유튜브채널 등을 운영며 2019년 닥터김바이오로직 사업을 시작했다.

닥터김바이오로직은 직접 전 성분을 연구해 대상 별로 섭취근거가 확실 시에만 제품을 개발하며 근거기반 오메가3 비타민D 2000IU, 종합비타민, 칼슘비타민D, 철분비타민C와 콜레스테롤 등 다양한 건강식품을 판매한다. 또한 식약처 의무검사항목 외에도 별도로 공인기관을 통해 2차 중금속검사 등을 하여 재생산회차마다 해당 항목들에 대해 추가검사를 진행하며 안정성을 철저하게 확보하고 있다고 안내했다.

이에 닥터김바이오로직 관계자는 "데이터 신뢰도를 위해 외부 유료광고는 일절 받지않고 거절해 홍보에 대해 고민하고 있었으며 홍보를 위해 웹서핑을 하다 중소기업유통센터와 한국일보에서 진행하는 소상공인 지원사업을 발견하고 신청하게 되었다"고 전했다.

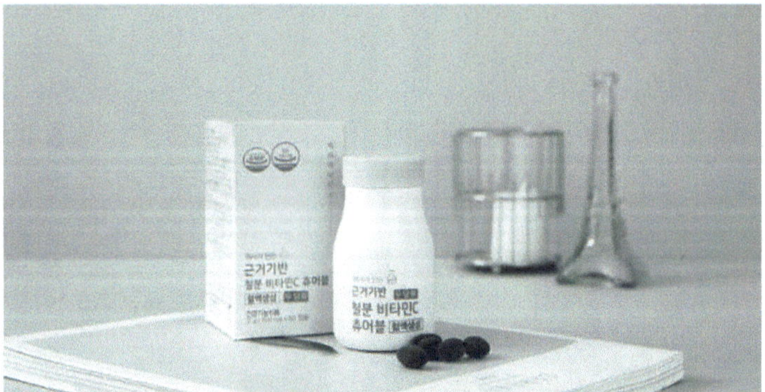

'근거기반 철분 · 비타민C 츄어블', 닥터김바이오로직 제공

김연휘 대표는 해당 지원사업을 통해 “기존에는 주로 온라인경로로만 마케팅을 진행해 왔는데, 한국일보 전광판광고 등 오프라인 광고를 통해 온라인에 익숙하지 않은 세대들에게도 아울러 저희 브랜드를 알릴 수 있는 좋은 기회가 된 것 같다”고 전했다. 또한 “다양한 지원사업을 통해 폭넓은 경험을 통해 마케팅 시야를 넓힐 수 있는 기회였으며 현재 안정적으로 억대매출을 선보이고 있다”고 밝혔다.

◇ 욜루, 온라인 시장진출발판마련

이지은 · 홍지영 대표는 백화점 파인주얼리 브랜드출신의 보석감정사와 주얼리디자이너가 ‘파인주얼리(Fine jewelry)가 높은 연령층의 소유물이라는 인식을 변화시키고 싶다’는 생각으로 시작해 파인주얼리의 대중화라는 비전으로 까다롭게 선별하고 검품하여 우수한 품질의 주얼리를 판매하는 주얼리브랜드 ‘온니바이욜루(onni by JOULU)’를 운영하고 있다.

욜루는 데일리한 디자인과 유니크한 감성을 갖춘 주얼리브랜드로 천연 젬스톤(다이아몬드, 사파이어, 루비 등)과 실버, 14,18K 골드의 프리미엄 소재에 최적공정을 더하여 주얼리를 제작하며 고객과의 1:1커스터마이징도 제공한다고 전했다.

욜루는 “스몰 브랜드들은 세상에 없는 새로운 제품들을 만들어 냈음에도 불구하고, 아무에게도 보여지지 못하고 사라지는 경우가 많은 것 같다. 특히 오프라인 매장없이 온라인에서만 판매를 진행하는 신생 브랜드들은 치열한 경쟁 속에서 많은 홍보비용이 발생하게 되어 부담이 컸다”고 전하며 이때, 중소기업유통센터에서 진행하는 지원사업을 알게 되어 신청하게 되었다고 밝혔다.

이어서 욜루관계자는 “중소기업유통센터에서 진행하는 배너광고 등 여러 가지 지원 사업들의 도움으로 이런 어려움을 해소할 수 있어서 정말 많은 힘이 됐다”고 전했다. 또한 “해당 지원사업을 통해 제품을 알릴 수 있는 기회를 마련했으며 이로 인해 고객유입경로를 넓힐 수 있는 점을 가장 기대하고 있다”고 전했다. 더하여 욜루는 서울시 신진디자이너 브랜드에 선정되어 오는 11월부터는 하이서울쇼

욜루에서 판매중인 주얼리제품. [욜루제공]

룸에서 전 제품을 오프라인에서 만날 수 있음을 전했다.

◇ 주식회사 에브리티킥, 매출 상승세 이어져

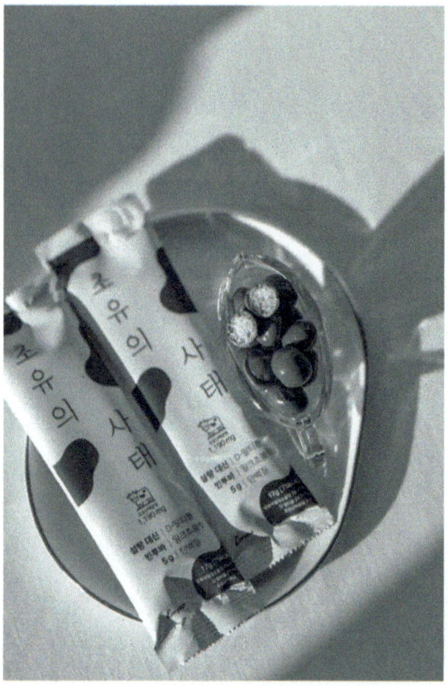

'초유의 사태' 단백질 빈투바초코볼.
[에브리티킥 주식회사 제공]

주식회사 에브리티킥은 '더 나은 식품으로 일상에 단백질을 채우다'는 신념으로 김용운 대표와 양정구 대표가 함께 단백질 섭취부족으로 인한 근감소증을 예방하기 위해 간편하게 섭취할 수 있는 단백질식품을 개발하는 업체이다.

초유의 사태 초코볼은 초유단백질이 함유된 무설탕초코볼이다. 초유는 젖소가 송아지를 분만한 후 48시간 동안 분비되는 젖으로 이 초유는 일반 우유에 비해 lgG 글로블린, lgA+단백질(80%), IFG인자 등 각종 영양성분이 풍부하게 함유되어 있다. 또한 설탕이 함유되어 있지 않고, 콩에서 추출한 대두단백(식물성 단백질)과 소화가 잘 되는 유청단백(동물성 단백질)이 더해져 최적으로 단백질을 제공한다. 또한, 2021 서울어워드 우수상품으로 선정된 제품으로 알려져 있으며 재구매율 이 높은 제품이다.

양정구 대표는 "온라인에서 소상공인 지원사업에 대한 정보를 얻어 사업에 참여하게 되었다"고 전하며 "신문지면광고 게재, 라이브커머스 송출, 홍보영상제작, 자사몰 입점 등 다양한 지원사업을 받게 되어 좋았다"고 밝혔다.

더하여 "미스코리아 후보자들이 자사 제품을 적극적으로 리뷰해주시고 홍보해줘서 좋았다. 이는 미스코리아 유튜브 채널 등 여러 플랫폼에 지속 노출되어, 홍보 효과가 극대화될 수 있었다"고 하며 뿐만 아니라, "한국일보 지면 광고 등의 지원으로 홍보와 마케팅적으로 우수한 효과를 보며 매출증대까지 이어졌다"고 밝혔다. 에브리티킥은 앞으로도 인스타그램 등 SNS활동을 중심으로 온라인에서의 활동을 더욱 적극적으로 개진할 예정임을 밝혔다.

• 출처 : 한국일보, 2022년 12월 14일

기업이 무조건 값비싼 제품을 내놓는다고 시장에서 잘 팔리는 것은 아니다. 프리미엄 제품 전략은 그 회사 기술력과 품질에 대한 고객의 깊은 신뢰가 있어야 가능하다. 누적판매량이 36억 자루에 이르는 모나미 153볼펜은 장기 베스트셀러다. 그러나 기술력은 자신있지만 '중소기업 제품이 과연 비싸게 팔릴까'에 대한 의구심 때문에 프리미엄 시장에 도전하지 못했으나 2014년 1월 2만원짜리 한정판 볼펜이 이틀만에 매진된 데 자신감을 얻어 프리미엄 볼펜을 출시했다. 고객이 특별한 대우를 받는다는 느낌을 갖도록 서비스도 강화했고 고급만년필처럼 제품마다 고유의 일련번호를 매기고 사용자 이름까지 레이저로 새겨주었다. 이렇게 확보한 고객 정보는 개인맞춤형 서비스에 활용하겠다는 전략을 수립하였다.

이처럼 사업계획은 고정되어 있는 것이 아니다. 시장의 상황과 변화에 능동적으로 대처하기 위해 수없이 많은 계획을 꾸준히 업데이트 하는 것이 반드시 필요하다. 사업계획서는 기업의 비즈니스 방향설정을 위한 꾸준한 이정표와 같다. 따라서 철저한 사업계획서 작성과 그 계획서에 근거한 지속적인 실천만이 사업의 성공을 보장할 수 있을 것이다.

제1절 사업계획서 작성방법

일반적으로 사업계획서는 계획한 사업이 어떤 방향으로 나아가고 있고 어떻게 목표에 도달할 수 있는지에 대해 설득력 있게 설명하는 문서라 말할 수 있다. 이러한 사업계획서를 기업 입장에서 작성하는 것은 두 가지 이유에서다.

첫째, 사업계획서를 작성해 봄으로써 창업자가 자신이 하고자 하는 사업을 완벽하게 이해하고 있으며, 그에 따른 실천계획을 짜 본다는데 그 의의가 있다.

둘째, 현실적으로 사업계획서는 벤처캐피탈 혹은 엔젤투자자들에게 자금조달을 유치하기 위한 목적으로 그들을 설득시키기 위해 작성하는 경우다.

이때는 특히 재무계획에 있어 단지 수치만 제시하는 것이 아니라 그들이 납득할 만한 재무계획을 구체적으로 전달해야 한다.

1. 사업계획서 작성 시 체크사항

사업기회를 명확히 하고 간결하면서도 효과적인 사업계획서를 작성하기 위해서는 다음의 7가지 질문에 각각 명쾌하게 답할 수 있어야 한다.

- 당신의 제품은 무엇인가?
- 누가 고객인가?
- 어떤 방법을 통해 판매할 것인가?(유통채널)
- 실제로 얼마나 많은 사람들이 이 제품을 살것인가?
- 이 제품을 설계/생산하는데 얼마의 자본이 필요하며, 자본은 어떻게 확보할 것인가?
- 제품의 가격은 어떻게 운영할 것인가?
- 언제 손익분기점에 도달할 수 있을 것인가?

물론 더 다양한 조건들이 존재하겠지만 기본적인 7가지 질문에 대해서는 반드시 확실한 준비와 전략이 수립되어야 한다.

당신의 제품은 무엇인가?라는 질문은 사업의 중심이 되는 주요품목에 대한 경쟁력에 대해 얼마나 준비되었는지를 판단하는 것이다. 경쟁사와 겨룰 수 있는 수준에서의 제품에 대한 개발 및 운영에 따라 제품경쟁력은 달라지기 때문이다. 창업초기에 당장 경쟁력을 갖추기란 쉬운 일은 아니다. 그러나 적어도 제품개발과 연구로드맵 정도는 창업비전으로 수립되어야만 가까운 장래에 좋은 성과를 보일 수 있기 때문이다.

누가 고객인가? 는 사업의 성공을 위해 대상고객이 누구이며, 과연 누구에게 판매할 것인지 명확해야 한다는 것이다. 마케팅에서 목표고객이 누구냐에 따라 정확한 마케팅전개가 이루어지고 고객의 특성을 파악하는 등 시장경쟁력을 고객으로부터 얻어낼 수 있기 때문에 목표고객 선정은 매우 중요하다.

어떤 방법을 통해 판매할 것인가? 는 고객에게 다가가는 구체적인 방법인 유통채널의 문제를 고려해 보라는 것이다. 백화점에서 판매할 것인가? 할인점에서 판매할 것인가? 길거리 로드 숍(shop)에서 판매할 것인가? 등을 미리 신중하게 선정하라는 의미이다. 유통채널에 대한 선정은 단순한 선택의 문제가 아닌 전반적인 제품가격전략과 연계되어 결정하여야 하며 시장구조에 대한 특징과 경쟁사 상황 등을 모두 고려해야 한다.

실제로 얼마나 많은 사람들이 이 제품을 살 것인가? 는 창업준비와 동시에 시장에서의 고객수요에 대한 조사가 철저하게 이루어져야 한다는 것이다. 고객수요조사는 창업을 하는 데 가장 기본적으로 이루어져야 하는 절차이다. 고객수요가 예상보다 적다는 것은 창업할 이유가 없는 것이며 수요가 넘쳐난다는 것은 창업 이후 계속적인 성공이 가능할 것임을 예견하는 것이다. 만약 고객수요조사 과정에서 고객들의 수요에 대한 다양한 의견수렴이 어렵다면 이는 창업이후 고전할 가능성이 높다. 좀 더 전문적인 수요조사를 위해서 대부분 전문조사기관 등을 활용하여 이 과정을 추진하기도 한다.

이 제품을 설계하고 생산하는데 얼마의 자본이 필요하며, 자본은 어떻게 확보할 것인가? 는 재무적인 부분을 사전에 계획해야 한다는 것이다. 아무리 좋은 제품도 자금이 없다면 생산이 어렵기 때문이다. 또한 자금을 금융권에서 빌린다면 이자를 얼마나 지불해야 하는지 등을 사전에 고려해야 한다.

제품의 가격은 어떻게 운영할 것인가? 는 가격정책에 대한 신중한 고려가 필요하다는 것이다. 가격을 정하는 것은 단순한 일은 아니다. 경쟁사의 상황, 자사의 원가와 다양한 조건들을 모두 고려해야 한다. 그러나 가장 중요한 것은 고객들의 가격에 대한 지불의지를 파악하는 것이다. 물론 이 부분도 고객수요조사를 진행할 때, 가격의 범위정도는 파악하는 것이 좋다. 고가격과 저가격 중 어느 수준에 자사제품의 가격을 결정할 것인지는 비즈니스의 성패를 좌우한다.

마지막으로 언제 손익분기점에 도달할 수 있을 것인가?는 전반적인 비즈니스를 예측함으로써 예상매출과 예상수익을 어느 정도는 내다볼 수 있어야만 알 수 있다. 모든 상황에 대한 깊이 있는 성찰이 손익분기점을 정확하게 예견할 수 있게 할 것이며 이를 통해 투자자와의 협상도 구체적으로 추진할 수 있게 된다.

2. 사업계획서의 목적과 기능

1) 계획서류로써의 사업계획서

계획서류로써의 사업계획서는 어떻게 사업을 할 것인가에 대한 아이디어 개발에 사용된다. 마케팅, 재무, 운영업무 등 기업활동을 사전 검토함으로써 전략을 구체화는 역할을 하도록 한다.

이는 실제시장에서 식별할 수 있는 오류를 서류상에서 사전에 경험할 수 있도록 기회를 제공한다.

2) 사업활동 안내서로써의 사업계획서

아무런 지도없이 여행할 경우 많은 어려움에 직면하게 되며 심지어는 여행을 중단하게 되는 경우가 있다. 창업의 경우도 마찬가지로 창업을 위한 지도가 필요하며 이 경우 사업계획서는 훌륭한 지도가 된다.

3) 평가잣대로써의 사업계획서

사업계획서는 피드백할 수 있는 도구이다. 계획대비 어느 방향으로 가고 있는지? 원하는 목표달성을 할 수 있는지? 그 기준의 역할을 하도록 해주는 평가잣대가 된다. 즉 일정기간이 지난 후 사업계획에 대한 검토의 기준이 되는 것이다.

4) 자금조달도구로써의 사업계획서

사업계획서를 통하여 자금을 확보하게 된다. 자금을 빌려주는 금융기관이나 자금을 투자하는 투자자들은 일반적으로 사업계획서를 통하여 회사를 검토한 후에 투자에 대한 의사결정을 하게 된다.

3. 사업계획서의 작성원칙

- 간결하고 명료한 문구를 사용한다. 사업계획서는 핵심내용을 제3자에게 설득력이 있게 전달할 수 있도록 간결하고 명료한 문구를 사용해야 한다.
- 객관성에 입각하여 작성해야 한다. 외부의 객관적인 자료(공공기관 또는 전문기관의 증빙자료 및 전문가의 의견 등)를 근거로 사업계획서를 작성해야 한다.
- 사업자의 능력과 사업잠재력을 기술하여야 한다.
- 계획사업의 핵심내용을 강조하고 부각하여 창업초기 전략상품을 중심으로 핵심적 상품을 설명해야 한다.
- 소요자금의 조달능력을 명확히 기술할 수 있어야 한다. 자금조달에 대한 구체적이고 실현가능한 방법을 제시해야만 투자자들이 확신하고 투자할 수 있다.
- 사업수행과 관련한 위험요소와 대처방안에 대해 포함해야 한다. 즉 사업계획서에 예상되는 문제점에 대한 분석과 대안제시를 할 수 있어야 한다는 의미이다.

Highlight

금융판 골목식당 떴다… 컨설팅, 대출, 메뉴개발까지 무료지원 자영업자, 소상공인 무료컨설팅

	창업지원	경영성장	재기지원
은 행	☑ 예비 창업자 및 자영업자소상공인 (거래여부와 상관없이 이용 가능)		☑ 업종전환자, 재기창업자*
저축은행	☑ 소득 · 신용조건 충족 자영업자 ☑ 코로나19 피해 또는 청년 자영업자		
소상공인 시장진흥공단	☑ 예비창업자, 소상공인 및 폐업 소상공인		
지역 신용보증재단	☑ 지역재단 신용보증 이용자 또는 해당 지역 소재 예비창업자 및 소상공인		☑ 지역 신용보증재단 소각채무자 등*
신용보증재단 중앙회			☑ 지역 신용보증재단 소각채무자 등
서민금융진흥원		☑ 미소금융 등 정책서민금융 이용자	
신용보증기금		☑ '소상공인 2차 금융지원' 이용 소상공인	

#. 쌈밥집을 운영하는 A씨는 매출증대를 고민하다 신용보증재단(신보)의 자영업 클리닉에 지원했다. 신보는 특급 호텔한식 조리사출신 전문 경영컨설턴트를 지정해 상권과 경쟁업체 비교분석을 해줬고, 점심상사메뉴, 배달전용메뉴 등도 개발해줬다.

#. 카페창업을 준비하던 B씨는 K은행 경영컨설팅 센터의 컨설팅을 받았다. 그 결과 해당 은행의 특별대출을 받아 창업자금으로 활용할 수 있었고, 청년멘토도 소개받아 SNS 홍보 등을 배워 매출에 도움을 얻었다. 이후에도 은행으로부터 자금관리, 원가분석, 회계, 세금 등 지원을 지속적으로 받고 있다.

13일 금융감독원에 따르면, 금융권과 소상공인시장진흥공단(소진공), 지역신보, 서민금융진흥원(서금원) 등은 자영업자, 소상공인 등을 위해 무료로 다양한 경영컨설팅 프로그램을 운영하고 있다. '백종원의 골목식당'처럼 어려운 자영업자, 소상공인을 지원하는 것이다.

16개 국내은행은 본점 전담부서 혹은 컨설팅센터를 통해 창업, 상권분석, 경영자문, 금융상담 등 컨설팅을 제공 중이다. 또 창업 및 사업역량강화를 위해 다양한 집합교육 프로그램도 운영 중이다. 자영업자, 소상공인 등 누구나 이용가능하고, 은행영업점을 방문하거나 전화로 신청할 수 있다.

15개 국내은행은 또 소진공, 지역신보 등과 협업하여 전문컨설턴트와 연계한 경영진단 · 점포운영 · 매장환경개선 등 경영컨설팅을 제공 중이다. 소진공과 지역신보가 맞춤형 컨설팅 및 정책자금과 보증을 지원하고, 은행은 자금대출 및 금리우대 인센티브를 제공한다. 생계형 업종에 종사하는 자영업자, 소상공인 등이 대상이며 은행이 경영현황 등을 고려해 선정한다.

저축은행은 서금원과 협업해 사업컨설팅과 사업장 업그레이드 프로그램을 무료제공 중이다. 서금원은 전문컨설팅을 제공하고, 저축은행중앙회는 컨설팅을 완료한 사업장에 물품구입 및 시설개선자금(100만원 이내)을 지원한다. 연소득 3500만원 이하 등 소득 · 신용조건을 충족하는 자영업자 또는 코로나19 피해자, 만 34세 이하 청년자영업자 중 저축은행 또는 서금원의 추천을 받은 자가 대상이다.

소진공은 창업-성장-재기 등 자영업 생애주기에 따라 맞춤형컨설팅을 제공 중이다. 창업단계에서는 이론교육 및 경영체험교육을 제공하고, 수료생 중 선발을 통해 사업화 자금 및 정책자금 추가 지원한다. 경영성장단계에서는 전문 컨설턴트를 통한 맞춤형 '긴급경영 컨설팅' 및 창의적 아이디어 구체화 · 실현을 위한 '창의육성 컨설팅'을 지원한다. 재기단계에서는 경영문제진단 등을 통한 선제적 경영정상화 및 유망 · 특화 · 융복합분야로의 취업 · 재창업유도를 지원한다.

총 12개의 지역신보도 맞춤형 경영컨설팅을 지원 중이다. 일부 지역재단(서울, 경남, 전북)에서는 파산 · 면책, 개인회생 등으로 인한 지역신보 소각채무자 대상 재기컨설팅도 함께 지원한다.

서금원도 미소금융 등 정책서민금융을 이용중인 영세자영업자를 대상으로 전문컨설턴트의 경영진단, 사업솔루션 등 무료 맞춤형 컨설팅제공 중이다.

신용보증기금도 소상공인의 위기단계별로 특화한 무료컨설팅을 하고 있다. 경영위기 소상공인에게는 경영애로 진단, 영업활성화 방안제시 등 경쟁력 강화를 위한 '레벨업 컨설팅'을 제공하고, 폐업(예정) 소상공인에게는 실패원인분석, 사업정리, 재창업 등 사업재기를 위한 '체인지업 컨설팅'을 제공한다. '소상공인 2차 금융지원 프로그램'을 이용하는 소상공인이 대상이다.

• 출처: 해럴드경제, 2022년 10월 13일

제2절 사업계획서 내용

1. 사업계획서 요약문

요약문은 계획사업의 핵심내용과 그 가치를 집약해서 설명하는 페이지이다. 따라서 창업하고자 하는 아이템이 왜 존재해야 하고 누가 어떻게 실행하며, 그렇게 함으로써 사업을 성공시킬 수 있다는 것을 간결하고 설득력 있게 기술해야 한다. 특히 투자자들에게 사업계획서의 얼굴이라고 할 수 있는 요약문은 매우 중요하다. 요약문은 되도록 두 페이지를 넘기지 않도록 해야 한다. 요약은 간결할수록 더 좋다.

사업계획서의 요약부분은 작성자가 계획사업을 완전히 이해하고 그것의 핵심내용을 축약하는 부분이므로 사업계획서의 다른 부분이 완성된 후에 작성하는 것이 바람직하다.

2. 산업 및 제품

1) 관련 산업상황

해당 산업의 구조를 파악하고 현재의 상황과 앞으로의 전망을 제시한다.
그리고 시장규모, 성장추세, 경쟁업체 등에 대해서 간단히 언급한다.

2) 회사와 사업의 개념

창업하고자 하는 사업아이템의 개념을 기술한다. 즉 창업할 회사가 무슨 사업을 하려고 하며 어떤 제품과 서비스를 제공할 것인지 그리고 주요고객은 누구이고 누가 될 것인지에 대해 구체적으로 설명한다.

3) 목표제품 및 서비스

주력제품과 서비스를 설명하고 차기 아이템에 대해서도 언급한다. 제품과 서비스의 특성을 강조하고, 만약 이들의 경쟁제품이 있다면 기존의 제품과 서비스와의 차별성을 설명한다. 그리고 향후 제품과 서비스의 개발계획에 대해서도 언급한다.

4) 시장진입 및 성장전략

제품과 서비스의 혁신성, 시기적인 이점 등 마케팅계획에서의 주요 성공변수를 제시하고 가격책정과 유통, 촉진 및 광고전략을 설명한다. 그리고 최소한 5년 동안의 성장목표와 전략을 제시한다.

3. 시장조사와 분석

사업계획서 작성에서 시장조사와 분석은 가장 어려운 부분인 동시에 가장 중요한 부분의 하나이다. 시장조사와 분석을 잘 하려면 충분한 시간을 갖고 시장과 관련된 다양한 자료를 면밀하게 분석할 필요가 있다. 사업계획의 다른 부분들은 시장조사와 분석에 크게 의존한다.

이를 테면 예상매출액 수준은 제조 및 운영계획, 마케팅계획, 재무계획 등에 직접적으로 영향을 미친다. 그러므로 이 장은 사업계획의 다른 부분에 앞서 작성하는 것이 바람직하다.

1) 고 객

제품과 서비스에 대한 고객이 누구이고 누가 될 것인지에 대해 구체적으로 논의한다. 잠재고객은 공통적인 성격을 가진 상대적으로 동질적인 그룹으로 분류할 필요가 있다. 고객에 대

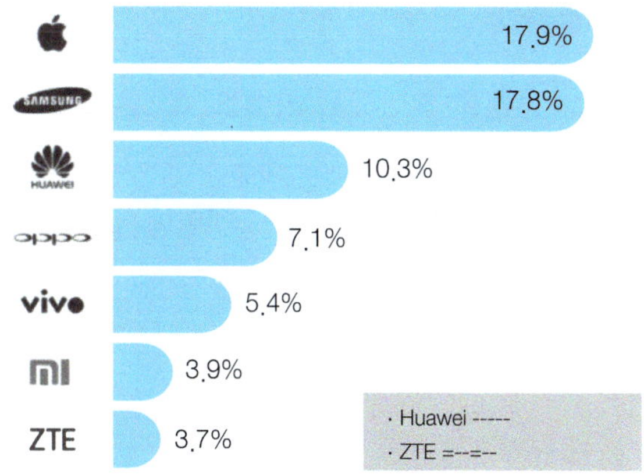

Global Smartphone Shipments Market Share

한 접근난이도, 고객의 규모, 구매결정까지 걸리는 시간 등을 살펴본다. 그리고 가격, 품질, 서비스 등 구매결정에 영향을 미치는 요인을 기초로 고객의 구매과정을 설명한다.

2) 시장규모와 전망

향후 5년 동안의 전체시장의 규모를 추정하고 제품과 서비스에 대한 시장부문별, 지역별 시장점유율을 물량과 금액면에서 전망한다. 그리고 산업동향, 사회경제적 추이, 인구이동 등 시장변동에 영향을 미치는 요소들을 살펴보고 최소한 향후 3년 동안의 연간 성장률을 예상한다.

3) 경쟁자 분석

경쟁자의 강점과 약점에 대해서 평가한다. 대체 가능한 제품과 서비스 그리고 그것들을 공급하는 회사를 제시한다. 그리고 시장점유율, 품질, 가격, 유통방법, 서비스 등에 기초해서 경쟁적인 혹은 대체가능한 제품 및 서비스와 비교한다. 또한 이들 제품과 서비스의 장점과 약점을 분석하고 그것들이 고객의 욕구를 충족시키지 못하는 이유를 설명한다. 그리고 최근에 어떤 기업이 진입하고 이탈했으며, 그 이유가 무엇이었는지에 대해 살펴본다.

또한 3~4개의 주요 경쟁자를 선정해서 시장진입의 성공과 실패요인을 분석한다. 경쟁자를 분석함으로써 얻을 수 있는 이익은 새로운 혹은 개선된 제품과 서비스를 개발할 수 있으며 상대적으로 우월한 위치를 확보할 수 있다는 것이다.

4) 예상 시장점유율과 매출액

현재 혹은 장래에 예상되는 경쟁에 직면해서 판매할 수 있는 제품과 서비스에 관해서 요약한다. 제품과 서비스의 시장규모와 전망, 고객, 경쟁자와 그들의 매출추이에 기초해서 향후 최소한 3년 동안의 시장점유율과 매출액을 수량과 금액면에서 추정한다.

4. 사업채산성 분석

사업채산성을 위해 다음 다섯가지 요인에 대해 분석해 본다.

① 예상수익 : 총 이익 및 경상이익 규모
② 수익잠재력
③ 비용구조 : 고정비용 및 변동비용
④ 손익분기점
⑤ 현금흐름

5. 마케팅계획

1) 전체 마케팅전략

목표(target)시장의 가격체계와 유통경로 하에서 회사의 특별한 마케팅철학과 전략을 제시한다. 잠재고객이 누구이며 그들과 어떻게 접촉하고 서비스, 품질, 가격, 배달, 보증제도 등을 어떻게 판매에 연결시킬 것인지에 대해 논의한다. 만약에 혁신적이고 차별화된 마케팅전략이 있다면 그것에 대해서도 설명한다.

전국적 혹은 지역적으로 처음 도입할 제품과 서비스를 설명하고 추후의 판매확대에 대한 계획도 논의한다. 또한 계절적인 추이에 대해서도 살펴보고 시즌이 아닐 때 촉진할 방법을 제시한다.

2) 가격전략

가격전략은 제품과 서비스에 책정할 가격에 대해 논의하고 주요 경쟁자의 가격정책과 비교하는 것이다. 이 과정은 단순하지 않다. 경쟁자 가격을 이기기 위해서 자사가 갖춰야 하는 강점 혹은 경쟁력을 가격으로 표현해내야 하기 때문이다. 가격은 결정하는 것 보다 고객입장에

서 지불할 수 있도록 가치를 부여하는 작업이다. 또한 총 이익이 유통과 판매, 보증제도, 서비스, 개발 및 설비비용 등을 허용할 만큼 충분한지에 대해서도 논의해야 한다. 또한 책정된 가격이 제품과 서비스를 받아들이고 경쟁에 직면해서 시장점유율을 유지하고 발전시키며 이윤을 낳을 수 있는지에 대해서도 검토한다.

3) 판매전략

자체판매, 판매대리점, 유통업자, 기존업체의 판매조직, 다이렉트 판매 등 이용가능한 판매수단을 제시하고 유통경로를 설명한다. 그리고 유통업자, 판매대리점 등의 선정방법을 밝히고 그들 각자가 올릴 예상판매액을 제시한다. 자체 판매의 경우 연간 판매사원 당 판매액을 제시하고 업종평균과 비교한다. 다이렉트 판매를 이용한다면 이용가능한 매체를 제시하고 예상반응률을 밝힌다. 또한 초기 및 장기판매계획을 제시한다.

4) 광고와 촉진전략

광고와 촉진전략에서는 고객의 관심을 불러일으킬 수 있는 방법을 제시한다. 매체광고, 다이렉트 메일링, 텔레마케팅, 카탈로그, 판촉, 인쇄물, 광고대행사의 활용 등에 대한 구체적인 계획을 세운다. 이 과정에서 발생할 수 있는 촉진 및 광고캠페인의 일정과 비용을 제시한다.

6. 개발계획

전반적인 제품개발과 관련하여 구체적으로 제시한다.

- 제품개발현황 및 관련업무
- 기술개발위험도 분석
- 제품개선 및 신제품
- 개발비용
- 특허권 등에 관한 사항

7. 입지 및 생산계획

1) 입 지

계획사업의 지리적인 입지를 설명한다. 그리고 입지분석의 결과를 제시한다. 노동력을 이용할 수 있는 정도 및 질, 고객이나 공급자의 접근용이성, 교통편의, 해당지역의 세금과 법규 등의 관점에서 입지의 장점과 단점 등을 논의한다.

Highlight

"늦은 창업은 없다" 실패딛고 대박신화 쓴 서민갑부들 '서민갑부'가 전하는 사업성공비결

'서민갑부' 들이 있다. '흙수저' 출신으로 밑바닥부터 시련을 헤쳐가며 자신의 영역에서 일가를 이룬 사람들이다. 이들은 숱한 실패와 시련에도 좌절하지 않고 다시 일어섰다. 넘어지는 것이 실패가 아니라, 넘어져 일어나지 못하는 것이 실패라는 믿음이 굳건했다. 무엇보다 사업을 새로 시작하는데 나이가 전혀 중요하지 않았다. 그들 사전에 '늦은 창업'은 없었다. 채널A에서 2014년 12월부터 방송 중인 〈독한인생 서민갑부〉 출연자들의 성공 스토리를 엮은 〈서민갑부〉가 최근 출간됐다. 실패와 좌절을 이겨내고 자신들이 꿈꾸던 삶을 살고 있는 서민갑부들의 성공 스토리와 성공 노하우를 들어본다.

◇ 실패에서 성공한다

같은 업종 프랜차이즈 매장에 비해 매출이 3배가 넘는 동네 분식점이 있다. 대구 동구천 대로변의 '꽃분이의 식탁'이다. 곽정호(50) 김성연(47) 부부가 운영하는 이 곳의 월 매출은 6000만 원에 이른다. 곽 씨는 전에 이미 5차례의 사업실패를 경험한 사람이다. 프랜차이즈 분식점을 차렸지만 본사에 내는 돈이 너무 많아 가게 임대료도 내지 못할 정도였다. 이들은 프랜차이즈를 과감히 접고 개인매장으로 재 창업하기로 결심한다. 그 분식점에서 지금은 연 7억 원 이상의 매출이 나온다.

강원도 속초종합중앙시장에서 호떡을 파는 고석원(44) 씨는 '금수저' 출신이다. 부족함 없이 자랐고 자기이름으로 카페편의점 등을 운영해 본 '부잣집 도련님'이었다. 하지만 IMF로 집안이 기울고 자신도 2억 원의 빚만 떠안게 된다. 절망 속에 빠져있던 그는 자신의 사업을 결심하게 된다. 적은

대구 동구천 대로변에서 '꽃분이의 식탁'을 운영 중인 곽정호 · 김성연 부부

자본금으로 시작할 수 있는 길거리 음식인 호떡, 그 중에서도 '씨앗호떡'에 눈을 돌렸다. 그 분야 전문가는 물론 식품연구소 출신의 음식전문가에게 새로운 맛을 낼 수 있는 방법을 묻고 또 물었다. 사장이 직접 뛰지 않으면 100% 망한다는 신념으로 가게를 지켰다. 그렇게 8년 동안 자신만의 호떡을 만드는데 집중해 지금은 40억대 부동산 갑부까지 되었다.

◇ 독특함으로 승부한다

'뜨개질 하는 남자' 정문호(52) 씨. 한 때 프로야구 선수를 꿈꾸던 청년이었던 그는 불의의 사고로 꿈을 접고 오랜 방황기를 거쳐야 했다. 그러다 남다른 뜨개질 솜씨를 가진 어머니가 서울 회현지하쇼핑센터에 연 뜨개질 매장에서 셔터 맨을 하다 어깨너머로 뜨개질을 배우게 되고, 여기서 자신의 천직을 찾게 된다. 제2의 인생을 살게 된 후 그의 제품은 불티나게 팔려 나갔다. 현재 그가 운영 중인 '물망초 수예'는 11월부터 이듬해 2월까지 4개월 성수기 동안 1억 6000만원 상당의 매출을 올린다. 최근에는 온라인판매까지 사업을 확장했고, 비수기에 대비해 카페+뜨개질 매장의 복합카페까지 운영한다.

공주시 외곽에서 '공주밥차' 식당을 운영 중인 박해성(54) 씨는 '밥차'로 대박을 터트린 사람이다. 그의 밥차는 도심이든 논두렁이든 가리지 않는다. 고객 연령층과 식성까지 고려하는 덕분에 만족도도 높다. 연간매출이 6억 원에 이른다. 요리에 남다른 자신감을 보였던 그는 30세 이전에 식당 운영으로 큰 돈을 만졌다. 하지만 그 자만심 탓에 거액을 투자했다가 폭망하게 된다. 부모님이 논판 돈으로 차린 고기집도 광우병 파동으로 허무하게 무너졌다. 그러다 공사장 인부들 대상의 식당을

정문호 씨는 어머니가 차린 뜨개질 가게에서 셔터맨으로 일하다가 뒤늦게 자신의 적성을 찾아 대박 사업을 일군 사례다.

여름철 하루에 1000 그릇이 넘는 팥빙수를 팔아 월 1억 원 매출을 올리는 ‘팥빙수 명장’ 김성수 씨(사진 가운데)

열었다가 밥차 아이디어를 생각해 냈다. 그는 지금 대전에서 큰 식당을 운영할 정도로 성공했다.

◇ 늦은 창업은 없다

부산 용호동에서 여름철이면 하루에 팥빙수 1000그릇 이상을 팔아 월 1억 원 매출을 올리는 ‘팥빙수 명장’ 김성수(64) 씨. 어린나이에 소년가장으로 동생들을 돌봐야 했던 그는 그 때 배운 ‘아이스께끼’ 장사경험을 되새겨 운명처럼 40줄에 들어 팥빙수 가게를 차리게 된다.

그는 정통 팥빙수만을 고집한다. 최고의 팥을 원료로 사용하지만 그는 2500원 가격을 고수했다. 워낙 가성비가 높다 보니 하루에 3~4 차례 찾는 ‘찐 고객’도 있다고 한다.

경기도 남양주시 진접읍에서 15년째 숯불고기 전문점 ‘광릉불고기’를 운영 중인 주덕현(61)씨. 그는 IMF 때 운영하던 식당이 폐업처리되면서 한순간에 거리로 내몰렸다. 노상에서 닥치는 대로 막걸리와 과일 등을 팔다가 교통사고로 병원신세까지 졌다. 병원에서 아내가 구워다 준 고기를 먹던 그는 불현듯 ‘식어도 맛있는 숯불고기라면 배달판매해도 되지 않을까?” 하는 생각을 하게 됐고 퇴원 후 곧바로 숯불고기 배달전문점 ’광릉불고기‘를 차렸다. 소자본 창업은 박리다매 보다 틈새 수요확장전략이 더 효과적이라고 생각했다. 그 계산이 적중해 지금 이 가게는 연 매출이 최소 20억 원에 이른다.

◇ 서민갑부들의 5가지 성공비결

공동저자인 허진 작가는 서민갑부의 공통점으로 크게 5가지를 든다.

첫째, 실패를 성공으로 가는 통로로 생각한다는 것이다. 모두가 실패와 시련을 딛고 일어선 사람들이라는 얘기다. 뼈아픈 실패와 좌절 속에서도 다시 일어서는 용기가 원동력이었다.

(사진출처=게티이미지)

둘째, 소자본 창업에는 가족경영이 기본이라는 사실이다. 가족의 조직력과 끈끈한 유대감이 작은 가게의 성공스토리를 만드는 중요한 배경이었다.

셋째, 사업이 본궤도에 오르기까지 시간이 걸렸다는 점이다. 그만큼 준비기간, 이른바 내공을 키우는 시간이 필요하다. 부단히 노력하고 배워야 나만의 경쟁력을 갖춰 성공할 수 있다는 것이다.

넷째, 상품력과 영업력이 최고의 경쟁력이다. 차별화된 상품력과 고객지향적인 영업력이 합쳐질 때 비로소 성공할 수 있었다.

다섯째는 잘되는 지금, 미래를 준비한다는 것이다. 사업이 잘될 때, 안주하지 않고 미래를 준비해야 한다. 사업환경은 언제든 바뀔 수 있음을 인식하고 늘 변화에 대비해야 사업 리스크를 줄일 수 있다는 설명이다.

• 출처 : 브릿지경제, 2022년 8월 2일

2) 생산전략과 계획

제품의 생산과 관련된 제조과정을 설명한다. 생산비용, 생산능력 등의 문제는 물론 자금조달, 이용가능한 노동력, 기술적인 문제의 관점에서 제조 및 운영계획을 설명한다. 이용가능한 원자재, 노동력, 부품, 생산의 제경비 등에 대한 분석과 함께 다양한 매출수준에서의 생산비 및 생산량에 관한 정보를 제시한다. 품질관리, 생산관리, 재고관리방법을 논의하고 서비스문제와 관련된 고객불만족을 최소화하는 방법에 대해서도 설명한다.

3) 설비투자계획

생산에 필요한 설비를 언제 어떻게 도입할 것인지에 대해 서술한다. 그리고 설비도입에 따른 규모의 경제를 논의한다. 또한 향후 3년 동안 도입할 예정인 설비와 관련해서 설비확장 방법과 시기 등을 제시한다.

4) 법규와 법적인 문제

계획사업 그리고 그 제품과 서비스에 적용되는 법률이나 규정에 어떤 것이 있는지, 이를 테면 사업을 위한 면허사항, 허가지역, 보건관련 허가사항, 환경승인사항 등에 대해 논의한다. 그리고 계획사업에 영향을 줄 수 있는 현재 진행중인 법규의 변동사항에 대해서도 파악한다.

8. 인원 및 조직계획

엔지니어 출신의 경우 강력하고 짜임새 있는 경영팀 조직을 구성해야 한다. 왜냐하면 처음 창업을 시도하고자 하는 엔지니어들은 사업계획서를 준비하고, 투자를 유치하고 회사를 이끄는데 필요한 회사운영 및 사업경험을 갖지 못한다. 따라서 당신이 창업을 하는데 그리고 향후 회사운영을 하는데 도움을 줄 수 있는 강력한 경영팀을 구성해야 하는 것이 중요한 이유이다.

1) 경영조직

회사의 예상조직도를 제시하고, 부문의 역할 및 그 책임자를 소개한다.

2) 핵심 창업인력

주요 핵심관리자의 이력과 노하우, 직무능력, 과거의 실적 등을 상세하게 기술하고 주어진 역할을 수행할 수 있는 능력을 보여준다. 또한 주요 핵심관리자의 정확한 임무와 책임을 설명한다.

3) 기타 투자자

이사회의 규모와 구성에 관한 회사의 철학을 논의한다. 예정된 이사회의 구성원을 제시하고 인적사항을 밝힌다. 또 다른 투자자가 있다면 그들의 주식지분에 대해서도 설명한다.

4) 이사진 구성

9. 사업추진일정

사업을 시작하고 그 목적을 실현하는데 필요한 주요업무의 추진상황을 보여주는 사업추진 일정표는 사업계획의 기본적인 부분의 하나이다. 사업추진 일정표는 일반적으로 시장조사와 분석, 마케팅계획, 제조 및 운영계획, 재무계획, 인원 및 조직계획 등 전체 사업계획을 구성하는 세부계획의 각 항을 언제부터 언제까지 추진할 것인지를 밝히는 표라고 할 수 있다. 그러므로 사업추진 일정표에는 시장조사에서 피고용자의 채용에 이르기까지 일정한 관계가 있는 주요업무가 모두 포함되어야 한다.

잘 계획된 사업추진 일정표는 회사의 구성원들에게는 사업을 효율적으로 추진하게 하며 투자자들에게는 사업의 성공에 대한 신뢰도를 제고시켜 준다.

10. 고려사항

- 예상되는 위험요인
- 당면문제
- 기본전제 및 가정

새로운 사업을 시작함에 있어 그 사업이 내포하고 있는 위험요소와 문제점들을 사전에 가정해 보고 그 대책을 강구하는 과정은 매우 중요하다. 계획사업에 내포되어 있는 문제점과 위험요소에 대해 고찰하는 것은 그 충격을 최소화할 수 있는 가장 효과적인 방법이다. 이러한 과정을 통해서 계획사업에 대해 보다 깊은 이해를 할 수 있을 뿐만 아니라 외부의 이해당사자들에게 자신감을 가질 수 있을 것이다. 잠재적인 투자자들의 최대의 관심은 사업계획서에 언급되지 않은 위험요소와 문제점들이며 그들은 확신하게 될 때까지 그것들에 대해 집요하게 추적하고 문제를 제기할 것이다. 이들 문제점과 위험요소는 불리한 경기변동, 제조일정의 차질, 경쟁자에 의한 가격인하, 원자재나 부품조달의 어려움, 자금의 고갈 등 사업영역에 걸쳐 다양한 형태로 존재한다. 사업의 성패여부는 이 같은 문제점과 위험요소를 어떻게 제거하고 극복하느냐에 달려있다.

11. 재무계획

재무계획은 추정 재무제표의 작성을 통해서 계획사업의 향후 재무상태와 경영성과 등을 제시하는 것이다. 이 같은 재무계획의 목적은 계획사업의 잠재력을 보여주고 구체적으로 소요자금의 규모와 그 타당성을 제시하기 위한 것이다.

특히 재무계획을 준비하는데 있어 가장 어려운 부분은 그 메커니즘에 있는 것이 아니라 좋은 데이터를 얻는데 있다. 또한 재무계획을 세우기 전 타켓시장과 경쟁구도를 명확히 이해해야 한다. 엔지니어들은 판매와 관련된 문제들은 차후문제라 생각하며 마케팅과 같은 부분을 무시하는 경향이 있다.

재무계획에는 사업계획서의 각 부문계획에 기초하여 추정 손익계산서, 추정 대차대조표, 추정 현금흐름표 그리고 손익분기점 분석이 포함되어야 한다.

추정 손익계산서는 수익과 비용의 측면에서 계획사업의 경영성과를 파악하는데 사용되며 계획사업의 자본구조를 보여주는 추정 대차대조표는 부채항목을 통해서 자금조달계획을 세우는데 유용하게 사용된다. 그리고 현금의 유입과 유출을 예측하는 추정 현금흐름표는 계획사업에서의 현금의 운용과정을 보여주고 있다. 또한 손익분기점 분석은 예상매출액과 비용구조에서 모든 비용을 커버하는 매출액 수준을 보여준다.

1) 추정 손익계산서

예상매출액과 그에 따른 제조 및 운영비용을 기초로 하여 최소한 5년 동안의 추정 손익계산서를 작성한다. 그리고 추정 손익계산서 작성의 기초가 된 제조원가 명세서, 판매비 및 일반관리비 등에 대해서도 논의한다. 또한 예상매출액이나 이익목표를 저해하는 주요 위험요소에 대해서도 살펴본다.

2) 추정 대차대조표

최소한 향후 3년 동안의 대차대조표를 작성한다.

3) 추정 현금흐름표

사업 첫 해에는 매달 그리고 나음 2년 동안은 적이도 분기마다 현금의 유입과 유출을 분석한다.

4) 손익분기점 분석

손익분기점을 계산하고 손익분기점 도표를 그려봄으로써 예상매출액으로 언제 손익분기점에 도달할 수 있으며, 그 도달의 용이성 및 그 시기를 앞당길 수 있는 방법 등에 대해 검토한다.

12. 투자조건

- 조달하고자 하는 자금규모
- 투자요청 내역 및 투자조건
- 자금활용계획 및 투자가의 예상수입

계획사업에 필요한 자금의 규모를 확정하고, 소요자금에서 자기자본을 제외한 자금에 대한 조달계획을 세운다.

이와 같은 방법으로 창업자는 사업계획서를 구체적으로 작성해야 한다. 사업계획서는 남에게 보여주기 위한 것이 아니다. 집을 짓기위해 철저한 기초공사가 필요한 것처럼 사업계획서는 설계도와 같은 치밀한 구성을 위해 사업을 시작하는 창업자에게는 반드시 필요하다.

창업 이후 지속적인 성장과 유지를 위해서도 체계적으로 잘 정리된 사업계획서는 기업의 자산이 될 수 있다. 창업자의 지속적 수정과 업그레이드를 통해 사업계획서를 잘 실천해 간다면 창업은 성공으로 귀결될 것이다.

제3절 사업계획서 형식

사업계획서의 형식은 아래와 같다.

표준 사업계획서 형식(외부기관 제출용)

Ⅰ. 기업체 현황

1. 회사개요
2. 업체연혁
3. 창업동기 및 사업의 기대효과
4. 사업전개방향 및 향후계획

Ⅱ. 조직 및 인력현황

1. 조직도
2. 조직 및 인력구성의 특징
3. 대표자 및 경영진 현황
4. 주주 현황
5. 관계회사 내용
6. 종업원 현황 및 고용계획
7. 교육훈련 현황 및 계획

Ⅲ. 기술현황 및 기술개발계획

1. 제품(상품)의 내용
2. 제품(상품) 아이템 선정과정 및 사업전망
3. 기술현황
4. 기술개발 투자현황 및 계획

Ⅳ. 생산 및 시설계획

1. 생산 및 시설현황
   1) 최근 2년간 생산 및 판매실적
   2) 시설현황
   3) 조업상황
2. 생산공정
   1) 생산공정도
   2) 생산 공정상의 제문제 및 개선대책
3. 원 · 부사새 사용 및 조달계획
   1) 제품단위당 소요원재료
   2) 원재료 조달상황
   3) 원재료조달 문제점 및 대책
4. 시설투자계획 및 효과
   1) 시설투자계획
   2) 시설투자효과

Ⅴ. 시장성 및 판매전망

1. 관련산업의 최근 상황
2. 동업계 및 경쟁회사 현황
3. 판매현황
    1) 최근 2년간 판매실적
    2) 판매경로 및 방법
4. 시장 총 규모 및 자사제품 수요전망
5. 연도별 판매계획 및 마케팅전략
    1) 연도별 판매계획
    2) 판매시스템 및 마케팅전략
    3) 마케팅전략상 제 문제 및 해결방안

Ⅵ. 재무계획

1. 재무현황
    1) 최근 결산기 주요 재무상태 및 영업실적
    2) 금융기관 차입금 현황
2. 재무추정
    1) 자금조달 운용계획표(자금흐름 분석표)
    2) 추정 대차대조표
    3) 추정 손익계산서
3. 향후 수익전망
    1) 손익분기분석
    2) 향후 5개년 수익전망
    3) 순현가법 및 내부수익률에 의한 투자수익률

Ⅶ. 자금운용 조달계획

1. 소요자금
2. 조달계획
3. 연도별 증자 및 차입계획
4. 자금조달상 문제점 및 해결방안

Ⅷ. 사업추진 일정계획

Ⅸ. 특정 분야별 계획

1. 공장입지 및 공장설립계획
   1) 공장입지 개황
   2) 현 공장소재지 약도 및 공장건물, 부대시설 배치도
   3) 설비현황 및 시설투자계획
   4) 공장자동화 현황 및 개선대책
   5) 환경 및 공해처리계획 – 배출예상 오염물질 및 처리방법, 공해방지시설 설치 및 내역 및 계획
   6) 공장설치 인 · 허가 및 의제처리 인·허가관련 기재상황
   7) 공장설치 일정계획
2. 사금소날
   1) 자금조달의 필요성
   2) 소요자금 총괄표
   3) 소요자금 명세
   4) 자금조달형태, 용도, 규모
   5) 보증 및 담보계획
   6) 차입금 상환계획
3. 기술개발 사업계획
   1) 사업내용 및 연구목표
   2) 연구개발 인력구성
   3) 개발효과
   4) 개발공정도
   5) 개발사업 추진계획 및 소요자금
4. 시설근대화 및 공정개선계획
   1) 추진목적
   2) 분야별 추진계획
   3) 시설근대화계획
   4) 공정개선계획

5) 신제품계발계획

Ⅹ. 첨부서류

1. 정관
2. 법인등기부 등본
3. 사업자등록증 사본
4. 최근 2년간 결산서류
5. 최근 월 합계 잔액시산표
6. 경영진·기술진이력서
7. 공업소유권(특허 · 실용신안) 및 신기술 보유관계 증빙서류
8. 기타 필요서류

제7장

상권분석 및 입지조건

백화점 1조 클럽 향해 달리는 '더현대서울'… 급성장비결은

'오피스 타운', '에루샤 없는' 더현대서울, 올해 9200억 매출목표 초과달성
내년 국내백화점 중 최단기간 매출 1조 달성할 것으로 기대
파격적 공간 디자인, 매장구성, 차별화 MD 경쟁력이 비결

더현대서울이 오픈 2년 만에 '1조원 클럽' 가입을 눈앞에 두고 있다.

올해 백화점 업계는 해외명품수요에 힘입어 여타 유통채널 가운데 때 실적특수를 톡톡히 누린 채널로 꼽힌다.

23일 산업통상자원부에 따르면 올해 3분기까지 백화점 매출은 매분기 전년 동기 대비 두 자리수 성장했다. 특히 3분기 백화점 매출 신장률은 전년 동기 대비 20.6% 올라 1분기(17.6%), 2분기(19.3%)보다 높은 신장세를 이어갔다.

상품군별 매출 비중 가운데 가장 많은 비중을 차지한 품목은 단연 '해외유명브랜드'로, 6월부터 10월까지 해외유명브랜드 매출 비중은 줄곧 유일하게 30%를 웃돌았다.

[서울=뉴시스]홍효식 기자 = 24일 서울 영등포구 여의도에 프리 오픈한 서울 시내 최대 규모 백화점 '더현대 서울' 모습. 2021.02.24. yesphoto@newsis.com

이처럼 올해는 명품 등 수요에 힘입어 백화점 매출 성장세가 두드러진 가운데 현대백화점이 지난해 2월 서울 여의도에 오픈한 '더현대서울'은 에루샤(에르메스 · 루이비통 · 샤넬) 등 대표명품없이도 개점 2년 만에 1조원 매출을 눈앞에 두고있어 눈길을 끈다.

23일 업계에 따르면 아직 12월 장사가 마무리되지 않았지만 더현대서울은 연초 세웠던 목표매출인 9200억원을 초과 달성했다.

이 같은 추세라면 3년차 목표매출로 세운 1조원 매출을 내년엔 가뿐히 넘길 것으로 내다본다. 더현대서울이 내년에 매출 1조원을 달성하면, 개점 후 2년 10개월 만에 1조원 클럽에 가입해 국내백화점 중 최단기간 매출 1조원을 달성하게 된다.

더현대서울은 현대백화점이 선보인 미래형 백화점으로, 개점 1년만에 매출 8000억원을 돌파했다. 국내백화점 개점 이래 첫해에 기록한 최고 매출규모다.

더현대서울은 '오피스타운' 여의도에 위치한 지리적 한계가 있고, 에루샤로 일컫는 대표 명품매장이 없는데도 파격적인 공간디자인과 매장구성, 차별화된 MD 경쟁력 등으로 MZ세대를 집중공략한 결과, 이 같은 매출성장을 이뤄낼 수 있었다.1

실제로 지난해 오픈 당시 국내 최초로 '리테일 테라피(쇼핑을 통한 힐링)' 개념을 적용해 전체 영업면적(8만 9100㎡)의 절반을 실내조경이나 고객휴식공간 등으로 꾸몄다.

또 MZ세대를 겨냥해 국내 백화점에서 보기 힘든 매장을 대거 입점시켰다. 지하 2층을 '크리에이티브 그라운드'로 꾸며 H&M그룹(스웨덴) 최상위 SPA 브랜드인 '아르켓(ARKET)'의 아시아 첫 매장을 넣었고, 스니커즈 리셀 전문매장인 'BGZT(번개장터)랩', 명품시계 리셀숍 '용정콜렉션', 온라인 유명남성패션 브랜드 '쿠어(coor)' 등을 선보였다.

최근에는 디자이너 브랜드 '앤더슨벨', 테크 액세서리 브랜드 '케이스티파이'가 백화점 1호 매장을 열었고, 코트로 유명한 남성복 브랜드 '인사일런스', 스트리트 패션브랜드 '배드블러드' 등 신진 패션브랜드의 백화점 1호 매장을 차례로 선보였다.

이 외에도 다양한 산업군의 팝업스토어 성지로도 주목받고 있다. 자동차 신차전시, K-POP 그룹의 데뷔 · 컴백 팝업스토어를 비롯해 영화 '아바타: 물의 길' 오프라인 팝업스토어도 진행하는 등 올해만 250여회 이상의 팝업스토어를 선보였다.

현대백화점 관계자는 "더현대서울의 2030세대 고객비중은 지난해 58.2%에서 올해 65%까지 늘었다"며 "지난해 전체매출의 54.3%가 더현대서울에서 10㎞ 이상 떨어진 광역상권에서 발생하는 등 트렌드에 민감한 젊은 고객들이 물리적 거리에 상관없이 더현대서울을 찾고있다"고 말했다.

현대백화점은 이 같은 더현대서울의 성공전략을 타 점포에 심으며 '제2의 더현대서울'을 추진하려는 움직임을 보이고 있다.

16일에는 현대백화점 대구점이 1여년 간 재단장공사를 마치고 '더현대대구'로 리뉴얼 오픈했다.

더현대서울이 전체면적의 절반을 조경이나 휴식공간으로 채운 것처럼 더현대대구 역시 상품 판매공간을 기존보다 15% 줄이고, 문화와 예술시설 콘텐츠를 리뉴얼 전보다 4배 이상 확대하는 파격결정을 내렸다.

현재 추진중인 광주복합쇼핑몰 사업도 관광·문화·예술·여가와 쇼핑을 융합한 국내 최초의 문화복합몰 '더현대광주'를 만들겠다는 계획이다.

한편 올해 명품 등 수요에 힘입어 백화점 매출이 고공성장한 가운데 1조원 매출을 넘길 것으로 예측되는 점포는 전국 11개로 전망된다.

2019년 업계 최초로 2조원 매출을 돌파한 신세계 강남점은 올해도 3조원에 육박하는 매출을 이어가고 있으며, 신세계 강남점에 이어 롯데 잠실점이 올해 처음으로 2조원 매출을 넘어섰다.

두 점포를 포함해 롯데본점·부산본점, 신세계 센텀시티점·대구점·본점, 현대백화점 판교점·무역센터점·본점, 갤러리아 명품관 등이 1조원 매출을 넘길 것으로 보인다.

• 출처 : 뉴시스, 2022년 12월 23일

'중국판 블랙프라이데이'로 불리는 광군제는 매년 11월 11일을 전후해 열리는 온라인 할인행사다. 지난해 광군제 당일에만 중국인들은 온라인쇼핑으로 21조원어치 물건을 사들였다.

면세점, 백화점뿐만 아니라 온라인 쇼핑몰도 할인폭을 늘리고 배송비를 지원해주는 등 광군제 마케팅을 대대적으로 진행한다. SK플래닛 11번가의 해외 직접판매(해외고객이 국내인터넷쇼핑몰에서 사는 것) 전문관 '글로벌 11번가'에서 화장품·패션·유아용품 등의 상품을 최대 50% 할인판매한다. 1111명의 고객에게 배송비를 최대 5만원까지 선착순으로 지원해준다. G마켓 글로벌샵은 12일까지 100여개의 '핫딜상품'(할인상품)을 판매하고, 각종 배송비 할인행사도 벌인다. G마켓 측은 "작년 광군제 때에 비해 할인상품을 30% 늘렸다"고 했다.

이처럼 소매시장에서의 상권은 이제 온라인 중심으로 점점 무게중심이 이동되고 있는 것이 사실이다. 이런 상황에서 오프라인 시장에서의 생존을 위한 다양한 전략은 반드시 필요하다. 그 중 기본적으로 검토해야 하는 것이 상권과 입지의 문제인 것이다.

제1절 상권의 형성

1. 상권의 의의

1) 상권의 정의

상권(trade area)이란 개별상점이 고객을 끌어들일 수 있는 지역적 범위(geographic area)를 말하며 고객이 흡인되는 지리적 범위, 즉 해당점포나 사무실을 이용하는 고객들의 거주지역이라고 말할 수 있다.

상권은 소비자를 중요한 측면으로 보는데, 이것은 판매자측에서 일방적으로 상권을 형성하더라도 소비자가 따르지 않으면 그 상권은 의미가 없기 때문이다. 이러한 이유로 상권의 측정 및 설정은 소비자의 구매력을 기준으로 설정하는 것이 일반적이다.

미국마케팅협회(AMA)에서는 상권에 대한 정의를 그 상권을 보는 시각에 따라 다음과 같이 세 가지로 나누어서 정의하였다.

첫째, 판매자의 입장에서는 "상권이란 특정 마케팅 단위 또는 집단이 재화나 용역을 판매·인도함에 있어서 비용과 취급규모면에서 경제적이며, 그 규모가 어떤 경계에 의해 결정되어지는 범위"라고 하였다.

둘째, 구매자의 입장에서는 "적절한 재화 및 용역을 합리적으로 발견할 수 있는 것으로 기대되는 지역범위"이다.

셋째, 판매량의 측면에서는 "특정 소매업체가 전체 매출액의 90% 이상을 실현하는 지역범위로서 전체 매출액의 75%가 실현되는 지역을 1차상권, 추가로 15%의 매출이 실현되는 지역을 2차상권"으로 정의하고 있다.

따라서 상권은 장사를 계속해 나가는데 없어서는 안 될 고객이 살고있는 한정된 지역범위이며, 특정 소매업체 또는 집단에 의해 제시된 제품계열 및 서비스계열을 구매할 확률이 영(zero)이 아니며, 동일업태의 경쟁 소매업체에서 구매할 확률보다 특정 소매업체에서 구매할 확률이 더욱 높은 잠재고객들을 포함하고 있는 지리적으로 경계된 지역을 말한다.

한 지역의 상권은 단계적으로 이루어져 있다. 가장 큰 개념은 도시의 행정구역과 거의 일치하는 개념으로 도시내의 모든 유통기관들의 상권의 합인 지역상권(General Trading Area)이 있고, 그 다음으로 지역상권 내에 후보입지가 속하는 상업지역이 가지는 상권으로 지구상권(District Trading Area)이 있으며, 대형백화점과 유명전문점의 존재 여부, 그리고 관련점포들간의 집적여부에 따라 상권의 크기가 결정되며, 가장 작은 상권을 구성하는 것으로 각각의 개별점포들의 상권인 점포상권(Individual Trading Area)이다.

이와 같이 상권은 개별점포입장에서 보면 상점을 개설하기 위한 입지조건이 되지만, 소비자의 입장에서 보면 상품을 구매할 수 있는 구매시점이 된다. 이 때문에 소매업이나 외식업 또는 유흥·오락산업은 입지산업으로 불려지며 특정 지점에서의 입지선정은 사업의 성공과 실패를 좌우하는 가장 중요한 전략적 과제가 된다.

2) 상권의 특징

(1) 소매점은 영업범위의 거리적 한계가 있다

소매점의 상권크기는 상품구색이나 가격, 서비스 등 상점 자체의 요인도 중요하지만 소비자와의 거리가 대단히 중요하다. 점포와의 거리가 멀어짐에 따라 일어나는 소비자들의 점포인지도 변화를 쉽게 알 수 있다. 즉 500m이내에서는 95%인지도를 갖는 상점이 1km이내에는 45%로, 2km 이내에서는 15%로 낮아지고 있음을 알 수 있다.

이러한 현상으로 보아 상품의 품질이 동일하면서 애프터서비스를 받아야 하는 상품일 경우에 소비자들은 되도록 가까운 곳에서 상품을 구입하려는 경향이 있다는 사실을 알 수 있다. 그렇지만 최근에는 자가용보유 가구의 증가로 소비자들의 구매이동 범위가 점점 더 넓어지고 있다.

(2) 소매점의 영업범위는 입지조건에 따라 다르다

같은 상품을 취급하는 상점이라 하더라도 고립지역에 있는 상점보다는 시장이나 상점가에 있는 소매점은 상권이 넓고, 주택가에 위치한 소매점의 상권은 좁다. 또한 인근에 하천, 산, 도로 등이 있으면 이들 위치에 따라서도 상권은 크게 달라진다.

한때 지방도시에 위치한 대형제과점들은 제조한 과자를 아무런 계약없이 판매할 수 있었다. 그러나 도로여건이 발전함에 따라 냉동시설이 갖추어지지 않으면 쉽게먹기 어렵던 아이스크림도 서울에서 만들어진 것을 산간벽지에서도 쉽게 먹을 수 있게 되었다.

이외에도 수도권 주변의 많은 재래시장들이 한결같이 고전을 면치 못하는 근본적인 요인도 교통의 발달로 상권이 크게 변경되었기 때문이다. 인구가 증가하면서 등장한 현대식 대형쇼핑센터들로 인해 급속히 세력을 잃고 있다.

(3) 소매점 상권은 취급하는 상품의 종류에 따라 범위가 다르다

같은 위치의 상점이라도 취급하는 상품이 무엇이냐에 따라 상권의 범위는 달라진다. 소비자들의 구매이동에 관한 분석에서 허친슨(Hutchinson)은 가정을 기점으로 발생하는 구매활동은 도시구조에 따라 거주지 부근, 부도심, 도심 등으로 구분된다고 밝혔다.

상품에 따라서 사람들의 이동거리가 다르다는 것은 상품에 따라서 소비자들의 구매패턴이 다르다는 것을 의미한다.

2. 상권설정과 전략적 유형

1) 상권의 실정

상권실정이란 특정 점포가 고객을 끌어들이는 지리적 범위가 어느 정도인지를 파악하는 것을 말한다. 상권의 개념에는 거래권이라는 개념과 판매권이라는 개념 두 가지가 있다.

거래권은 주로 도매업에서 사용되는 것으로 거래대상이 되는 고객의 거주지 범위라고 할 수 있으며, 판매권은 소매점이 판매대상으로 삼고있는 지역을 말한다.

상권과 비슷한 개념으로 사용되는 상세권(商勢圈)이라는 말도 있다. 상세권이란 어느 특정 상업집단(시장 혹은 상점가)의 상업세력이 미치는 범위를 말한다. 경우에 따라서는 상권과 상세권은 동일한 의미로 사용되기도 하지만 상권은 개별상점이 고객을 끌어들일 수 있는 지역적 범위를 말하며 상세권은 상업집단이 고객을 끌어들일 수 있는 지역의 범위를 말하기도 한다.

아울러 상권을 설정할 때에는 일반적으로 1차상권, 2차상권, 3차상권으로 구분하여 설정한다.

(1) 1차상권

1차상권은 상점고객의 60~70%가 거주하는 상권범위를 말하는데 고객들이 다른 상권의 고객들보다 상점에 가장 근접해 있으며 고객 수나 고객 1인당 판매액이 가장 높은 지역으로 해당지역의 소비수요 중 30% 이상을 흡입할 수 있는 지역이다.

1차상권은 식료품과 같은 편의품의 경우, 걸어서 1,500m 이내가 되며, 의류, 화장품 등 선매품의 경우는 버스나 승용차로 15분내지 30분이 걸리는 지역이 된다.

(2) 2차상권

이는 상점고객의 15~25%가 거주하는 상권범위로서 1차상권의 외곽에 위치하며 고객의 분산도가 아주 높으며 고객의 접근성이 떨어진다. 해당지역의 소비수요 중 10% 이상을 수용할 수 있다.

편의품일 경우에는 2차상권 지역에서 약간의 고객밖에 흡인하지 못하지만 선매품의 경우에는 크게 보면 편의품의 2차상권까지가 1차상권일 수도 있다. 선매품의 2차상권은 버스나 승용차로 30~60분 걸리는 지역이 포함된다.

(3) 3차상권

1, 2차상권에 포함되는 고객 이외의 나머지 고객들이 거주하는 상권범위로 고객들의 거주지역은 매우 분산되어 있다. 편의품의 고객들은 거의 존재하지 않으며, 선매품이나 전문품을 취급하는 점포의 고객들이 5~10% 거주하는 지역으로 점포에 미치는 영향은 미미하다.

표 7-1 상권의 구분

구 분	내 용	비 고
1차상권	총 매출의 70% 차지하는 지역 또는 고객의 내점빈도가 주 2회인 지역	도보 10분 1.5km 이내
2차상권	총 매출의 15%를 차지하는 지역 또는 고객의 내점빈도가 주 1회인 지역	도보 20분 4km 이내
3차상권	2차상권 밖에서 가끔 내점하는 고객의 범위	

Highlight

서부산 '쇼핑몰 삼각편대(롯데 · 신세계 · 현대百)' 시너지… 유통상권팽창 예고. 현대百 에코델타 땅 매입

– 개발지 중심인 '세물머리' 위치
– 동부산롯데몰 규모 맞먹는 크기
– 아울렛 서면겹치는 업종적어
– 출혈경쟁없이 쇼핑객 유입 기대
– 업체측 "올해 안 활용계획 발표"

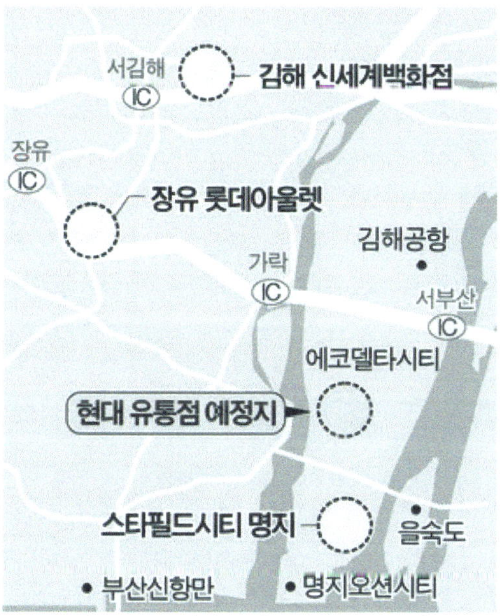

현대백화점이 부산 강서구 에코델타시티에 유통판매시설 부지(10만 1177㎡)를 매입한 사실이 공시(국제신문 지난 4월 자 1면 보도)되자 서부산상권에 대한 기대감도 고조되고 있다.

부산지역 유통업계는 경남을 아우르는 서부산 일대 상권이 계속 커지고 있는 만큼 기존 점포 고객을 빼앗기기보다는 그간 동부산에 가려 빛을 못 본 점포가 시너지 효과를 낼 수 있는 계기가 되기를 기대하는 모습이다.

새로 들어올 시설은 서부산 상권의 앵커시설이 될 가능성이 높다. 에코델타시티 내 유통판매시설용지로 지정된 4개 블록을 모두 사들였고 부지 규모는 3만 평을 넘겨 2014년 개점 당시 아시아 최대 프리미엄 아울렛으로 주목받았던 롯데몰 동부산점(12만 8764㎡)에 준하기 때문이다. 위치적으로도 에코델타시티의 중심인 세물머리 인근에 자리했다.

인근 쇼핑몰로는 '스타필드 시티 명지'와 '롯데 프리미엄 아울렛 김해점'이 있다. 아울렛이 유력하다는 관측이 우세한 만큼 스타필드 시티 명지와 의류 신발 등 메이커 상품의 경쟁이 불가피할 것으로 보이지만 스타필드에 명품이 없어 상권이 완전히 겹치지는 않을 것이라는 분석이다. 또한 롯데 아울렛수요는 일부 흡수하겠지만 현대 유통시설의 개점이 빨라도 2027년께라는 점을 고려하면 큰 변화는 없을 것으로 보인다. 롯데쇼핑 관계자는 "인근상권이 계속 성장하고 있는 데다 대형 유통시설이 추가되면서 쇼핑객을 유인하는 효과가 있을 것"이라며 "치열한 경쟁보다는 시너지 효과가 창출되길 기대한다"고 말했다.

현재 동부산권에 집중된 유통시설을 서부산권으로 분산하는 효과도 기대된다. 명지국제신도시의 백화점 권장 부지인 '복합5부지'의 교통영향평가가 최근 끝난 데다 현대의 유통시설을 중심으로 현재 운영 중인 스타필드 명지가 가세하고 2029년 엄궁대교까지 완성되면 경남과 부산 원도심 상권을 아우르는 서부산 중심 상권이 형성될 것이라는 분석이다.

현재 동부산권에는 기장의 신세계사이먼 부산 프리미엄 아울렛과 롯데몰 동부산점, 해운대의 신세계 센텀시티, 롯데백화점 센텀점 등이 밀집해 있다. 지역의 한 부동산 관계자는 "그동안 유통시설이 계속해서 동부산에 생겨나고 있었는데 현대의 이번 진출을 계기로 동부산과 서부산의 균형이 잡히지 않겠느냐"고 말했다.

현대백화점이 이번 분양을 계기로 부산과 경남에서 주도권을 되찾을지도 관심의 대상이다. 1995년 8월 개점한 현대백화점 부산점은 대형 유통업체 가운데 가장 먼저 부산에 진출해 에르메스 샤넬 루이비통 3대 명품을 비롯해 다수 브랜드가 입점해 고급 백화점으로 이름을 알렸으나 범일동 상권 쇠락으로 지난해까지 매출이 지속적인 하락세를 보였다. 그간 현대백화점의 센텀시티나 동부산점 입점시도도 있어왔지만 무산됐고 롯데와 신세계가 원도심과 동부산 일대를 선점하면서 부산에서 진출여력이 크게 줄었다. 현대백화점 부산점 매출순위 또한 전국에서 하위권에 머문다. 부산 경남 일대에 현대백화점 관련 유통시설은 부산점을 제외하고 전무하다. 현대백화점 관계자는 "현재 사업계획을 검토 중으로 기존 점포와의 전략 등은 밝히기 조심스럽다"며 "새로운 시설의 활용계획은 이르면 올해안에 발표하겠다"고 말을 아꼈다.

• 출처: 국제신문, 2022년 10월 4일

2) 상권의 전략적 유형

상권의 설정은 업종의 영업특성과 상권분석 주체의 특성에 따라 다를 수 있으나 일반적으로 그 상권을 광역상권으로 설정할 것인지, 소상권으로 설정할 것인지는 상권설정의 주체가 되는 특정 소매점의 영업전략과 방향에 따라 정하게 되며 대체로 유통업에 있어서는 업종 및 취급상품에 따라 상권의 유형을 적용하는 것이 일반적이다.

(1) 초대상권전략

- 업태 : 특수전문점, 하이퍼마켓
- 취급상품 : 고급수입품, 고급브랜드 상품, 특수디자인 상품
- 전략내용 : 초광역권내의 계간성 및 년간성 수요를 대상으로 하는 초점유전략

(2) 대상권 전략

- 업태 : 도심형 백화점, 본격적인 전문점, 할인점
- 취급상품 : 고급유행용품, 고급음식점
- 전략내용 : 10~20km권내의 주간성 및 월간성 수요를 대상으로 하는 저점유전략

(3) 준대상권 전략

- 업태 : 준도심형 백화점, 종합상품점(GMS)
- 취급상품 : 고급유행용품, 고급음식점
- 전략내용 : 6~10km권내의 주간성 및 월간성 수요를 대상으로 하는 저점유전략

(4) 중상권 전략

- 업태 : 양판점, 대형전문점, 주니어 백화점, 일반전문점
- 취급상품 : 문화잡화, 가정잡화, 대중유행품
- 전략내용 : 5~6km권내의 주간성 수요를 대상으로 하는 중점유전략

(5) 준중상권 전략

- 업태 : 복합점, 슈퍼스토어
- 취급상품 : 문화잡화, 가정잡화, 대중유행품
- 전략내용 : 2~4km권내의 일상성 및 주간성 수요를 대상으로 하는 중점유전략

(6) 소상권 전략

- 업태 : 슈퍼마켓, 재래시장
- 취급상품 : 식료품, 서비스 계통, 일용잡화, 분식, 식용음료
- 전략내용 : 1~2km(편의권)내의 일상성 수요를 대상으로 하는 고점유전략

(7) 초소상권전략

- 업태 : 편의점, 일반점
- 취급상품 : 식료품, 일용잡화, 서비스 계통
- 전략내용 : 500m~1km권내의 일상성 수요를 대상으로 하는 고점유전략

제2절 상권의 특성과 조사방법

1. 상권의 특성

1) 상권구성과 업종

상권이란 고객들의 분포지역을 말하는 것으로 고객을 얼마나 끌어 모을 수 있는가가 중요하다. 고객들의 거주 및 활동지역을 거리로 따져서 가까운 곳을 1차상권, 조금 먼 곳은 2차상권, 더욱 더 먼 곳은 3차상권이 된다.

또 고객이 왕래하는 숫자가 많으면 살아있는 상권, 뜸한편에 속하면 일명 죽은 상권으로 분류하는 것이다. 상권이 좋아야 좋은 상점들이 많이 모여들게 되고, 상점들이 많이 모여있어야 좋은 상권을 유지하게 된다.

상권의 선택이란 오픈(open)하고자 하는 지역의 통행량이라든가, 주변상점에 대한 분석, 또한 고객들이 찾기 쉬운 위치인가, 상점은 눈에 잘 띠는지, 접근이 용이한지, 상품의 구색을 고루갖춘 지역인지를 고려하여 결정한다. 또한 취급하는 품목이 다양하고 가격면에서 다른 지역에 비해 저렴한 편인지 등에 대해서도 점검해 보는 것이 좋다.

상권을 입지별 특성으로 나눠보면 주택가, 아파트단지, 대로변 중심상권, 대학가, 번화가 등으로 구분할 수 있다. 따라서 입지별 특징과 점포를 구입하는 요령을 연계지어 살펴보면 초보자도 점포입지 분석에 도움을 얻게 될 것이다.

업종을 선택하고 나서 점포입지를 고르다 보면 다른 점포들이 이미 좋은 자리를 차지하고 있는 것을 알 수 있다. 따라서 어떻게 경쟁업자와 시장쟁탈전을 벌여야 하는가 하는 고민이 생긴다. 중요한 것은 업종과 상권 즉 입지간의 관계를 살펴야 한다는 점이다. 내가하려는 업종과 기존의 상권에 형성된 업종들과 호혜관계인가 혹은 상극관계인가를 정확히 파악하여 결정하면 사업실패율을 낮출 수 있다.

2) 업종과 상권

일반적으로 전자제품, 의류취급점, 가구점 등은 모여야 잘 되는 업종이다. 고객들이 공통점을 가진 업체들이 모인 쇼핑몰을 방문하여 여러 가지 시장정보를 입수하는 쇼핑자체로 즐거움을 추구한다는 점이 특징이다. 이는 구입시 물품가격이 비교적 비싸고 다소 전문적인 성격을 가진 상품들이다. 그렇기 때문에 이들 업종과 상권은 전국적으로 명성이 자자하다.

또한 서점은 문구점과 완구점, 주점과 노래방은 서로 간에 보완, 호혜업종인 반면에 서점과 의류점, 주점 등의 유흥업종은 서로 상극, 경합업종이라 할 수 있다. 그러나 상권이 작은 동네 상권에서는 일정한 고객을 놓고 치열한 경쟁을 벌이게 되므로 호혜업종도 경합업종이 되기 쉽다. 그리고 상권이 커지면서 경합업종이 호혜업종으로 변화할 수도 있다.

한편 상권의 성격과 업종의 연관성에 따라 사업이 잘되는 업종과 그렇지 못한 업종이 있다. 그래서 장사가 잘되는 상권이라 하더라도 낭패를 보기도 하며, 좋지 않은 상권이더라도 업종의 성격에 따라 사업이 잘되기도 한다.

3) 상품별 상권

현실적으로 입지를 생각할 경우 어떤 의미에서건 집적지를 지향하는 것이 일반적이다. 특히 상업시설의 경우, 이러한 집적의 장점을 어떻게 살릴 것인지가 입지전략의 생명이다.

입지전략에 따른 상권을 검토할 때 가장 먼저 생각할 것은 상품에 따라 상권의 크기가 다르다는 것이다. 다시말해서 상권의 형태에 따라서 상품의 형태가 다르게 대응한다.

일반상품은 상권의 크기에 따라 상급품, 중급품, 하급품으로 구분된다. 이처럼 상권의 크고 작음은 소비자의 행동에 따라 결정되는 것으로 어떤 상품에 대해 단가가 큰 상품일수록, 단위기간내의 구매횟수가 적은 상품일수록, 인구에 따른 판매점 수가 적은 상품일수록, 대도시 지향성이 큰 상품일수록 상급품으로 부른다.

상급품으로는 보석, 귀금속, 고급신사복, 양장, 고급가구 등이 있고 중급품은 부인복, 아동복, 화장품, 가정용 전기기구 등 하급품은 식료품, 일용잡화 등이 전형적이다. 하급품은 구매빈도가 큰 것으로 해당지역의 주민의 구매력을 선세로 하는 것이나. 따라서 대부분 주택지역 색채가 강한 곳에 입지한다.

상급품은 구매빈도가 적은 것으로 해당지역 주민보다는 다른 지구에서 오는 고객의 구매를 끌어내야 한다. 많은 고객의 흐름을 끌어들이기 위해 중심성이 강한 지역에 입지하는 것이 좋다.

4) NEW 상권의 등장

최근 미국에서는 도심의 중심부형 지구에서 떨어진 교외에 상급품을 중심으로 판매를 하는 대규모 소매입지, 이른바 교외형 쇼핑몰이 활성화 또는 일반화되고 있다. 교외입지는 기존 집적지에서 떨어져 상권의 범위가 넓다는 사고를 바탕으로 활성화되고 있으며 이는 기존 집적지를 포함한 그 곳에서의 고객흡인도가 가능하다는 관점이다.

이런 입지방식의 배경은 도심부의 과밀화, 인구의 외연화, 자동차 사회로의 이행이라는 배경에서 소비자의 구매행동이 극단적인 도심부 구심형에서 벗어나는 것이라고 볼 수 있다. 이런 배경하에 교외입지 전략에서의 유의할 점은 다음과 같다.

첫째, 아무리 상권이 넓어도 기존 집적지에 흘러들어간 정상적 인구흐름을 무시할 수 없다.

둘째, 교통조건에 대한 재검토가 필요하다. 상업입지는 어느 정도 교통이 편리하면 성공한다. 지하철, 철도, 버스 등 공공 교통기관은 개별이동의 자유성을 방해하는 면도 있으나 상업입지로 대량고객을 운반해 옴으로 점포에 따라서 유리할 수 있다. 반면에 자동차 등의 개별 교통기관을 이용하면 그 반대의 특징을 갖게 된다. 자가용의 경우에는 주차장의 완비가 필수적이다.

셋째, 도시가 외연화하는 지역으로 공공 교통터미널 지점에 대규모입지를 선택한다. 이런 지구의 성격이 주택지형에서 중심부형으로 바뀌는 경우에는 선행입지를 하는 것이 유리하다.

2. 상권별 권장 아이템

예비창업자들은 창업을 준비할 때 한결같이 어떤 아이템을 선택할지를 놓고 고민한다. 아이템 선정을 잘하면 창업에 성공할 것으로 기대하는 경우가 많다. 그러나 소자본창업에 성공하려면 아이템선택만으로 충분하지 않다. 창업하려는 아이템을 동네에서 해야하는지 시내 중심가로 나가야 할지를 잘 판단해야 한다.

점포형 창업은 입지산업으로 목을 잘 잡아야 성공한다. 그만큼 아이템선택 이상으로 입지선정이 성공과 실패를 판가름한다. 소자본창업에서 '점포의 입지는 성공의 80% 이상을 좌우한다'는 말에서도 알 수 있듯이 입지선정은 무엇보다도 중요한 부분이다. 그것은 목이 좋은 점포를 얻어야 창업에 성공할 가능성이 있다는 것이다. 하지만 그 중요성 만큼이나 실제 입지가 좋은 점포를 구하는 일이 쉽지는 않다. 그렇다면 입지선정을 할 때 먼저 해야 할 일은 무엇일까?

무엇보다 먼저 점포입지가 좋은지를 판단하려면 먼저 상권을 제대로 이해해야 된다. 상권이란 물자거래가 이뤄지는 상업중심지로 크게 6개 권역으로 나누어진다.

아파트 단지상가, 주택가, 학교주변, 사무실 밀집지역, 지하철 상가, 도심번화가 등이다. 재래시장, 백화점과 대형쇼핑센터 등도 단독상권을 형성할 수 있으나 자본이 많이 들고 점포를 구하기도 어렵다.

상권에 따라 성별, 연령별 유동인구의 특징이 있고 배후지 고객의 소비성향이 다르기 때문에 어느 상권에 어떤 아이템이 좋을지를 철저하게 분석해야 한다. 그래야 창업의 실패가능성을 줄일 수 있다. 아무리 좋은 상권에 좋은 입지라 하더라도 자신이 하고자 하는 아이템과 자본규모에 맞지 않는 곳을 선택한다면 결과는 성공보다는 실패할 확률이 높다. 반대로 별로 좋지 않은 상권이라 하더라도 유난히 잘되는 아이템이 있다. 상권을 선택할 때 아이템과의 연관성에 특히 주의를 기울여야 하는 이유가 바로 여기에 있다.

따라서 아이템에 적합한 상권을 선택하기 위해서는 몇 가지 판단기준이 필요하다. 즉 주요고객은 누구인가, 고가품인가 저가품인가, 편의품인가 전문품인가, 모여있어야 좋은 아이템인가, 필요한 자본규모는 얼마인가 등이다. 이러한 것을 종합적으로 판단해보면 자신의 아이템이 입지하기에 좋은 상권을 구별해내는 안목도 생기게 된다.

1) 아파트 단지상가

아파트 단지상가는 초기자본금이 많이 들지않아 초보창업자에게 유리한 상권이다. 소비자들이 점포와 가까운 거리에 거주하기 때문에 아이템이 안정적이고 예상수익을 보장받을 수 있는 장점이 있다. 따라서 점포의 입지는 가능한 단지주민과 유동인구를 흡수할 수 있는 점포이어야 한다.

아파트상가는 대부분 6백~1천 가구를 대상으로 지하 1층, 지상 3층 규모로 형성돼 있다. 개점 후 6개월 정도면 손익분기점에 도달하고 1년이면 영업목표를 달성할 가능성이 높다.

배후지 아파트는 20~30평형으로 상가 1층에 10평 규모로 문을 열면 안정적이다. 아파트상권은 생활패턴이 유사하여 구매형태가 거의 일정하다. 따라서 취급하는 상품은 가격면에서는 고가품이나 사치품이 아닌 일상 생활용품을 취급해야 한다.

표 7-2 아파트 단지상권내 창업점

음식업	배달전문 피자점, 치킨점, 중국집, 떡커리방, 족발전문점
서비스업	노래방, 미용실(여자), 사우나 클리닝센터, 독서실, 탁아텔, 사진전문점, 부동산, 책대여점, 비디오대여점, 만화대여점, 컴퓨터게임장, 완구렌탈 및 판매
도·소매업	냉장과일점, 정육점, 슈퍼, 편의점, 문방구, 팬시점, 약국, 화장품

2) 주택가 상권

주택가는 배후지 세력이 다소 유동적이어서 생활수준정도를 반드시 관찰하여야 하며 소비형태가 도보로 이루어지기 때문에 입지가 대단히 중요하다. 상가의 위치는 가능한 집적상가 내 위치하고 있어 업종 간 협력을 고려해야 한다. 큰돈을 벌기는 어렵지만 생계유지를 위한 고정적인 매출확보에는 적당한 상권이다. 평균 3천만~4천만 원 규모의 초기자본금으로 월 평균 150만원의 순이익을 기대할 수 있다.

이 지역의 상권은 버스정류장을 중심으로 형성되어 있어 점포를 얻을 때 주변 1백m이내 1층에 10평형 점포나 2층의 30평형 점포가 유리하다.

표 7-3 주택가 상권내 창업점

음식업	중저가 횟집, 족발전문점, 치킨점, 만두전문점, 베이커리, 떡집, 호프집, 커리떡방, 분식집
서비스업	중고용품전문점, 사진관, 클리닝센터, 부동산, 미용실, 만화대여점, 컴퓨터게임장, 카센터
도 · 소매업	유기농산물전문점, 즉석식품전문점, 정육점, 냉장과일전문점, 생선전문점, 유제품전문점, 반찬전문점, 생활용품 할인매장, 지물포, 문구점, 서점, 화장품, 귀금속전문점, 꽃집, 편의점, 노브랜드 의류점, 언더웨어점, 약국

3) 학교 주변 상권

학교 주변의 상권은 학생들의 취향과 구매형태를 고려한 전문점이 필요하다. 가격면에서 중저가품을 취급하고 학교의 성격과 잘 부합해야 하며 학생들이 선택의 폭이 한정적이어서 고객관리가 우선되어야 한다. 특히 업종의 선택에 있어서 인 · 허가사항을 사전체크해야 한다. 무엇보다도 가격에 예민한 점을 감안하여 고가품은 피하는 것이 좋다.

표 7-4 학교 주변 상권내 창업점

음식업	치킨호프, 소주방, 떡커리방, 직영편의점, 김밥전문점, 호프집, 종합분식점, 중국집, 막걸리전문점, 라면전문점, 주점, 와플전문점, 떡볶이전문점, 커피전문점
서비스업	클리닝센터, 복사전문점, 워드대행업, 미용실, 사진관, 월셋방 임대업, 포켓볼당구장, 사격장, 인터넷PC게임방, 노래방, 스티커포토샵, 화상미팅 커피방, 사주관상 커피점, 비디오방, 사이버만화텔, 미니오피스텔, 학원, 포켓볼
도 · 소매업	서점, 문구점, 멀티팬시점, 편의점, 꽃집, 안경점, 보세의류점, 패션신발점, 향수전문점, 액세서리전문점, 화장품할인점

4) 사무실 밀집지역

사무실 밀집지역은 주로 요식업 분야가 50% 이상을 차지한다. 특징적으로 토요일, 일요일에 판매대상이 전혀없다는 사실도 인지해야 한다. 또 주간업무 인구가 대부분이므로 퇴근시간에 영업을 맞춰야 하며, 지속적으로 변화를 추구하면서 영업을 전개하여야 한다.

5층 이상 건물이 10개 또는 10층 이상 건물 5개 이상이 3백m 주변에 있으면 된다. 이 상권은 점심식사 음식점, 술을 판매하는 서비스업, 놀이문화 서비스업이 제격이다. 이곳에서 창업할 때는 토요일과 휴일에 영업을 하지 않는다는 사실을 반드시 고려해야 한다.

표 7-5 사무실 밀집지역 상권내 창업점

음식업	골뱅이전문호프집, 순대국전문점, 설렁탕전문점, 삼계탕집, 보신탕전문점, 생고기전문점, 삼겹살집, 캐주얼횟집, 김밥전문점, 도시락전문점, 부대찌개전문점, 일식집, 도시락이동판매, 중국집, 치킨호프집, 종합분식점, 막걸리전문점, 빈대떡전문점
서비스업	사우나, 사설우체부, 카센터, 찻집, 당구장, 월셋방 임대사업, 소호족 미니사무실
도·소매업	문구점, 꽃집, 화장품, 안경점, 미니편의점

5) 지하철 상가

도심의 교통체증현상이 지하철역 상권을 강화시킨다. 지하상가는 화려하게, 노면점포는 청결과 친절을 생명으로 한다. 그리고 통행인구의 습성과 특징을 고려하여 중·저가품을 취급한다.

점포의 크기는 5평 규모로 패션관련 판매업이 주종이다. 요즘은 생활필수품을 파는 점포도 늘고 있다. 이웃나라 일본의 경우 지하철역 상권은 성업중이다. 지하철역을 끼고 있는 5백m 주변상권도 좋다. 음식점보다는 판매업종이 유리하고 연령대로는 20대를 겨냥하는 게 좋다.

표 7-6 지하철 상가 상권내 창업점

음식업	서서먹는 우동국수집, 2천원 셀프해장국, 커리떡방, 김밥전문점, 골뱅이전문호프집, 치킨전문점, 종합분식점, 토스트전문점, 호프집, 이동스낵카, 1천원 국수집
서비스업	학원, 의류리폼, 구두세탁소, 남성전용미용실, 컴퓨터게임장, 노래방, 인터넷PC방, 월셋방 임대업, 사진관, 소호족 미니사무실, 탁아방
도·소매업	캐주얼의류, 서점, 공동브랜드 편의점, 음식재료 루트카, 화장품 할인점, 안경점

6) 번화가 상권

번화가는 도시의 핵심 상권지역이다. 이 상권은 간판, 상품, 진열 등에서 사업장의 특색을 최대한 개성화시킨다. 고객층은 고정고객보다는 유동고객이 대부분이므로 친절을 중요시 한다. 10~20대를 겨냥해 대형극장, 패스트푸드점, 패션용품점 등이 즐비하게 늘어서 있다.

초보창업자는 이런 상권에 입점해서는 안 된다. 경험부족으로 실패할 위험성이 크다. 사업경험이 많아야 이 지역에서 뿌리내리기 좋다.

서울의 경우 종로, 명동, 신촌, 마포, 영등포, 강남, 잠실, 청량리 정도를 꼽을 수 있다. 물건을 구입하고 먹고 마시며 즐기는 상권으로 볼 수 있다.

표 7-7 번화가 상권내 창업점

구분	창업점
음식업	패스트푸드, 골뱅이전문호프집, 순대국전문점, 설렁탕전문점, 삼계탕집, 생고기전문점, 삼겹살집, 김밥전문점, 도시락전문점, 부대찌개전문점, 일식집, 중국집, 치킨호프집, 종합분식점, 빈대떡전문점
서비스업	사우나, 커피전문점, 테마카페, 당구장, 컴퓨터게임장, 노래방, 인터넷PC방, 스포츠센터
도·소매업	문구점, 꽃집, 화장품, 안경점, 미니편의점, 감각패션의류점, 신발편의점, 청바지전문점, 패션내의점, 액세서리점, 의류가맹점

3. 상권조사

1) 상권조사 모형

인구통계, 도시가계연보, 도·소매업센서스 등 공개자료에 의한 조사, 내점객을 조사하는 방법, 상권지도를 작성하는 방법 등 보통 이론적 방법과 조사방법을 절충하여 상권을 설정한다.

그러나 여러 가지 통계들에는 최신정보가 누락될 수 있으므로 실제적으로는 비교법을 사용하는 경우가 많다. 비교법이란 내가 선택한 점포와 비슷한 입지와 상권을 가진 다른 상점들은 어떻게 상권을 설정하고 분석하며 전략을 짜는지 알아보는 방법이다. 이외에도 다음과 같은 다양한 분석방법들이 있다.

(1) 체크리스트(Checklist) 방법

체크리스트 방법은 상권의 규모에 영향을 미치는 요인들을 수집하여 이들에 대한 평가를 통해 시장잠재력을 측정하는 방법이다. 상권의 범위에 영향을 미치는 요인중 상권내의 제반

입지 특성, 상권고객 특성, 상권경쟁구조 등에 관한 정보를 수집하여 상권의 시장잠재력을 평가한다.

(2) 유추법(Analog method)

새로운 점포가 위치할 지역에 대한 판매예측에 많이 활용되는 방법들 중의 하나가 애플바움(Applebaum)이 개발한 유추법이다.

유추법은 자사의 신규점포와 특성이 비슷한 유사점포를 선정하여, 그 점포의 상권범위를 추정한 결과를 자사점포의 신규입지에서의 매출액(상권규모)을 측정하는데 이용하는 방법이다.

(3) 크리스텔러(Christaller)의 중심지 모형

중심지 이론의 창시자인 독일의 크리스텔러에 의해서 1930년대에 개발된 그의 중심지 이론은 그 후 한 지역내에서 취락들 간의 공간구조를 연구하는데 기초이론을 제공하였다.

이 이론에 의하면 상업중심지로부터 중심기능(또는 상업서비스 기능)을 제공받을 수 있는 가장 이상적인 배후상권의 모양은 정육각형이며, 정육각형의 형상을 가진 배후상권은 중심지 기능의 최대도달 거리와 최소수요 충족거리가 일치하는 공간구조가 된다.

크리스텔러는 중심지의 최대 도달거리가 최소 수요충족거리보다 커야 상업시설이 입지할 수 있다고 주장하였다.

크리스텔러의 중심지 이론에 의하면 한 지역내 거주자들이 모든 상업중심지로부터 중심기능(최적구입가격으로 상품을 구입하는 것)을 제공받을 수 있고, 상업중심지들 간에 안정적인 시장균형을 얻을 수 있는 이상적인 상권모형은 원형 대신에 정육각형의 형상을 가질 때이며 정육각형의 상권모형에서는 최대도달거리와 최소 수요충족거리가 일치하게 된다는 것이다.

(4) 로쉬(Losch)의 수정중심지 모형

크리스텔러의 중심지 이론에 몇 가지 수정을 가한 것이 로쉬(Losch)의 K체계의 비고정모형이다.

그는 가장 이상적인 중심지 배후모형이 육각형이라고 가정한 점에서 크리스텔러의 모형과 유사하나, 그는 중심지계층의 공간구조를 K=3, K=4, K=7의 3개의 경우에 대한 중심지 간의 포함 원리에 국한하지 않고 K값을 확대함으로써 보다 융통성 있는 상권구조이론을 전개하였다.

로쉬는 인구의 분포가 연속적 균등분포가 아니라 불연속 인구분포를 이루기 때문에 각 중심지의 상권규모(육각형의 크기)가 다르다고 가정하여 비고정 K값 모형을 제시하였다.

로쉬의 중심지 이론은 크리스텔러의 모형보다 대도시지역의 공간구조를 보다 잘 설명해주고 있다.

(5) 라일리(Railly)의 소매중력법칙

크리스텔러와 로쉬가 제안한 중심지 이론의 최근 거리가설에 의하면, 소비자는 유사점포들 중의 한 점포를 선택할 때, 그 중에서 가장 가까운 점포를 선택한다. 따라서 특정점포의 상권은 그 점포에 제일가까운 소비자들을 포괄한 범위를 경계로 추정할 수 있게 된다.

라일리(Railly)의 소매중력법칙은 두 경쟁도시가 그 중간에 위치한 소도시로부터 끌어들일 수 있는 상권규모(proportion of retail trade)는 그들의 인구에 비례하고, 각 도시와 중간(위성)도시 간의 거리제곱에 반비례한다는 것이다.

소매중력법칙은 개별점포의 상권경계보다는 이웃도시들 간의 상권경계를 결정하는 데 주로 이용되고 있다.

(6) 하프(Huff)모형

소비자들의 점포선택과 소매상권을 예측하는데 가장 널리 이용되어 온 확률적 점포선택 모형 중 대표적인 것이 바로 하프모형이다.

하프(Huff)가 60년대 초 처음으로 점포의 상권을 추정하기 위한 확률적 모형을 소개한 이후 하프모형은 이론적 및 실제적용 측면에서의 이점 때문에 소매기관 연구자들 및 소매업체들에 의해 상권분석에 폭넓게 활용되어 왔다.

하프모델이 개별점포에 대한 선택확률을 예측하는 데는 한계가 있지만, 소비자들의 점포선택행동에 대한 여러 실증연구결과 하프모델의 중요변수인 점포까지의 여행시간과 점포크기가 점포선택에 있어 여전히 중요한 변수로 밝혀져 있다. 그러나 점포의 위치와 크기가 점포선택의 중요한 변수이지만 취급제품의 특성에 따라 점포속성들의 중요도가 달라질 수 있다.

(7) MNL모형

1980년대 이후 소비자의 점포선택행위와 특정점포의 시장점유율을 예측하는데 많이 이용되고 있는 하프모형 이외의 또 다른 확률적 선택모형이 MNL(Multinomial Logic)모형이다.

MNL모형은 상권내 소비자들의 각 점포에 대한 개별적인 쇼핑여행에 대한 관측자료를 이용하여 각 점포에 대한 선택확률의 예측은 물론, 각 점포의 시장점유율 및 상권의 크기를 추정할 수 있다.

2) 상권조사 자료수집

상권분석은 여러 가지 데이터를 확보하여 상점관리, 기본 운영, 고객 및 시장정보에 관한 분석을 하는 것을 말한다. 상권분석은 사업을 하려는 업종이 그 상권에 맞도록 운영목표를 세우고 전략을 짜기 때문에 가장 기본적인 조사방법이다. 이러한 상권분석은 여러 가지 자료들을 통해서 획득하게 되고 조사된 자료는 집계하여 분석을 실시한다.

- 인구통계학적 자료 : 상권조사 대상영역은 세대수, 가구수, 연령, 취업구조, 소득, 주택구조, 소비행정 등
- 유통구조자료 : 경쟁점, 대형점, 교통, 주변빌딩, 주택 등
- 사회문화구조자료 : 병원, 학교, 관공서 등
- 고객설문 조사자료 : 교통통행량, 주민의 구매력과 경쟁점포 등에 관한 조사자료

3) 상권지도 작성

점포주변의 광역상권을 알기 위한 '광역지도'와 점포주변의 세부사항을 파악하기 위한 '세부지도' 2종류를 작성한다.

상권지도를 작성하는 목적은 상권으로 설정된 범위의 지리적 조건을 파악하고 고객이 유입되는 지역을 파악하기 위해서이다. 작성순서는 먼저 시중에 판매되는 1/15,000, 1/20,000 지도를 준비한 후 점포주위 세부지도의 작성을 위한 주택지도를 준비한다. 지도는 부동산사무소나 도서관을 방문하여 구할 수 있다. 광역지도는 지도에 반경 0.5㎢, 1㎢, 1.5㎢, 2㎢의 원을 그리고 반경 2㎢부분이 중앙에 위치하도록 B4사이즈로 복사한 다음, 점포를 중심으로 해서 500m 반경내의 세부도를 준비하고, 희망하는 업종과 관계있는 각종시설은 굵은 사인펜으로 표시한다.

창업하려는 업종의 매출액에 영향을 미치는 경쟁점은 굵은 사인펜으로 표시하며, 점포앞 보행자 및 차량의 통행량을 통행방향별로 구분하여 기입하고, 유동인구의 흐름 또는 성격을 선의 굵기, 색 등으로 표시한다.

- 거주인구, 세대수 조사
- 사무실, 종업원수 조사
- 각종 시설(교육기간, 쇼핑센터, 레저시설, 정류장 등) 조사
- 각종 단체활동조사
- 경쟁점의 조사

- 점포앞의 통행량 조사
- 상권내 소비지출의 금액조사

4) 상권조사방법

상권조사는 포괄적인 주위환경 및 시장의 배경과 특성을 조사하는 시장조사와 상권내 인구의 동태분석조사 및 자기점포의 상권세력의 강약도를 작성하고, 이를 판단하고 평가하여 고객개척의 기본 방향을 결정하는 상권의 보유범위를 조사하는 것이라고 할 수 있다.

(1) 제1단계 : 상권내 지역정보수집

- 관공서의 인구통계자료
- 상업통계자료
- 특정기관 조사정보(방송사, 신문사, 조사업체자료 등)
- 지역관련 점포조사(점포수, 위치 등)

(2) 제2단계 : 지역 상권지도 작성

각 업체의 상호를 구체적이고 정확하게 기입한다. 상권중심부를 기분으로 최소반경 500m의 지도를 작성한다. 소상권분석인 경우는 해당점포를 중심으로 그 점포에 상권세력이 미치는 범위까지 작성하도록 한다. 지하철역 출입구, 버스노선, 건널목, 고가도로, 육교 등도 표기한다(버스노선도 기록한다).

지도작성을 통해 파악된 업종들은 음식업, 의류 및 잡화점, 기타 서비스업 등으로 분류집계하고 경쟁점도 표시한다.

- 지구별 세대수, 인구수
- 소매업종별 점포표시
- 교통기관별 표시(역, 정류장 등)
- 관련 유통점 표시
- 지형적인 특성
- 집객력이 있는 지역시설(체육관, 금융기관, 관공서 등)
- 경쟁점 표시

(3) 제3단계 : 상권내 지역 도보관찰

- 연령별로 구분하여 생활방식 표시
- 거주지, 주거형태, 거주연수, 차량소유 등을 통해 소득수준 파악
- 교통이용 현황을 통한 상권의 넓이파악
- 혼잡한 점포, 인기있는 점포파악
- 쇼핑도로파악
- 고객들의 생활방식 및 상품의 구매행동 파악

(4) 제4단계 : 주요시설 하루 이용객수 조사

해당 상권내의 위치하여 상권에 직접적인 영향을 미치는 유통시설, 은행, 관공서, 학교 등의 이용객 수를 조사한다. 해당 업체관계자(주로 홍보실 등)나 업체 종사자와의 접촉을 통해서 조사한다.

(5) 제5단계 : 유동인구조사

요일별, 시간대별로 2~3곳에서 연령별로 유동인구를 직접 세어본다.

평일은 08~9시, 12~13시, 17~18시, 19~20시를 조사하고, 주말은 13~14시, 17~18시, 19~20시를 체크한다.

표 7-8 유동인구 조사표

시간 / 연령대	8~9시		12~13시		17~18시		19~20시	
	남	여	남	여	남	여	남	여
10대								
20대								
30대								
40대								
50대 이상								
합계								

Highlight

가전업계 침체 '대형' '체험' 오프라인 매장확대로 뚫는다

젊은 고객이 매장찾도록 유도
면적 넓히고 집 · 카페처럼 꾸며 가전플랫폼 체험공간 조성도

LG전자가 최근 서울 동대문구 경동시장에 조성한 '금성전파사 새로고침센터' 전경. LG전자는 체험을 중시하는 MZ세대 소비자를 공략하기 위해 레트로 콘셉트의 체험공간을 꾸렸다. [LG전자 제공]

글로벌 경기침체 직격타를 맞고 있는 가전 산업이 오프라인 매장으로 반전을 노리고 있다. '대형' '체험형'에 초점을 맞춰 고객잡기에 나섰다. 여러 제품을 한눈에 볼 수 있도록 매장크기를 키우고, 고객이 직접 집처럼 꾸며진 공간에서 체험할 수 있도록 유인한다. 일부 매장은 아예 카페나 오락실처럼 꾸며 제품과의 친숙함에 무게를 두고 있다.

21일 업계에 따르면 최근 들어 가전 제품의 판매는 온라인보다 오프라인에서 더 짙은 불황의 늪에 빠졌다. 수요가 급감하는 데다, 소비자들이 오프라인에서 온라인으로 옮겨가고 있어서다. 역설적이게도 가전기업들은 불황돌파의 열쇠로 '오프라인 매장'에 주목한다. 앞다퉈 오프라인 매장의 '리뉴얼'을 단행하고 있다. 매장규모를 확대하는 건 물론 이색체험공간으로 단장하는 중이다. 고객의 방문이 곧바로 매출로 이어지지 않더라도 '입소문'을 형성하는 데 '대형 체험형 매장'이 효과적이라는 판단에서다.

LG전자는 지난 16일 서울 동대문구 경동시장의 약 1200㎡ 공간에 '금성전파사'를 열었다. 국내 최대 한약재 시장인 경동시장에 자리한 옛 경동극장의 매표소와 매점은 가전제품 체험장으로 탈바꿈했다. 금성전파사는 복고풍을 콘셉트로 한다. 이것에서 LG전자의 제품을 체험할 수 있다. 방 탈출 카페, 금성오락실 같은 체험형공간을 따로 만들어 젊은 고객들이 오프라인 매장을 찾도록 했다. LG전자가 금성사 시절에 내놨던 옛날 제품뿐 아니라 최근 출시한 프리미엄 가전으로 공간을 채웠다.

삼성전자도 대형 오프라인 매장을 앞세우면서 다양한 체험에 초점을 맞췄다. 삼성전자의 가전 연결 플랫폼 스마트싱스를 체험할 수 있는 공간을 매장 안에 마련했다. 앱에서 특정 기능을 수행하면 이에 맞춰 매장 전시공간에 있는 가전들을 작동할 수 있다. 메타버스에 가전제품 체험관도 만들어 고객이 가전을 미리 배치할 수 있도록 했다.

독일의 가전기업 밀레는 인천시 송도에 '익스피리언스 센터'를 개장했다. 밀레제품을 직접 체험한 뒤 구매까지 할 수 있는 체험형 매장이다. 고객이 직접 참여하는 쿠킹클래스를 운영해 제품에 대한 친숙도를 끌어올리는 데 주력한다.

매출하락으로 위기에 빠진 가전 양판업체들도 대형 체험형 매장으로 눈길을 돌리고 있다. 수익성이 낮은 점포를 과감하게 통폐합한 뒤에 특색있는 공간으로 꾸며 오프라인 매장에서만 할 수 있는 강점을 살리는 식이다. 롯데하이마트는 평균 1652㎡(약 500평) 면적의 메가스토어 확장에 들어갔다. 전자랜드도 체험형 매장인 파워센터를 앞세워 대형가전 · 건강가전 등을 종류별로 비교 체험할 수 있도록 했다. 가전업계 관계자는 "고객이 제품을 체험한 뒤 긍정적으로 기억한다면 제품구매로 이어질 가능성이 크다. 가전기업들이 대형 체험형 공간에 집중하는 이유가 이것"이라고 말했다.

• 출처 : 국민일보, 2022년 12월 22일

(6) 제6단계 : 해당상권의 개발계획조사

해당상권을 관할하는 구청에서 개발계획을 조사한다. 구청홍보자료를 중심으로 체크하며 아파트 신축, 아파트재개발 등 건축계획, 도로정비, 관공서 건축계획 등을 조사한다.

① 대규모개발계획 : 지하철역 건설, 아파트재개발, 백화점 및 할인점 건설, 도시계획변경 등(각 지방자치단체로부터 확인가능)

② 소규모개발계획 : 근린 주거상권인 경우 대규모계획보다는 소규모계획이 주류(횡단보도 설치, 오피스텔이나 스포츠센터건설, 도로포장 등)

(7) 제7단계 : 상권의 급지구분과 점포임대 시세조사

해당 상권에서 최소한 3년 이상 부동산중개업을 운영한 업체 2~3곳을 대상으로 상권의 상, 중, 하급지 구분과 급지별로 1층, 2층, 지하의 점포보증금, 권리금, 월임대료의 시세를 조사한다. 기준은 1층은 10평, 2층과 지하는 20평으로 잡는다. 그리고 급지의 구분은 지도에 표시한다.

제3절 점포입지의 조건과 선정단계

1. 점포입지의 조건

점포입지에도 명당이라는 곳이 있다. 일반적인 명당이라는 상권은 잠재고객이 밀집되어 있고 또 가깝고 오기쉬워 많은 고객을 확보할 수 있는 상업의 중심지를 의미한다. 그러나 좋은 상권의 조건은 이런 외적요인보다는 내적요인이 더 크다는 사실을 명심할 필요가 있다. 즉 좋은 상권은 일반적인 상권의 의미보다는 실제 경영하려고 하는 업종과 연관지어 생각해야 한다는 것이다.

이런 의미에서 명당이라는 상권선택의 전제조건을 다음과 같이 정리해 볼 수 있다.

첫째, 점포입지를 먼저 선택하고 그 입지에 맞는 업종을 선택하는 것이 현실적으로 안전한 개점의 비결이다.

물론 업종을 선택하고 거기에 맞는 점포를 선택하는 것이 일반적이지만, 그럴 경우 경제적 요인때문에 오히려 사업시작의 장애요인이 될 수도 있기 때문이다.

둘째, 상권선택은 장기적인 안목이 필요하다.

사업을 시작해서 1~2년내에 승부를 내보려는 생각처럼 위험한 발상은 없다. 그런 의미에서 아주 외진곳이 아니라면 신설상권 또는 신축건물도 좋은 상권으로 가꾸어갈 수 있다.

우선 신축건물이나 새롭게 형성된 상권내의 점포는 권리금이 없기 때문에 자금을 개점기념품 준비 등 홍보비에 투자한다면 단골고객확보가 용이하고, 단골고객이 늘어나면 자동적으로 좋은 상권이 형성될 수 있다는 것이다.

셋째, 업종에 맞는 상권선택이 중요하다.

업종선택을 하기전에 점포를 먼저 구하는 것이 현실적이라는 점은 이미 언급한 바와 같다. 그러나 이런 경우도 결과적으로는 업종과 상권이 일치하지 않으면 안 된다. 어떤 과정에서든 결국 업종에 맞지 않는 상권은 실패하기 쉽다.

넷째, 소매점을 개설하기 위해서는 점포자체의 영업능력도 중요하지만, 전체적인 시장세력에도 관심을 갖지않으면 안 된다.

동일업종이 밀집되어 있는 지역에서 장사가 잘되는 것은 그곳에 바로 전체적인 시장세력이 있기 때문이다. 음식점의 경우에도 동떨어진 곳에 개점하기보다는 같은 업종이 밀집해 있는 곳이 적합하다. 고객의 입맛은 천차만별이기 때문에 '그 곳에 가면 누구나 입맛에 맞는 음식을 골라 먹을 수 있다'는 인식을 심어줄 수 있기 때문이다.

다섯째, 상권에 못지않게 중요한 것은 영업전략이다.

고객이 가장 원하는 것은 값이 싸면서도 우수한 품질의 상품과 서비스이다.

따라서 높은 품질, 친절한 상품의 구색, 저렴한 가격, 그리고 차별화된 영업전략이 점포입지의 취약성을 보완해 주는 최고의 방법임을 명심할 필요가 있다.

1) 입지조건의 구성요소

입지조건의 구성요소는 '그 곳에 입점하면 얼마 정도 매출을 올릴 수 있을까?' 혹은 '그 점포가 계획사업을 수행하는 데 적합한가?' 등의 의문에 대한 답은 다음과 같은 입지조건의 구성요소에 따라 결정된다.

(1) 인 구

인구는 그 지역의 행정인구를 가리킨다. 나이리, 콘바스라는 두 명의 학자와 근대의 하프 등이 주창한 '중심지 이론'에 의하면 거리의 흡입력은 인구와 매장면적의 합계에 의해 결정된다. 거리의 흡입력도 인구에 비례해서 커진다.

따라서 보다 넓은 면적을 가진 매장일수록 점포운영에 적당한 인구를 유도할 수 있다. 예를 들어 상권인구 5만명을 예상하고 있는 점포라면 그 지역에서 5만명 규모의 상권을 형성하는 곳을 찾을 필요가 있다.

(2) 교통수단

교통수단은 고객이 점포까지 오기위한 도로망 및 전철, 버스 등을 말한다. '보다 쉽게, 빠르게 도착가능한 곳일수록 내점율이 높아진다'는 중심지 이론에 따라 교통수단이 편리할수록 고객흡입력이 높아지게 된다.

(3) 상업중심성

상업중심성은 인구와 그 지역내 점포의 매장면적에 좌우된다. 다시말해 동일한 조건을 가지고 있을 때 점포면적의 합계가 5천평인 상권보다 1만평인 상권이 흡입력이 더 높다고 할 수 있다. 따라서 그 상권인구도 주변 지역일부를 포함하여 보다 더 크게 형성된다. 계획입지의 조건은 이상 세 가지 요소에 좌우된다.

즉, '어느 정도의 상권인구가 형성되는가?' '얼마나 많은 수의 사람이 점포를 찾아올까?' 등의 문제는 기본적으로 위의 세 가지 요소에 따라 정해진다고 할 수 있다. 그리고 필요에 따라 소비자지표인 소득수준, 연령 및 자동차보유율 등을 추가해서 조사하면 좀 더 자세하게 예측할 수 있다.

2) 적정한 상권인구

적정한 상권인구란 이미 영업중인 기존 점포의 상권인구가 아니라 미래에 전개될 최신표준형 및 신유형점에 필요한 상권인구이다. 이것은 물론 기존점의 상권과 유사하거나 구애받아서 안 된다. 어디까지나 이후 새롭게 전개하는 형태에 맞는 이상적인 상권인구여야 한다.

입지는 상권인구에 따라 정해진다. 인구가 10만명인가, 5만명인가, 3만명인가에 따라 구하는 입지의 위치와 성격이 크게 달라진다.

따라서 입지선정은 상권에 맞는 적정한 상권인구를 정하는 것으로부터 시작된다. 그런데 이를 모두 무시하고 입지를 찾으려고 하는 예비창업자가 의외로 많다. 표준화가 되지 않는 것은 전략적으로 경합을 피할 수 없다.

적정한 상권인구를 정할 때에는 상대적으로 작은 상권이 점포수를 늘리기 쉽고, 경합을 회피할 수 있다는 점에서 큰 상권보다 유리하다. 소상권은 대상권을 포위하는 형태가 된다. 따라서 대상권을 설정하고자 하는 기업은 소상권점을 뛰어 넘어 대상권의 고객을 흡입하기 위한 전략을 가질 필요가 있다. 그렇게 하지 않으면 소상권점에 포위당해서 점차 고객을 빼앗겨 결국쇠퇴의 길로 접어들게 된다.

3) 입지선정의 8원칙

(1) 현재 상권 잠재력의 타당성

한 지역을 설정해서 자신의 점포가 취급하려는 상품의 상권내 소비지출 총액과 다른 점포가 점하는 비율을 검토한다.

(2) 상권접근 가능성

상권내의 잠재력을 자기점포에 어느 정도 흡인할 수 있느냐 하는 것은 점포주변을 통과하는 가능성에 의존하게 되는데, 그에 따라 소매업의 업태를 세 가지로 나눌 수 있다.

① 고객창출형

광고, 상품의 독자성 평가, 판매촉진수단에 의해서 독자적인 고객을 흡인하는 형태로써 백화점, 대형슈퍼마켓, 특수한 전문점 등이다.

② 근린점 고객의존형

가까운 점포에 의해 흡인된 고객이 주변의 점포로 구매하러 가는 점포의 형태를 말한다.

③ 통행량 의존형

쇼핑을 목적으로 하지 않는 통근자나 교통기관 이용자 등이 구매하는 경우, 대부분 소매점포의 매출액은 이러한 세 가지 성격의 고객이 혼재되어 있으므로 전체를 고려해야 한다.

(3) 성장가능성

입지 주변의 인구증가와 소득수준, 집객시설, 도시계획변경 등 성장이 기대될 수 있는 상권이냐를 살펴봐야 한다.

(4) 중간저지성

주거지 또는 근무지가 기존부터 있던 경쟁점포, 상점가의 중간에 입지하여 고객을 중간에서 저지할 수 있는 입지인가를 살펴보아야 한다.

(5) 누적흡인력

같은 종류의 상품을 취급하는 일정 수의 점포는 흩어져 있는 것보다 모여 있는 것이 좋다. 따라서 중간저지성의 입지를 선택할 것인가, 누적성을 선택할 것인가를 판단해야 한다.

(6) 양립성 · 보완성

보완관계에 있는 상품을 취급하는 두 개의 점포가 근접해 있는 경우 두 점포를 이용하는 고객수도 늘고 판매액도 늘어난다.

(7) 경쟁회피

경쟁점의 입지, 성격, 규모, 형태를 감안하여 입지를 선택하고 매출액을 예측한다. 또한 장래 경쟁점이 들어설 여지도 검토해봐야 한다. 경쟁을 피하기 위해서는 다른 조건이 같다면, 다음의 조건이 되도록 하여야 한다.

- 될 수 있는 한 경쟁점이 작은 규모로 들어설만한 입지를 선택한다.

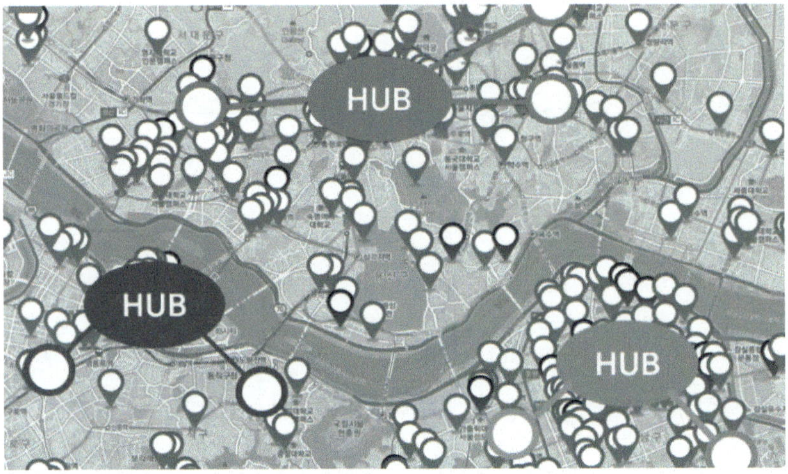

종로, 을지로 지역 스타벅스 매장분포/ 출처: 스타벅스 홈페이지 캡처

- 입지를 경쟁점이 이용하는 것을 사전에 막을 수 있도록 해야 한다.
- 경쟁입지가 중간저지적인 입지가 되지않는 입지를 선택해야 한다.

(8) 입지의 경제성

점포의 입지에 투자된 비용을 생산성과 관련해서 경제성이 있는가를 분석한다.

2. 입지선정단계

입지선정은 특정상점의 입지를 선정하기 위해 행하는 조사작업으로 특히 유통기업의 경우 입지요인은 판매액에 절대적인 영향을 미치기 때문에 가장 중요한 고려요인이 된다.

입지의 중요성과 선택의 기준은 업종과 영업의 방법에 따라 다르다. 나아가 준비할 수 있는 자금과의 균형이 필요하다. 소매업이나 요식업처럼 점포판매가 중심인 경우, '입지산업'이라 불릴만큼 사람의 능력보다 입지가 더 많은 영향을 미친다. 왜냐하면 도·소매업의 판매방식은 소비자의 직접적인 접촉 즉 소비자가 점포에 직접 찾아오지 않으면 상품을 팔 수 없기 때문이다.

1) 입지 대안의 확인

사업을 전개할 입지를 결정하기 위해서는 우선 가능한 입지대안들을 확인해야 한다. 소매입지의 대안은 크게 두 가지 종류로 나누어 볼 수 있는데 독립입지와 군집입지이다.

독립입지는 다른 소매입지들과 지리적으로 격리되어 있는 장소를, 군집입지는 다른 소매입지들과 지리적으로 인접해 있는 장소를 의미한다. 따라서 예비창업자는 우선 이에 대한 의사결정을 통해 점포입지 선정에 따르는 노력을 줄여야 한다.

2) 입지 대안의 평가

(1) 기본원칙

이는 입지선정시 반드시 검토되어야 하는 필수원칙들로 어느 하나라도 충족되지 않으면 그 입지는 선정될 가능성이 없어지게 된다. 이에는 다음과 같은 것들이 있다.

- 이용가능성 : 고려중인 장소를 실제로 임대 또는 매입할 수 있는가
- 적합성 : 장소의 규모 또는 구조 등이 적합한가
- 수용가능성 : 그 장소를 예비창업자가 임대 또는 매입할만한 충분한 자원이 있는가

(2) 매력도 평가원칙

이는 각 입지의 상대적인 매력도를 평가하는 원칙들로 다음과 같은 것들이 있다.

① 고객차단원칙

입지가 고객이 특정지역에서 다른 지역으로 이동할 때에 고객으로 하여금 점포를 방문하도록 하는 입지적 특성으로 사무실 밀집지역, 상업지역, 쇼핑센터 등이 이에 속한다.

② 동반유인원칙

유사하거나 보충적인 소매업들이 함께 군집하고 있는 경우가 독립되어 있는 경우보다 더 큰 유인잠재력을 가질 수 있다.

③ 보충가능성의 원칙

두 개의 사업이 고객을 서로 교환할 수 있는 정도로 인접한 지역에 위치한 사업들 간에 보충가능성이 높으면 높을수록 점포의 매출액이 높아진다.

④ 점포밀집의 원칙

지나치게 유사한 점포나 보충할 수 있는 점포들이 밀집되어 있어서 고객의 유인효과와 매출액을 감소시키는 현상을 말한다.

⑤ 접근 가능성의 원칙

고객의 입장에서 점포를 방문할 수 있는 심리적, 물리적 특성을 의미한다. 즉 지리적으로 인접해 있다든가 교통이 편리하다든가 등의 요인들이 점포의 매출을 증대시키는 요인이 될 수 있다.

3. 입지선정시 체크포인트

1) 점포선정시 체크포인트

(1) 지역체크

- 하고자 하는 업종의 일반적 조건이 맞는가?
- 사람들이 얼마나 모이며, 유동인구는 얼마나 되는가?
- 인근의 상점가나 동종업종, 대형점포 등의 영업상태는 어떤가?
- 상권내의 주거상황과 소득수준, 세대수와 인구수 등은 어떤가?
- 해당지역의 상권이 성장기인지, 쇠퇴기인지?

(2) 채산성 관계체크

- 경쟁점포는 어디에 위치하고 있으며, 영업상태는 어떠한가?
- 경쟁점포와 경쟁해서 이길 수 있는가 혹은 공존할 수 있는가?
- 예상매출은 어느 정도인가, 이익을 낼 수 있겠는가?
- 앞으로 고객수가 증가되리라고 기대할 수 있는가?

(3) 점포조건체크

- 점포의 폭과 넓이, 형태는 적당한가?
- 도로에 접해 있는가?
- 주차장은 있는가?
- 상품의 배송에는 문제가 없겠는가?
- 설비에 문제가 없는가?

(4) 가격체크

- 점포의 수준과 비교해서 비싸지는 않은가?
- 준비자금과 부합하는가?
- 관리비, 공과금 등이 높지 않은가?

2) 우수점포의 일반적인 입지조건

- 10층 이상 대형건물이 5개 이상 밀집된 지역
- 2천세대 이상의 대규모 아파트단지나 주택단지
- 지하철역에서 300m 이내인 지역
- 버스정류장에서 100m 이내인 지역
- 버스정류장에 정하는 버스노선이 5개 이상인 지역
- 버스종착역 반경 500m 이내
- 버스, 지하철역에서 주택으로 들어오는 입구모퉁이
- 편도2차선, 삼거리 이상 가로의 200m 이내인 지역
- 동일 가로 200m 이내에 동일업종이 없는 지역
- 반경 500m 이내에 동일 업종이 3개 이상 없는 지역

3) 기존 점포인수시 체크포인트

- 인수하고자 하는 점포가 장래 시장성은 있는가?
- 권리금이 주변시세에 비교해서 적당한가?
- 주위에 너무 많은 경쟁점포가 있지는 않은가?
- 상권의 변화가능성은 없는가?
- 주위에 대형점포가 들어설 가능성은 없는가?
- 매도인이 제시하는 매출액과 수익은 믿을 만한가?
- 판매시설에 하자는 없는가?

4) 소심해야 할 점포유형

(1) 주인이 자주 바뀌는 점포

장사가 잘 되는 점포는 주인이 자주 바뀌지 않으므로 주변 사람들에게 확인하여 해당 점포의 주인이 자주 바뀌는지 조사해야 한다.

(2) 점포 임대료가 유난히 싼 점포

점포의 임대료가 싸면서도 매출이 높은 점포는 애당초 기대하지 않는 것이 좋다. 임대시세가 낮다면 목이 안 좋거나 틀림없이 이유가 있고, 별다른 이유도 없이 싸다면 더욱 신중하게

결정해야 한다.

(3) 맞은편에 상권이 형성되지 않은 점포

맞은편에 점포가 형성되지 않은 지역은 대개 대중교통이 비껴가는 지점이거나 상권의 끝 지점일 경우가 많다. 맞은편에 점포가 형성되지 않았다면 사람들을 흡인하는 힘이 약해서 상권의 세력이 약하다.

(4) 주변에 대형점포가 있는 점포

경쟁점포를 이기려면 경쟁점포보다 더 큰 규모로 더 풍부한 상품을 확보해야 한다. 따라서 주변에 대형점포가 있다면 점포계약에 신중해야 한다.

(5) 주인이 유사업종에 종사하고 있는 점포

점포를 임차해서 사업하는 사람들은 주인이 갑작스레 점포를 비워달라고 하지 않도록 주인과의 관계를 평소에 잘 유지하여야 한다.

제3부

창업과 고객관리과정

제8장 창업과 고객

제9장 창업과 고객관계관리

제8장

창업과 고객

제1절 창업과 고객만족

제2절 창업과 고객정보

제3절 창업과 관계마케팅

2억4000만 中 1인 가구를 잡으려면

"一人吃飽 全家不愁(한 사람만 배부르면 모든 가족이 걱정없다)." 1인 가구를 예찬(?)하는 중국 속어다. 아시아 다수국가에 걸쳐 가구당 인원수가 지난 20년간 10~15% 감소했다. 중국은 가구당 평균 3.6명에서 2.6명으로 약 30% 감소해 그 변화의 정도가 훨씬 컸다. 2020년 신생아 수는 1200만명으로 60년래 최저치를 기록했다. 한 설문조사에 따르면 중국인 약 60%가 아이를 낳지 않는 이유로 무거운 재정적 부담을 꼽았다. 이 같은 구조적 변화로 인해 가구구조가 바뀌고 '싱글 이코노미'가 등장하고 있다. 이와 관련해 세 가지 기회에 주목할 만하다.

첫째, 싱글 이코노미 경제규모는 이미 상당하다. 중국 전체가구 중 약 18%가 1인 가구로 20년 전 대비 약 세 배 늘었다. 한국과 일본 등이 약 30~35% 수준임을 감안할 때, 향후 그 비율이 점점 늘어날 수 있다. 지난 20년 사이 결혼연령이 3년가량 늦어졌고, 2억 4000만명의 성인인구가 싱글이다.

둘째, '관계형성'과 관련한 새로운 비즈니스 모델이 생겨나고 있다. 싱글족은 사회적 관계를 형성할

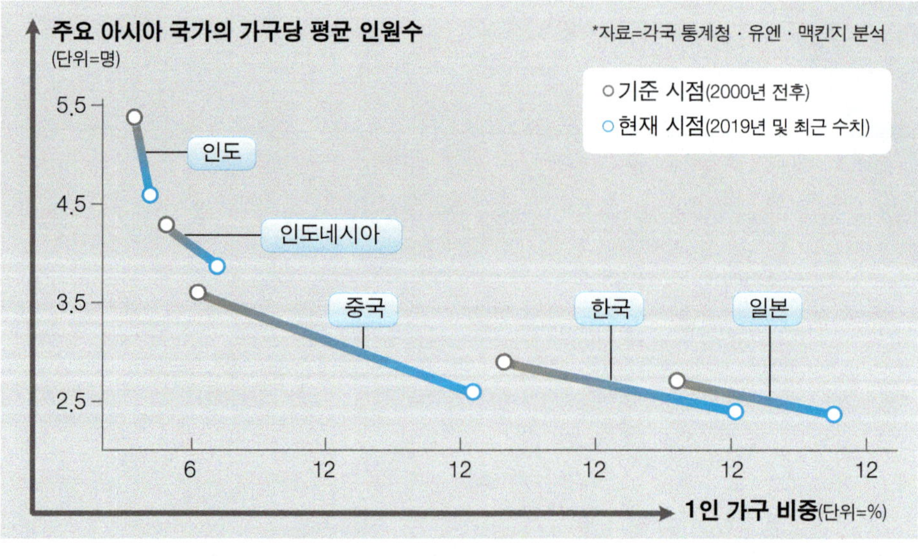

수 있는 서비스에 더욱 관심을 가질 것이다. ‘AI 친구’가 그 예다. 샤오빙(小빙)은 사용자와 소통 · 교류하기 위해 중국에서 개발된 챗봇으로 전 세계적으로 회원 6억 6000만명을 가지고 있다. 중국의 애완동물 수도 5년 새 두 배 이상 성장하면서 동물 관련 다양한 서비스를 제공하는 펫숍이 눈에 띄게 늘었다.

셋째, 제품과 서비스에 변화가 필요하다. 알리바바에 따르면 지난 10년간 미니 사이즈의 전자레인지와 세탁기판매가 6배 이상 늘었다. 정신과 육체적 건강을 위한 ‘셀프케어’ 시장도 크고 있다. 솔로여행도 증가하는 추세다. 중국 온라인 여행사 씨트립에 따르면 솔로 해외여행이 연간 10%씩 성장하고 있었다.

‘혼밥’이 유행어가 된 한국은 이런 변화를 더 빨리 맞았다. 한국에서의 빠른 테스트를 통해 다양한 서비스와 제품으로 중국시장을 공략해볼 만하다.

• 출처 : 매일경제 사외칼럼, 2021년 8월 10일

중국내 1억에 가까운 1인 가구 중 기업들이 가장 주목하는 그룹은 독거청년들이다. 고향 마을에서 우등생 소리를 듣고자라 대도시의 대학에 진학하고 다시 현지에서 직장에 다니는 미혼 남녀들이다. 또래의 젊은이들보다 상대적으로 고학력·고소득을 특징으로 하는 이들 대부분은 집값이 싼 도시의 교외에 살기 때문에 출퇴근 시간이 길다. 지친 몸을 이끌고 퇴근한 평일 저녁에는 모바일 및 온라인쇼핑이나 주문을 통해 집안에서 모든 것을 해결하려는 '방콕족'의 특성을 지닌다. 반면 주말이나 휴가 등 여가때는 가족과 함께 지내는 같은 연령대에 비해 자신을 위해 더 많이 소비하는 특징이 있다. 중국판 솔로데이인 알리바바의 광군제(光棍節·11월 11일 솔로의 날)를 세계 최대의 온라인 쇼핑이벤트로 만든 주역도 이들이다.

이처럼 시장의 변화는 고객들의 작은 변화로부터 출발한다. 과거 대가족제도에서 핵가족제도로의 변화에 이어 이제는 독거청년들까지 모두 고객들의 삶의 변화이다. 중국의 이야기만은 아니다. 일자리와 취업공부를 위해 우리나라에도 현재 독거청년들이 노량진을 비롯한 여러 지역에서 볼 수 있다. 이는 창업을 준비하는 예비창업자라면 반드시 읽어내야 하는 사회적 현상이기도 하다.

그렇다면 과연 변해가는 고객들을 어떻게 만족시킬 것인가?

제1절 창업과 고객만족

1. 고객의 개념

창업을 성공시키기 위해서 중요한 것 중 하나는 고객의 만족정도이다. 이러한 고객만족경영을 효과적으로 추진하기 위해서는 고객이라는 개념을 단지 상품이나 서비스를 구매하는 최종가치 사용자라는 개념에서 고객의 만족에 영향을 줄 수 있는 가치전달에 관련된 포괄적인 관여자로서의 고객인 중간고객(판매점, 원료 및 부품, 공급업자, 기업활동을 돕는 협력회사 등)과 고객의 욕구충족을 위한 가치를 생산하고 제공하는 조직의 구성원인 내부 종업원까지도 고객의 범주에 포함시켜야 한다.

근래에 들어 전 세계의 대부분 기업들이 고객지상주의, 고객만족경영 등을 새로운 패러다임의 경영방식으로 설정하고 있다. 이 현상은 경쟁이 치열한 글로벌 무한경쟁 시대에서는 고객이 바로 기업의 생존을 좌우한다는 '고객의 심판'에 대한 기업의 새로운 인식과 자각을 반영하는 것으로 볼 수 있다.

이처럼 최근 고객만족(customer satisfaction)이 더욱 주목받게 된 것은 시장이 기업주도형에서 고객주도형으로 패러다임의 전환이 이루어지고 있기 때문이다.

2. 고객만족

일반적으로 고객이 제품을 구입하기 전에는 항상 일정수준의 기대가치(expected value)를 가지게 마련이다. 이러한 기대가치는 주로 과거 그 상품의 사용경험, 광고, 소비자보호단체의 분석자료, 그 상품을 사용해 본 경험이 있는 제 3자로부터의 조언 등을 통해서 형성되며 실제 제품의 가치는 고객이 제품을 구입 후 사용해 보고 이를 사전에 형성된 기대가치와 비교한 후 형성된다.

인지가치 = 사용가치 - 기대가치
(perceived value) (actual value) (expected value)

그러므로 고객만족이란 사전 기대가치에 대한 실제 사용가치의 충족정도라 할 수 있다. 창업자는 고객이 원하는 기대가치에 부응하도록 철저한 조사와 정보분석을 통해 전략을 만들어 내야 한다.

고객만족은 고객에게 신뢰감을 주는 중요한 요소로서 제품과 서비스에 대한 연속적인 구매로 인하여 제품 및 서비스 제공자는 매출을 증가시키고 그 제품과 서비스가 존속하게 되는 계기가 된다.

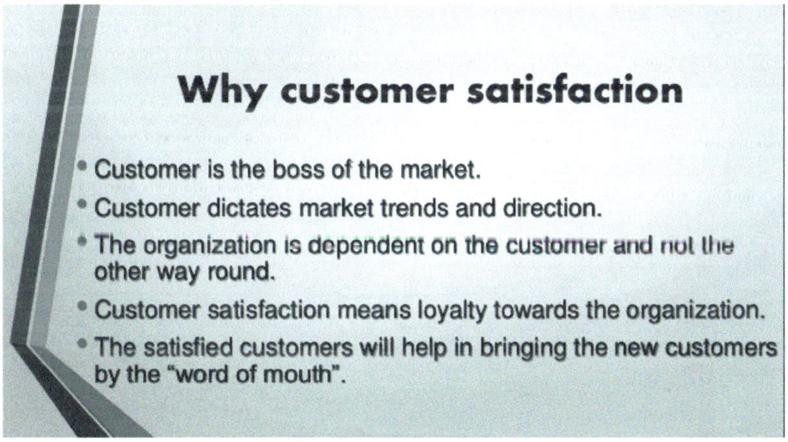

고객만족은 1970년대 시장을 잃기 시작한 기업들이 그 손실을 회복하기 위하여 시작되었다. 고객만족은 기업의 이익과 직결되므로 고객만족의 수준을 높이면 기업의 이익은 자연스럽게 증가한다.

고객서비스 환경은 고객, 조직문화, 종사원, 제품, 전달, 서비스가 그 핵심요소이며 고객을 만족시키기 위한 요소는 직접적 요소와 간접적 요소로 구분할 수 있다.

직접적 요소는 일반적으로 상품 및 서비스로 구분할 수 있고 여기서 다시 세분화된 요소가 작용하여 고객의 만족 또는 불만족의 결과를 나타낸다.

간접적 요소로는 기업이미지가 있으며 이것은 기업이 고객을 통해 이익을 창출하는 조직체이므로 고객이 직면하고 있는 사회적 문제를 공동으로 해결하는 등 사회적 마케팅을 실시하고 있다.

고객만족경영의 핵심은 고객이라는 단어에 있다. 고객만족경영 전략은 그 의미나 체계의 측면에서 총체적 경영전략의 축소라고 할 수 있을 만큼 특정과정을 따라야 한다.

기업의 목표인 이익을 달성하기 위해서는 마케팅이 중요한 요인이 되고 있는데 기업의 수익구조는 신규고객의 창조와 기존 고객의 확보라는 두 가지에 의해서 성립한다. 기존 고객을 확보하기 위해서는 그들이 애호하는 것이 무엇인지를 파악하고 이에 대한 대응을 하는 것이다. 고객들은 그들의 욕구를 충족시킨다고 믿는 제품이나 서비스, 회사에 대한 애호도(loyalty)를 유지한다. 고객들은 구매를 한 후 더 좋은 대안이 없다고 생각하면 그 제품에 대한 지속적인 관계를 형성하기 시작한다.

신규고객은 제품을 구매할 때마다 여러 문제에 부딪친다. 제품을 찾기에 불편하다든지, 제품의 장점에 대해 아는 것이 없다든지, 경쟁제품에 대한 좋은 사용경험을 갖고 있다든지 하는 것들이다. 따라서 문제가 무엇인지를 예측하고 제거하며 또한 문제를 최소한 감소시켜야 한다.

〈표 8-1〉에서처럼 제품의 사용가치가 고객이 가지고 있는 기대가치보다 적을 경우, 고객은 불만족을 느끼게 되며 사용가치가 기대가치보다 클 경우 고객은 기쁨을 느끼는 것이다.

표 8-1 고객만족과 가치

고객의 인지상태	가치상태
고객불만족 (customer dissatisfaction)	기대가치 〉 사용가치
고객만족 (customer satisfaction)	기대가치 = 사용가치
고객기쁨 (customer delight)	기대가치 〈 사용가치
고객 놀라움 (customer surprise)	기대가치 〈 사용가치

고객이 기대하지 못했던 수준까지 사용가치를 제공함으로써 고객에게 놀라움을 제공하는 경우는 제품 또는 서비스수준이 고객이 미처 예상하지 못했던 수준으로 넘치게 제공된다는 것을 의미한다.

3. 고객만족경영의 개념과 요소

고객만족경영이란 단순히 고객의 기대수준에 부응하는 상품이나 서비스를 제공함으로써 고객을 만족시키는 차원을 넘어, 창업자의 아이디어를 통해 고객이 전혀 기대하지 못했던 새로운 가치를 제공함으로써 고객에게 기쁨을 주는 것을 최고의 경영목표로 삼고 기업의 모든 활동이 이를 달성하기 위해 끊임없이 노력하는 신경영방식을 말한다.

이러한 고객만족의 경영요소를 정리하면 다음과 같다.

- 제품은 품질, 기능, 성능, 효율, 가치, 디자인, 색상, 네이밍(naming), 소리, 향기, 사용상의 편리성, 사용설명서, 시기적절성, 저렴한 가격, 보수의 용이성, 신뢰도 등이다.
- 서비스는 점포와 점내의 분위기, 업주나 판매원의 접객서비스, 사후서비스, 사전서비스, 판매서비스, 정보서비스, 신속한 문제점판별, 부품구입의 편의성, 저렴한 비용, 서비스빈도 등이다.
- 기업이미지는 기업의 사회, 지역봉사활동, 환경보호활동 등과 관련된다.

4. 고객만족경영의 실천절차

고객에게 제품(서비스)에 대해 고객만족과 고객기쁨, 고객감동을 주기위한 고객만족경영을 위해서는 다음과 같은 절차를 세우고 실천하여야 한다.

- 우리 회사의 고객이 누구인지를 결정한다(고객의 정의).
- 제공할 제품이나 서비스에서 고객이 가장 중요하게 여기는 특성이 무엇인지 결정한다(고객평가요소의 이해).
- 이 특성에 대해서 고객에 의해 정해진 중요도를 결정한다(중요도의 결정).
- 각 특성들에 대해서 고객만족 수준을 결정한다(고객만족도 조사).
- 고객만족 수준의 결과를 고객만족 과정과 결합시킨다.
- 업무를 수행하는 방법과 과정내에서 성과에 가장 영향을 주는 부분을 나타내는 측정치들을 매트릭스(성과표)로 작성한다.

현대글로비스의 고객만족경영 SLOGAN

- 조직내에서 작성할 수 있는 가장 낮은 수준까지 측정치를 만들어 놓는다.
- 특성의 중요도는 높은데, 고객만족의 정도는 낮은 과정을 개선하는 노력을 수행한다.
- 소비자들의 불만요소 중에서 개선하기 가장 좋은 영역에 대해 수정노력을 한다.
- 고객투입요소들을 새롭게 갱신(update)하고 지속적으로 피드백(feedback)을 한다(지속적 개선).

5. 고객만족향상을 위한 조건

기업이 고객만족을 향상시키고 전사적인 활동을 전개하기 위해서는 창업자(경영자)의 리더십, 종업원의 의식개혁, 중간관리자의 역할변화 세 가지가 필요하다.

1) 창업자(경영자)의 리더십

고객만족경영은 종업원으로부터 최고경영자에게로 전달되는 바톰업(bottom up)유형이 아니고 반대로 최고경영자의 의지가 기업전체에 영향을 주는 톱다운(top down)유형의 특성을 가지고 있다. 고객만족 실현을 위해서는 고객과 접하는 일선의 종업원과 그들을 지원하는 간접부문의 활동도 중요하며, 전사적으로 조직을 동원할 필요가 있기 때문이다. 그러므로 최고 경영자에게는 추진자로서 이들 모든 사람들에게 고객만족의 중요성을 설명하고 행동의 변혁을 촉진시키지 않으면 안 된다.

이러한 경우에 창업자의 리더십 발휘방법에서 가장 중요한 것은 종업원에게 지시하는 것에 그쳐서는 안 된다는 것이다. 창업자가 솔선수범해서 고객의 입장에서 생각하고 행동하는 태도를 종업원에게 보일 필요가 있는데 그렇게 함으로써 전 조직에 고객만족경영을 위한 의식개혁이 촉진될 수 있다.

2) 종업원의 의식개혁

고객만족의 가장 중요한 접점은 바로 만남의 시점이다. 기업과 고객과의 세계적인 고객만족경영의 도입성공사례로 꼽히고 있는 스칸디나비아 항공사(SAS)의 얀 칼슨 사장은 이를 진실의 순간(Moment of Truth)으로 명명하였다.

고객과 종업원의 접점의 경우에 있어서 고객은 종업원에 대하여 여러 가지 요구사항을 내놓는다. 고객들의 욕구는 개개인마다 다르며 복잡하다. 그러므로 종업원이 고객의 입장에서 생각하고 판단하고 행동해야 하는데 이를 위해 고객과 접하는 일선의 종업원에 대하여 충분한 권한을 위양하는 조직형태를 취하는 것이 전제가 되어야 한다.

3) 중간관리자의 역할변화

고객만족경영 실천을 위한 중간관리자의 역할은 지시와 명령이 아니고 부하의 의사결정에 도움을 주는 조언과 정보제공이 주된 역할이 된다. 따라서 고객과의 접점이 이루어지는 창구의 종업원만이 아니고 중간관리직의 의식개혁도 고객만족 향상을 위한 중요한 과제가 되는 것이다.

6. 고객불만과 대응행동

고객만족은 고객으로 하여금 충성심을 만들어 내며 반복거래와 긍정적인 구전효과를 통해 고정고객이 될 뿐만 아니라 새로운 고객을 창출하는 역할을 한다. 그러므로 만족한 고객을 통해서는 매출증대를 가져 올 수 있으나 고객불만족은 거래중단으로 이어지게 된다.

고객불만이 발생하면 고객불평행동으로 나타난다. 이는 기업입장에서 기업의 성과에 어떤 영향을 미치게 되는지 고민하게 되고 기업은 만족하게 된 고객의 수를 늘리는 전략이 필요하지만 불만족한 고객의 수를 줄여나가는 전략이 더욱 필요하다.

또한 기업은 고객의 주머니사정, 하루일과, 고객의 관심사 등에서 그들의 니즈를 파악하고자 한다. 아울러 고객들의 불평을 통해서 고객의 숨어 있는 니즈를 알아내기도 한다. 이처럼 고객불평을 체계적으로 수집하고 이를 해결하고자 노력하는 활동을 고객불평관리(customer complaints management)라고 부른다.

고객이 가지고 있는 불평사항을 해결해 주려는 목적으로 시작한 고객불평 관리는 최근에는 고객불평이 적극적으로 수집·분석하여 제품, 서비스 개선의 기회로 활용되고 있다. 고객불평관리는 소비자 조사에 비해 비용은 적게 들이면서 정교한 시장조사만큼의 가치를 가질 수도 있어 마케팅비용 삭감이 예상되는 불황기에 더욱 주목받고 있다.

한편 기존 고객들의 불평관리에서도 정확하게 파악되지 않는 불평이 존재하는 경우가 있으며, 그것은 고객이 표현하지 않는 불평이다. 오히려 기업에게 자신의 불만족정도를 이야기해 주는 고객은 해당기업에게 아직은 애정이 있다는 방증일 것이다. 그러나 자신의 불만을 표현하지 않는 고객들은 기업에 대한 문제의 단서를 제공하지도 않고, 제품과 서비스개선을 어렵게 하며 주변 지인들에게는 부정적 구전을 전달하기도하고 마침내는 기업을 떠난다. 그러나 대다수의 기업들은 표출되지 않은 고객불평에 대한 중요성을 이해하지 못하고 오히려 불평이유를 파악하는데 어려움을 겪기도 한다.

1) 불만족고객의 반응

서비스 불만족을 경험한 고객은 다양한 반응을 나타낸다. 조사에 의하면 우리나라 소비자들은 대체로 서비스업종에서 불만족을 많이 경험한다고 한다. 불만족이 생겼을 경우 고객의 반응은 무반응 혹은 불평행동으로 나뉜다. 말 그대로 불만족에 대한 아무런 반응을 보이지 않는 고객이 있는가 하면, 가까운 사람들에게 불만족을 전달하거나 서비스 이용을 중단하는 등의 사적 불평행동을 표출하는 고객도 있다. 또한 기업에게 보상을 요구하거나 소비자보호단체에 신고하여 소송을 제기하는 공적 불평행동을 보이는 고객들도 있다.

2) 고객불만처리 유형

고객불만처리의 유형은 크게 소극형, 표현형, 분노형, 적극형으로 나눌 수 있다. 소극형은 불만족이 발생해도 침묵하는 유형이다. 이런 유형은 부정적 구전을 할 가능성이 있고 표현하지는 않지만 구매중단 가능성이 높다.

표현형은 직접 불만족을 표현하며 필요할 경우 보상도 요구하게 된다. 분노형은 그 상황에서 분노하고 서비스 종업원에게 직접 화를내기도 한다. 적극형은 불만족요인을 찾아 문제로 삼으며 불매운동 혹은 법적행동을 취할 수 있다.

3) 불평행동결정요인

서비스고객의 불평행동을 결정하는 결정요인은 다음과 같다.

- 불만족의 정도(문제의 심각성)
- 제품과 서비스의 중요성(관여정도)
- 불평행동의 효익(불평행동을 했을 때 얻을 수 있는 혜택)
- 불평행동의 비용(시간, 노력 등)

이러한 고객불만과 불평행동에 대한 대응을 위해 어떻게 행동해야하는지 정리해 보면 다음과 같다.

- 고객의 입장에서 생각하라
- 고객불만을 객관적으로 파악하기 위하여 냉정해지도록 노력하라
- 잘못은 즉시 인정하라
- 신속히 처리하라
- 결과는 반드시 통보하라
- 고객불만은 매장 이외의 장소에서도 접수하라

Highlight

1인 여행, 미니 가전, 배달 앱 전성시대

1인 가구와 독거청년들은 중국의 각 경제분야를 확 바꿔놓고 있다. 우선 여행업계에선 1인 여행이 새로운 트렌드로 자리잡았다. 중국 최대 온라인 여행사 씨트립에 따르면 1인 여행자 비중은 2014년 8.3%에서 2016년 15%로 2배 수준이 됐다. 이들은 특히 가족과 함께 여행하는 또래 청년층보다 여행지에서 쓰든 돈이 14% 더 많은 것으로 조사됐다. 여행사나 여행지 입장에선 놓칠 수 없는 손님들인 것이다.

솔로들을 위한 미니 가전시장도 전성기를 맞고 있다. 배관 등을 따로 설치할 필요 없고 공간도 적게 차지하는 1인용 식기세척기나 벽걸이 세탁기, 미니냉장고가 인기를 끌고 있다. 덕분에 중국 소형가전 시장은 연평균 12%씩 성장해 2020년 4608억위안(약 76조원)에 이를 것으로 전망된다. 건설업계에서도 혼자만의 공간을 원하는 독거청년들을 위한 미니아파트나 원룸들이 줄줄이 들어서고 있다. 돈이 들더라도 혼자만의 생활을 선택하는 독거청년들의 가치관은 월세를 아끼기 위해 화장실 칸막이조차 없는 좁은 공간에서 집단거주한다고 해서 '개미족'이라 불렸던 선배세대와는 완전히 차별화된다.

1인 가구, 특히 독거청년들 덕분에 먹고사는 대표적인 산업이 모바일 음식배달 앱 시장이다. 중국 음식배달 앱 기업인 메이퇀 뎬핑에 따르면 배달 앱을 통해 음식을 주문하는 소비자의 65%가 독거청년이다. 나홀로 식당에 가기를 꺼리는 이들 덕분에 일부 배달 앱 업체들은 2016년 매출이 무려 44%나 늘었다. 편의점체인인 패밀리마트에서는 매일 30만개, 1년에 1억개의 도시락이 판매되고 있다. 이 역시 1인 가구가 주소비층이다.

자신만의 오붓한 오락이나 운동공간을 원하는 독거 청년들 덕분에 왕푸징 등 베이징의 쇼핑 중심가에는 1~2명만 들어갈 수 있는 미니 가라오케가 인기다.

독거 청년들이 많이 사는 주택가에는 24시간 사용가능한 1인용 헬스장도 등장했다. 모두 시설에 부착된 QR 코드를 휴대폰으로 스캔하면 입장할 수 있고, 알리바바의 즈푸바오나 텐센트의 위챗 결제 앱을 이용해 사용 시간만큼 결제할 수 있다.

여피족과 닮은 듯 다른 中독거청년 [중국의 1인 가구 파워]

① 남초(男超) 극심해 결혼업체 성황
② 소비 · 여가는 온라인서 해결
③ 배송속도는 우선 고려대상

중국의 독거 청년들은 경제 · 상업적 의미에서 개념화된 청년세대라는 점에서 80년대 중반 미국의 '여피족'과 비슷하다. 여피(yuppie)는 젊고(young) 도시화한(urban) 전문직업인(professional)이라는 뜻으로 물질에 연연하지 않는 히피족과 대비되는 개념으로 만들어졌다. 중국 증권사들은 "여피족이 1980년 뉴욕과 런던 · 파리의 소비문화를 주도한 것처럼 독거 청년들도 향후 중국 내수시장을 주도할 것"이라는 분석을 내놓고 있다.

중국 독거청년들은 그러나 서구의 여피와 달리 중국만의 특징을 갖고 있다. 가장 두드러지는 건 남초(男超) 현상이다. 중국 시난증권에 따르면 중국 독거 청년은 남성이 64%로 36%인 여성보다 압도적으로 많다. 한 가정당 자녀 한 명만 허용했던 과거 중국의 산아제한 정책과 극심한 남아 선호 사상이 어우러지면서 나타난 결과다. 이 세대의 남성들은 원하는 배우자를 찾아 가정을 이루려면 피 터지는 생존경쟁을 벌여야 한다. 중국의 결혼중개 업체에는 최고고객이다.

중국 독거청년들의 둘째 특징은 소비, 여가, 사교를 온라인에서 해결하는 세대라는 점이다. '량뎬이셴(兩點一線 · 매일 집과 직장사이만 쳇바퀴돌듯 오가는 일)족'인 이들은 교외의 집에서 도심 직장을 오가는 데 하루평균 1~2시간을 소모한다. 녹초가 된 몸으로 귀가하면 휴대폰이나 노트북으로 모든 욕구를 푼다. 온라인 게임, 동영상, 영화, 채팅을 하느라 휴대폰 충전 및 통신비가 부동의 지출 1위다.

셋째, 특징은 '속도' 중시다. 집에 있는 시간이 짧고 가족이 없기 때문에 온라인 쇼핑을 할 때 배달 속도를 절대적으로 중시한다. 지난 11월 11일 광군제에도 배달시간이 걸린다는 이유로 구매를 취소하고 좀 더 빠른 배달을 약속하는 업체를 선택한 독거청년이 많았다. 중국 전자상거래 업체들은 이들을 붙잡기 위해 당일배송, 심지어 반나절 배송을 약속하며 치열한 속도경쟁을 벌이고 있다.

• 출처 : 조선일보, 2017년 12월 6일

제2절 창업과 고객정보

창업을 진행한 이후 고객을 만족시키기 위해 기업은 수많은 전략을 수립하게 된다. 특히 고객만족 차원에서 접근하는 고객만족 전략은 고객의 정보가 없다면 진행할 수 없다. 고객정보는 데이터베이스가 그 중심이다. 고객과 관련된 데이터베이스를 중심으로 마케팅에 접근하는 것을 데이터베이스 마케팅(database marketing)이라고 한다.

기업간의 경쟁이 심화되고 소비자의 욕구가 다양해짐에 따라 마케팅의 초점도 매스마케팅에서 점차 세분화되어 세분화 마케팅(segmentation marketing), 틈새마케팅(niche marketing)으로 변화하고 있다. 더구나 오늘날 소비자는 더 이상 어떤 집단 또는 목표시장의 한 구성원으로서가 아닌 유일한 개성을 지닌 독립적인 존재로 인식되어지기를 바라고 있다. 이와 같은 소비자의 감성적 욕구를 만족시키기 위해서는 소비자 개개인으로 하여금 자신이 남들보다 나은 대접을 받고, 남들과는 다른 제품과 서비스를 제공받고 있다는 느낌을 가질 수 있도록 마

표 8-2 고객정보수집

수 집 기 법	주 요 내 용
고객의 피드백 (customer feedback)	· 고객의 의견(comment), 불평 및 질문 등 · 제품 또는 서비스에 대한 문제점 인식에 용이 · 고객기대 수준과 기업성과와의 차이점(gap)파악에 용이
고객면담, 접촉 (customer contact)	· 고객과 직접 접촉을 통한 정보수집 · 최고 경영자나 담당 부서 직원이 직접 고객과의 면담을 통해 필요한 정보수집 · 고객이 제품을 어떻게 사용하는가에 대한 현장관찰을 통한 정보수집
현장직원 (frontline personnel)	· 판매원이나 전화교환원 등 고객과 직접 접촉을 담당하는 직원들의 교육을 통한 고객정보수집 · 종업원들이 수집된 정보를 마음 놓고 털어놓을 수 있는 기업 분위기 조성이 필요(open communication)
설문조사 또는 고객의견 카드 (formal survey & comment cards)	· 전통적인 방법으로 정보수집이 용이 · 고객만족도 조사에 주로 이용 · 장래 요구사항(future needs), 신제품에 대한 아이디어를 얻는 방법으로도 이용 · 보편적으로 아주 적은 응답비율을 나타냄
포커스그룹 (focus group)	· 제품 및 서비스에 대한 질문에 응답하는 개별(고객 또는 비고객) 집단의 이용 · 고객의 목소리를 직접 기업에 전달 · 상대적으로 조사비용 소요 큼

케팅이 이루어져야 한다. 이를 위하여 개인마케팅(individual marketing), 일대일 마케팅(one-to-one marketing) 혹은 관계마케팅(relationship marketing)의 개념이 생겨났으며 이러한 개념을 실현시켜 줄 수 있는 수단으로 데이터베이스 마케팅(database marketing)이 등장하고 있다.

1. 데이터베이스 마케팅의 의의

데이터베이스 마케팅은 고객과의 장기적인 관계를 구축하기 위해 잠재고객이나 현재 고객에 대한 유용한 정보를 데이터베이스로 구축하고, 구축된 고객 데이터베이스를 전략적으로 활용하여, 고객 개개인과의 접촉을 통해 직접적인 반응·판매를 유도하거나, 장기적인 일대일 관계를 구축하고자 하는 제반마케팅 활동이다.

또한 데이터베이스 마케팅은 고객을 불특정 다수의 대중이 아닌 개인으로 대응하면서 개별 고객과의 장기적인 관계를 구축하고자 하는 '일대일 마케팅' 혹은 '관계마케팅'을 실현하기 위한 출발점이라 할 수 있다.

2. 데이터베이스 마케팅의 유용성

- 고객정보를 분석함으로써 현재 고객과 우량고객 그리고 잠재고객을 파악할 수 있고, 각 고객의 욕구에 맞는 커뮤니케이션을 통해 차별적 마케팅전략을 구사할 수 있다.
- 현재 고객의 특성을 정확히 파악하여 그들의 니즈(needs)와 흥미에 부합하는 개인화된 정보나 상품, 서비스를 제공함으로써 고객만족을 극대화 할 수 있다.
- 자사의 수익에 보다 크게 기여하는 우량고객을 파악하여 그들에게 차별적인 혜택을 제공함으로써 장기적인 고객충성도를 형성할 수 있다.
- 우량고객의 특성을 분석하여 앞으로 단골고객이 될 가능성이 큰 잠재고객에게 선별적으로 접근, 집중공략함으로써 직접우편(direct marketing), 텔레마케팅(telemarketing) 비용을 획기적으로 절감하고 마케팅활동의 효율성을 향상시킬 수 있다.
- 결국 고객데이터베이스를 전략적으로 활용함으로써 개별고객과의 장기적인 관계를 구축할 수 있고, 이를 통해 기존 고객의 이탈을 감소시키고 재구매를 유도할 뿐 아니라 다른 제품으로의 교차판매(cross selling) 효과까지 얻어 고객의 생애가치(lifetime value)를 극대화할 수 있다.
- 데이터베이스 마케팅은 고객정보와 조사기업의 결합을 통해 평소에 항상 마케팅리서치를

실시하는 마케팅리서치의 자동화효과(marketing research automation)가 있다. 고객의 요구 및 시장의 변화를 즉각적으로 파악할 수 있게 해주고, 이러한 변화를 중장기 마케팅전략의 수립에 적절하게 반영할 수 있고 차별적 가격전략을 구사할 수 있을 뿐만 아니라 전통적인 유통채널을 대체할 수 있는 수단이 될 수 있다.

- 고객데이터베이스로부터 획득되는 정보는 보다 효율적인 광고전략의 수립이나 신상품기획, 경쟁우위전략의 수립을 위해서도 활용될 수 있다.

3. 데이터베이스 마케팅의 시행절차

1) 고객 데이터베이스의 구축

고객과의 개별접촉을 위해서는 우선 고객의 명단과 주소가 있어야 한다. 고객정보에는 거래데이터, 즉 구입품목, 구입횟수, 총 구입금액, 구입시기 등이 필수적이고, 중요시하는 제품속성 등 제품과 관련된 태도, 고객기호와 라이프스타일 등의 정보가 많을수록 활용도가 커진다. 고객정보는 처음에는 간단한 리스트에서 출발하여 DB마케팅 활동에 따라서 추가되고 업데이트되는 과정을 거치게 된다.

기존 고객의 정보는 주로 판매나 A/S 등 기업활동과정에서 축적될 수 있으며 잠재고객의 리스트를 확보하는 방법은 다음과 같다.

- TV, 신문 등 매스미디어를 활용하거나 설문조사를 통해 획득하는 방법
- 회원제 등을 통한 획득

- 타 업종과의 제휴에 의한 입수
- 기존 채널 및 정보기술을 이용한 새로운 채널에서 전화문의 등의 반응을 보인 잠재고객의 정보를 획득하는 방법 등이 있다.

2) 데이터베이스의 분석

고객정보 분석은 마케팅활동에 중점을 두고자 하는 고객집단을 선정하고, 그들의 특성을 파악하는데 중요한 목적이 있다. 마케팅목표를 자사고객의 유지관리에 두느냐, 경쟁사 고객을 끌어들이는데 둘 것인가, 신규 잠재고객을 개발하는데 둘 것인가에 따라서 다양하게 고객을 분류하고 분석하게 된다.

구축된 고객DB 중에서 고객가치가 높은 우량고객을 분류하는 방법으로는, 구입시기, 구입횟수, 구입금액 등 고객의 반응정도에 따라서 가중치를 두어 분류하는 방법이 일반적이다.

또한 인구통계학적 변수나 지리적 변수, 라이프스타일 변수 등 고객특성을 기준으로 분류할 수도 있다. 이러한 분석을 통해 각 세분집단의 특성에 적합한 커뮤니케이션 전략을 개발할 수 있다.

3) 데이터베이스 활용

앞에서 지적한 것처럼 데이터베이스 마케팅활동은 고객과 우편이나 전화 등을 이용하여 개별적으로 접촉하여 직접 커뮤니케이션을 하고 제품구매를 유도하는데 있다. 데이터베이스 마케팅은 3R을 얼마나 잘 갖추고 운영하느냐에 따라서 성패가 좌우된다.

- 활용가치가 크고 구매확률이 높은 사람을 대상으로 해야 하며(right person)
- 개인별 접촉시기를 다르게 함으로써 효과를 높이고(right time)
- 구매에 직결되는 유인을 제공함으로써 실구매로 연결되도록 한다(right offer).

4. 데이터베이스 마케팅이 효과적인 제품과 상황

- 단기가 높은 고관여 제품이거나, 저가격대의 제품이라도 반복구매에 의해 고객의 생애가치(lifetime value)가 큰 제품, 즉 개별고객과의 지속적인 관계유지가 필요한 제품
- 한 품목을 판매함으로써 연관상품의 교차판매(cross selling) 가능성이 큰 사업
- 유통에 대한 통제력이 약한 기업의 제품

Highlight

2023 유통산업전망 세미나

–대한상의 '23년 유통전망 세미나' 가져… '내년 소비시장 어떨까?' 500여명 성황
–유통가 10대 뉴스 : 소비심리 악화, 수익성 악화, 고물가, 배송경쟁, 혜자 도시락, 재난지원금
–"매장, 벨류체인, 서비스모델 모두 고객중심으로", "유통업계도 DX구축 서둘러야"
–배달서비스, 가전가구, 생활용품감소… 식료품, 여행 · 문화 품목성장전망

'포스트 코로나에도 소비심리악화', '유통업태간 경쟁 압박', '고물가', '배송전쟁', '혜자스러운 탄단지 도시락 인기', '대형마트 의무휴업논란' 등이 올해 소비시장의 10대뉴스로 꼽혔다.

대한상의공회의소(회장 최태원)는 22일 상의회관에서 올해 유통업계를 결산하고 내년 유통시장의 변화와 판도를 미리 조망해보는'2023 유통산업 전망 세미나'를 가졌다. 이날 행사에는 제조, 유통, 물류, 금융업계 등 500여명이 참석해 대면행사 중 가장 많은 인원이 국제회의장에 모였다.

이날 대한상의가 유통기업 300개사를 대상으로 설문조사한 '2022년 소비시장 10대 이슈'에 따르면, 올해 유통업계 최대 핫 이슈로는'소비심리악화(51.3%)'가 선정됐다. 이어 업태간 경쟁심화에 따른 수익성 악화(30.7%), 고물가로 인한 출혈압박(25.7%), 오프라인 업태의 온라인사업진출(24.0%), 일상회복으로 온라인 소비둔화(21.3%), 배송전쟁(20.0%), 가성비 탄단지의 편의점 도시락인기(17.3%), 코로나 재난지원금(14.0%), 유통기업의 디지털전환확산(13.3%), 대형마트 의무휴업 폐지논란(12.7%) 등이 그 뒤를 이었다.

이에 대한상의측은 "포스트 코로나 이후에도 소비심리가 좀처럼 살아나지 않는데다 고물가까지 겹치며 유통기업의 수익성은 악화되고 경쟁은 심화됐다"고 말했다. 실제 오프라인 업태가 온라인에 진출하면서 유통업태간 장벽은 무의미해졌다. 여기에 "소비시장악화에도 '혜자스러운 도시락이 인기를 끌었는가 하면 안방매출을 노린 배송전쟁이 본격화되기도 했다'"고 덧붙였다. 유통가의 키워드였던 '디지털전환'이나 '대형마트 의무휴업 등의 유통규제'는 우리 기업과 사회의 숙제로 남게 됐다.

◇유통전문가 "매장, 벨류체인, 서비스 모델 모두 고객중심으로… DX 구축도 서둘러야"

이에 대해 기조강연 첫 발표자로 나선 김명구 모니터 딜로이트 파트너는 "3高(고물가, 고금리, 고환율)시대를 거치며 서비스 효율과 품질을 관리하지 못한 기업들이 낙오하고 있다"면서, "소비자 행동 특성을 이해하지 못하면 시장내 경쟁력이 한순간에 상실될 수 있는 시대에는 매장도, 벨류체인도, 서비스모델도 완전하게 고객중심으로 재편해야 한다"고 강조했다.

백인수 일본 오사카대 교수는 한미일 유통기업의 디지털트랜스포메이션(이하 DX)사례를 소개했다. 백교수는 "DX는 도입의 필요성을 강조하는 단계에서 수익모델로서 DX를 구축하는 단계로 진화하고 있다"면서 "DX정착을 위해서는 에코시스템(생태계)을 구축하는 것이 중요하며, 전사적으로 DX를 내재화하기 위한 인재와 기술에 대한 적극적인 투자와 사고의 전환이 요구된다"고 강조했다.

신자현 한국면세점협회 본부장은 "올해 면세점 산업은 구매한도폐지, 면세한도 상향(600$→800$), 특허기간 연장(5년→10년) 등 다양한 정책적 지원에도 불구하고 고환율과 중국의 봉쇄조치가 유지되면서 면세산업의 불확실성은 완전히 해소되지 못했다"고 진단했다.

김종근 마켓링크 상무는 "SSM(기업형 슈퍼마켓)은 20~40대의 43%가 월평균 1회 이상 내점하고 있다면서 1)점포를 온라인 배송거점으로 활용하는 옴니채널전략, 2)상품의 차별화, 3)디지털기반 운영비용효율 강화, 4)상권특성에 맞춘 점포별 개성화 전략을 통해 활로를 모색할 필요가 있다"고 강조했다.

이어 양재석 BGF리테일 상무는 "내년은 소비자의 편의점선택 기준이 '근거리·편리성'에서 '상품과 마케팅 차별화'로 변화하는 해가 될 것"이라고 전망했다. 양 상무는 이러한 변화에"업계는 MZ세대 소비트렌드를 반영한 상품을 확대하고 편의점기반의 컨텐츠영역(드라마, 예능 등) 확장, 건강·친환경 등 가치소비 상품정책강화로 대응할 것"으로 분석했다.

장근무 대한상의 유통물류진흥원장은 "정치, 금융 등 대내외 불확실성이 내년에도 국내 유통시장에 영향을 줄 것"이라면서 "전사적인 디지털화를 통해 '고객니즈분석 및 맞춤형 상품·서비스 제공능력을 키우는 동시에 '비용 효율성 역량' 강화를 통해 가격에 민감한 소비자를 공략해 나가는 것이 중요해질 것"이라고 말했다.

• 출처 : 내외일보, 2022년 11월 22일

- 신제품 런칭시, 조기 신규고객확보나 시장테스트가 필요한 경우
- 고객과 직접 접촉하면서 판매나 서비스가 이루어지는 제품, 즉 영업과정에서 고객정보가 계속 축적될 수 있는 제품
- 경쟁사 고객을 자사고객으로 전환하여 시장점유율(M/S)을 높이려는 경우
- 소수의 특정 고객집단만을 대상으로 한 제품 또는 서비스

제3절 창업과 관계마케팅(Relationship Marketing)

1. 정 의

관계마케팅은 창업기업 뿐만 아니라 기존 기업에서도 그 중요성을 더하고 있다. 고객과의 관계교환의 개념을 중요하게 인식하고 마케팅에 적용시킨 것으로써 베리와 그리샴(Berry and Gresham)은 "소비자와의 관계를 창출하고 유지시키는 마케팅활동으로 고객과의 관계를 중시하고 강화하는 것"이라고 하였다.

샤니와 칼라사니(Shani and Chalasani)는 "고객을 파악하고 네트워크를 구축하여 쌍방간의 이윤을 충족시키도록 지속적으로 강화하는 것"이라 했으며, 모건과 헌트(Morgan and Hunt)는 "성공적인 교환관계를 수립하고 발전, 전개시키며 유지하는 모든 마케팅활동"이라 정의하였다.

이와 같이 고객과 밀착된 관계의 개발을 생존의 조건으로 보고 있는 관계지향적 마케팅의 특성을 관계마케팅(relationship marketing)이라고 부른다.

2. 접근단계

관계마케팅을 위한 접근단계는 일반적으로 5단계로 이루어진다. 그 순서는 인식(awareness), 탐색(exploration), 확대(expansion), 결속(commitment), 해지(dissolution)이다.

1) 1단계 : 인식

인식의 단계는 관계대상 서로를 관계교환 당사자라고 인지하는 것을 의미한다. 서로에 대한 올바른 인식을 통해 쌍방의 관계가 원활할 수 있도록 하는 중요한 단계이다.

2) 2단계 : 탐색

탐색단계는 관계적 교환에 있어서 본격적 접근을 시도하기 이전에 일어나는 테스트와 시도를 의미한다.

이 단계에서 잠재적인 교환당사자는 의무, 편익, 부담 그리고 교환의 가능성 등을 우선 고려하게 되며 시험적인 구매들이 일어난다.

3) 3단계 : 확대

확대단계는 교환당사자들이 얻는 편익이 계속 증가하고 그들의 상호 의존도도 증가하는 것을 의미한다.

앞서 탐색단계에서 소개한 다섯 가지의 하부과정이 확대단계에서도 역시 작용한다. 중요한 차이점은 탐색단계에서 달성된 신뢰와 상호만족이 확대단계에 와서 교환쌍방 간에 가져가는 위험을 증가시키도록 한다는 것이다. 다시 말해서 상호의존의 폭과 깊이가 더욱 증가하게 되는 것이다.

4) 4단계 : 결속

결속단계는 교환당사자 간의 관계의 지속성에 대한 묵시적 혹은 명시적 약속이라 할 수 있다.

이 단계에서 구매자와 판매자 간의 상호 의존도는 가장 심화되며, 교환당사자들은 대체가능한 대상을 알고는 있지만 지속적이고 현저한 테스트를 하려고 하지 않는다. 구매자(판매자)의 충성심(loyalty)이 이루어지는 단계이다.

결속의 단계를 통해 창업자는 파트너인 교환당사자와 더욱 깊은 비즈니스를 이야기 할 수 있게 되며 사업의 확장을 결심하게 되는 경우가 많다. 이러한 결속은 서로에 대한 장기적인 관계로 이어지기 싶고 또 다른 경쟁자들과의 경쟁우위로 자리잡을 수도 있게 된다. 창업자가 믿을 수 있는 파트너가 많으면 많을수록 그 경쟁력은 올라가게 된다.

5) 5단계 : 해지

해지단계는 관계로부터의 이탈을 의미한다. 물론 이탈은 앞의 각 단계마다 일어날 수 있는 것이다. 관계의 해지에 대한 일반화된 이론은 적지만 다음과 같은 4단계의 개념적 틀이 이를 이해하는 데 도움을 줄 수 있을 것이다.

첫 단계는 관계로부터의 편익을 능가하는 비용을 지불하고 있다고 결론지으며 상대방과의 불만족을 평가하는 내부 심리적 단계이다. 그런 후 해지는 사회적 관계에서 공공적으로 표현된다. 마지막으로 관계단절로부터의 사회적이고 심리적인 극복 즉 '자기합리화'로써 관계를 종결짓는다.

이러한 결속의 파기로 인한 관계해지는 창업자에게 나름대로의 고통을 주는 경우도 있다. 왜냐하면 새로운 파트너를 찾기 위한 노력을 다시 해야 하며 그것은 비용을 또 수반하기 때문이다. 물론 더 나은 관계파트너를 발굴한다면 좋겠지만 창업자 자신의 마음을 나눌 수 있는 진정한 파트너를 찾기란 어려운 일이다.

3. 관계마케팅의 범주와 유형

모건과 헌트(Morgan and Hunt)는 기존의 관계마케팅에 대한 연구들을 종합하여 발생할 수 있는 관계의 유형을 10가지 형태로 구분하고 이를 다시 네 가지의 범주로 분류하였다.

이 네 가지를 살펴보면 공급자 파트너십, 수평적 파트너십, 구매자 파트너십, 내부 파트너십이다(표 8-3 참조).

표 8-3 관계마케팅의 범주와 유형

범 주	유 형
공급자 파트너십	· 상품 공급자와의 관계 · 서비스 제공업자와의 관계
수평적 파트너십	· 경쟁자와의 관계 · 비영리 단체와의 관계 · 정부기관과의 관계
구매자 파트너십	· 최종소비자와의 관계 · 중간상과의 관계
내부 파트너십	· 기능적 부서와의 관계 · 종업원과의 관계 · 사업단위와의 관계

관계마케팅은 채널관계(channel relationship)에 그 근본을 두고 있기 때문에 대부분 공급자와의 관계 또는 소매업자와의 관계를 중심으로 수행되었다.

최근에는 일반적인 최종고객을 대상으로 하는 관계마케팅이 연구의 이슈가 되고 있으며 이러한 최종고객을 대상으로 하고 있는 연구들은 다른 유형의 관계에 관련된 연구결과를 최종 소비자와의 관계에 적용시키고 있다.

또한 마케팅의 변화를 한 눈으로 볼 수 있는 〈표 8-4〉는 거래마케팅과 관계마케팅을 비교한 표다. 두 가지 중 가장 차별화된 비교기준은 바로 초점이 누구인가의 문제다.

거래마케팅의 초점은 결과가 중요한 판매이며 관계마케팅은 고객창출이 초점이다. 또한 거래마케팅이 고객욕구만족에 초점을 두었다면 관계마케팅은 고객과의 쌍방향 가치창출에 집중하고 있다. 또한 거래마케팅이 제품에 집중하고 있는 반면 관계마케팅은 서비스에 집중하고 있음을 알 수 있다. 이처럼 거래마케팅과 관계마케팅은 각각이 집중하고 있는 측면이 다름을 알 수 있다.

그렇기 때문에 창업자는 관계마케팅이라는 큰 틀에서 고객의 가치창출에 집중할 필요가 있

표 8-4 거래마케팅과 관계마케팅과의 비교

구 분	거래마케팅	관계마케팅
초 점	· 판매(판매는 최종결과이며 성공의 척도) · 고객요구만족(고객은 가치를 구매)	· 고객창출(판매는 관계의 시작) · 고객집중(상호간의 가치창출)
제 품	· 제품의 특징	· 제품의 편의
기 간	· 단기	· 장기
고객서비스	· 고객서비스 소홀	· 고객서비스 강조
고객의 관여도	· 제한적 관여	· 많은 고객 관여
품 질	· 생산단계에서만 관심	· 모든 단계에서 관심
고객과의 접촉	· 소극적 접촉	· 적극적 접촉
소비자에 대한 이해	· 불특정 고객 · 상호 독립적인 판매자와 구매자	· 단골고객 · 상호 의존적인 구매자와 판매자
마케터의 과업과 성과기준	· 제품과 가격에 기초한 평가 · 신규고객확보에 초점	· 문제해결 노력에 기초한 평가 · 지속적 고객유지에 초점
교환의 핵심측면	· 제품에 초점 · 획득에 의한 판매 · 단기적 사건 · 불특정 다수고객과의 일방적 대화	· 서비스에 초점 · 동의에 의한 판매 · 지속적 과정 · 개인차원의 상호대화

· 자료 : Hans Peter Wehrli, Uta Juttne(1994), Jagdish N.Sheth and Parvatiyar(1994), Martin Christopher, Adrian and David Ballatyne(1991)

으며 고객들을 경영일선에 참여하도록 유도하여 더욱 큰 만족유발을 위해 힘써야 한다.

결국 고객만족 전략의 중심에는 관계마케팅을 위한 고객정보 즉, 데이터베이스 마케팅과 더불어 고객의 만족, 고객가치가 어떻게 변화하고 있는지 항상 예의주시해야 한다.

제9장

창업과 고객관계관리

한국 정수기 · 커피점에 동남아가 반했다
[중견기업들 '서비스 한류' 확산]

체계적 정수기 관리서비스 호평… 코웨이
말레이시아 점유율 1위
24시간 영업 · 무료 와이파이… 탐앤탐스, 매출 연 10%씩 올라
K–뷰티, 피부관리법으로 확산… 한국식 피부관리숍 필리핀 진출

국내 정수기 1위업체 코웨이는 이달 초 말레이시아에서 정기가입자 90만명(누적)을 돌파하며 시장점유율(40%) 1위에 올랐다. 진출초기인 2007년 3억 2000만원에 불과하던 매출은 올해 2000억원에 이를 전망이다. 2015년 이 시장에 뛰어든 쿠쿠전자도 진출 2년만에 정수기 렌털 22만명을 기록하며 코웨이에 이어 2위를 달리고 있다. 우리나라 중견기업들이 한국에서 검증한 서비스를 무기로 말레이시아·태국·대만 등 동남아시아에서 '서비스 한류'를 확산시키고 있다. 정수기부터 커피전문점·건강주스·피부관리 등 다양한 분야에서 현지 사업을 확대하고 있다. 중국 일변도에서 벗어나 떠오르는 동남아 시장을 적극 공략하고 있는 것이다. 그동안 화장품 같은 제조업이나 한류스타를 앞세운 엔터테인먼트 산업이 선전해왔다면 이제 한국식 서비스로 제2의 성공신화를 노리고 있는 것이다.

◇말레이시아 사로잡은 한국 정수기 코웨이

코웨이가 말레이시아를 공략타깃으로 삼은 이유는 아열대 기후로 인한 혼탁한 지하수와 노후한 상수도관 탓에 정수기 수요가 많다고 판단했기 때문이다. 그러나 10년 전 처음 진출할 때만 해도 시장 공략은 쉽지 않았다. 말레이시아에서는 정수기 필터교체 등 정수기 관리에 대한 인식이 떨어졌고 치안문제로 인해 낯선 사람이 집에 방문하는 것을 꺼리는 분위기도 있었다. 게다가 정수기 렌털개념도 희박했다. 최기룡 코웨이 말레이시아 법인장은 "'코디'로 불리는 직원들의 체계적인 정수기관리 서비스로 차별화에 성공했다"고 말했다. 코디의 연봉을 말레이시아 남성 연(年) 평균임금(3만링깃·약 800만원)보다 2~3배 많게 책정해 정수기관리가 전문직업이라는 인식을 확산시켰다는 것이다. 앞으로 코웨이는 이 지역 렌털가입자 수를 2020년 150만명까지 늘린다는 계획이다. 또 말레이시아 외에 인도네시아와 태국, 베트남으로도 서비스를 넓혀가고 있다.

코웨이의 정수기를 이용하는 말레이시아 고객이 코디직원의 정수기관리 서비스 설명을 듣고 있다. 코웨이는 말레이시아에서 정기가입자 100만명 돌파를 앞두고 있다.

음료업계도 동남아 시장에서 한국식 입맛과 서비스를 내세워 좋은 성과를 내고 있다. 커피전문점 탐앤탐스는 태국·필리핀·싱가포르 등 동남아 6국에 74개 매장을 운영하고 있다. 24시간 매장운영, 무료 와이파이 서비스, 비즈니스 공간제공, 흡연공간 배치 등 한국식 카페마케팅이 주효했다. 38호점까지 연 태국에서는 경상북도 청도산 '홍시 스무디'와 지리산 국립공원산 '딸기 스무디' 등이 큰 인기를 끌었다. 탐앤탐스 관계자는 "동남아 매장은 매년 10% 이상 매출이 오르며 안정적인 성장을 하고 있다"

몽골 울란바토르에 있는 탐앤탐스 매장에서 고객이 한국식 음료 메뉴를 주문하고 있다. 탐앤탐스는 동남아 시장에서 낸 성과를 바탕으로 몽골 등 글로벌 시장 진출에 나서고 있다.

코웨이 말레이시아 법인 매출 추이

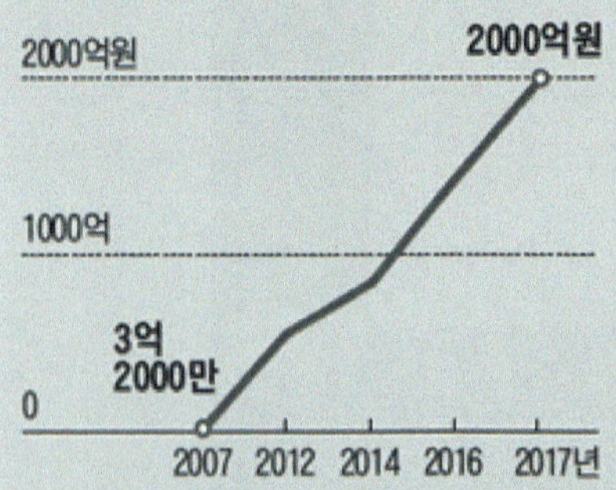

※2017년은 예상치 자료: 코웨이

동남아 사업 확장하는 중견기업들

코웨이	말레이시아 정수기 시장 점유율 1위
쿠쿠전자	말레이시아 진출 2년 만에 누적 렌털계정 22만건 달성
탐앤탐스	동남아 6국에 커피 전문 매장 74개 개점
휴롬	착즙주스카페 '휴롬주스', 동남아 11개 개점
코리아나 화장품	피부관리숍 '세레니끄', 필리핀·대만·말레이시아 개점

고 밝혔다.

착즙기 제조회사인 휴롬이 운영하는 전문카페 '휴롬주스'는 4년 전 중국에 진출해 매장을 48곳으로 늘렸다. 이어 베트남·태국·말레이시아에 11개 매장을 열었고, 내년에 베트남 다낭에 매장 3곳을 더 열 계획이다. 휴롬 주스 한 잔 평균 가격은 3500원으로 현지 일반주스에 비하면 5~10배 비싸다. 휴롬관계자는 "파파야·망고 등 동남아에서 많이 나는 열대과일을 '착즙'방식의 새로운 주스로 판매하고 비타민에이드·주스라테 등 건강식 메뉴를 개발한 것이 호평받고 있다"고 말했다.

◇화장품에 이어 피부관리로 확산하는 '서비스 한류'

'K-뷰티' 붐이 일어난 화장품에 이어 한국식 피부관리 비법도 새로운 한류 붐으로 떠오르고 있다. 드라마와 영화를 통해 익숙하게 접하는 한국 여배우들의 곱고 하얀 피부결 관리 노하우를 직접 체험하려는 수요가 많기 때문이다. 코리아나화장품이 운영하는 피부관리 숍 '세레니끄'는 내년 1월 유명휴양지인 필리핀 보라카이에 1호점을 열고, 대만과 말레이시아에도 추가 지점개설을 앞두고 있다. 코리아나화장품 관계자는 "인도하면 '요가'가 자동 연상되듯, 한국은 '깨끗한 피부'를 떠올리는 소비자가 많다"며 "경력 6년 이상의 전문관리사를 현지에 파견해 한국식 노하우를 전수하고 있다"고 밝혔다. 김기준 KOTRA 동남아대양주지역 본부장은 "한류의 영향으로 한국제품은 신뢰할 수 있고 서비스 수준도 높다는 인식이 있어 한국소비재 기업들에 좋은 기회가 열릴 것"이라고 말했다.

• 출처 : 조선일보, 2017년 12월 21일

우리나라 중견기업들이 한국에서 검증한 서비스를 무기로 말레이시아·태국·대만 등 동남아시아에서 '서비스 한류'를 확산시키고 있다. 정수기부터 커피전문점·건강주스·피부관리 등 다양한 분야에서 현지 사업을 확대하고 있다. 중국 일변도에서 벗어나 떠오르는 동남아시장을 적극 공략하고 있는 것이다.

이는 국내시장 고객공략의 전략을 활용하여 해외고객의 니즈파악도 어느 정도하고 있다는 방증인 것이다. 기업의 고객관계관리 노하우는 이제 반드시 필요한 상황이며 국내시장의 까다로운 입맛을 맞춘 후 그 기반을 토대로 동남아 및 유럽시장까지 진출하는 시장공략전략은 향후 우리기업들이 해외시장개척 및 발굴을 추진하는 데 있어 원동력이 될 것이다.

많은 기업들이 이미 그동안 화장품 같은 제조업이나 한류스타를 앞세운 엔터테인먼트 산업에서 선전해왔다면 이제 한국식 고객관계관리 서비스로 제2의 성공신화를 노리고 있는 것이다.

제1절 고객관계관리(CRM)의 이해

1. 고객관계관리의 기초

1) 고객관계관리의 정의

CRM(customer relationship management)이란 고객관계관리를 의미한다. CRM은 "고객에 대한 정확한 이해를 바탕으로 고객이 원하는 제품과 서비스를 지속적으로 제공함으로써 고객을 오래 유지시키고 결과적으로 고객의 평생가치(lifetime value, LTV)를 극대화하여 수익성을 높일 수 있는 통합된 프로세스"로 정의할 수 있다.

여기서 고객의 평생가치란 "고객이 특정회사의 제품이나 서비스를 구매하였을 때부터 마지막으로 구매할 것이라고 판단되는 시점까지의 예상 누적매출 또는 누적이익"이라 할 수 있다. 따라서 고객의 평생가치 극대화란 고객이 평생동안 경쟁사의 제품 또는 서비스를 구매하지 않고 자사의 것만을 구매할 수 있도록 하는 것을 의미한다. 이를 위해서는 진정한 가치를 주는 고객은 누구인가, 고객이 어떤 특징을 가지고 있는가, 고객이 진정 원하는 것이 무엇인가 등 고객에 대한 올바른 이해가 선행되어야 한다. 이러한 이해를 바탕으로 고객이 원하는 제품과 서비스를 제공하고 고객에 따라 차별화된 마케팅전략을 구사하는 등 적절한 대응전략을 수립하여 실행함으로써 고객과의 관계를 지속적으로 강화해 나가야 한다.

CRM은 이렇듯 고객과의 관계를 긴밀히 유지함으로써 새로운 고객을 획득하고, 이탈고객을 최소화하며, 기존 고객을 좀 더 우량고객으로 변화시키는 것을 목적으로 한다. CRM을 도입했다고 하는 많은 업체들을 보면 CRM의 개념에 대해 잘못 이해하는 경우가 종종 있다. 이는 외부의 컨설팅업체나 IT업체가 자신의 영업적인 측면을 강조하여 설명하다보니 생긴 오해라 볼 수 있다. 데이터베이스나 데이터웨어하우스 업체는 "기업 내외의 고객데이터를 추출하여 고객DB를 구축하는 것이 CRM의 전부이다"라고 말한다.

데이터마이닝 업체의 경우는 "데이터마이닝 도구를 사용해 고객의 특성을 분석하는 것"이라고 말한다. 또한 CTI(computer telephony integration) 업체는 "CTI에 마케팅 기술을 결합한 것으로 가장 중요한 요소는 고객접점관리이다" 라고 강조한다. 그러나 CRM은 고객, 정보, 사내프로세스, 전략, 조직 등 경영전반에 걸친 관리체계이며, 이를 정보기술이 뒷받침하는 것으로 보아야 할 것이다.

기업의 입장에서 새 고객을 이끌어 유치하는 것은 기존 고객을 보유하는 것보다 10배나 더 많은 비용을 초래하기 때문에 항상 보다 높은 고객만족도 및 보다 좋은 서비스를 제공해서 기존 고객을 붙잡아 두는 것이 기업입장에서는 이익이다. 그렇게 함으로써 고객들은 보다 저렴한 비용으로 기업의 서비스를 이용할 수 있는 것이다. 이러한 목적을 달성하기 위해 기업은 고객관계를 좀 더 효율적으로 관리, 유지할 필요가 있다. 그렇기 때문에 기업에는 고객관계 마케팅이 필요한 것이다.

창업하는 기업입장에서의 CRM이란 앞에서 이야기를 했듯이 고객관계관리를 말하는 것으로, 선별된 고객으로부터 수익을 창출하고 장기적인 고객관계를 가능케함으로써 보다 높은 이익을 창출할 수 있는 솔루션을 말한다. 즉 고객과 관련된 기업의 자료를 분석·통합하여 고객특성에 기초한 마케팅활동을 계획하고, 지원하며, 평가하는 과정을 말하는 것이다. 이러한 CRM은 기업에만 필요한 것이 아니다. 산업전반에 걸친 모든 분야에 확대 해석할 수 있는 것이 바로 CRM이다. 우리의 일상생활에서부터 사업가에 이르기까지 많은 분야에 적용을 할 수 있다. 하지만 대상은 달라도 공통원칙이 있다.

고객에 대한 많은 정보를 얻어 분석하고, 분석한 자료를 바탕으로 어떻게 할 것인지 미래에 대해 목표를 결정하고, 목표를 수행하기 위한 계획전략을 세우고, 세운 계획전략대로 행동하는 것이다. CRM은 많은 분야에 적용할 수 있고 이제 CRM의 활용은 기업의 경쟁력이라 해도 지나치지 않을 것이다.

2) 고객관계관리의 실행

이렇듯 많은 창업기업들과 조직들이 고객관계관리를 추구하며 실행하는 이유는 무엇일까? 그 실행이유를 알아보자.

(1) 고객관계관리의 실행 이유

CRM은 기존에 접근해 오던 방식의 마케팅에서 나아가 좀 더 고객을 향해 발전된 모습이라 할 수 있다. 즉 CRM은 고객중심의 접근과 고객가치를 중심으로 고객의 중요성을 깨닫고 모든 정보의 방향과 프로세스 그리고 마인드(mind-set)를 오직 고객역량을 키우는 데 집중하는 것이다.

또한 CRM을 실행해야 하는 이유는 신규 고객확보에만 집중하다 보면 기존 고객에 대한 여러 가지를 놓치기 때문이다. 다시 말하면 기존 고객과의 관계구축정도가 결국 기업의 신뢰와 성과에 영향을 주게 된다는 것이다.

기업은 신뢰관계의 축적으로 고객과 깊은 의사소통을 하게 되고 서로(기업과 고객)의 의견이 반영된 제품, 서비스를 제공할 수 있다. 그러나 기업들은 기존 고객보다는 신규고객에게만 집중하는 과오를 종종 저지르기도 한다. 신규 고객창출 혹은 새로운 거래처확보에 대한 집중은 기존 고객만족이라는 대명제를 뒤로한 채 오히려 새로운 고객획득에만 시간투자를 하게 되며 결과적으로는 기존 고객을 소홀하게 할 수밖에 없다.

(2) 고객관계관리와 파레토 법칙

기업내 상위 20%의 고객이 전체 수익의 80%를 차지한다는 파레토 법칙에 따르면 기존 고객에 대해 철저한 관리가 필요함은 극명한 사실이다. 이를 무시하고 신규 고객확보에만 전념하다 보면 고객이 가지고 있는 욕구(needs)를 파악할 수 없게 된다. 이로 인해 고객이 원하는 서비스를 제공할 수 없게 되며 고객지향적인 정책과 영원한 고객만들기에 기업은 실패하게 된다. 기업은 이러한 여러 가지 이유들로 인해 CRM을 실행한다. 따라서 'CRM 비즈니스는 고객이 전부'라고 해도 지나침이 없다. 즉 고객이 CRM의 대상이며 그들이 만족하는 CRM만이 시장에서는 활용되기 때문이다.

그렇다면 이러한 CRM을 구현하기 위해서는 어떤 준비를 해야 하는가?

3) 고객관계관리의 구현

CRM을 구현하기 위해서는 고객의 데이터베이스(database)가 사전에 준비되어야 한다. 이는 CRM이 DB마케팅과 관계마케팅의 통합이라는 측면에서 설명될 수 있다.

데이터베이스를 중심으로 한 DB마케팅은 고객을 위한 기본자료와 정보를 확보함으로 인해 원하는 정책과 메시지를 전달할 수 있다는 것이다. 또한 CRM구현을 위해서는 고객특성을 분석하기 위한 데이터마이닝 도구가 준비되어야 한다.

마이닝(mining)은 '캐낸다'는 의미로 원하는 정보를 캐내어 고객관계관리를 위해 적절하게 활용할 수 있어야 한다. 즉 세일즈와 서비스부문, 지원부문 등 모든 비즈니스와의 연계된 과정에서 제품 혹은 서비스에 대한 충분한 품질관리를 통해 고객이 원하는 가치창출과 만족극대화를 이끌어 낼 수 있을 때 고객관계관리의 구축은 비로소 완성될 수 있다. 또한 CRM 구현을 위해서는 수립된 전략들을 다양한 마케팅채널들과 원활하게 연결할 수도 있어야 한다. 이러한 환경때문에 CRM은 정보기술(information technology: IT)과 반드시 연결되어야 그 효율성을 극대화 할 수 있다.

또한 CRM의 사용환경과 적용방법에 따라 프론트오피스(front office) CRM과 백오피스(back office) CRM으로 구분할 수 있다.

프론트오피스(front office) CRM은 대고객과 이루어지는 마케팅, 세일즈, 고객지원을 통해 데이터를 얻고 관리하는 체계적인 솔루션을 말한다. 또한 프론트오피스 CRM은 현업에 적용하기 쉬우며 고객의 요구사항에 효과적으로 대응할 수 있을 뿐만 아니라 고객의 잠재욕구를 찾아내어 신규고객을 만들어 낼 수도 있는 CRM이다.

이에 비해 백오피스(back office) CRM은 데이터를 정리하고 분석함으로써 결과를 예측할 수 있는 솔루션이다. 예를 들면 기획팀에서 실행하는 전략분석이라든지 비전수립 등이 여기에 속한다. 이러한 CRM 구현을 위해 기업조직은 고객에 대한 정확한 파악이 우선 진행되어야 한다. 왜냐하면 고객에 대한 접근과 파악은 결국 CRM을 성공시키는 출발이라 할 수 있기 때문이다.

그러나 CRM이 이토록 중요한 과정임에도 불구하고 성공적으로 구현되지 못한 경우가 더 많다. 대부분 CRM의 개념과 정의는 충분히 인지하고 있으나 CRM 프로젝트의 70% 가량이 회사의 성과증진에 전혀 기여하지 못하고 있을 정도로 그 성공은 어렵다는 것을 많은 이들이 지적한다. 이 결과는 이미 컨설팅회사인 맥킨지도 CRM 솔루션을 도입한 기업들 중 3분의 2가 도입결과를 실망스럽게 평가하고 있음을 설문에 의해 보고하였다.

또한 학자들은 CRM의 성공을 위한 개선점들을 지적하고 있으며 이 중 가장 중요한 부분은 CRM을 고객관계를 관리하는 단순한 소프트웨어로만 본다는 사실이다. 그러나 CRM은 기술적인 것보다는 전략 혹은 업무과정의 측면이 중요하며 CRM에 우호적인 조직문화가 반드시 전제되어야 한다. 결국 이러한 문제들이 개선되지 않으면 CRM의 구현은 성공적으로 이루어질 수 없으며 기업의 철저하고 구체적인 사전준비가 반드시 필요하다.

- 자사진단 : 자사업종 및 고객특성 파악
- CRM 인프라 구축 : 고객정보에 대한 비즈니스 가치제고
- 고객 : 고객평가에 대한 관점전환
- 관계 : 고객접촉에 대한 질(quality)향상
- 관리 : 고객가치에 따른 차별적 관리 및 운영

제2절 CRM의 개념과 특성

1. 고객욕구와 CRM

고객의 욕구(needs)와 사이버 공간의 고객접점확대로 기업은 고객의 욕구자체에 대한 형상화를 만들어야 하는데 이는 개개인의 고객이 왜, 어떤 방법으로 상품과 서비스를 구매하고 있는지에 대한 통합적인 이해가 필요하다. 이는 소비와 구매상황과 형태의 통합적 이해이다. 고객의 직접적인 욕구를 실현하는 방법은

첫째, 욕구를 고객의 소비상황과 맞도록 통합적으로 이해하고 유형화한다.
둘째, 직접적인 고객접촉으로 고객과의 의사소통을 양방향화 혹은 일대일화로 유도한다.

이는 고객으로부터의 관점전환을 통해 구매전 자극보다는 사용후 만족감을 통해 고객과의 관계를 더욱 원활하게 형성할 수 있다.

2. 기업변화와 CRM

현대사회처럼 경쟁이 치열하기 전 기업의 마케팅은 판매중심과 기업의 일방적 접근으로 일관되었다. 물론 수요와 공급의 관계측면에서도 수요가 더 많이 굳이 기업은 마케팅을 시도할 이유가 없었던 것이다. 그 시대의 기업마케팅이라하면 대중을 상대로 일률적인 행동을 펼쳐 효율을 유도하고 배분하는 매스마케팅 시대이었다.

1980년대는 고객의 세분화로 판매자의 관점으로 전환된 시기로 영업부문의 강화와 유통망

의 수직통합, 생산과 판매의 결합이 유행하던 시기로 시장에 보다 가까이 접근하는 'market-in' 시대였다.

1990년대에 들어와서는 'market-out'의 방식이 제시되었고 이는 고객의 입장에서 이해를 대변하는 에이전트라는 개념이 출현된 시기이다. 이는 더욱 세밀하고 상세하게 고객의 욕구를 판단하고 분석하여 좀 더 능숙하게 대응하고자 하는 것이다.

기업모델이 점차 개별고객별로 변화되면서 고객을 보는 단위는 집단으로서의 고객이 아닌 개개인의 고객이며, 시장이 아니라 개개인 고객의 구매활동과 의사를 대행하는 형태로 변화해 왔다. 기업은 자사의 위치를 그렇게 설정하고 개별고객의 에이전트 역할을 하게 된 것이다.

또한 애매한 욕구를 형상화하고 구체적인 표적으로 만든다. CRM전략의 두 가지 커다란 주제는 확대된 가상공간의 고객구매활동 중에서 어떻게 고객의 애매한 요구를 찾아내 형상화하는가와 뒤범벅이 된 고객을 어떤 식으로 파악하고 엄격히 가려내어 자원을 배분해가느냐 하는 문제이다.

3. 시장과 CRM

시장은 고객들의 끊임없는 수요와 공급자의 공급정도에 따라 그 형태가 만들어져 간다. 수요가 공급보다 많을 때와 적을 때를 일컬어 각각 우리는 공급중심의 시장, 수요중심의 시장으로 나뉘게 된다.

또한 시장을 수요의 시기에 따라 나누는 시기수요도 존재한다. 예를 들어, 입학, 취직, 결혼과 같이 살아가는 시기별로 발생하게 되는 수요를 말한다. 그리고 파생수요로 나누어 볼 수 있는데 이것은 시기에 따른 수요를 포함한 굵직한 소비에서 파생되어 발생하는 수요를 말한다. 예를 들면, 주택구입과 이사에 따른 파생수요도 이에 속한다.

이처럼 시장의 변화는 결국 고객관계관리를 시장에 따라 다르게 적용해야 함을 시사하고 있으며 그렇지 못한 기업은 고객의 욕구(needs)를 충족시켜 주지 못함으로 인해 시장(market)에서의 생존마저 위협받을 수밖에 없다.

4. CRM전략

CRM전략은 불특정 다수의 고객에게 어떻게 대처해야 하는가를 생각하기 위한 기업의 지혜이며 틀로 존재하고 있다. 이러한 상황에서 기업은 고객의 의견을 대변하는 개별고객 에이전트로 진화하고 있음이 틀림없다.

1) 개별고객으로의 진화

개별고객 에이전트로 진화하기 위해서 전략층과 인사이트(지식)층의 어느 쪽에 주목해야 하는가?

원래 CRM 모델은 시선집중을 인사이트 층의 존재 자체에 두고 있다. CRM 모델은 마케팅, 세일즈, 서비스영역에서 인사이트 층의 중요성을 인지하고, 사람과 조직, 정보시스템의 강화를 호소하는 것이다. 그 핵심은 매일 개별고객을 주시하고, 변화를 발견하고, 세분화와 분석형태를 바꾸면서 활동대상과 목표가 개별고객과 어긋나지 않도록 계속 수정할 수 있는 능력을 익히는 것이다.

2) 진화의 네 단계

CRM전략수행 시 기업발전은 네 단계로 나누어볼 수 있다. 우선 고쳐야 할 것은 '개별고객'을 어떻게 보고, 어떻게 분류하여 고객의 활동에 수월하게 연결시키느냐 하는 문제이다.

1단계, 고객의 적정한 세분화

2단계, 분류별 명확한 지위와 대응

전략적으로 의미있는 세분화가 되기 위해서는 대담하고 명확하게 지위를 부여하는 것이 필요하다. 자사에 유용한 고객확보와 비용만 낭비하는 고객을 분류하고 정리하는 문제이다.

3단계, 고객정보수집과 차별적 활동능력강화

자신이 속해 있는 업종의 특성에 따라 대처한다.

4단계, 인사이트(insight)를 기업능력으로 강화

지속적인 지적능력 수준을 강화함으로 시대에 뒤처지지 않도록 유도한다. 또한 개별고객의 가치를 잘 파악하고 변화에 대응하여 수정해 나간다.

3) 전략적 세분화

세분화란 고객의 일방적인 요구만으로 분류하는 것을 피하고 비용과의 균형이 필요하다. 또한 세분화는 매출상승효과와 비용증가가 균형 있게 이루어져야 하는데 이를 전략적 세분화라 한다. 이러한 세분화를 실행할 때 기업이 빠지지 말아야 할 함정은 다음과 같다.

(1) 기존 고객정보를 그대로 활용하지 말라

상황에 맞도록 다시 고객정보를 모아 재편성하고 전략과 과제에 부합되는 고객재분류를 시도한다.

(2) 의향정보에 의존하지 말라

행동정보(구매이력 및 행태)로 추측할 수 있는 방법을 찾는다. 예를 들어, 가전양판점 하이마트, 전자랜드 등에서 판매수치에 의한 구매자 분석을 통해 새로운 판매전략을 수립한다. 이는 고객의 의향과 실제 구매행동이 서로 다른 경우가 많기 때문이다(단, 의향에 의한 정보를 사용하는 경우에는 '강한' 의향만을 사용한다).

(3) 단순한 세분화 기법에 지나치게 의존하지 말라

속성, 의향, RFM(recent, frequent, monetary)과 같은 단순한 세분화는 한계가 있다. 따라서 복합적인 세분화 기법을 활용한다.

(4) 세분화 결과를 현장에서 활용할 수 있도록 하라

세분화가 현장에서 쓸 수 없다면 의미가 없다. 고객을 분류할 수 있는 체계를 만들고 또한 정확히 차별화할 수 있는 행동을 취할 수 있어야 한다.

(5) 세분화 평가를 현재의 수익성만으로 수행하지 말라

현재 이익을 주는 고객뿐만 아니라 정보를 제공하는 고객과 기업을 성장시켜주는 고객도 매우 중요한 고객이다.

그렇다면, 어려운 경쟁시장에서 적정한 세분화를 위하여 기업은 고객세분화를 단순히 마케팅을 위한 부품이 아니라, 전 사원의 행동기준이 되고 공략해야 할 적진의 지도와 같은 존재로 활용해야 할 것이다.

5. CRM과 기업강화

CRM활동은 기업의 핵심역량을 강화하며 결국 기업의 경쟁력을 만들어 내는 중요한 수단이다. 현대기업에서의 CRM은 고객으로부터 평가받는 가장 객관적인 기준이 될 것이다.

1) CRM 비용 vs CRM 효과

업계의 특성을 다시 한 번 재평가하고 적절한 수준의 투자를 생각해야 할 것이다. 예를 들어, 문구점의 고객관리를 생각해 본다면 고객 한 사람당 이윤에 의존하고 있으며 그것은 구매빈도와 구매단가 및 고객 점유율에 의한 것이다. 그 문구점에 얼마나 많은 고객이 찾아오는지? 지역고객 소비 중 몇 %를 확보하고 있는지에 대한 대답이 결국 그 문구점을 지속하는 원동력이 될 것 이다.

2) 활동분야별 수준변화

기업의 CRM 활동은 너무 엉성해도 효과가 없고 세밀하면 비용이 많이 든다(담당업무와 고객대응과의 조화가 필요).

예를 들어, 개인활동 표에 따라서 DM은 개인별 수준에 맞도록 보내고 우량고객 우대캠페인은 분류하여 선정된 고객에게만 목적에 맞도록 마케팅을 실시한다.

3) 정보수집 요령

고객에게 직접 정보를 표출해 내도록 유도하는 일이다. 예를 들어, 온라인 운영기업은 고객이 가입하면서부터 정보입력을 자연스럽게 하게되며 일정시간이 흘러 정보갱신과 상품에 대한 피드백(feedback)을 하게 되면 선물(gift)을 주곤 한다. 이러한 캠페인들은 결국 고객으로 하여금 자연스럽게 직접 정보입력을 하도록 유도할 수 있다. 더욱이 커뮤니티를 형성하게 하여 타 고객에 대해 배려할 수 있도록 유도하기도 한다(예: 아마존닷컴, 최대의 독서가 집단. 크리스마스카드 무료발송 서비스제공 기업 : 고객의 주소정보 갱신목적).

4) 개별적 대응요령

CRM을 통해 기업이 강화된 능력을 보유하려면 능숙하게 고객의 마음을 사로잡아야 한다. 물론 제품에 대해 많이 알고 접근하는 것 이외에도 고객의 이야기를 먼저 들어주고 그리고 기업의 입장을 전달하는 것이 개별적 대응의 최상의 방법이다. 물론 이때 제품에 대한 본질을 망각하지 말아야 한다.

Highlight

물고기 나눠주는 방식이 아닌 물고기 잡는 방법을 알려준다

"수익을 내고 나서 사회공헌 활동을 하는 것이 아니라 기업활동 자체가 사회적 가치를 창출하면서 동시에 경제적 수익을 추구할 수 있는 방향으로 가야 한다."

마이클 포터 하버드대 교수가 2011년 '하버드 비즈니스 리뷰'에 처음 제시한 '공유가치창출(CSV · Creating Shared Value)'의 개념이다. 최근 기업과 사회공동체가 함께 번영하는 가장 합리적이고 효과적인 방법으로 공유가치 창출이 한단계 진화한 기업의 사회공헌 활동으로 주목받고 있다. 물고기를 나눠 주는 일시적 접근이 아닌 물고기 잡는 방법을 전파해 개인과 사회의 변화와 자립을 유도하고, 나아가 일자리를 만드는 방식의 사회공헌 활동이다. 일방적으로 시혜를 베푸는 방식, 한 방향으로만 흘러갔던 기존 CSR(Corporate Social Responsibility)과 차이가 있다.

우리 기업들도 점차 CSV에 집중하면서 사회공헌 활동의 진화가 진행되고 있다. 전국경제인연합회가 발간한 '2016사회공헌백서'에 따르면 2015년 204곳 중 138곳 기업이 220개의 새로운 사회공헌 프로젝트를 시작했다. 신규 사회공헌 프로그램의 사업대상 40.4%는 아동·청소년을 대상으로 한 것으로 나타났다. 기업이 보유한 전문인력, 기술, 자산 등을 활용해 아동과 청소년에 대한 교육과 진로탐색, 체험형 교육이 주를 이뤘다. 사업형태를 지역별로 보면 신규 사회공헌 활동 54%가 사업장 인근 또는 특정 지역에 기반을 둔 지역 밀착형으로 지역주민의 삶의 질을 높이려고 노력하고 있다. 기업의 전문성과 노하우를 살려 지역상권에 활력을 넣는 프로젝트를 수립하거나 지역의 산업 경쟁력 강화를 위해 지방자치단체와 협력하는 방식이다.

삼성전자는 시민이 사회문제 해결을 위한 반짝 아이디어를 제안하고, 이를 함께 실현하는 공모전인 '삼성 투모로우 솔루션' 프로그램을 운영하고 있다. 화재현장에서 앞이 보이지 않아 쓰러진 할아버지를 구하지 못한 안타까운 상황을 경험한 한 소방관이 낸 아이디어를 발전시켜 가격이 저렴하고 가볍고, 조작도 쉽게 할 수 있는 열화상 카메라를 만들었다. 삼성전자는 개발한 열화상 카메라 1000대를 지난 11월부터 전국 18개 시·도 소방서, 안전센터, 구조대, 테러구조대 등에 보급하고 있다. 또 대학생과 함께 아동학대에 대한 구별이 모호한 상황에서 누구나 쉽게 학대징후를 발견하고, 학대의심 상황을 신고할 수 있도록 돕는 앱인 '아이지킴콜112'를 개발해 아동학대 예방에 힘을 보탰다.

현대차그룹이 지난 2010년부터 시작한 '기프트카 캠페인'은 저소득층의 성공적 자립을 돕기위해 창업용 차량을 지원하는 사회공헌 활동이다. 지금까지 266대 차량을 사회곳곳에 전달했다. 창업용 차량을 지원받은 주인공들은 누적 월평균 소득이 지원이전보다 2~3배 이상 증가해 서민자립 지원의 실질적 성과를 양질의 교육과 멘토링을 제공하고, 대학생은 1년여간 저소득층 청소년의 교사로

삼성 투모로우 솔루션

활동하는 교육격차 해소프로그램이다.

SK그룹의 '사회성과인센티브' 제도는 최태원 회장이 주도해 사회적 기업을 지원하는 대표적 프로그램이다. 사회적 기업이 창출한 가치를 화폐단위로 측정해 그에 상응하는 금전적 인센티브를 지원하는 방식이다. 최태원 회장은 자신의 저서 '새로운 모색, 사회적 기업'에서 "인센티브를 지원해 사회적 기업의 재무적 고민을 해결하고, 사회적 가치를 지속적으로 창출하면서 사회문제를 해결하는 시스템을 구축하자"고 제안했고, 한국사회적기업진흥원 등과 함께 2015년부터 제도를 시작했다.

LG그룹은 구인회 창업회장의 독립운동 자금지원으로 시작된 LG의 독립운동 정신을 계승, LG의 사업역량을 활용한 시설개보수 및 유공자 지원사업을 벌이고 있다. LG하우시스는 2015년 중경임시정부 청사 및 서재필기념관 개보수 사업에 이어 지난해부터는 '독립유공자 주거환경 개선' 지원사업을 새롭게 시작했다. 지난 8일 개보수를 완료한 안중근의사 기념관을 비롯해 서재필기념관, 매헌(梅軒) 윤봉길의사 매헌기념관, 우당(友黨) 이회영선생 우당기념관 재개관을 위한 시설 개선 지원을 완료했다.

롯데그룹은 '뉴(New)롯데'에 걸맞은 사회공헌 활동의 3대 핵심가치로 '행복한 가정' '따뜻한 동행' '꿈꾸는 미래'를 제시했다. 구체적으로 저출산과 양육문제 해결을 위한 여성·아동지원 프로그램강화, 일자리 창출과 자립지원을 위한 여성창업 지원 등 긴급한 사회적 현안에 적극적으로 대응하기로 했다. 사회적 기업, 비영리 민간단체(NPO)와 협력을 강화해 사회문제 해결을 위한 혁신적 사회공헌 프로그램을 발전시켜간다는 계획이다.

한화그룹은 국내외에서 환경오염 방지와 신재생에너지의 중요성을 전파하기 위한 사회공헌 활동인 '해피선샤인' 캠페인과 취약계층에 일자리를 제공하는 '일자리 제공형' 사회적 기업육성에 집중하고 있다.

"수익을 내고나서 사회공헌 활동을 하는 것이 아니라 기업활동 자체가 사회적 가치를 창출하면

롯데 사회공헌 브랜드 'mom편한'

서 동시에 경제적 수익을 추구할 수 있는 방향으로 가야 한다."

• 출처 : 조선일보, 2017년 12월 22일

6. CRM과 선도적 기업

창업한 기업이 CRM을 통해 시장의 선도기업이 되기 위해서는 몇 가지의 원칙들이 존재한다.

1) CRM의 세 가지 계명

(1) 자사의 우량고객식별

자사가 보유한 수많은 고객들 중에서 특히 우량고객과 일반고객을 구분할 수 없다면 그것은 고객관계관리를 위한 준비가 되어 있지 않은 것이다. CRM을 통해 시장을 선도하기 위해서는 누가 우량고객인지 그들에게는 어떤 CRM을 수행할 것인지 명확하게 알아야만 한다.

(2) 고객중심으로 모든 기업활동을 재편성

공급중심인 시대에는 기업의 모든 활동이 공급자위주로 운영되었던 것처럼 이제 시대의 흐름과 요구가 고객(소비자)중심으로 변화하고 있는 실정이다. 바야흐로 현대사회는 기업운영의 중심이 고객을 외면하고 일방적으로 비즈니스를 진행하는 것을 무모하다고 할 정도로 시대는 급변하고 있다. 바꾸어 말하면 고객중심의 기업활동을 하지 않고서는 더 이상 선도기업으로 발돋움할 수 없는 시대인 것이다.

(3) 기존 유통망과 가장 적절한 혼합, 이를 근거로 한 개혁

또한 CRM을 통해 시장을 이끌어 가기 위해서는 새로운 것을 흡수하기 위해 기존의 방식을 무조건 버리거나 등한시 한다면 그것은 올바른 방법은 아닐 것이다. 결국 새로운 방식의 수용도 기존 유통방법과 체계위에 잘 접목해야만 가능한 것이며 그것이야말로 점진적 개혁이며 기존의 방식과 제대로 조화를 만들어 낼 수 있을 것이다.

제3절 단계별 고객접근

1. 고객발굴

피터 드러커는 "고객창조(customer creation)"를 오래전에 강조했고 많은 기업들이 새로운 고객을 획득하는 것을 지상의 과제로 여겨왔다. 오늘날에도 새로운 고객의 확보는 경영자들을 포함한 대부분의 기업관계자들에게 있어서 가장 지배적인 철학으로 자리잡고 있다. 그러나 고

롯데 사회공헌 브랜드 'mom편한'

객관계관리(Customer Relationship Management: CRM)로 대표되는 최근의 고객중심적 마케팅 패러다임들은 이전에 지배적이었던 마케팅 사상과는 조금은 다른 입장을 취하고 있다. 이와 같은 새로운 고객중심주의가 확산되고 있는 것은 마케팅환경이 크게 달라져 가고 있음에 이유가 있다.

고객들의 인구통계적인 특성과 행동양식이 이전의 그것과는 판이하게 달라져 가고 있다. 정보통신 기술의 발달로 인해 고객들은 과거와는 비교할 수 없을 정도로 수많은 정보를 가지고 있으며 자신의 이익을 위해 지능적으로 판단할 수 있는 능력을 가지고 있다.

한편 전 세계적으로 경제성장이 둔화되어 가고 있고, 기업의 생산기술향상으로 과잉생산이 진행되고, 반대로 고객은 부족해져 가고 있는 상황이다.

결국 각 기업에게 있어서 생존에 대한 경쟁적인 압력이 가속적으로 거세지고 있다. 여기서 '경쟁'의 의미는 줄어드는 시장에서 상대적인 점유율제고를 위해 투쟁하는 것이라 할 수 있다. 이러한 상황에 직면함에 따라 고객이 충분히 많아서 기업이 고객 또는 시장을 어디서든 마음대로 고를 수 있던 시절에 비하여 한 사람의 새로운 고객을 얻기 위해서 투입해야하는 원가가 높아짐을 의미한다.

이 상황을 설명하기 위해 최근에 많이 언급되는 유명한 이야기 중 하나가 '신규고객의 획득에는 기존 고객의 유지에 비해 다섯 배에 달하는 마케팅 원가가 소요된다.'는 것이다. 이 말이 사실이라면 기존 고객의 유지가 신규고객을 확보하는 것에 비해 월등히 채산성이 높을 것이다. 물론 새로운 고객의 확보가 전혀 불필요한 것이라 할 수는 없겠지만 고객이 이탈하는 것을 막는것은 가장 중요한 마케팅과제가 된다는 것을 알 수 있다.

이러한 이유 때문에 기존 고객과의 관계에 투자하는 기업이 점점 더 늘어나고 있는 실정이다. 또한 기존의 고객을 유지하는 것이 오늘날의 기업이 선택할 수 있는 유일한 대안이라는 인식이다. 하지만 고객의 유지만큼 새로운 고객발굴도 기업에 있어서는 중요하다. 새로운 수요의 창출과 더불어 신규고객을 늘려가는 것은 결국 잠재시장의 범위를 확대하는 동시에 경쟁사와의 치열한 경쟁에서 우리의 아군을 늘려가는 중요한 포석이 되는 것이다.

그렇다면 어떤 과정을 통해 신규고객을 발굴하는 것이 바람직할까? 그것은 단순하지 않으며 마케팅측면의 여러 가지 요인들이 고려되어야 한다. 예를 들면 공급이 일방적이던 시대의 판매개념의 접근보다는 최근 보여지는 수요자중심의 마케팅개념의 요소를 살려 접근해야 한다. 고객발굴을 위해 고려해야 하는 몇 가지는 다음과 같다.

1) 고객의 가치에 중심을 두어야 한다

자칫 기업이 새로운 고객을 만들어 내기위해 기업입장에서의 일방적인 접근과 기업정책위

주로 고객에게 접근하게 된다면 그것은 고객의 욕구(needs)와 상관없는 단기적 고객확보로 끝나고 말 것이다. 고객이 원하는 것이 무엇이며 고객에게 제공할 수 있는 진정한 기업의 혜택이 무엇인지 혹은 고객이 감수해야 하는 것은 어떤 것들이 있는지 조차도 고객의 입장에서 고려해야만 진정한 고객발굴을 할 수 있게 되는 것이다.

2) 고객스스로 결정할 수 있도록 한다

불특정다수를 대상으로 기업의 진정한 고객을 만들기 위해서는 기업이 권유는 하지만 결정은 고객이 할 수 있도록 해야 한다. 바꾸어 말하면 고객스스로가 기업을 자신의 장기적 파트너로서 인정할 수 있도록 하는 것과 같다. 고객스스로 결정하는 것은 고객이 스스로 자신의 의사결정에 대해 책임지고 행동하도록 유도하는 것이다. 단기적 혜택을 얻을 수 있다고 해서 의사결정하는 고객보다는 고객스스로의 신념이 고객과 기업모두에게 장기적으로 쌍방향의 신뢰와 거래를 주고 받을 수 있도록 해야만 그 관계가 지속적으로 유지될 수 있기 때문이다.

3) 정확한 고객정보분석이 필요하다

동일한 고객정보가 공유되고 있는 시대다. 고객의 정보를 통해 자사와 경쟁사가 동시에 접근을 하고 있다고 생각해 보자. 그렇다면 누가 고객에 대한 정보분석을 제대로 하느냐에 따라 새로운 고객이 만들어 지는가는 분명 달라질 것이다.

고객정보 중에서 보여주는 정보뿐만 아니라 기본정보로부터 예측가능한 정보까지도 마케팅 관리자는 분석가능해야 한다. 그것이야말로 고객의 욕구를 채워줄 수 있으며 고객이 원하는 것은 바로 그러한 부분이다.

4) 경쟁사와 차별화된 전략을 제공해야 한다

새로운 고객을 만들어 내는 과정에서 고객의 기억속에 가장 오랜 기간 남게되는 이미지와 기업의 평가는 바로 경쟁사와의 차별화된 정책과 전략일 것이다. 특히 신규고객의 기업이미지는 아주 강렬해야만 한다.

기존 기업이 제공할 수 없는 특별한 이슈와 정책이 특히 고객발굴의 단계에서 강조되어야 한다. 그것은 거래하는 기간동안 고객의 강렬한 구매행동을 유발하는 근거가 될 것이며 기업은 그 혜택을 분명 얻게될 것이다.

5) 고객발굴은 양적접근에서 질적접근으로 실시한다

기업의 욕심은 경쟁사 고객보다 자사고객이 훨씬 양질의 고객이기를 원한다. 그러나 양질의 고객을 만드는 것은 쉬운 일이 아니며 처음부터 기업에게 좋은 고객이란 있을 수 없다. 양질의 고객이란 바로 기업의 관리와 마케팅에 의해 만들어지는 것이다.

처음부터 좋은 고객만을 많이 만들기 위해서 일부의 최고 고객만을 선택할 수는 없다. 그러기 위해서는 절차와 과정이 필요하다. 기업은 좋은 고객확보를 위해 고객접촉단계에서 더 많은 고객을 만나야 하며 그것을 통해 기업의 고객정책과 어울리는 양질의 고객을 만들어 내는 것이다. 이것이 바로 양적접근의 고객발굴로부터 질적접근을 이루어내는 과정인 것이다.

그러나 기업의 방향과 맞지 않는 고객이라고 무조건 좋지 않은 고객은 아니다. 왜냐하면 고객의 질타와 불만은 기업의 고객정책에 개선시키고 더 나은 고객관계관리를 유도할 수 있기 때문이다.

2. 고객유지

앞에서 기술했던 바와 같이 기업의 고객관리에서 가장 중요한 것은 고객유지정책이다. 이것은 비용면에서 뿐만 아니라 효과적인 측면에서도 고객발굴보다 더 기업에 유효하다.

파레토법칙에 의하면 기업의 상위 20%를 차지하는 고객집단이 기업수익의 80%를 차지한다고 했다. 바로 '2080의 법칙'이다. 이것은 기업이 최소한 20%의 상위집단을 어떻게 잘 유지하느냐에 따라 고객과의 관계와 기업의 생산성 문제에 효과적인가를 보여준다.

고객유지는 이처럼 고객이 자사로부터의 만족을 느끼는 정도에 따라 이탈하지 못하도록 하는 고객관계관리(CRM)의 핵심이라고 할 수 있다. 과연 그렇다면 고객이 자사를 떠나지 않도록 하기 위해서는 어떤 접근이 필요한지 살펴보도록 한다.

1) 수시로 고객만족도를 점검한다

고객관계관리에서 기업이 가장 자주하는 실수는 고객발굴 이후 고객만족도를 수시로 점검하지 않는다는 것이다. 불특정 다수그룹에서 자사의 고객이 된 후 기업은 고객만족도에 대해 더 이상 점검하지 않는 경향이 있다. 이것은 고객발굴이 가장 중요하다는 것과도 동일시 된다.

일반적으로 고객은 항상 변화하고 있으며 그 변화에 기업이 대응하지 못하면 결국 도태될 수밖에 없다. 그러나 기업이 고객유지를 위해서는 매일매일 고객변화 즉, 고객의 만족도를 수시로 점검하고 어떤 방향으로 변화하는지 혹은 왜 그렇게 불만이 생겨나는지를 반드시 파악할 수 있어야 한다.

2) 등급별 고객관리에 집중한다

기업의 고객집단은 여러 가지 요인에 의해 나누어진다. 가장 단순한 접근은 RFM(recent, frequent, monetary)이다. 고객이 얼마나 최근에, 얼마나 자주, 한 번 구매할 경우 얼마의 금액만큼을 자사에서 구매하는지 등으로 나누어 볼 수 있다.

이처럼 고객은 서로의 상황에 따라 그들의 구매규모가 다르게 나타난다. 이러한 구매행동은 기업의 고객관리가 달라야 한다는 것을 예고한다.

예를 들어 한 달에 10번 구매하는 고객과 한 달에 1번 구매하는 고객에 대한 고객관계관리 방법과 접근은 달라야 한다. 물론 제공되는 혜택도 달라야 한다. 그것은 고객에 대한 서비스의 차별화를 의미한다. 또한 한 번 구매액이 100만원인 고객과 10번 구매액이 50만원인 고객과는 분명 차별화된 고객관리가 필요하다. 이것은 고객에 대한 예의이며 결국 고객유지를 위해 필요한 것이다.

고객은 감정을 소유한 사람이다. 이는 분명 자신에 대한 차별화된 대우를 원하고 그것이 만족하지 않으면 자신을 대우해 주는 기업으로 이탈할 수밖에 없는 것이다. 그것이 기업으로 하여금 등급별 고객관리를 하도록 하는 이유인 것이다.

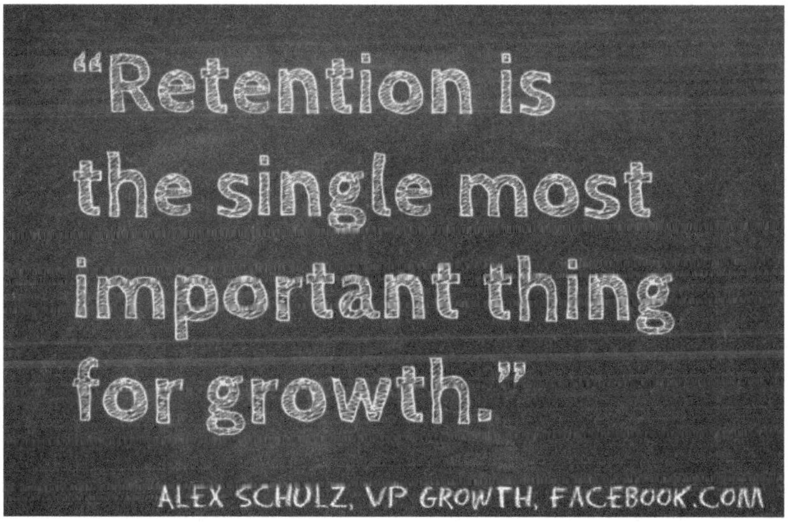

3) 고객의견을 정책개선에 반영한다

기업이 고객의 이탈을 방지하고 고객과의 쌍방향 커뮤니케이션을 유지하는 것은 기업입장에서 아주 중요한 과정이다. 서로의 의견을 주고받는과정에서 기업과 고객은 상호신뢰가 만들어지고 결국 서로에게 의존하게 된다. 이것은 일방적인 신뢰를 강요하는 것보다 고객으로 하여금 자사를 떠날 수 없도록 하는 중요한 끈이 되도록 한다. 이 과정에서 기업은 고객의 고견을 먼저 수용해야 한다.

물론 고객도 객관적 입장에서 기업의 잘잘못을 지적해야만 한다. 그러나 기업중에는 이러한 정확하고 날카로운 지적을 간과한 채 고객의 의견을 무시하고 기업중심의 정책만을 고집하는 경우가 허다하다. 이것은 고객관리측면에서도 결코 바람직하지 않다.

고객은 기업의 미래를 위해 어렵게 쓴소리로 지적하는 경우가 있다. 물론 이러한 고객은 충성스러운 고객이며 기업에게는 가장 중요한 자산이다. 이런 경우 기업이 열린 마음으로 고객의 의견을 경청하고 그것을 과감하게 고객정책에 반영하는 것은 고객스스로 정책을 입안한다는 자부심과 경영의 투명성을 보여주는 부분이다.

결국 이러한 과정이 반복되면 고객에게 만족을 주게되며 고객은 더욱 기업을 신뢰하고 그 기업을 떠날 수 없게 된다.

4) 관계마케팅에 초점을 둔다

현대사회의 고객관계관리(CRM)는 데이터베이스(database) 마케팅과 관계마케팅(relationship marketing)을 중심으로 이루어진다. 특히 고객유지를 위해서는 관계마케팅에 중점을 두어야 하며 그것은 결국 고객의 충성심(loyalty)으로 연결된다. 기업의 철저한 관계마케팅은 고객의 만족과 신뢰, 몰입으로 연결된다. 물론 고객만족과 신뢰, 몰입은 오래전부터 연구되어 오고 있다.

이 연구들에 의하면 그 중 어느 것이 더 중요하다고 할 수 없을 정도로 연관된 요인이며 중요한 점은 그들 요인이 고객의 재구매를 유도하고 있다는 것이다. 또한 고객들의 만족, 신뢰, 몰입은 고정 고객확보로 이어지고 결국 이를 통해 고객들은 장기적인 파트너로서 성장한다는 것이다. 이는 기업에게는 장기적 이익실현으로 표출된다.

특히 이러한 관계때문에 고객유지전략으로 관계마케팅이 각광받고 있으며 구체적으로는 판매전부터 판매 이후 모든 과정에서(사전설명에서부터 판매 이후 서비스까지) 기업은 관심을 가지고 그 관계를 유지하는 것이다.

결론적으로 관계마케팅을 실행하면 그 결과가 장기적인 고객과의 신뢰관계구축으로 연결되기 때문에 고객유지에서 중요한 초점이 되어야 한다.

3. 고객분석

고객분석은 고객관계관리 과정에서 가장 중요한 근거이다. 왜냐하면 고객의 유형마다 고객관계관리 방식이 달라져야 하기 때문이다. 분석된 결과에 따라 구체적인 고객의 특성이 존재하고 그 특성에 맞는 접근이 고객만족 지수를 변화시키기 때문이다. 좀 더 정확한 고객구분과 구체적인 고객유형분석이 결국 고객과의 쌍방향 관계개선에 도움을 줄 수 있다. 그렇다면 고객분석은 어떻게 이루어져야 하는가?

1) 마케팅 측면에서 접근하라

고객을 그저 생산성 위주로 혹은 결과위주로 나누다 보면 자칫 고객의 욕구(needs)를 무시하게 되는 경우가 발생하게 된다. 고객이 원하는 것을 어떻게 채워줄 것인지를 고민하는 것이 마케팅의 출발인 것처럼 고객을 분석할 때 가장 기본적인 것은 고객을 마케팅측면으로 접근해 보는 것이다.

예를 들면, 앞서 기술한 것처럼 고객을 세분화 한다든지(연령별, 소득별, 지역별, 성별, 구매액수별, 구매빈도별 등등) 그리고 구체적인 표적대상을 선정하고 그에 따른 기업의 이미지를 포지셔닝하는 방법이 필요하다. 결국 이러한 절차와 과정이 정확한 고객분석과 더불어 그 유형에 맞는 마케팅 프로그램을 활용할 수 있게 한다.

2) IT(information technology)를 활용하라

최근 통신과 기술의 발달이 정보수집과 분석의 능력을 한층 높이고 있다. 또한 저렴한 통신비용으로 전 세계의 실시간 정보들을 사용할 수 있게 되었다. 이와 같이 IT(정보기술)의 눈부신진보가 기업의 마케팅, 고객관계관리 등의 능력을 엄청나게 향상시켰다.

먼저 IT기술의 발전이 기업으로 하여금 고객과의 양방향 커뮤니케이션을 다양하게 하고 있다. 인터넷기술과 음성처리지원기술, CTI(computer telephony integration, 컴퓨터 전화통합)기술 등의 지원향상으로 저렴하게 고객과의 소통이 가능해지고 그로 인해 고객들의 욕구파악이 훨씬 더 용이해졌다. 또한 기업은 고객의 구매이력과 그들의 시시각각변하는 기호파악을 하기위한 방법들이 많이 개선되었다. 데이터웨어하우스, 데이터마이닝 기술의 실현으로 인해 고객의 정보를 실시간 축적하고 관리할 수 있게 되었으며 실시간 고객정보분석도 가능해진 것

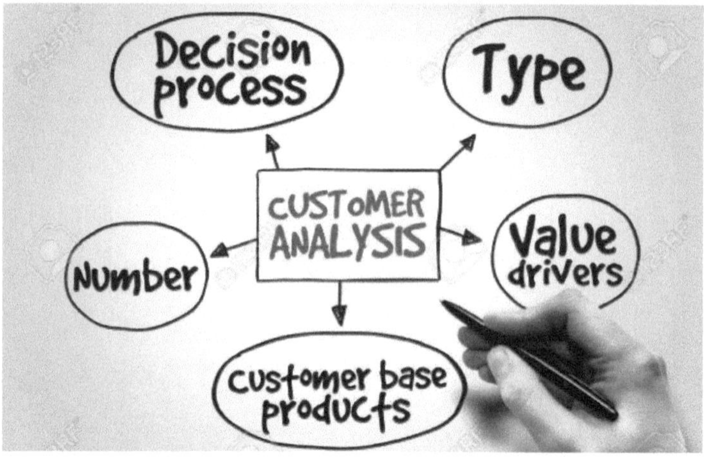

이 사실이다.

데이터웨어하우스(data-warehouse)는 고객에 관한 데이터를 축적하기 위한 시스템이고 데이터마이닝(data mining)은 축적된 데이터로부터 고객이 상품을 구입하는 패턴을 발견하기 위한 시스템이다. 물론 마이닝(mining)을 위해서 고객에 대한 사전정보가 충분히 필요하며 일정한 기준에 의해 고객을 선별하고 분석할 때 기업은 고객을 파악할 수 있게 된다. 그리고 이러한 IT기술의 활용은 다양한 고객에 대한 일대일 대응과 고객과의 무인접객처리 등이 가능하게 되어서 고객관리방법이 훨씬 원활해질 수 있다. 물론 인터넷의 등장은 고객관계관리에 있어서 시간적인 제약과 지리적인 제약도 모두 해소하였다.

이러한 IT기술의 활용은 CRM의 활용을 지원함으로 인해 좀 더 효율적인 실행이 되도록 해주며, 특히 고객분석단계에서 과거의 직관과 경험에 의한 예측보다도 정확하고 구체적인 접근이 이루어지도록 하는데 큰 기여를 하고 있다.

3) 고객의 유형부터 파악하라

고객은 다양한 특성을 지니고 있다. 개인마다의 환경과 살아 온 문화가 다르고 배운 것, 삶의 방식 등이 고객 모두의 유형을 결정짓고는 한다. 그것은 고객이 하루아침에 그 특성을 지니는 것이 아니라는 것을 반증한다.

마케팅에서 고객의 소비성향을 파악할 때 고객의 다양한 상황들을 고려한다. 예를 들면 문화, 종교, 언어, 생활방식 등이 그것이다. 그렇다면 고객의 유형은 어떻게 나눌 수 있는가?

고객의 유형을 구분하는 방법에는 여러 가지가 있다. 그 중 자주 활용하는 방법으로 고객을 네 가지 성향으로 구분하는 방식이 있다. 일반적으로 사람들이 태어나서 성장하여 현재에 이르기까지 자기나름대로의 독특한 동기요인에 의해 선택적으로 일정한 방식으로 행동을 취하게 된다. 그것은 하나의 경향성을 이루게 되어 자신이 일하고 있거나 생활하고 있는 환경에서 아주 편안한 상태로 자연스럽게 그러한 행동을 하게 된다. 우리는 그것을 행동패턴(behavior pattern) 또는 행동스타일이라고 한다.

사람들이 이렇게 행동의 경향성을 보이는 것에 대해 1928년 미국 콜롬비아대학 심리학과 교수인 William M. Marston박사는 독자적인 행동유형모델을 만들어 설명하고 있다. Marston박사에 의하면 인간은 환경을 어떻게 인식하고 또한 그 환경속에서 자기개인의 힘을 어떻게 인식하느냐에 따라 4가지 형태로 행동을 하게 된다고 한다. 이러한 인식을 축으로 한 인간의 행동을 Marston 박사는 각각 주도형(dominance), 사교형(influence), 안정형(steadiness), 신중형(conscientiousness) 즉 DISC 행동유형으로 부르고 있다. 각각의 특징을 살펴보면 다음과 같다.

(1) 주도형(dominance)

주도형의 고객유형은 결과를 성취하기 위해 어려움을 극복함으로써 스스로 환경을 조성하는 유형이다. 빠르게 결과를 얻고 싶어하며, 의사결정을 빠르게 내린다. 또한 지도력을 발휘하고 어려운 문제를 해결한다. 구체적으로 그들의 행동은 다음과 같은 특징이 있다.

- 빠르게 결과를 얻는다.
- 다른 사람의 행동을 유발시킨다.
- 도전을 받아들인다.
- 의사결정을 빠르게 내린다.
- 기존의 상태에 문제를 제기한다.
- 지도력을 발휘한다.
- 어려운 문제를 처리한다.
- 문제를 해결한다.

주도형의 인간유형인 사람들은 어떻게 응대해야 긍정적인 파트너로 만들 수 있을까?

사람을 자기편으로 만드는 것은 매우 어려운 일이지만 이러한 유형의 패턴파악을 통해 좀 더 용이하게 접근할 수 있을 것이다. 그것은 어쩌면 비스니스를 준비하는 사람으로서 기본적으로 갖추어야 할 덕목인지도 모른다. 먼저 주도형유형은 결과를 중요시 여기는 사람이므로 다른 유형에 비해 성격이 급한 사람들임에 틀림없다. 또한 그들의 주장도 강한 카리스마가 있는 리더의 유형으로 분류할 수 있다.

이런 사람들에게는 결과를 먼저 이야기해 주는 접근이 필요하다. 본론이 늦어지면 이들은 기다리거나 더 이상 듣고있기를 싫어하는 것이 대부분이다.

또한 그들의 직급이 있다면 미팅시 직급을 불러줌으로 인해 좀 더 친근한 감정을 주고 받는 것이 이들에게는 필요하다.

(2) 사교형(influence)

사교형의 고객유형은 다른 사람을 설득하거나 영향을 줌으로써 스스로의 환경을 조성하는 유형이다. 사람들과 접촉하기를 좋아하고 호의적인 인상을 준다. 또한 열정적이고 상황에 대해 낙관적이며 그룹활동을 좋아한다. 이러한 고객들은 사람들과의 상호작용에도 늘 편안하게 이루어 나가기 때문에 가능하면 딱딱하고 경직된 이야기보다는 편안한 일상의 이야기로 그들의 이야기를 시작하기를 바란다.

예를 들어, 그가 요즘 관심을 가지고 있는 골프, 주식이야기라든지 그를 중심으로 한 생활이야기로 이야기를 시작한다면 크게 무리없는 대화를 진행할 수 있을 것이다. 대화의 장소로도 음악이 있는 커피숍이나 야외의 편안한 장소가 오히려 좋은 장소가 될 수 있다. 또한 이들은 계약도 좋지만 정성적인 부분에 호소하는 것을 원하며 친한 사람끼리의 정적인 부분을 다루어 주는것이 그들에게는 더욱 호소할 수 있는 부분일 수 있다. 구체적인 그들의 행동은 다음과 같은 특징이 있다.

- 사람들과 접촉하기를 좋아한다.
- 호의적인 인상을 준다.
- 말솜씨가 있다.
- 다른 사람을 동기유발시킨다.
- 열정적이다.
- 사람들을 즐겁게 한다.
- 사람과 상황에 대해 낙관적이다.
- 그룹활동을 좋아 한다.

이러한 특징들을 소유하고 있는 사교형 사람들은 어떻게 응대하며 파트너십을 만들어 가야 하는가? 사교형의 인간유형은 그들 스스로가 남과 이야기하고 남에게 영향을 주는 것을 좋아하므로 친해지기에는 속깊은 대화와 감성중심의 원활한 커뮤니케이션을 나누는 것이 중요하다.

(3) 안정형(steadiness)

안정형 고객유형은 목표달성을 위해 다른 사람과 잘 협력하는 특징을 가지고 있다. 구체적인 그들의 행동특징은 다음과 같다.

- 예측가능하고 일관성 있게 일을 수행한다.
- 참을성을 보인다.
- 전문적인 기술을 개발한다.
- 다른 사람들을 돕고 지원한다.
- 충성심을 보인다.
- 남의 말을 잘 듣는다.
- 흥분한 사람을 진정시킨다.
- 안정되고, 조화로운 업무환경을 만든다.

주로 연구직이나 개발직에서 많이 보여지는 유형의 스타일이다. 주로 안정적인 것에 투자하는 편이다. 물론 새로운 것이 안정된 가능성을 보장한다면 관심을 갖기도 한다.

일반적으로 안정형 사람들은 여러 가지 기업의 제품중에서도 계절적인 요소에 유행을 타는 제품은 별로 선호하지 않는 경향이 있다. 말하자면 스테디셀러(steady seller)를 선호하는 경향이 있다. 꾸준하게 지역에 상관없이, 계절에 상관없이 지속적인 판매가 이루어지는 것을 좋아하는 유형이다.

이런 유형의 사람들과 잘 대응하기 위해서는 주력상품 위주로 소개하며 그들이 의사결정 시 편안하고 안전하게 할 수 있도록 만들어 주어야 한다. 물론 기업에 대한 로열티가 있으므로 기업도 개인도 모두 혜택을 얻을 수 있다는 강한 메시지를 전달해야만 그들은 선택하고 결정하게 될 것이다.

(4) 신중형(conscientiousness)

신중형의 고객유형은 품질과 정확성을 높이기 위해 기존의 환경안에서 신중하게 결정하려는 유형이다. 세부사항에 신경을 쓰고, 분석적으로 사고하고, 옳고 그름, 장점과 단점을 신중히 고려한다. 이런 특징을 소유하고 있는 신중형고객들은 '아는 길도 물어가는' 유형의 사람들이다.

이런 유형의 고객들과 거래하기 위해서는 정확한 자료와 데이터가 필요하다. 구두로 내용을 전달하기 보다는 이미 검증된 사실과 결과를 보여줌으로 인해 신뢰를 증진시키는 방법이 좋은 접근방법이 될 수 있다. 또한 다른 동종업계에서의 도입사례로 인한 결과 개선을 눈으로 확인

Highlight

서비스의 소멸성을 고려해 버스비보다 싼 비행기 표를 판매하기도 하는 LCC

2016년 2월 저비용항공사(LCC)들 간에 특가 항공권 대전(大戰)이 벌어졌다. 김포~제주 노선엔 1900원짜리 편도 항공권까지 등장한 것이다. 좌석버스 요금과 비슷한 수준이다. 노선할인율이 94~98%에 달해 공항사용료(4000원)를 포함하더라도 사실상 공짜티켓과 다름없다. 제주항공은 6~11월 탑승권 4만 3000장을 특가에 내놓았는데, 편도기준 '김포~제주' 노선이 5900원(공항 사용료 포함)으로 항공업계 역대 최저가다.

LCC가 파격적인 가격에 특가 항공권을 내놓더라도 밑지는 장사가 아니다. 항공기는 좌석을 비워둔 채 운항할수록 손해다. 탑승권에 재고가 없기 때문이다. 비수기 평일엔 탑승률이 낮아 좌석을 비운채 운항하는 경우도 많다. 그럴 경우 원가아래로라도 판매해 공석(空席)을 줄이는 게 낫다. 항공권을 미리 판매하면 현금을 미리 확보할 수 있어 자금흐름에도 유리하다.

진에어 관계자는 "안정적으로 좌석 점유율을 높이기 위해 특가판매에 나섰다"고 말했다.

특가판매가 주는 마케팅커뮤니케이션 효과도 무시 못한다. 선착순으로 진행하는 특가 항공권 이벤트가 열리는 시간에는 인터넷 홈페이지가 마비될 정도로 접속자가 폭주한다. 제주항공은 판매를 시작하자마자 21만명이 동시 접속해 홈페이지가 다운됐다. 하지만 이벤트 덕분에 신규회원 12만명을 확보했다. 한번의 판촉행사를 통해 큰 마케팅 커뮤니케이션 효과를 거둔 것이다.

싼 만큼 좋은 서비스를 기대하긴 어렵다. LCC는 같은 항공기에 대형 항공사보다 많은 승객을 태우기 때문에 좌석간격이 좁다. 기내식이나 좌석지정 서비스는 대부분 유료다. 국제선의 경우 밤 늦은 시간이나 새벽시간에 이착륙하는 경우가 많다. 게다가 특가 항공권엔 조건을 거는 경우가 많다. 주말 · 평일 피크타임 시간대엔 물량이 적다. 환불이 불가능하고 여정을 바꿀 때는 비싼 수수료를 내야 한다.

• 출처 : 중앙일보, 2016년 2월 26일

함으로써 의심이나 의혹을 깨끗이 정리할 수 있는 유형의 고객들이다.

이처럼 고객유형에 따른 분석이 고객마다의 특별한 관계관리 프로그램 실행으로 이어져 만족과 기대가 어우러지면 고객은 기업의 영원한 파트너로 존재하게 될 것이다. 좀 더 구체적인 그들의 행동특징은 다음과 같다.

- 중요한 지시나 기준에 관심을 둔다.
- 세부사항에 신경을 쓴다.
- 분석적으로 사고하고 옳고그름, 장점과 단점을 신중히 고려한다.
- 외교적 수완이 있다.
- 갈등에 대해 간접적 혹은 우회적으로 접근한다.
- 정확성을 점검한다.
- 업무수행에 대해 비평적으로 분석한다.

4. 구매 후 고객관리

고객발굴부터 고객유지 그리고 고객분석에 이르기까지 진정한 고객으로 등록된 이후 기업의 고객관리는 지속적 관계유지와 추가구매 혹은 반복적 구매로 이어지기 때문에 결국 기업의 성과에 주요한 영향을 미치는 고객관계관리(CRM) 단계이다.

경쟁사와 자사 사이의 선택적 기로에서 자사를 과감하게 선택한 고객은 나름대로의 기대를 가지게 되고 그에 부응하는 여러 가지 만족을 원한다. 기업은 보이지 않는 고객들의 숨은 욕구(needs)를 위해 노력해야 하며 그것만이 고객으로 하여금 자사를 떠나지 못하도록 만드는 기술이며 마케팅전략인 것이다.

그렇다면 구매 후 고객관리를 위해 일반적으로 기업에서는 어떤 노력들을 하고 있을까?

아마도 산업의 분야와 종목마다 서로 다른 접근을 하고 있을 것이다. 그러나 중요한 것은 구매 후 고객관리의 목표가 고객의 욕구충족을 동일한 명제로 지향하고 있다는 것이다.

기업의 규모가 다르고, 매출이 다르고, 고객의 수준이 각각 다르게 조사되어 분석되었다 해도 고객의 요구사항은 언제나 그들 나름대로의 만족을 위한 구매활동 그리고 새로운 것에 대한 추구, 편리함에 대한 동경 등의 기본욕구일 것이다. 그렇다면 기업들의 구매 후 고객관리에 대해 구체적으로 살펴보기로 하자.

1) 구매 후 고객관리는 지속적으로 이어져야 한다

고객이 구매활동을 마친 이후 기업은 지속적인 관계관리활동을 진행해야 한다. 어떤 기업은 구매발생 시점에서만 고객관리를 하려는 단발적인 접근을 하기도 한다. 그러나 고객은 이러한 기업의 의도에 대해 모두 인지하고 있으며 기업의 이런 행동에 좋지 않은 이미지(image)를 갖게 된다.

구매하는 시점과 구매직후 그리고 구매를 통해 지속적 사용이 이루어지는 각각의 시점에 맞는 눈높이 고객관계관리가 이루어진다면 고객의 만족은 영구적일 것이다.

예를 들면 구매하는 시점의 고객관리는 신규고객으로의 정보등록을 통해 거래를 통한 감사메시지와 첫 거래에 대한 감사선물을 제공하는 것이다. 또한 구매 이후 사용에 대한 점검관리가 이루어져야 한다.

일주일이든 한 달이든 일정기간이 지나 사용에 대한 점검이 이루어지고 개선점에 대한 고객의견을 경청하는 고객관리는 고객이 스스로 구매결정을 잘하였다는 인식을 갖게함으로 추가구매 혹은 주위의 친지와 동료들에게 긍정적 구전을 할 수 있는 근거를 제시해 주는 것이다.

6개월이나 수년이 지나 기업이 고객을 기억하고 있다는 메시지를 보내주므로 고객이 기업의 이미지를 다시 한 번 회상(recall)할 수 있도록 하는 것도 좋은 관계관리방법이 된다. 물론 이 시점에서는 고객이 관심을 가진 분야의 상품과 서비스에 대한 정보를 함께 보내준다면 고객의 만족은 더욱 배가될 것이다.

2) 구매 후 고객관리는 정보중심으로 이루어져야 한다

기업의 구매 이후 고객관리가 자칫 자사제품을 더 팔아먹기 위해 진행되는 것으로 고객에게 비쳐진다면 고객은 오히려 기업에게 반감을 갖게 된다. 그것을 해소하기 위해서 기업의 구매

후 고객관리는 정보중심으로 이루어져야 한다.

일반고객들이 얻고 싶어하는 정보의 수준을 사전조사를 통해 얻어낸 후, 고객의 관계관리시점에 그것을 활용하는 것이다. 상품의 동향, 서비스의 실태, 경쟁사 제품과의 비교우위, 향후 산업전반의 방향 등을 제공함으로 자사가 제공하는 다양한 정보가 결국 고객의 경쟁력을 높여줄 수 있다는 메시지를 지속적으로 공급해야 한다.

3) 구매 후 고객관리는 새로운 구매유발을 할 수 있도록 해야 한다

구매 후 고객관계관리는 결국 기업의 신규 구매활동과 이어져야만 그 의미가 있는 것이다. 구매 후 고객관리를 대부분은 경쟁사가 진행하기 때문에 할 수 없이 하는 과정정도로 인지하는 경우가 많다. 그러나 그것은 잘못된 인식이다. 구매 이후에 진행되는 고객관리과정은 적어도 또 다른 단계를 위한 전초전이라는 개념이 필요하다.

혹자는 구매 후 고객관리를 새롭게 진행되는 또 하나의 워밍업(warming up)단계로 인지하기도 한다. 그것은 구매 후 고객관리가 갖게 되는 중요한 의미이다.

구매 후 고객관계를 어떻게 발전시키느냐에 따라 그 고객을 진정한 충성고객으로 만들 수 있는지 아니면 경쟁사 고객으로 이탈하도록 하는지가 결정되기 때문이다(그림 9-1 참조).

[그림 9-1]에서 보듯이 구매 후 고객관리를 통해 고객들은 스스로 기업 혹은 파트너에 대한 신뢰감이 형성된다. 이는 자신이 내린 구매의사결정에 대한 자신감과 확신과도 무관하지 않다. 인지부조화의 상황에서 기업의 구매 후 고객관리가 진행된다면 그것은 고객으로 하여금 자신을 확신하게 하는 중요한 요인이 될 것이다. 또한 이러한 신뢰의 형성은 나름대로의 만족감으로도 연결된다. 스스로에 대한 만족뿐 아니라 상품과 서비스를 제공한 파트너에 대한 만족도 동시에 발생하게 된다. 결국 신뢰와 만족이 동시에 고객의 입장에서 발생하게 될 때 비로써 고객은 충성심(loyalty)이 발생된다. 기업에 대한 충성심과 브랜드에 대한 충성심 등의 발생은 고객을 충성고객으로 만들며 이 과정을 통해 고객은 철저한 충성고객으로 변화하게 된다.

충성고객은 파트너인 기업을 선호하게 되며 긍정적인 입장에서 바라보게 된다. 물론 잘못된

그림 9-1 구매 후 고객관리의 영향

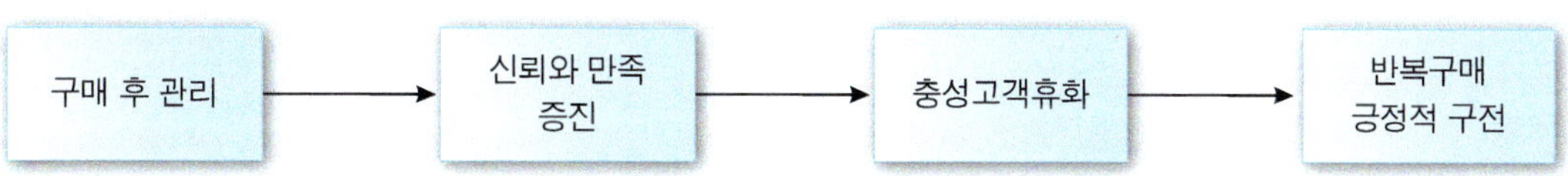

점들은 정확하게 지적하고 기업의 개선을 유도하기도 한다. 다수의 충성고객확보를 통해 기업은 든든한 고객풀(pool)로 인해 다양한 새로운 정책을 시도해 보기도 한다. 이러한 충성고객화는 긍정적 구전을 이끌어 내고 반복구매를 유발하는 중요한 밑거름이 된다. 결국 긍정적 구전은 잠재적 고객을 깨우게 되고 성과로 이어져 기업의 구매 후 고객관리가 다시 고객발굴을 위한 시작단계로 자연스럽게 이어진다.

제4부

창업과 경영관리과정

제10장

창업과 마케팅

홈플러스 "올해 ESG키워드 미래세대 교육 · 양극화 해소 · 친환경"

홈플러스는 올해 환경 · 사회 · 지배구조(ESG) 키워드를 '미래세대 교육, 양극화 해소, 친환경'으로 정했다고 20일 밝혔다. 표홈플러스는 올해 미래세대 교육을 위해 자사 문화센터에서 소외계층을 위한 '배움튜터링'을 열어 초등 4학년~중등 1학년 대상으로 교과교육, 대학생 멘토링 등을 제공했다. 홈플러스는 향후 배움튜터링 시행점포를 내년까지 3배 늘리고, 사범대 · 교대재학생 봉사활동과 한국사회복지협의회 멘토링사업단과 연계하는 등 지원을 강화할 방침이다.

또 양극화해소를 위해 대면 나눔활동을 2년만에 재개했고 기부금 430만원을 마련해 교육기부 프로그램 참가자에게 장학금으로 지원했다. 홈플러스 익스프레스에서는 결식우려 아동의 건강한 식생활을 지원하는 착한가게 캠페인을 시행했다. 친환경부문에서는 노후형광등을 고효율 발광다이오드(LED) 조명으로 교체하는 성과를 냈다. 홈플러스는 앞으로 ESG 브랜드와 비즈니스 연계를 강화해 나간다는 방침이다. 5개년 목표로 '따뜻한 세상을 만드는 관심 더하기', '건강한 지구를 만드는 폐기물 줄이기' 등으로 정했다고 회사측은 설명했다.

• 출처 : 연합뉴스, 2022년 12월 20일

마케팅은 고객과 함께 이루어지고 있다는 점에서 경영의 다른 어떤 부분보다 훨씬 중요하다고 할 수 있다. 하지만 이것은 고객을 통해 일정한 수익을 얻을 수 있음을 전제한다. 창업 이후 마케팅의 두 가지 목표는 기존 고객을 잘 유지하는 것과 새로운 고객을 경쟁사에 비해 더 많이 확보하는 일이다.

고객 최접점에 있는 오프라인 유통업의 특성을 살려 홈플러스는 지역사회에 기여하는 '나눔플러스 봉사단'활동을 펼쳐 나간다. 이는 '고객에게 답이 있다'는 경영원칙을 이어가자는 메시지이기도 하다. 특히 홈플러스의 CEO는 30여년간 일과 살림을 병행해온 '주부 CEO'로 대형마트 주고객인 주부를 이해하기 위해서는 생활현장의 고객, 이웃과의 접점을 꾸준히 늘려가야 한다고 강조해왔다.

성공한 기업의 대부분은 한 가지 공통점을 가지고 있다. 그것은 바로 많은 노력을 고객이라는 목표에 집중한다는 것이다. 그들은 고객의 가치와 고객의 만족이라는 대명제 아래 모든 종업원의 능력과 조직의 시스템을 겨냥하고 있다.

제1절 마케팅의 본질과 영역

1. 마케팅의 정의

마케팅하면 보통 많은 사람들이 판매원과 광고를 떠올린다. 이는 무리가 아니다. 우리가 일상생활을 영위함에 있어서 매일 많은 판매원들을 접하기 때문이다. 우리가 아침에 마시는 우유는 매일 집 근처의 보급소에서 배달된다. 등교길에 전철을 타기 위해서 매표소를 거치고 전철역내 판매점에서 신문을 사서 읽는다. 때로는 전철안에서 간단한 제품을 파는 판매원들의 유창한 설명을 듣게 된다. 슈퍼마켓이나 백화점에서도 많은 판매원들을 접하게 되며 가격파괴로 인기가 높은 할인점과 회원제 창고형 소매점에서도 마찬가지이다.

우리는 광고를 접하지 않는 날이 거의 없다. TV에서 즐겨보는 뉴스나 드라마 또는 스포츠 중계를 전후하여 수많은 광고물들이 방영된다. 차안에서 또는 심야에 듣는 라디오방송에서도 광고를 피하기는 어려우며 신문이나 잡지에서도 마찬가지이다. 잡지의 앞부분은 대부분 광고물로 채워지고 있다. 이러한 여건에서 살고 있기 때문에 많은 사람들이 마케팅을 판매 또는 광고로 보는 것이다.

그림 10-1 **마케팅 과정**

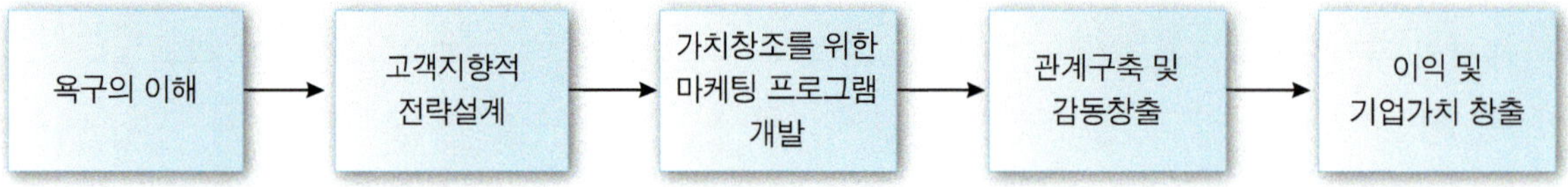

학계에 널리 수용된 마케팅(marketing)에 대한 하나의 정의는 “마케팅은 개인 또는 조직이 필요한 것과 원하는 것을 다른 개인 또는 조직과 4’p를 중심으로 교환함으로써 수익과 가치를 획득하는 과정”이라고 한다.

즉 원하는 가치와 수익을 얻기 위해 단순히 판매와 광고를 하는 것만이 아닌 일련의 교환이라는 과정을 거쳐 서로에게 이득이 되게 하는 과정이다. 이러한 마케팅과정은 고객을 이해하는 것이 가장 중요하므로 먼저 고객의 욕구(needs)를 철저하게 파악해야 한다. 마케팅과정을 그림으로 나타내면 [그림 10-1]과 같다.

[그림 10-1]에서 보는 바와 같이 기본적 욕구를 파악하면 기업의 모든 자원과 시스템을 고객지향적으로 운영하여야 한다. 그것은 무모한 도전이 아닌 시대의 조류이며 경쟁업체들과의 싸움에서 이기기 위한 준비작업인 것이다. 이런 과정에서 고객은 스스로 원하는 자기만의 가치를 얻어내고 경쟁사와 다른 자사의 차별화를 획득하며 결국 그 과정에서 만족(satisfaction)이라는 새로운 경험을 갖게 된다. 이 과정에서 기대의 수준을 설정할 때 조심스러워야 한다. 기대수준이 너무 낮으면 고객을 쉽게 만족시킬 수는 있으나 고객유인은 충분하지 못하다. 또한 기대수준을 너무 높게하면 구매자가 실망할 가능성이 크다. 이러한 과정에서 고객에게는 기업과의 신뢰가 형성되고 그것은 긴밀한 관계로 발전하는 것이다.

관계구축과 고객의 감동이 만들어지면 서서히 기업이 원하는 이익과 기업의 가치가 창출되는 시점이 도래한다. 그것은 인위적으로 유도하는 것보다 시간과 노력을 쏟으며 자연스럽게 기다려야 한다. 물론 철저한 사전분석과 지속적인 마케팅 프로그램을 통해 고객과의 긴 여행을 함께 하는 것이다.

2. 마케팅관리

마케팅관리는 조직의 목표를 달성하기 위해 표적고객과의 교환을 창출·유지하고, 이러한 교환의 창출·유지를 위한 프로그램의 분석, 계획, 실행, 통제를 수행하는 것이다. 말하자면 마케팅은 하나의 사회현상이고 마케팅관리는 특정 조직의 관점에서 마케팅활동을 분석, 계획,

실행, 통제하는 과정인 것이다.

마케팅활동의 주된 이해당사자인 기업조직과 소비자 및 사회의 이해관계는 상충되는 경우가 많다. 마케팅관리자는 이러한 이해관계자 중 누구에게 더 많은 비중을 두어야 하는가? 보다 일반적으로 마케팅활동을 관리하는 지침 또는 원칙이 무엇이어야 하는가?에 더 관심을 가져야 한다. 마케팅관리 지침은 환경변화에 따라 다음과 같이 변해 왔다.

1) 생산지향적 개념(production concept)

소비자는 저렴한 가격에 용이하게 구매할 수 있는 제품을 선호한다고 가정한다. 따라서 기업관리자는 기업활동의 초점을 생산효율과 유통효율증진에 두어야 한다는 것이다. 이러한 지침이 효과적인 상황을 두 가지로 생각해보자.

첫째, 제품에 대한 수요가 공급을 초과하는 상황이다. 여러 제품군에서 산업혁명전과 초기까지 이러한 상황에 있었다. 기업의 과제는 공급량을 증내시키는 것이었다.

둘째, 제품의 원가가 너무 높아서 생산성을 향상시켜야만 많은 사람들이 구매가능한 상황이다. 포드자동차가 최초로 승용차를 출시하였을 때, 주된 과제는 생산효율을 증진시켜 많은 사람들이 구매가능한 원가를 달성하는 것이었다. PC와 VCR 등이 처음 개발되었을 때도 동일한 상황이었다. 그러나 공급이 증가되고 경쟁사들이 다양한 제품을 출시하게 됨에 따라 표준화된 제품을 저가격에 제공하는 방식은 한계에 직면하게 되었다.

2) 제품지향적 개념(product concept)

이 개념에 의하면 소비자는 품질과 성능 및 제품속성이 가장 우수한 제품을 선호한다고 가정한다. 이 경우 기업활동의 초점은 지속적 제품개선에 두어진다. 이 개념은 하나의 제품군에 복수상표가 경쟁을 하게 되고 소비자소득이 증가함에 따라 가격보다 제품품질이 중시되는 상황에서 효과적인 지침이다.

제품지향적 지침은 근시안적(myopia) 경영에 빠질 위험이 있다는 섬에 주의해야 한다. 우리 주위에서 사라져가는 과거의 인기제품들을 생각해보자.

성냥이나 지포라이터의 생산업체는 흡연자들이 담배불이 아닌 성냥 또는 라이터를 원한다고 생각했을 것이다. 그러나 이러한 제품은 품질개선에 상관없이 일회용 라이터의 등장과 함께 사라져 갔다.

경쟁이 치열해지고 제품자체의 품질이 경쟁업체 간에 평준화되면서 제품개선에만 주력하는 방식은 소극적으로 보인다. 그리고 제품군에 따라 더욱 적극적 방식이 요구될 수 있다.

3) 판매지향적 개념(selling concept)

소비자는 많은 촉진활동과 판매유도 활동을 하지 않으면 충분히 구매하지 않는 속성을 가지고 있다. 따라서 기업은 판매조직을 통한 활발한 판매와 대량광고 및 홍보 등을 통해 소비자 흥미를 유발하고자 한다.

구매빈도가 낮은 백과사전이나 문학전집 또는 생명보험 상품 등의 경우에 이러한 지침이 흔히 실행되고 있다. 정치마케팅이 또 하나의 전형적인 예이다. 선거시 정당은 자당공천자가 최적임자임을 알리기 위하여 가능한 모든 수단을 동원한다. 공천자는 많은 유권자에게 긍정적 이미지를 심기 위하여 악수, 인사, 연설, 공약 등을 되풀이하며 명함, 벽보, 현수막, 우편물 등 여러 광고수단을 사용한다.

지금까지의 세 개념들은 모두 고객보다 기업을 관리활동의 출발점으로 하였다. 근래에는 고객을 기업활동의 중심에 두어야 기업의 장기적 존속과 성장이 가능하다고 한다.

4) 마케팅지향적 개념(marketing concept)

조직의 목적달성은 고객의 니즈와 욕구를 파악하고 경쟁사보다 더 효과적으로 만족을 제공해야 가능하다고 전제한다. 이러한 지침은 비교적 최근에 이르러서야 실행되고 있다. 우리나라의 일부기업들이 최근에 강조하는 고객만족이나 고객감동경영이 바로 이것이다.

마케팅지향적 개념은 판매지향적 개념과는 많은 차이가 있다. 마케팅지향적 개념은 고객욕구(needs)의 발견이 우선이고, 기업의 총체적 활동을 통해 고객만족을 창출하는 대가로 이익을 얻자는 것이다. 판매지향적 개념은 이미 만들어진 제품을 대규모 판매노력과 촉진을 통해 판매해냄으로써 이익을 얻자는 것이다.

많은 기업들이 마케팅지향적 개념을 실행하고 있다고 주장하지만 구호로만 그치고 마는 경우가 많다. 마케팅지향적 개념이 조직전반에 뿌리내리기 위해서는 최고경영자의 굳건한 신념과 지원 및 전종업원의 자세전환이 필요하다.

5) 사회친화적 마케팅개념(societal marketing concept)

이 개념은 조직이 목표달성을 위하여 고객욕구를 경쟁사보다 더 효과적으로 충족시킬 뿐만 아니라 고객과 사회의 복지증진에 기여하도록 요구한다.

오늘날과 같이 환경오염과 자원부족이 심각하고 세계 일부지역에 기아, 인구문제, 물자부족 등이 상존하는 시기에 마케팅지향적 개념만으로는 충분하지 않다는 지적에서 출발하였다. 단기적 소비자 욕구충족과 소비자복지는 양립되지 못할 가능성이 있다. 코카콜라는 세계 전역에서 높은 성과를 올리고 있는 성공적 기업이다. 탄산음료로 갈증해소와 청량감이라는 니즈를 충족시켜 주는 것이 사실이다. 그러나 환경단체들은 비만과 치아부식 또는 용기폐기로 인한 환경오염 등에 우려를 표시한다. 그래서 사회친화적 마케팅은 기업이 마케팅을 수행함에 있어서 기업수익, 소비자 만족, 사회복지의 세 측면이 균형적으로 고려되도록 요구하고 있다(그림 10-2 참조).

그림 10-2 사회친화적 마케팅개념

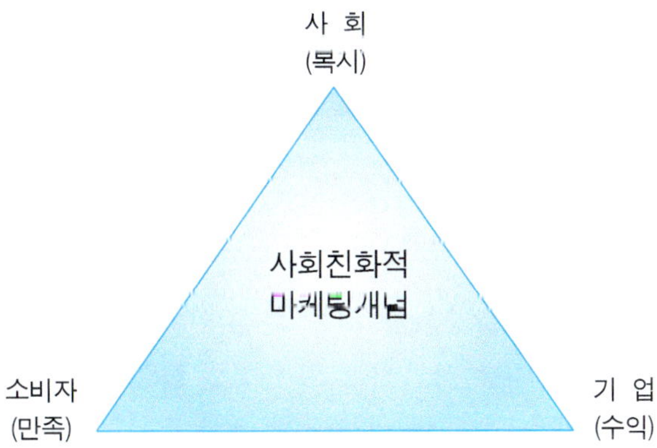

3. 마케팅의 영역

마케팅은 자본주의 사회의 영리기업에서 태동되고 발전되었다. 마케팅은 치약, 칫솔, 비누, 과자, 음료수 등과 같은 포장소비재(consumer packaged goods)분야에 가장 먼저 도입되었고 다음으로 소비내구재(TV, 라디오, VCR, 냉장고, 카메라, 정장복)와 산업설비재(공장기계, 부품, 엔진, 모터)의 순이다. 철강, 화학약품, 제지 등 제품차별화가 어려운 상품들은 마케팅을 가장 늦게 도입하였고 그 실행수준도 낮은 편이다.

최근 들어 항공사, 여행사, 은행, 보험 등과 같은 서비스 업종에서도 규제완화와 경쟁격화로 인하여 마케팅을 도입하여 활발하게 실행하고 있다. 그러면 비영리기관에는 마케팅이 적용되지 않는가? 그렇지 않다. 정당, 병원, 대학, 종교단체, 국립공원들을 보면 고객의 무관심이나 수요감소, 경쟁격화와 같은 환경에 대응하기 위하여 이러한 기관들은 고객을 분석하고, 고객의 선호를 그들의 제품에 반영하기 위하여 노력하며 대중매체광고를 이용하기도 한다. 이것은 마케팅의 영역이 이제 한 분야에 국한되어 있다기보다는 우리생활에 전반적으로 확대적용되고 있다는 것을 보여준다.

이는 또한 고객관계관리라는 기업의 숙명적인 과제에도 영향을 주고 있는 것이 현실이다. 그렇다면 이렇게 폭넓게 적용되고있는 마케팅은 어떻게 관리되어야 하는가? 다음에서 좀 더 구체적으로 접근해 보도록 하자.

제2절 마케팅전략과 소비자 구매행동

1. STP전략

창업 이후 전략적인 마케팅관리는 마케팅목표(시장점유율, 매출액, 상표선호도)를 설정하고 이를 달성하기 위하여 필요한 활동들을 계획하고 통제하는 것이다. 특히 마케팅관리과정에서 사업기회탐색을 위해 STP전략을 활용하는 것은 필수적이다.

마케팅전략수립의 첫 단계는 사업기회를 찾아내고 확인하는 것이다. 어떤 기업이든 수많은 사업기회를 찾을 수 있다. 그렇지만 모든 사업들이 동등하게 매력적이지는 않다. 오늘날 많은 기업들이 정보통신업, 유통업, 외식산업에 진출하지만 섬유분야나 석탄사업분야는 외면당하

Highlight

쇼핑몰인가 미술관인가… 신세계면세점 포스트 코로나 대비 '아트경영' 활짝

신세계면세점이 '아트경영'으로 포스트 코로나시대를 준비한다.

면세점 운영은 특성상 '관광객 입국'이 필수조건이다. 언젠가 관광이 본격재개되는 시점에 관광객들이 다시금 한국을 방문하고, 국내외 고객들이 매장을 찾게 만드는 동기부여가 필요하다. 신세계면세점은 고객에게 아트(Art)라는 특별한 경험을 제공해 브랜드 정체성을 확보하면서 고객에게 다가가는 전략을 세웠다. 신세계면세점은 업계최초로 미술품을 체험할 수 있는 공간 '아트 스페이스'를 8월 서울 명동 본점 8층에 마련했다. 아트 스페이스는 참여작가들의 특유의 감성이 고스란히 전해지도록 '작가의 방' 콘셉트로 꾸몄다. 고객들은 마치 미술관에 온 듯 자유롭게 작품을 즐길 수 있다.

첫 전시에 참여한 작가는 소냐리와 김은아. 소냐리는 화려한 색감과 독특한 그림체로 MZ세대에게 인기를 모으고 있는 일러스트레이터다. 네덜란드와 한국을 오가며 벽화나 미술품, 상품전시 등을 통해 다양한 작품을 선보이고 있으며, 신세계면세점의 연간 시즌 테마개발을 함께하고 있다. 김은아 작가는 자연과 일상 속 소재들을 수채화 감성으로 작품에 담아내는 디자이너로 라이프스타일 전문점 리디아 아트앤센트(LYDIA Art&Scent)를 운영하고 있다. 소냐리 작가의 일부작품의 경

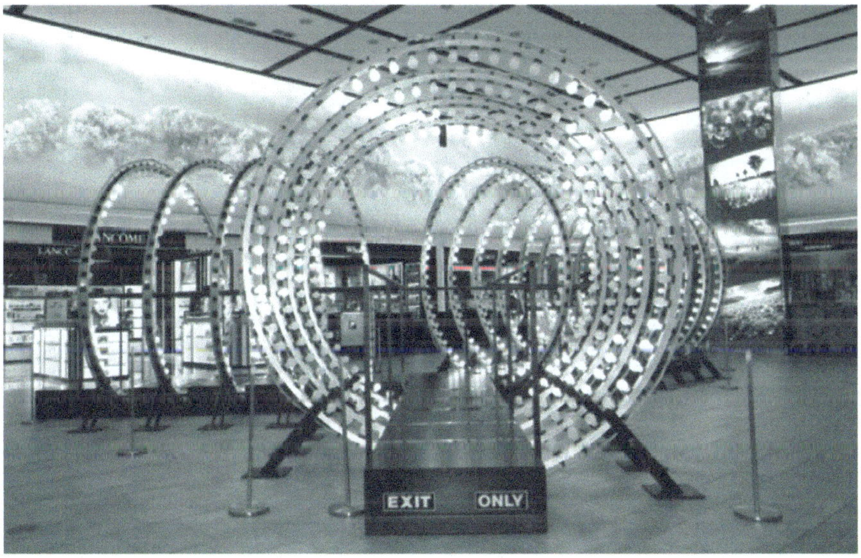

우에는 88점 한정판으로 제작돼 판매된다. 한정판 에디션구매 시 에디션넘버가 적힌 보증카드가 함께 제공된다.

신세계면세점은 설치미술 작품전시도 지속적으로 진행해 오고 있다. 2016년 명동점 오픈 당시 10층 미디어 파사드 존에 벨기에 출신 설치미술가 카르스텐 휠러의 대형회전그네 '미러 캐러셀(Mirror Carousel)'을 설치했다. 필리핀 최고 인기연예인 나딘 루스트레가 뮤직비디오를 촬영했을 정도로 글로벌 명소로 유명해지며 국내외 고객들의 발길을 끌었다. 2020년에는 가로 12m, 세로 6m의 거대하고 화려한 회전터널을 연상시키는 휠러의 작품 'Y'(사진)로 교체해 현재까지 전시하고 있다. 2003년 베니스 비엔날레에서 초연된 작품 Y는 무려 960개의 전구를 나선형으로 만들어 시간차로 빛나게 해 마치 터널안으로 빨려 들어가는 시각적 체험을 제공한다.

10층 상단에 있는 미디어 파사드에서는 고객체험형 전시 '다시 만난 세계'전을 운영 중이다. 코로나19로 장기간 해외여행이 어려운 지금, 여행에 대한 고객들의 소중한 추억들을 접수해 제작한 단편영상을 보여주는 전시이다. 지금까지 미국, 프랑스, 태국편이 공개됐으며, 홍콩편도 전시될 예정이다. 올 7월 2021 대한민국 디지털애드 어워즈의 디지털 영상부문에서 은상을 수상하며 전시의 우수성을 인정받았다.

신세계면세점 관계자는 "면세점이 쇼핑만족도를 높이는 것은 기본이다. 향후에도 신세계면세점 단독 브랜드들의 MD를 획기적으로 구성할 뿐 아니라 신세계면세점을 꼭 방문해야 하는 특별한 '이유'를 지속적으로 고민하고 발굴해 나갈 예정"이라고 전했다.

• 출처 : 동아일보, 2021년 9월 24일

고 있다. 그 이유는 무엇일까? 바로 사업(또는 산업)매력도의 차이때문이다.

매력적인 사업이란 현재의 수익성이 높고 미래의 성장성이 높은 사업이다. 많은 사람들이 정보통신이나 생명공학 분야를 매력적인 사업분야로 꼽고있는 것도 바로 그 때문이다. 그러나 수익성과 성장성이 좋은 사업이라고 모든 기업이 진출할 수 있는 것은 아니다. 어떤 기업이든 강점이 있고 또한 약점이 있기 마련이다. 따라서 기업은 특정 사업에서 성공하기 위한 필요한 요건들에 대해 자사가 얼마나 강한지 약한지를 평가해야 한다. 이를 통해 사업의 매력도와 자사의 강점이 잘 일치하는 사업을 선정해야 하는 것이다. 그 과정에서 S.T.P (segmentation, targeting, positioning) 전략을 잘 활용해야 한다.

1) 시장세분화(Segmentation)

한 제품의 전체시장은 여러 다양한 구매자들로 구성되어 있으므로 시장을 복수의 보다 동질적인 하부집단들로 나누는 것을 시장세분화라고 한다. 일반적 원칙은 한 세분시장내 구매자들이 요구하는 제품 및 요건들이 동일하여, 기업이 동질적인 마케팅프로그램을 사용할 수 있게 하자는 것이다.

시장세분화의 기준으로 사용되는 변수는 여러 가지가 있는데, 가장 흔히 사용되는 것이 나이, 성별, 소득, 직업, 교육 정도, 종교, 가족 규모 등을 포함하는 인구통계변수(demographics)와 구매자들이 제품구매로부터 얻고자 하는 혜택(benefits)이다. 인구통계변수의 적용사례를 보면, 고소득층과 중/저소득층은 승용차구매시 욕구가 상이하며, 젊은층과 노년층도 마찬가지이다. 따라서 자동차회사들은 상이한 소득과 연령층별로 별개의 모델을 제공해야 하는 것이다.

기업이 실제로 시장세분화를 적용할때는 하나의 변수만을 사용하기보다 여러 인구통계 변수와 혜택을 동시에 사용하는 경우가 많다.

시계시상의 예를 보면, 고소득증의 남녀로 대도시에 거주하고 회사에서 업무 시 정장과 함께 착용하는 중후한 시계를 원하는 구매자층이 있고, 중산층의 젊은이로서 평범한 시계에 스포티하고 가벼우며 두 번째로 사용되는 시계를 원하는 구매자층도 있는 것이다. 이처럼 시장을 공급자의 일방적 시각이 아닌 소비자의 세심한 부분까지 고려하여 분류하고 그 나누어진 시장의 원하는 바를 찾아가는 과정이 바로 시장세분화의 의미이다.

2) 표적시장(Targeting) 선정

한 사업분야의 실제 구매자와 잠재 구매자의 집합을 시장이라고 한다. 어떤 기업이든 한 제품에 대해 시장전체에서 최고가 되기는 어렵다. 구매자들의 기호, 취향, 구매습관 등이 너무나 다양하기 때문이다. 또한 기업마다 능력을 가장 잘 발휘할 수 있는 세분시장이 다르다. 따라서 한 기업이 시장전체를 표적으로 하여 경쟁하기보다는 그 시장에서 자사가 가장 잘 충족시켜 줄 수 있는 부분을 알아내야 한다. 표적시장의 결정에 관하여 세 가지 일반적 접근방법을 생각할 수 있다.

첫째, 대량마케팅으로 모든 구매자들을 대상으로 하나의 제품을 대량생산, 대량유통, 대량촉진하는 방안이다. 대량마케팅의 논거는 최저비용과 가격을 성취하여 최대의 시장규모를 창출한다는 것이다. 과거에 코카콜라사는 하나의 콜라만을 생산하였으며 이 제품이 모든 구매자에게 만족스럽기를 기대하였다.

둘째, 다양화 마케팅으로 품질, 제품속성, 크기, 스타일 등에서 상이한 두 세 가지 제품을 생산하는 것이다. 코카콜라사가 그 다음 단계로 크기와 용기가 상이한 몇 가지 콜라를 내놓은 경우이다. 각 콜라가 특정 구매자층을 지향했다기보다는 불특 정다수의 구매자들에게 다양성을 제공하기 위한 것이다.

셋째, 표적마케팅으로 시장전체를 상이한 세분시장으로 구분하고, 그 중 소수를 선정하고, 선정된 각 세분시장에 맞도록 제품과 기타 기업노력을 개발, 제공하는 것이다.
표적마케팅을 실행하면 기업이 자사의 시장기회를 평가하기가 보다 용이해지고 각 표적에 적절한 제품, 가격, 유통, 촉진을 개발하고 제공할 수 있다. 오늘날 시장전체를 하나의 동질시장으로 볼 수 있는 경우가 거의 없으며 점점 더 작은 시장단위들로 분할되어가는 추세에 있다. 기업들이 이러한 추세에 맞게 변화해야 존속할 수 있는 것이다. 따라서 미시마케팅(micro–marketing)이라 하여 기업이 아주 좁게 규정된 세분시장에서 구매자들의 니즈와 욕구에 마케팅프로그램을 맞추고자 노력한다. 또한 보다 극단적인 형태로 맞춤형 마케팅이라하여 한 기업의 마케팅프로그램을 맞추는 대상을 집단이 아닌 특정 개인구매자 또는 기관으로 잡는 경우도 있다. 이 경우 여러 층으로 나누어진 세분시장들 중에서 자사에 가장 적합한 소수의 세분시장을 선정해야 한다. 얼마나 많은 세분시장을 표적으로 할 것인가를 정하는 것이 시장범위(market–coverage)결정이다. 이 결정에는 기업의 자원보유정도를 고려해야 한다.

예컨대 자금이나 인력이 풍부한 대기업은 여러 세분시장을 범위로 하여 각 세분시장에 별개의 마케팅프로그램을 사용할 수 있을 것이다. 그러나 중소기업은 경쟁정도가 낮은 한 두 개의 세분시장에 자원을 집중하는 것이 좋을 것이다.

어떤 세분시장을 선정할 것인가를 결정하기 위해서는 세분시장별 규모와 성장전망, 구조적 매력도, 자사의 목표와 자원 등을 평가해야 한다. 시장규모와 성장전망면에서 보면 어떤 기업은 현재 매출액과 이익이 가장 크고 성장률이 가장 높은 세분시장만이 모든 기업에게 최적이지는 않다.

중소기업의 경우에도 시장성과 성장성이 높은 세분시장이 경쟁력이 있고 매력적이지만 이러한 시장에서 경쟁할 기술이나 자원이 부족할 수 있다. 따라서 중소형의 기업은 소규모의 매력도가 다소 떨어지는 세분시장을 선정하는 것이 유리할 수 있다. 절대규모면에서 덜 매력적이더라도 자사에는 더 높은 수익성을 제공할 수 있기 때문이다.

다음으로 세분시장별 구조적 매력도를 평가한다. 우선 한 세분시장에 많은 수의 강력한 경쟁사들이 이미 진입해 있으면 이 시장의 장기적 수익성은 좋지 않은 것으로 보아야 한다. 자사제품에 대한 대체품이 존재하는 세분시장은 좋지 못하다. 대체품은 자사제품이 받을 수 있는 가격에 제약을 줄 가능성이 높다. 그리고 한 세분시장 내 구매자들의 교섭력(bargaining power)이 강하면 그 시장의 수익성이 감소될 것이다. 교섭력이 강한 구매자들은 자사에 가격을 인하하도록 또는 더 높은 서비스를 제공하도록 작용할 것이다.

마찬가지 원리로 특정 세분시장에 원자재나 설비, 서비스를 제공하는 공급자들의 교섭력이 강하면 그 시장의 수익성이 감소될 것이다. 이러한 공급자들은 원자재의 공급가격을 인상하거나 품질이나 수량을 감축시키려고 작용할 것이다.

특정 세분시장이 규모와 성장전망 및 구조적 매력도에서 좋은 평가를 받는 경우 자사의 마케팅목표와 합치되는지를 평가해야 한다.

예컨대 고품질과 부의 상징으로서의 이미지를 유지해온 벤츠자동차사가 경제성과 가격이 중요한 구매기준인 소형차시장에 진출할 것인가를 고려한다고 해보자. 소형차시장의 규모나 매력도 뿐만 아니라 자사의 장기적 이미지에 어떤 영향을 줄 것인가도 평가되어야 할 것이다. 또한 이 세분시장이 자사의 마케팅목표와 부합되는 경우 시장에서 성공하는 데 요구되는 기술적 자원, 인적자원, 물적자원을 보유하고 있는지도 객관적으로 평가해야 한다.

3) 포지셔닝(Positioning)

자사에 적합한 세분시장을 선정한 다음에는 이 시장에서 자사제품이 경쟁사들과 비교하여 뚜렷하게 구분되는 독특한 이미지를 갖도록 하는 방안을 모색해야 한다. 우리에게 잘 알려진 유명상표들은 그 이름만 들으면 떠올리게 되는 독특한 이미지를 구축하고 있다.

예를 들면 벤츠나 캐딜락은 고급차의 대명사로, 볼보는 안전성이 뛰어난 차로, 매킨토시 앰프는 고품질로, 싱가포르 항공은 뛰어난 서비스로, 소니는 신뢰성으로, 구찌는 디자인으로 독특한 이미지를 가지고 있다. 구매자들은 대부분 특징없는 평범한 제품을 선택하지 않으며 구매결정시 확실한 이미지를 가지고 있는 제품을 선호하게 된다. 그러기 위해서는 제품의 독특한 이미지 확립이 우선되어야 하며 그것이 바로 고객의 마음속에 특정한 위치를 잡는 것이다.

특정제품이 위치는 그 제품이 소비자들의 마음속에서 경쟁품에 비교하여 차지하는 장소를 말한다. 또한 한 제품이 위치는 소비자들의 주관적 인식과 평가에 의하여 이루어지는 것이다. 주로 소비자들은 한 제품에 대해 경쟁제품과 비교하여 어떻게 지각하고 어떻게 느끼는지의 이미지를 가지게 되는데, 이러한 것들이 결합되어 그 제품의 위치가 결정된다.

마케팅관리자들은 자사제품에 대한 소비자의 위치인식이 계획한 의도대로 자사에 유리하게 이루어지도록 하기 위하여 여러 가지 노력을 한다. 이러한 목적으로 마케팅관리자들이 차별화된 자사의 이미지를 만들어내기 위해 제품과 서비스, 광고 그리고 홍보를 통해 만들어 내는 소비자 마음속에 위치를 잡는 것을 포지셔닝이라고 한다.

고객들의 마음속에 어떻게 포지셔닝하는가에 따라서 기업의 매출과 선호도는 달라지게 마련이다. 예를 들어 고객이 기업에 대한 좋은 이미지를 가지고 있다면 당연히 그 이미지를 배경으로 기업이 생산하는 제품과 서비스에 대해 구매하고자 할 것이며 그 반대의 경우는 그렇지 않을 것이다.

물론 포지셔닝은 하루아침에 만들어지지 않으며 단기적 이벤트를 통해서 생겨나는 것도 아니다. 꾸준한 노력과 지속적인 접촉을 통해서 고객들의 깊은 기억속에 만들어지며 결국 수차례의 경험과 만족여부를 거쳐 또다른 구매의지로 표출된다. 이처럼 포지셔닝을 제대로 하기 위해서는 많은 비용이 필요하며 구체적인 고객의 욕구를 명확하게 찾아가는 기술도 필요하다. 기업의 입장에서는 이렇게 중요한 포지셔닝을 위해 광고의 빈도, 모델선정 등 다양한 부분에도 관심을 기울이고 있다. 이것은 다시 말하면 각각의 과정에서 발생하는 여러 가지 이미지가 결국은 기업의 이미지로 축적되고 그것을 토대로 고객들은 그들의 구매행동을 시작한다해도 과언이 아니기 때문이다.

일반적으로 알고 있는 소비자들의 구매절차를 기억해보자. 그것은 가장 먼저 주의(attention)단계를 통해 제품 혹은 서비스를 인지하게 되고 관심(interest)의 단계로 이어진다. 관심의 단계에서는 단순한 관심보다는 비슷한 경쟁의 제품과 서비스에 대해 비교하기 시작하며 관심의 근거를 스스로 찾기시작하는 것이다.

왜 이럴까? 특징은 무엇이고 나에게는 어떤 영향을 주게되는가? 또한 관심의 단계 이후에는 욕망(desire)이 생기게 된다. 반드시 이 제품을 가지고 싶다는 스스로의 욕구가 생기는 것이다. 이것은 욕망이기 전에 제품이나 서비스가 표출하고 있는 매력이다. 또한 제품과 서비스로써의 막강한 장점이라고 해도 지나치지 않다. 그리고 마지막 단계로 구매행동(action)으로 이어지는 것이다. 이 과정은 일반적인 소비자들의 구매행동에서 나타나는 심리적 절차이며 이를 AIDA로 명명한다.

우리는 이 과정의 이전단계에 주목할 필요가 있다. 주의를 갖도록 하기 위해서 기업의 노력을 상상할 필요가 있다는 것이다. 바로 기업의 브랜드가 갖는 포지셔닝의 경쟁력이다. 제대로 된 포지셔닝만이 주의를 끌 수 있게 되며 결국 그 주의가 마지막 단계인 구매행동까지 연결시키는 것임을 명심해야 한다.

2. 마케팅믹스(Marketing Mix)

시장세분화, 표적시장선정, 포지셔닝에 관한 의사결정이 완료되면 마케팅믹스 전략을 수립해야 한다. 마케팅믹스는 기업이 표적시장으로부터 원하는 반응을 창출하기 위하여 사용하는 통제가능한 마케팅변수들의 조합을 말한다.

마케팅믹스에는 네 그룹의 변수들이 있는데 제품(product), 가격(price), 유통(place) 그리고 촉진(promotion)이다. 네 변수 모두 P로 시작한다는 데 착안하여 4P라고 부른다.

제품은 기업이 표적시장에 판매대상으로 제공하는 물리적 대상과 서비스의 혼합을 말한다. 예를 들어 현대자동차의 승용차는 볼트와 너트, 점화플러그, 피스톤, 전조등 및 그밖의 수많은 부품들로 구성되어 있다. 수동변속과 자동변속이 있고 그외에 많은 사양품들도 있다. 제품보증 또한 제품의 일부로 보아야 한다.

가격은 제품을 구입하기 위하여 구매자가 치러야 하는 금액을 말한다. 현대자동차는 전국적으로 동일한 소매가격을 제시한다. 각 대리점은 이 가격을 기준으로 하여 구매자와 협상과정에서 일부할인하기도 한다. 유통은 표적시장내 소비자들에게 자사의 제품이 획득가능하도록 하는 모든 활동을 말한다. 현대자동차는 전국에 수많은 대리점을 보유하고 있다.

각 대리점은 여러 차종을 전시하고, 잠재구매자들과 상담을 하고, 가격을 협상하며 판매를 종결하고, 주문과 배달처리를 한다. 촉진은 제품의 장점을 알리고 잠재구매자들에게 구매하도록 설득을 하는 활동들을 말한다. 현대자동차는 TV, 신분, 잡지 등 대중매체에 많은 광고를 하고, 신차도입시 발표회, 기자회견 등의 행사를 개최하기도 한다. 그리고 대리점들은 구역내 잠재구매자들에게 우편광고를 하고 방문고객들에게 제품설명과 설득을 한다.

이러한 네 가지 마케팅믹스 요소들이 적절하게 혼합되어야만 효과적인 마케팅프로그램이 구성된다. 각 요소를 별개로 보아 의사결정을 하는 것이 아니라 모든 요소들이 조화를 이루어 원하는 마케팅목표가 달성되도록 전반적 관점에서 결정되어야 한다. 말하자면 자사제품의 특징에 맞도록 가격, 유통방식, 촉진이 계획되어야 한다. 지금부터 제품, 가격, 유통, 촉진의 각 요소를 차례대로 살펴본다.

1) 제품(Product)

오늘날 많은 기업들이 복수의 제품을 생산·판매한다. 중소기업도 단일품목만을 취급하는 경우는 드물고 대기업은 수천가지 품목을 생산하는 경우도 있다. 제품은 교환의 형태로 받는 유형제품, 서비스, 아이디어를 말한다. 제품은 일정한 형태를 가질 수도 있으나 형태가 없을 수도 있다. 또한 제품은 사회적 효용, 심리적 효용, 기능적 효용, 편익 등을 포함하고 있다. 제품은 포괄적으로는 설치, 보증, 제품정보, 수리, 유지에 대한 약속까지도 포함한다. 아울러 많은 기업들이 자사의 제품에 상표를 사용하고 있다. 어떤 제품이든 신제품으로 시장에 출시되어 마지막으로 시장에서 사라져갈 때까지 많은 단계를 거친다. 여기에서는 상표, 신제품개발, 제품수명주기의 순으로 논의를 전개한다.

(1) 상 표

오늘날 많은 제품들이 상표를 사용하고 있다. Samsung, Disney, Sony, Mercedes-Benz, BMW, Panasonic, Toyota, Seiko, Coca-Cola와 같은 세계적으로 잘 알려진 상표들은 제품에 가치를 부여해 준다.

상표는 한 기업의 제품을 다른 기업의 제품들과 구별하도록 해주는 이름, 용어, 디자인, 상징 또는 어떤 다른 특징이다. 상표는 단일제품 아이템, 유사제품군, 판매자의 모든 제품아이템을 확인가능하게 할 수 있다. 이러한 상표를 개발·유지하는 데는 장기적 관점에서 많은 투자가 요구된다. 소비자들이 발음하기 좋고 기억하기 쉬운 상표명을 찾아내야 하고, 이 상표에 대한 인지도와 선호도를 높이기 위하여 지속적으로 광고를 해야 하며, 경쟁상표와 잘 구분되는 포장을 사용해야 한다. 이러한 비용을 회피하기 위하여 제품을 생산하기만 하고 상표구축 작업은 다른 기업에 맡기는 경우가 있다.

예컨대 우리나라의 신발업체들이 생산하는 일반운동화와 테니스화는 생산자의 상표가 아닌 나이키, 리복, 아디다스 등 주문자상표로 판매되는 경우가 많다. 말하자면 우리 신발업체들이 유명상표보유 기업들의 하청업체역할을 하는 것이다.

상표를 통제하는 기업에게 힘이 있다는 것을 결국 깨닫게 되는 경우가 많다. 우리나라의 수많은 중소기업들이 신발, 섬유, 전자 등의 업종에서 하청수출을 해왔다. 그런데 우리의 공급가격이 높아지자 유명상표를 보유한 주문자들이 타국의 더 저렴한 공급자들을 찾아 떠났다. 이러한 판매기회손실을 막기 위하여 우리중소 수출업체들이 할 수 있는 것은 별로 없었다. 최종소비자들이 선호하는 것은 유명상표이지 하청생산 업체가 아니기 때문이다.

강력한 상표는 강한 소비자 충성도(consumer loyalty)를 유발한다. 많은 소비자들이 이러한 상표의 제품을 구매하고, 경쟁상품이 더 낮은 가격에 판매되더라도 이끌리지 않는 것이다. 또한 소비자들이 선호하는 상표를 보유한 기업은 경쟁자의 많은 고공공세에도 흔들리지 않는다. 따라서 많은 기업들이 자사상표에 대한 인지도와 선호도를 높이기 위하여 막대한 투자를 아끼지 않는다. 과거에 상표가 사용되지 않던 건설업, 주유소, 육류 등의 업종에서도 상표가 사용되기 시작하였다.

한편, 일부소비재에서는 의도적으로 상표를 사용하지 않는 무상표품(generics)이 유통되고 있다. 무상표품이란 상표를 붙이지 않은 평범한 포장의 제품으로 상표제품에 비하여 상당히 가격이 저렴하다는 특징이 있다. 무상표품의 저가격은 낮은 품질의 원자재 사용, 포장비 절감, 광고비절감 등으로 가능할 것이다. 무상표품은 미국의 경우 인플레이션 경기침체가 심했던 1980년대 초반에 큰 인기를 모았다.

무상표품에는 가격상의 이점이 있지만 품질이 낮다는 의심을 받고 있다. 소비자들이 품질에 별로 개의치 않는 제품류 또는 상표제품과 큰 품질차이가 없는 제품류에서 무상표품이 잘 판매된다.

미국의 경우 종이, 냉동식품, 피넛버터, 통조림식품, 일회용 기저귀 등에서 큰 인기를 얻었

다양한 무상표품

다. 상표를 사용할 것인가 말 것인가를 결정하기 위해서는 상표사용의 이점과 비용을 검토해야 한다. 일반적인 이점과 비용요소는 위에서 언급되었다. 보다 구체적으로 상표사용에서 누구에게, 어떤 이익이, 어느 정도 발생하는지 그리고 상표개발과 관리에 소요되는 비용을 계산해 보아야 할 것이다.

(2) 신제품개발

오늘날은 소비자들의 기호와 기술 그리고 경쟁양상이 급격하게 변화하기 때문에 기업들이 기존 제품에만 의존해서는 존속하고 성장을 기할 수 없다. 우리나라에서도 거의 매년 자동차의 신형모델이 나오고, 냉장고나 TV같은 가전제품은 새로운 모델이 나올 때마다 더욱 편리한 속성이 추가되거나 기능이 향상되고 있다. 신세대들 사이에 유행하는 옷차림과 신발, 머리모양은 더욱 빠른 속도로 변화되고 있다.

신제품의 성공률을 높이기 위해서는 제품개발과정을 효과적으로 관리해야 한다. 보통 제품개발은 아이디어 창출－아이디어 선별－제품개념개발 및 테스트－마케팅전략개발－사업성분석－제품개발－시험마케팅－출시의 8단계를 거치는 것으로 볼 수 있다.

신제품개발은 아이디어 창출로 시작된다. 우연하게 좋은 아이디어가 나오는 경우가 있지만, 우연에 의존할 수는 없고 체계적 탐색을 해야한다. 아이디어 원천으로 기업내부, 고객, 경쟁사, 유통업자 및 공급자 등이 이용될 수 있다.

지금까지 제품은 말로 된 설명이거나 그림 또는 모형에 불과하였다. 제품개발단계에서 연구개발 또는 엔지니어링 부서가 개념을 토대로 실물을 시험제작한다. 여기서 비용이 크게 증가되고, 제품이 실제로 개발될 수 있는지 판가름나게 된다. 시험제작된 제품은 실험실과 현장에

신제품 개발 및 판로개척을 위한 회의장면

서 기능테스트를 거치고 소비자 테스트를 통하여 만족도를 검토하게 된다.

시험제작된 제품에 예상마케팅 프로그램을 적용하여 현실적인 시장상황에서 테스트를 실시한다. 일부지역을 선정하여 몇 개월간 실제판매를 해볼 수도 있고, 실제 소매점처럼 꾸민 시험점포를 통해 예상구매자들의 반응을 볼 수도 있다. 여기서 긍정적 결과가 나오면 제품을 생산하기 시작하며 시장에 도입한다. 이 단계에서는 초기 유통점확보와 제품홍보를 위한 광고비로 인하여 가장 비용이 많이 소요되는 단계이다. 기업은 언세, 어떤 시장부터, 누구를 대상으로, 어떻게 접근할 것인가에 대한 실행계획을 비로소 수립해야 한다.

(3) 제품수명주기(Product Life Cycle_PLC)

인간이 태어나서 유년기, 성년기, 노년기를 거쳐 삶을 마감하듯이 제품에도 수명주기가 있다. 제품수명주기는 한 제품이 신제품으로 시장에 도입되어 사라져 가기까지 거치는 매출액과 이익의 변동패턴을 말한다. 전형적 제품수명주기는 도입기, 성장기, 성숙기, 쇠퇴기 등 네 단계로 구성되어진다.

제품이 처음으로 시장에 출시되면서 시작되는 도입기(introduction stage)는 비교적 오랫동안 지속된다. 이 단계에는 매출액 성장이 매우 느리다. 매출이 낮은 반면 유통비용과 촉진비용이 많이 소요되어 보통 손실이 발생하거나 이익이 생겨도 매우 적다. 유통업자들을 동원하여 유통망을 구축하고 이들로 하여금 자사제품을 취급하게 하는 데 많은 투자가 소요된다. 잠재구매자들에게 신제품을 알리고 시험구매에 나서도록 하는 데 광고를 포함하여 많은 촉진비용이 요구된다. 신제품에 대한 구매성향이 가장 높은 집단에 기업의 판매노력을 집중한다.

신제품이 초기 구입자들을 만족시키면 매출이 급속하게 증가하는 성장기(growth stage)에 진입한다. 초기 구입자들로부터의 구전에 의하여 대중이 구매하기 시작하는 것이다. 제품의 단위당 제조비용이 감소되고 촉진비용이 많은 수량으로 분산됨에 따라 이익은 증가한다. 매력적인 이익기회를 잡기위하여 경쟁사들이 진입하고 새로운 제품속성들을 추가적으로 제공하며 새로운 경쟁사와 함께 증대되는 유통점으로 인하여 시장규모가 확대된다. 이 단계에서 기업의 주요과제는 시장확대에 노력하면서 동시에 경쟁우위확보에 나서야 한다는 것이다.

성장기가 끝나면서 매출액이 정체상태에 이르는 성숙기(maturity stage)가 시작된다. 성숙기는 이전단계들에 비해 더 오랫동안 지속되며 마케팅관리자에게 많은 도전을 제기한다. 우리가 알고 있는 많은 제품들이 사실 이 단계에 있기 때문에 제품관리의 대부분이 성숙기 제품에 관한 것이다. 또한 많은 경쟁사들이 진입해 있어 매출은 정체되고 설비도 과잉에 이르기 쉽다. 경쟁사들이 가격을 인하하고 제품개선을 하기 위하여 연구개발비를 증대시키며 광고를 증가시키게 된다. 그러나 이익은 감소되기 시작하고 약한 경쟁사들은 도태되기 시작한다. 이어서

그림 10-3 **제품수명주기(Product Life Cycle_PLC)**

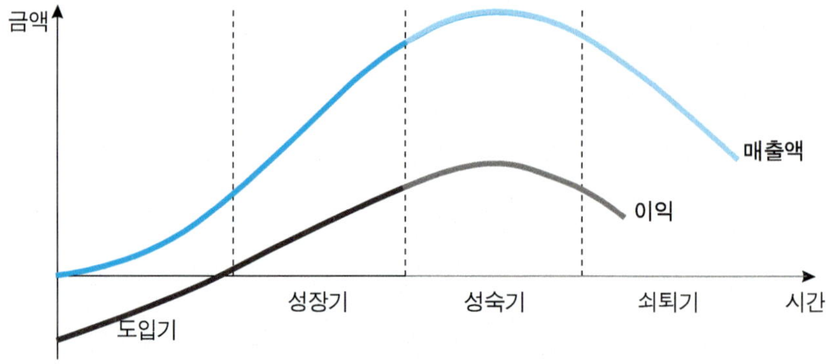

쇠퇴기(decline stage)에 접어들게 된다. 이 시기는 다른 사업으로의 빠른 전환과 더불어 보유한 재고상품에 대한 처리문제를 고민해야 하는 시기이다. 각 단계별 특징을 정리하면 다음과 같다.

① 도입기

- **특징**

· 일반적으로 상당기간 지속되며 완만하거나 평탄한 성장률
 예, 캔커피, 오렌지주스 등도 상당기간 동안 도입기 지속
· 이익은 최저 또는 마이너스
· 유통과 촉진에 매출액의 대부분 할당
· 매출액 대비 촉진비용이 매우 높음(인지도 증진, 시용유도, 유통판촉 등)

- **경쟁과 전략**

· 경쟁사 소수 또는 없음
· 생산제품은 대개 범용스타일
· 대개의 경우 고소득층을 겨냥한 고기능성, 디자인추구로 마진율을 높임
· 생산원가, 유통비용, 촉진비용 등의 원인으로 고 마진율채택

- **시장선점 효과**(개척기업)

· 발명기업, 제품개척기업, 시장개척기업
· 일반적으로 초기시장 선도기업이 성공적

- **시장선점 실패요인**

· 제품조잡

· 적절한 포지셔닝 실패
· 강력한 수요창출전 출시
· 제품개발 및 출시비용의 고갈
· 관리상 역량부족

② 성장기

- 특징

· 본격적으로 판매가 증가하는 단계
· 혁신자나 조기수용자들의 적극적 재구매단계
· 구전마케팅의 효과가 본격적으로 발휘되는 단계
· 손익분기점을 탈피하여 본격적으로 이익이 증대되는 단계

- 경쟁과 유통

· 경쟁사의 활동이 본격화되고 유통이 활발히 움직임
· 대다수시장에 제품공급이 이루어짐
· 각 세분시장 안에서 치밀한 공방 전양상을 띰

- 전략

· 촉진의 효과가 대단위 생산량에 의해 분산되면서 제조원가가 하락하고 이익이 급속히 증가
· 제품의 품질개선, 새로운 제품특성 및 제품라인을 추가
· 새로운 세분시장 침투 및 유통경로구축
· 광고내용의 변경(제품인지 → 사용량 확대 & 브랜드구축)
· 소비자 유인 및 시장확대를 위해 가격인하
· 기업은 시장점유율 확대를 위한 투자와 단기순이익 증가를 위한 자금비축 중 하나를 선택해야 하는 단계

③ 성숙기

- 특징

· 소비자가 인지하는 대다수 제품은 수명주기상 성숙기에 위치
성장률(매출) 곡선이 둔화되기 시작하는 시점
· 성장성숙기 → 안정성숙기 → 쇠퇴성숙기
· 보통 장기간 지속되는 특징(완만한 곡선으로 나타남)
· 마케팅관리도 대부분 성숙기에 집중
· 소수의 대기업 및 틈새기업이 시장지배

- 경쟁과 유통
· 추가적인 경쟁사 진입은 거의 없으며 기존 경쟁사 중에서 경쟁우위를 확보하지 못한 기업이 하나씩 퇴출
· 과잉설비의 가동률을 유지하기 위해 생산은 지속
· 유통경로의 포화상태로 치열한 경쟁이 장기간 지속
- 전략
· 단순히 지키는데 급급해서는 안됨, 최선의 방어는 공격
· 여유있는 기업은 이때 연구개발비를 과감히 투자

④ 쇠퇴기

- 특징
· 기술변화, 소비자 기호변화, 경쟁의 격화로 인한 기업의 피로도 증가
· 성장곡선(증가율)은 (−)로 떨어짐
- 경쟁과 유통
· 경쟁사가 하나씩 시장을 빠져나감
· 소규모의 세분시장이나 유통경로는 통합내지는 제거
· 더 이상의 촉진전략은 거의 없음
· 시장에 출시되는 제품의 수 감소
- 기업의 손실
· 취약한 제품은 가시적인 재무적 손실에만 그치지 않음
· 고객불만으로 기업이미지 손상
· 고객요구수용, 가격조정, 재고조정 등으로 인한 비생산적 업무시간
· 대체해야 할 신제품출시 시점의 지연 등으로 여러 가지 불이익 동반
- 전략
· 유지전략(Hold) : 경쟁사들이 계속 철수하고 자사제품의 수익률이 괜찮으면 유지전략
· 수확전략(Harvest) : 단기이익을 확보하기 위해 가동률을 낮추고 인력을 다른 곳으로 투입
· 가격은 오히려 절상하여 단기이익증대
· 철수전략(Divest)
· 사업매각, 청산, 생산중단 등

⑤ 제품수명주기(PLC) 비판

· 수명주기의 유형은 형태(모양)와 기간면에서 다양하게 나타남

· 마케팅관리자 조차도 현제품의 수명주기상 단계파악이 어려움
· 판매량은 수명주기 때문이 아닌 마케팅전략의 성과물
· 제품수명주기(PLC)는 마케팅활동에 의해 영향을 받는 종속변수
예, 외부요인으로 소비침체 → 제품광고 자금을 신제품개발비용으로 전환 → 제품인지도 하락 → 제품수명주기상 쇠퇴속도 증가

2) 가격(Price)

가격은 제품 또는 서비스에 부과되는 금액이며 고객의 관점에서 보면 제품 또는 서비스를 보유·사용하는 혜택과 교환하는 가치라고 할 수 있다. 전통적으로 가격은 판매자와 구매자의 협상에 의해서 결정되었다. 말하자면 구매자 각자는 구매의 필요성과 협상기술에 따라 동일제품에 대하여 서로 다른 가격을 지불한 것이나.

오늘날은 다수 판매자들이 모든 구매자에게 동일한 가격을 적용하는 일물일가가 보편적으로 적용되고 있다. 가격결정은 상당부분 제조업자에 의해서 이루어져 왔는데 최근에는 이마트, 홈플러스, 롯데마트 등과 같은 대규모 할인점들이 가격파괴를 주도하면서 가격결정에서 유통업자들의 영향력을 증대시켰다.

가격은 전통적으로 구매에 영향을 미치는 중요한 요인이다. 제품에 별 차이가 없는 상품류(commodity)에서 또는 저소득국가, 저그룹층에서 주로 소비되는 많은 제품들에서 가격은 여전히 중요한 역할을 한다.

그렇지만 소비자의 가처분소득이 증가되면서 최근 많은 구매상황에서 가격요인보다 비가격요인이 더 중요해지기도 한다. 비가격요인은 가격 이외의 독특한 제품의 특징, 서비스, 품질, 촉진, 패키징 또는 경쟁제품과의 차별화 요인들을 강조할 때 비로소 비가격요인의 경쟁력이 발생한다. 하지만 비가격요인을 강조하는 마케터일지라도 경쟁자의 가격정책을 무시할 수는 없다. 왜냐하면 소비자들이 가격에 민감하게 반응하기 때문이며 마케터는 항상 경쟁사의 가격변화와 가격에 대한 정책에 따라 전략변화가 필요하기 때문이다.

3) 유통(Place)

유통은 제품 또는 서비스를 최종 소비자들에게 이전하는 과정에 참여하는 상호 의존적인 제조업체와 상인들의 집합을 말하는 것이다. 제조업체, 도매상, 소매상 그리고 최종소비자에게 이르는 이 모든 과정의 구성원들이 바로 유통구성원이 된다. 또한 제조업체가 유통경로 구성원으로부터 협조를 얻는 것은 경쟁우위확보에 중요한 역할을 하게 된다.

예컨대 세계 최대의 유통업체인 월마트(Wal-Mart)는 제품공급자들과의 협력관계를 통하여 경쟁우위를 강화시킨 좋은 사례이다. 월마트와 공급사의 마케팅, 생산, 유통, 재무 등 여러 부서사원들이 모여서 공동작업을 한 결과 각 지역의 특성에 잘 맞는 상품구색을 적시에 공급할 수 있도록 해주는 정보시스템을 개발한 것이다.

기업의 유통경로에 관한 의사결정은 장기적 구속력을 가진다. 가격이나 광고는 비효과적이라고 판단될 때 쉽게 변경할 수 있다. 그러나 독립적 중간상(도매상, 소매상)들과 계약을 통해 형성한 판매망은 상황이 바뀌어 자사의 판매지점을 설립하는 것이 더 효과적이라고 판단되는 경우에도 쉽게 바꿀 수 없다.

또한 마케팅에서의 유통경로는 마케팅믹스의 나머지 변수들에 강력한 영향을 준다. 유통경로결정은 제품의 출시와 구매자의 구매결정 가능성에 영향을 주게됨으로 더욱 중요하다. 따라서 효과적인 유통경로에 대한 운영 및 관리가 지원되지 않는다면 최고의 제품과 서비스일지라도 비즈니스는 성공하기 어렵다.

4) 촉진(Promotion)

기업이 자사의 제품 또는 서비스의 혜택, 속성, 장점을 잠재구매자에게 알리고 설득하는 기능을 총괄하여 촉진이라고 한다. 촉진은 많은 소비자들에게 기업을 더 긍정적으로 알리고, 기업의 제품들을 수용할 수 있도록 설득하고, 호의적 관계구축을 하도록 만드는 커뮤니케이션이다.

촉진에 사용되는 수단으로는 광고(advertising), 인적판매(personal selling), 판매촉진(sales promotion), 홍보(publicity)가 있는데 촉진의 목표를 달성하기 위하여 구성된 이러한 수단들

의 결합을 촉진믹스라고 한다.

광고의 주요매체는 신문, TV, 라디오, 잡지 등 대중매체이다. 광고가 대중매체를 통하여 전달되기 때문에 그 공적인 성격에 의하여 광고내용이 합리화되는 경향이 있고, 하나의 메시지를 여러번 반복할 수 있으며, 내용을 극화할 수 있고, 접촉인원당 비용이 싸다는 등의 장점이 있다. 반면 설득력이 낮고 총 광고비가 매우 비싸다는 단점도 있다.

어떤 매체를 통하든 전통적 광고는 미지의 대중을 상대로 한다는 공통점이 있다. 그러나 최근에는 빅데이터를 근거로 고객리스트를 작성하고 고객별 정보를 축적하여 개인으로서의 고객을 상대로 하는 광고가 증가하고 있다. 또한 인터넷을 활용한 광고의 형태가 최근들어 크게 성장하고 있다.

인적판매는 판매원이 고객과의 대화를 통하여 촉진기능을 수행하는 것을 말한다. 판매원이 고객에게 직접 정보를 제공하고 설득하기 때문에 신축성이 높고, 구매결정의 후반기 즉 고객이 제품을 평가하고 마음을 정하는 단계에 효과적이다. 그리고 광고에 비하여 청중을 듣게끔 유도할 수 있다는 장점이 있다. 반면에 판매조직을 유지하는 비용이 다른 어떤 촉진수단보다 비싸다는 단점이 있다.

판매촉진은 주로 단기적 판매확대를 위하여 사용되는 방법으로서 가격할인, 쿠폰, 무료견본, 경품, 리베이트, 판매경진 등의 수단이 있다. 쿠폰, 무료견본, 경품 등 주로 최종소비자를 대상으로 하는 판매촉진과 리베이트, 판매경진 등과 같이 주로 중간상에 대한 동기유발용으로 사용되는 판매촉진으로 분류된다.

홍보는 기업이 대가를 지불하지 않고 라디오, TV, 신문 등의 대중매체를 통하여 제품이나 서비스 또는 기업체에 관하여 상업적으로 의미있는 정보를 제공하고 그러한 정보를 뉴스 또는 기사로서 보도하여 정보를 제공함으로써 수요를 환기시키는 활동을 의미한다.

마트마다 매출증대를 위한 판매촉진에 고민하고 있다.

Highlight

삼성 · LG, 가전(家電) 정체 B2B로 뚫는다

삼성전자 작년 인수 '데이코' 활용, 빌트인 가전 유통망 구축 박차
LG전자 B2B 매출이 전체 20%, 사업본부 신설 조직개편도 단행

삼성전자 · LG전자 등 가전(家電)업계가 빌트인 가전, 자동차 전장(전자장비) 등 B2B(기업 간 거래) 사업에 힘을 싣고 있다. 세계 TV 시장이 정체기를 맞고 있고 생활가전 시장에서도 중국업체들의 저가공세에 밀리는 상황에서 고성장을 이어가고 있는 B2B 시장개척으로 돌파구를 마련하겠다는 전략이다. 이종욱 삼성증권 연구위원은 "삼성전자와 LG전자는 가전분야에서 뛰어난 기술력과 높은 인지도를 확보하고 있는 만큼, B2B 시장에서도 미국 월풀과 독일 밀레 등 해외업체들과의 경쟁에서 충분히 승산이 있다"고 말했다.

B2B(기업 간 거래) 힘 싣는 가전업계 양강

삼성전자	2016년 11월	〉 2017년 7월	〉 11월	〉 2018년
SAMSUNG	전장 업체 하만 인수	스크린 대체하는 '시네마LED' 출시	베트남에 B2B 가전 전시장 신설	빌트인 브랜드 데이코 국내 출시

삼성전자가 지난달 24일(현지 시각) 베트남 호찌민시에 문을 연 700㎡ 규모 B2B(기업 간 거래) 종합전시관에서 현지 모델들이 손님을 맞이하고 있다. 가전업계 양강인 삼성전자와 LG전자는 최근 들어 빌트인 가전, 자동차 전장, 디지털 사이니지 등 B2B 사업에 힘을 싣고 있다.

◇시네마 LED · 대형냉방기 등 사업확장

삼성전자는 빌트인 가전, 영화 스크린을 대체하는 시네마 LED(발광다이오드) 등을 중심으로 B2B 사업을 확대하고 있다. 삼성전자는 작년 인수한 미국 프리미엄 빌트인 가전브랜드 '데이코'를 활용해 고급생활 가전제품 개발과 전문 유통망 구축에도 박차를 가하고 있다. 내년초에는 국내시장에 본격적으로 제품을 출시할 계획이다. 데이코는 냉장고 · 오븐 · 가스레인지 · 식기세척기 등 주방가전을 합친 가격이 4000만원에 이른다. 고가인 점을 감안해 국내에서는 건설사 최고급 브랜드부터 맞춤형 납품이 이뤄질 것으로 보인다. 삼성전자 관계자는 "미국과 유럽에 이어 앞으로 급성장할 것으로 예상되는 아시아 빌트인 시장을 공략할 계획"이라고 말했다.

TV 사업에서는 극장 스크린을 대체하는 영화관용 대형 전광판인 시네마 LED 사업을 확대하고 있다. 올 7월 롯데시네마에서 처음 선보인 데 이어 10월 태국 메이저시네플렉스, 11월 스위스 아레나시네마와 공급계약을 맺고 해외시장까지 확대하고 있다.

LG전자의 올해 B2B 매출은 12조원을 넘어서며 전체 매출의 20%에 달할 것으로 알려졌다. 2014년 9조원, 전체 매출비중 15% 안팎이었던 점을 감안하면 3년 사이 급성장한 것이다. 특히 에어컨 사업에서는 B2B가 차지하는 비중이 절반을 넘어섰다. 고양 스타필드 등 대형 쇼핑몰에 납품이 이어지고 있다는 것이다.

LG전자 관계자는 "대형건물용 칠러(chiller · 대형냉방기) 제품을 공급하는 것을 넘어서 에너지

LG전자	2017년 9월	〉11월	〉2017년 말	〉2018년
	독일 프랑크푸르트 모터쇼 첫 참가	B2B 사업 본부 신설	B2B 사업 매출 비중 20% 달성	자동차 전장부문 흑자 전환 전망

LG전자는 지난 9월 독일 프랑크푸르트 모터쇼에 처음으로 참가해 글로벌 고객들에게 자동차 전장 부품을 소개했다.

효율화 컨설팅과 유지·보수 서비스까지 함께 제공하며 올해 매출이 급성장했다"고 말했다. 자동차 전장사업은 두 회사가 치열한 선점경쟁을 벌이는 분야다. 삼성전자는 지난해 인수한 전장 업체 하만의 제품에 삼성전자의 인공지능(AI), 사물인터넷(IoT) 기술을 접목하는 데 주력하고 있다. 전기차 부품이나 자동차 소프트웨어 같은 차세대 전장시장에도 진출할 계획이다. LG전자 전장사업은 올 들어 벤츠 등 글로벌 자동차 브랜드로부터 잇따라 러브콜을 받고 있다. 세계 최대 통신용 반도체 업체 퀄컴과 함께 자율주행차 개발에도 나섰다. 김지산 키움증권 연구원은 "LG전자 VC(자동차 전장)사업본부는 내년 하반기부터는 분기 매출이 1조원대로 올라서며 흑자를 내기 시작할 것"이라고 말했다.

◇B2B에서도 라이벌구도 이어질 듯

두 회사는 B2B 사업강화를 위한 대대적인 조직개편 작업도 착수했다. LG전자는 지난달 말 사장급인 B2B사업본부를 신설했다. B2B 분야를 LG전자의 주력사업인 TV·생활 가전·스마트폰과 동등한 위치로 끌어올린 것이다. 특히 구본무 LG회장의 장남인 구광모 상무를 디지털 사이니지(상업용 디스플레이) 담당 사업부장에 선임해 힘을 실어줬다. LG전자 관계자는 "구 상무를 B2B 사업에 투입한 것만 봐도 그룹차원에서 B2B를 얼마나 중요하게 생각하는지 알 수 있다"고 말했다.

삼성전자는 지난달부터 반도체·부품부문에서 총괄하던 전장사업을 CFO(최고재무책임자)인 노희찬 사장에게 맡기면서 전사(全社) 차원에서 공을 들이고 있다. 업계관계자는 "독일 BMW 등 기존 하만의 거래처들이 이제는 삼성과 직접 협의를 하자고 할 정도로 전장업계에서 삼성의 위상이 달라지고 있다"고 말했다. 전자업계 관계자는 "두 회사가 B2B 시장공략에 적극적으로 나서면서 미국 월풀, 독일 써마도·밀레 등 기존 강자들이 긴장하고 있다"면서 "B2B 사업분야에서도 두 회사의 오랜 라이벌 구도가 이어질 것"이라고 말했다.

• 출처 : 조선일보, 2017년 12월 26일

홍보의 장점은 대중들이 제품에 대한 정보를 뉴스를 통해 얻게 됨으로써 신뢰성이 높다는 것이다. 홍보활동의 효율화를 위해서는 먼저 홍보활동의 목적을 설정하고 이에 따라 이용할 메시지와 매체를 선택하여 집행한 후 그 성과를 평가하는 단계가 필요하다.

3. 마케팅과 구전(word of mouth)

1) 구전의 중요성

요즘같이 네트워크가 강력한 힘을 발휘하는 세상에는 고객들의 입을 통해 전달되는 소문은 기업들에게 매우 중요한 의미가 있다. 입소문이 점점 더 중요해지는 이유에 대해 로젠은 그의 저서에서 세 가지 요인을 제시하였다.

첫째, 고객은 기업이 전하는 이야기를 거의 들을 수 없는 상황이라는 것이다. 소음(noise)이 너무 많기 때문이다. "요즘시대의 하루치 뉴욕타임스에는 17세기 평균적인 영국인들이 평생접하는 양보다 많은 정보가 들어 있다"고 리처드 솔 워먼은 지적하였다.
소비자들은 매일매일 엄청난 양의 광고에 노출되어 있고 대부분의 광고메시지를 걸러내지만 친구들의 이야기에는 귀를 기울이게 된다.

둘째, 고객들의 회의적인 태도이다. PR회사인 포터노벨리의 조사결과에 따르면 일반대중 가운데 37% 정도만이 소프트웨어나 컴퓨터회사에서 나오는 정보를 '아주 또는 그런대로 믿을 만한'것으로 보고 있다고 한다.
제약회사의 경우 그 비율은 더 떨어져 28%에 머물고 있으며, 자동차회사는 18%, 보험회사는 16%에 불과하다고 한다.

셋째, 고객들의 상호 연결성이다. 보이지 않는 네트워크가 갈수록 더 중요해지는 가장 큰 이유는 고객들이 정보를 공유할 수 있는 새로운 도구들을 찾았다는 것이다. 고객들은 인터넷의 활성화로 서로 조언을 주고받는 일이 한결쉬워졌다. 수천명의 고객들이 웹사이트와 뉴스그룹 등을 통해 자신의 의견을 표현하는 한편 그 결과로 영향력을 행사하게 된 것이다.

2) 구전의 활용

구전(word of mouth)이 기업의 마케팅측면에서 매우 중요하기는 하지만 모든 기업에 똑같은 중요성이 있는 것은 아니다. 입소문(구전)전략은 제품의 특성, 기업의 표적소비자, 고객의 연결방식, 마케팅전략 등 네 가지 조건에 따라 다르게 사용되어야 한다. 어떤 제품들은 입소문을 유발하지 않지만 또 어떤 제품들은 입소문을 일으키며 고객의 참여를 유발시키는 제품들도 있다. 예를 들어 책·음반·영화 등 흥미로운 제품들이나 매우 창의적인 혁신적인 제품들 혹은 호텔·항공사·자동차 등 개인적인 경험제품들도 마찬가지다. 또한 다른 사람과의 대화를 통해 위험부담을 줄이려는 욕구가 큰 의료기기 등 복잡한 제품들, 컴퓨터·가전 등 값비싼 제품들, 옷·휴대폰 등 눈으로 볼 수 있는 제품들이 이른바 '대화형 제품'에 속한다.

기업이 목표로 설정한 소비자그룹의 성향에 따라서도 입소문의 중요성은 달라진다. 연구결과에 따르면 일본기업들은 미국기업들 보다 광고·은행업·회계 등에 관한 서비스를 필요로 할 때 소개를 통하는 경우가 더 많다고 한다. 젊은 사람들은 연장자들에 비해 동년배들과 더 잘 어울리고 서로 더 많은 영향을 받기 때문에 제품에 대한 이야기도 더 많이 하게 된다.

한 연구결과에 따르면 18~24세의 사람 가운데 58%는 새차를 고를 때 어느 정도 다른 사람의 의견을 존중하는 반면 55세 이상에서는 그 비율이 30% 정도에 그쳤다고 한다. 과학자들도 제품구입 시 입소문에 의존하는 경향이 크다고 한다.

다음은 고객의 연결방식이다. 고객들이 더 많이 연결되어 있을수록 입소문에 대한 의존도는 높아진다. 인터넷을 아주 많이 사용하는 사람들이 주요 고객인 산업분야의 경우 입소문을 통해 성공적인 마케팅을 할 수 있다.

기업 또는 경쟁사의 마케팅전략에 따라 입소문에 의존하는 정도는 달라질 수 있다. 중앙구매(central purchase)의 경우 입소문에 대한 의존도는 낮아진다. 특정 지역안에 독점설치계약을 맺었을 때도 입소문에 대한 필요성은 줄어든다.

하지만 입소문에 대한 의존도를 줄이는 데는 한계가 있으며 대화형 제품일 경우 '중앙구매'가 이뤄진다고 해도 입소문의 중요성은 커진다. 그리고 아이들은 여전히 가장 좋은 청량음료가 무엇인지에 대해 대화할 것이다.

결국 입소문(口傳) 마케팅을 성공적으로 펼치기 위해서는 앞에서 제시된 네 가지 조건과 상황에 따라 유연한 전략을 수립해야 한다. 어차피 기업마케팅에서 '하나의 정답'은 없다. 시장이 변하고 소비자가 변하고 따라서 기업의 마케팅전략도 늘 변해야 하기 때문이다. 각각의 정답을 찾아야 하는 것이 기업의 역할이다.

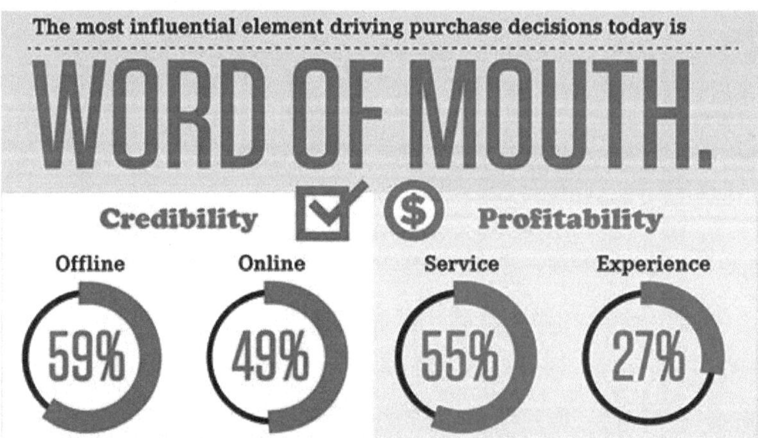

4. 소비자 구매행동

1) 구매결정의 유형

구매는 전형적으로 몇 가지 단계들을 거친다. 첫째로 구매과정은 고객이 자신의 욕구가 충족되지 않았음을 인지할 때부터 시작된다. 그 다음에 그 욕구를 충족시키기 위하여 정보를 수집한다. 어떤 상품이 유용한가 그리고 어떻게 살 수 있는가 등이 그것이다.

다음으로 고객들은 구매를 위해 일반점포들, 카탈로그 업체나 전자상거래 업체 등과 같은 다양한 대안들을 비교평가하고 그를 바탕으로 자신이 이용할 점포나 업체를 선택한다. 고객들은 기업과 접하면서 더 많은 정보를 얻게 되고 추가적 욕구가 발생할 수도 있다.

기업이 제공하는 상품이나 서비스를 평가한 후에 이를 바로 구매할 수도 있고, 더 많은 정보를 얻기 위해 다른 소매업체를 찾을 수도 있다. 그런후에 고객은 구매를 하고 상품을 사용한 다음 그것이 자신의 욕구를 충족시켰는지에 대해 평가한다. 상황에 따라 다르지만 구매결정이 별 생각없이 바로 이루어지기도 한다. 일반적으로 고객 의사결정과정의 유형에는 포괄적 문제해결, 제한적 문제해결 그리고 습관적 의사결정과정의 세 가지가 있다.

(1) 포괄적 문제해결

포괄적 문제해결(extended problem solving)은 고객들이 대안들을 분석하는 데에 많은 시간과 노력을 기울이는 구매결정 과정이다.

고객들은 일반적으로 구매결정에 따른 위험과 불확실성이 클때 포괄적 문제해결에 몰두한다. 그렇다면 고객들이 느낄 수 있는 위험은 어떤 것이 있는가? 우선 재무상의 위험은 고객들이 값비싼 상품을 구매할 때 일어난다.

신체적인 위험은 상품이 건강 또는 안전에 영향을 끼칠 가능성이 있을 때 일어난다. 그리고 사회적인 위험은 상품이 자신에 대한 다른 사람들의 인식에 영향을 미칠 것이라고 생각할 때 일어난다.

고객들은 자신의 중요한 욕구를 만족시키기 위한 구매결정을 할 때나 또는 상품이나 서비스에 관한 정보를 거의 가지고 있지 않을 때에 포괄적 문제해결에 몰두한다. 이 경우 관련되는 높은 위험과 불확실성 때문에 고객들은 자신보다 더 많은 정보를 알고 있는 친구, 가족 또는 전문가와 상담한다.

기업들은 고객들이 쉽게 이해하고 사용할 수 있는 정보를 제공하거나 현금반환과 같은 구매조건을 제공함으로써 그런 결정들에 영향을 미칠 수 있다. 예컨대 포괄적 문제해결을 요하는 상품을 파는 기업들은 상품의 특징을 잘 설명하는 브로슈어(brochure)를 제공하거나 점포내에 정보를 잘 전달할 수 있도록 상품진열을 하기도 한다. 또한 판매원을 두어 상품에 대해 설명해 주기도 하고 질문에 응답하기도 한다.

(2) 제한적 문제해결

제한적 문제해결(limited problem solving)은 적당한 시간과 노력을 기울이는 구매의사결정과정이다. 고객들이 상품이나 서비스와 관련된 경험이 있거나 구매에 따른 위험부담이 크지 않을 때 이 구매과정에 관여한다.

이 상황에서 고객들은 외부의 정보보다는 자신의 지식에 더 의존하는 경향이 있다. 그들은 통상 예전에 거래해 본 기업과 구매해 보았던 상품을 선택한다. 대부분의 구매의사결정은 이러한 제한적 문제해결에 해당된다. 기업은 그들의 고객이 상품을 살 때 이 구매패턴을 강화하려고 할 것이다. 그러나 만약 고객이 다른 곳에서 물건을 사려고 한다면, 새로운 정보를 제공하거나 차별화된 상품이나 서비스를 소개함으로써 그러한 구매패턴을 바꿀 필요가 있다.

제한적 문제해결의 한 가지 유형은 충동구매이다. 충동구매는 상품을 보는 즉시 그 장소에서 이루어지는 구매이다. 기업은 고객의 관심을 이끄는 현란한 진열을 통하여 별 생각없이 구매를 결정하도록 유도하기도 한다.

예를 들어 소매업체의 경우 어떤 식료품의 품목이 상품진열대끝에 진열되어 있거나, 신상품이나 세일의 표시가 되어있을 때, 또는 눈높이(일반적으로 바닥으로부터 세 번째 선반)에 진열되어 있을 때, 고객이 줄을 기다리면서 볼 수 있는 계산대 위치에 제품이 있을 때 소비가 크게 증가한다.

또한 슈퍼마켓은 고객들의 충동구매를 이끌어 내고 수익이 많은 품목(밀가루, 설탕과 같이 구매가 계획적인 필수품보다는 기호식품같은 것)들의 판매를 위해 이와 같은 방법들(중요한 위치선정과 진열 등)을 사용한다. 전자상거래 업체들은 특별상품을 홈페이지에 올리거나 보조상품을 제안함으로써 충동구매를 자극시킨다.

(3) 습관적 의사결정

습관적 의사결정은 의식적인 노력을 거의 하지않는 구매결정이다. 요즘의 고객들은 시간적으로 많은 제약이 있다. 이러한 시간의 압력에 대처하는 한 가지 방법은 구매에 관련된 의사결정과정을 단순화하는 것이다.

상품구매시점에 고객들은 "나는 같은 점포에서 지난번에 샀던 것과 같은 상품을 살 거야"라고 자동적으로 반응할 수도 있다. 이러한 습관적 의사결정과정은 결정이 그다지 중요하지 않고 과거에 샀던 익숙한 상품을 구매할 때에 주로 사용된다.

상표충성도(브랜드 충성도, brand loyalty)와 점포충성도(store loyalty)는 습관적 의사결정의 예들이다. 고객들이 어떤 상품 카테고리 내에서 특정상표를 좋아하고 그 상표를 끊임없이 사려고 할 때 상표충성도가 형성된다. 좋아하는 상표를 살 수 없는 경우, 다른 상표로 대체하여 구매하는 것을 싫어한다. 그러므로 기업들은 고객들이 원하는 특정상표를 제공할 수 있어야만 그들의 욕구를 만족시킬 수 있는 것이다.

상표충성도는 기업에게 기회와 아울러 문제점도 제공한다. 고객들은 인기가 있는 상표를 보유하고 있는 점포들에 이끌린다. 그러나 기업은 비싼 로열티의 상표를 구입해야하므로 상표공급자와 유리한 교섭을 이끌어 내기가 쉽지 않다.

점포충성도는 고객이 어떤 특정점포를 좋아하고, 원하는 상품을 구매하기 위해 그 점포를 습관적으로 방문하는 것을 의미한다. 모든 소매업체들은 그들 고객들의 점포충성도를 높이려고 노력한다. 점포충성도를 높이기 위해 편리한 입지를 선택할 수도 있고 완전한 구색을 갖추고 결품을 줄일 수도 있으며, 단골고객들에게 일정의 보상을 해주기도 하고 그리고 보다 좋은 서비스를 고객에게 제공해 줄 수도 있다.

2) 구매과정

[그림 10-4]는 고객의 구매의사결정과정을 정리한 것이다. 구매과정의 단계들을 이해하는 것은 전략을 개발하고 실행하는 데에 많은 도움이 된다.

고객들 모두가 [그림 10-4]에서 보여준 것과 동일한 과정을 밟지는 않는다.

예를 들어, 어떤 사람은 A회사의 광고를 보고 자동차 오일교환을 위해 가장 가까운 A회사 대리점으로 찾아 갈 것이다. 그런데 만약 거기에서 고객들의 긴 줄을 보면 그 곳을 떠나 자기 지장에서 가장 가까운 업체로 찾아 갈 수도 있다.

여기에서 이 고객은 자신이 원하는 서비스를 결정했고 동시에 특정한 소매업체를 선택했다. 나아가 구매과정의 각 단계에서 소비하는 시간의 양은 구매의사결정의 유형에 따라 달라질 것이다. 예컨대 습관적 의사결정을 주로 하는 고객은 구매의사결정에 거의 시간을 소비하지 않는다.

(1) 욕구인식

사람들은 자신들의 욕구가 만족치 못하다는 것을 인식하면 그것을 충족시키기 위한 구매과정을 일으킨다. 고객이 바라는 만족의 수준이 현재의 수준과 다를 때 욕구불만족이 발생한다.

그림 10-4 고객 구매의사결정 과정

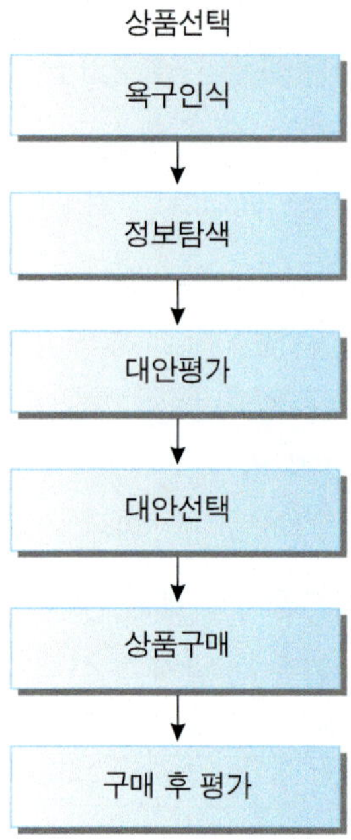

욕구인식은 우유가 냉장고에 없다는 것을 발견하는 것처럼 간단할 수도 있고, 기말고사후에 성적향상의 필요를 느끼는 것처럼 모호할 수도 있다. 점포를 방문하거나 인터넷에서 검색하거나 상품을 구입하는 것은 여러 형태의 욕구를 만족시키기 위한 방안들이다.

① 욕구의 유형

쇼핑하거나 상품을 구매하려고 하는 고객의 욕구는 기능적인 것과 심리적인 것으로 분류될 수 있다. 기능적인 욕구는 상품의 성능과 직접적으로 관련된다. 예를 들어, 헤어스타일에 대한 욕구를 가진 사람들은 헤어드라이어를 구매하려고 한다. 이러한 구매는 헤어스타일을 만드는 데에 헤어드라이어가 도와 줄 것이라는 기대에 의거한다.

심리적 욕구는 쇼핑이나 상품구매 및 소유로부터 얻게 되는 개인적인 만족과 관련된다. 예를 들어 Tommy Hilfiger셔츠는 Kmart의 니트나 셔츠보다 더 나은 기능을 제공하지는 못하지만, 멋쟁이로서 인식되고자 하는 고객의 욕구는 충족시킬 수 있다.

심리적 욕구를 충족시키기 위하여 상품을 구매했을 때에는 상품의 기능적인 특성들이 상대적으로 덜 중요하게 된다. 많은 상품들이 기능적 욕구와 심리적 욕구를 동시에 만족시켜 준다. 고객들이 Tommy Hilfiger 셔츠를 구매하는 주된 이유는 자신의 이미지를 높일 수 있는 것이지만 옷이 기능적 욕구도 충족시켜주기 때문이다. 대부분의 미국인들은 의식주에 대한 기능적 욕구를 충분히 만족시킬 수 있는 소득을 얻고 있다. 가처분소득이 증가함에 따라 심리적 욕구는 점점 더 중요하게 되었다. 그러므로 점포의 환경이나 서비스 그리고 패션상품의 제공 등이 경제가 낙후된 다른 나라에 비해 미국의 고객들에게는 더 중요한 것이 되는 것이다.

기능적 욕구는 흔히 합리적이라고 언급되는 반면 심리적 욕구는 감정적이라고 한다. 이는 심리적인 욕구를 만족시키기 위해 점포를 방문하거나 상품을 사는 것이 비합리적이라는 의미를 내포하는 것이다. 그러나 사람들이 디자이너의 옷을 구매함으로써 자신을 더 성공한 사람으로 나타내는 것이 정말 불합리한 일일까?

고객이 기능적 욕구이든 심리적 욕구이든 그것을 만족시키고 개선시키는 일이라면 무엇이든지 합리적이라고 간주되어야 할 것이다. 성공한 기업들은 그들 고객들의 기능적 욕구와 심리적 욕구를 모두 충족시키려고 노력한다. 상품의 쇼핑과 구매를 통하여 충족될 수 있는 심리적 욕구에는 자극, 사회적 경험, 새로운 유행의 습득, 자기보상, 지위와 권력 등이 있다.

② 욕구 간 갈등

대부분의 고객들은 복합적인 욕구를 지닌다. 더욱 이 욕구들은 종종 갈등을 일으킨다. 예컨대, 어떤 젊은 여자가 DKNY의 옷을 입고 싶어 한다. 그 옷은 자신의 이미지를 높여주고 대학 친구들의 동경을 받게 할 것이다. 그러나 이 욕구는 구입예산은 물론 직업을 구하고 있는 현재의 욕구와 갈등을 일으킬 수 있다. 고용주들은 만일 그녀가 신입사원이 되기 위한 면접장소에 값비싼 옷을 입고 나타난다면 그녀가 책임감이 없을 것이라고 느낄지도 모른다. 일반적으로 고객들은 갈등상태에 있는 욕구들 사이에서 갈등을 서로 상쇄시킨다. 흔히 고객의 욕구는 하나의 점포나 하나의 상품에 의해 만족되어지지 않는다.

③ 욕구인식의 자극

앞에서 언급했듯이 고객들은 욕구를 인식한 후에 점포를 방문하고 상품을 산다. 때때로 이들 욕구는 개인의 일상생활에 의해 자극된다.

예를 들어 회사취직을 앞둔 여학생이 백화점을 방문한 것은 임박한 면접시험이 자극이 된 것이다. 또한 광고는 그녀에게 해당 백화점에 가서 옷을 찾도록 자극시켰다.

기업들은 고객들의 문제인식을 자극하고 점포를 방문하여 상품을 사도록하기 위하여 다양한 접근방법을 시도한다. 광고, 직접 우편, 상품홍보, 특별 이벤트 등은 상품의 구입가능성이나 특별한 가격판매를 고객들에게 알릴 수 있다. 점포내에서는 시각적인 상품진시와 판매원들을 통하여 소비자의 욕구인식을 자극할 수 있다.

(2) 정보탐색

고객들이 욕구를 인식하게 되면 그들의 욕구를 충족시키기 위해 기업과 상품에 관한 정보를 얻으려 하게 된다. 더 많은 정보의 수집과 명확한 상품 후기는 올바른 구매선택에 영향을 주기 때문이다.

① 탐색정보의 양

대개 정보탐색의 양은 고객이 느끼는 가치 즉 탐색으로부터 얻을 수 있는 것과 탐색하는데 소비되는 비용과의 차이에 달려 있다. 또한 탐색의 가치는 그것이 고객의 구매결정을 얼마만큼 개선시킬 수 있느냐에 달려 있다. 과연 탐색이 소비자가 저가격의 상품을 찾거나 보다 월등한 성과를 줄 수 있는 상품을 찾는데 도움을 줄 것인가?

탐색의 비용에는 시간과 돈이 포함된다. 점포에서 점포로의 이동은 기름값과 주차비를 쓰게 한다. 그러나 중요한 비용은 소비자의 시간이다. 전자상거래 사업은 정보탐색비용을 현저하게 줄일 수 있다. 소비자들은 집안의 컴퓨터를 이용하여 세계 곳곳에서 팔리는 상품에 대한 정보를 수집할 수 있다.

정보탐색의 양에 영향을 미치는 요인들로는 현재 구매되어지는 제품의 성향과 용도, 소비자 개개인의 성격, 거래가 이루어지는 시장과 구매상황 등을 들 수 있다.

어떤 사람들은 다른 사람들보다 정보를 더 많이 탐색한다. 예를 들면 쇼핑을 좋아하는 고객들은 그렇지 않는 고객들보다 더 많이 정보를 탐색한다. 반면 자기자만에 빠져있거나 구매나 사용경험이 있는 소비자들은 정보를 덜 탐색하는 경향이 있다.

정보탐색에 영향을 미치는 시장 및 상황요인으로는 경쟁브랜드와 점포 수, 구매해야 하는 시간상의 압박 등을 들 수 있다. 경쟁이 치열할수록 그리고 고려되어야 할 대안이 많을수록 탐색해야 할 정보의 양은 증가될 것이다. 또한 구매해야 하는 시간상의 압박이 클수록 정보의 양은 감소될 것이다.

② 정보의 원천

소비자는 두 가지 정보의 원천 즉 내부적 원천과 외부적 원천을 지닌다. 내부적 원천은 브랜드, 이미지, 다른 점포에서의 경험 등과 같이 소비자의 기억속에 있는 정보들이다.

외부적 원천은 광고나 다른 사람들에 의해 제공되는 정보이다. 소비자들은 인쇄물이나 전자매체를 통하여 수많은 광고에 접하고 매일 많은 점포의 표시물을 읽는다. 또한 친구나 가족들로부터 점포나 상품에 대한 정보를 얻기도 한다. 외부적 정보의 원천은 특히 패션상품의 구입 시 중요하다.

내부적 정보의 중요한 원천은 소비자의 과거 구매경험이다. 비록 소비자들이 노출된 정보의 일부분만을 기억하더라도 나중에 어떤 점포에 갈지, 무엇을 살지 등을 결정할 때, 하나의 확장된 내부 정보은행이 되는 것이다.

만약 그들의 내부적 정보가 부적절하다고 느끼면 외부적 정보원천을 이용할 것이다.

(3) 대안평가

고객들은 상품이나 소매업체의 선택대안들에 대한 정보를 수집하고 그 대안들을 평가하여 그들의 욕구를 가장 잘 충족시키는 대안을 선택하게 된다. 다속성 모델(multi-attribute attitude model)은 고객의 평가과정을 살펴보기 위한 유용한 방법이다.

다속성모델은 고객들이 점포나 상품을 속성이나 성향들의 집합체로 본다는 사실에 근거한다. 이 모델은 소비자가 상품이나 기업을 평가할 때, 몇몇 속성들에 대한 평가와 소비자에게 있어 그들 속성의 중요성을 고려하여 평가하며 이를 근거로 소비자의 평가결과를 예측해 보고자 하는 것이다.

기업의 구매자들도 구입상품과 벤더(공급자)의 선정에 있어 이 다속성모델을 이용할 수 있다.

(4) 대안의 선택

실제로는 소비자가 점포를 선택할 때, 점포특성을 목록화하고 그러한 특성에 대한 점포의 수행능력을 평가하고, 각 특성의 중요성을 정하고, 각 점포의 종합적 점수를 계산한다. 그 결과 가장 높은 점수를 얻은 점포를 방문하는 등의 과정을 거치지는 않는다.

다속성모델은 소비자의 실제 의사결정과정을 반영하지는 않지만 그들이 행하는 대안의 평가와 선택에 대한 예측을 가능하게 한다. 기업들은 고객들이 자신의 점포에서 더욱 빈번히 구매하도록 유도하기 위해 다속성모델을 어떻게 이용할 수 있는가? 고객들을 끌어들이는 프로그램을 개발하기 위해서는 다음과 같은 정보를 수집하는 시장조사를 해야 한다.

- 고객이 고려하는 대체 점포들
- 고객이 점포를 평가하고 선택할 때 고려하는 특성과 편익들
- 특성이나 편익에 대한 각 점포의 수행능력(성과)에 대하여 고객들이 내리는 평가
- 특성이나 편익에 대하여 고객들이 느끼는 중요도

이러한 정보들을 가지고 있다면 기업들은 소비자들이 자신의 점포를 선택하도록 영향을 미치는 몇 가지 접근방법을 사용할 수 있다.

(5) 상품구매

모든 소비자들이 언제나 최상의 브랜드나 상품을 구입하지는 않는다. 가장 많은 편익을 주는(가장 높은 평가를 받는) 상품이 점포에 없을 수도 있으며 또한 고객이 느끼는 구매에 대한 위험이 잠재적 편익들을 능가할 수도 있는 것이다. 다음은 점포에서 고객의 긍정적인 상품평가를 현금구매로 전환시킬 수 있는 몇 가지 방법들이다.

- 크기와 색상에 따른 상품구색을 완벽하게 갖추기
- 만약 다른 소매업체에서 같은 상품을 더 싸게판매한다면, 언제든지 상품교환과 환불을 제공함으로써 상품구매에 대한 위험을 줄여주기
- 신용제공하기
- 편리한 계산대를 설치하여 상품구매를 쉽게하기
- 계산대에서 기다리는 시간을 줄이기

(6) 구매 후 평가

구매과정은 고객이 상품을 사는 것으로 끝나는 것이 아니다. 구매후에 고객은 상품을 소비하거나 사용한 다음에 이 상품이 만족스러운지 혹은 불만족스러운지를 결정하기 위해 소비한 경험을 평가한다. 만족은 점포나 상품이 고객의 기대에 얼마나 잘 부응했는가 혹은 능가했는가에 대한 소비 이후의 평가이다. 이 구매 후 평가는 고객의 내부정보의 한 부분이 되어 장래의 점포나 상품의 결정에 영향을 미치게 된다.

불만족스러운 경험은 고객들로 하여금 소매업체에 대해 불평하게 하고 다른 점포들을 찾도록 하게 할 것이다. 지속적으로 높은 수준의 만족은 점포 간 경쟁력의 중요한 요소인 점포충성도를 높여줄 것이다.

제11장

창업과 인적자원

시장선도 제품의 개발을 위해 사내 혁신창출프로그램을 통해 임직원들의 창의적인 아이디어 제안을 조장하는 LG전자

전호일 LG전자 H&A디자인연구소 수석연구원은 한동안 사무실에 나오지 않았다. "고객을 만나야 아이디어가 나온다"는 신념으로 사무실 밖으로 나갔기 때문이다. 수많은 고객을 직접 만나 이야기를 들은 결과 세탁은 보통 1~2시간 정도 소요되지만 흰옷과 색깔옷을 분리해 세탁하는 과정에서 시간이 두 배 이상 걸린다는 사실을 발견했다. 그는 고민에 빠졌다. 시간을 줄이면서 더 편리하게 세탁할 방법은 없을까.

그가 고민끝에 낸 아이디어는 세탁기 두 대를 하나로 합치는 것이었다. 하단에 통돌이 세탁기를, 상단에 드럼세탁기를 놓으면 동시에 다른 세탁물을 세탁할 수 있고, 시간도 그만큼 단축된다. 2015년 LG전자 최고 히트상품인 트롬 트윈워시는 이렇게 탄생했다.

여기서 중요한 사실이 있다. LG그룹 임직원은 대부분 트윈워시가 이 같은 배경으로 탄생했다는 것을 잘 알고 있다. LG그룹에는 창의·혁신적인 사례를 공유하는 소통의 장이 마련돼 있기 때문이다. 대표적인 것이 LG 임직원이 직접 다양한 주제로 혁신 아이디어를 발표하는 LG판 테드(TED)인 'LG 오픈톡스(Open Talks)'다. 전 수석연구원은 2015년 9월 열린 '제10회 LG 오픈톡스'에서 트윈워시를 개발하게 된 비결을 자세히 밝힌 바 있다. 그는 당시 "궁금증과 고민을 반복하는 과정에서 열

정과 용기가 더해지면 세상에 없던 아이디어가 나올 수 있다"고 강조했다. LG 관계자는 "LG 오픈톡스는 그룹차원에서 혁신과 아이디어를 창출하는 비법을 모든 임직원이 서로 공유하는 자리"라며 "이를 통해 실제 혁신적인 제품을 개발하기도 하고 사내 조직문화를 효율적으로 변화시킨다"고 말했다. LG 오픈톡스는 남이 안 하는 생각이나 도전을 이뤄낸 자신만의 성공담이나 고객의 삶을 바꾸기 위한 특별한 아이디어, 지식 등 시장선도 LG를 위해 공유할 가치가 있는 모든 소재를 함께 나누는 자리다. 임직원의 혁신 아이디어를 서로 공유하고, 한 분야에서 나온 아이디어를 다른 분야에도 적용해보는 기회를 통해 시각을 넓히고 통찰력도 키워 더욱 창의적인 제품과 서비스개발로 연결시키는 것이 LG 오픈톡스 목표다. LG 오픈톡스 강연자는 임직원 추천으로 선정되며 청중은 LG-LIFE 게시판을 통해 선착순 100~200명으로 구성된다.

한편 LG-LIFE는 사내직원들이 창의적인 아이디어를 제안하는 창구이다. LG는 2013년 10월 그룹차원에서 시장선도 사내 포털 LG-LIFE를 오픈하고 직원들의 혁신적인 아이디어를 발판삼아 시장선도 제품개발에 적극 나서고 있다. LG-LIFE에는 2015년 말까지 창의적인 아이디어가 총 1만7000여 건 제안되었다. LG 임직원이라면 LG-LIFE를 통해 누구나 참여할 수 있는 아이디어 제안 프로그램은 크게 세 가지로 나뉜다. 고객의 삶을 바꿀 수 있는 시장선도 제품아이디어를 직접 제안하고 시제품 개발을 통해 타당성을 검증해보는 도전 프로그램인 퓨처 챌린지(Future Challenger), 해당 사업부에서 임직원의 집단지성을 빌려 제품이나 사업의 개선사항 등을 모으는 Big Questions(주제제안), 시장선도를 위해 시도해야 할 아이디어를 자유롭게 제안하는 LG Dots(자유제안) 등이 바로 그것이다. LG Dots에는 하루에도 수십 건에 이르는 다양하고 자유로운 아이디어가 쏟아지고 있으며, 이 아이디어들은 다양한 직군과 직급으로 구성된 사내 아이디어 컨설턴트 150명에게 매달 평가를 받고 사업화 된게까지 보완되고 있다. 또 2013년 처음 실시된 퓨처 챌린저에는 총 1000여 개의 임직원 아이디어가 쏟아졌다. 이들 아이디어는 두 차례 심사과정을 통해 6개 우수 아이디어로 압축돼 6개월의 시제품 개발단계를 거쳤다. 실제로 2015년 대리급 직원의 아이디어 제안으로 매직 미러(Magic Mirror)라는 제품이 출시됐다. 매직미러는 거울이 고객의 피부타입을 측정해 결과를 보여주고 현재 상태에 맞는 맞춤형 피부관리법과 미용제품까지 추천해주는 제품이다.

LG그룹이 임직원 간의 혁신공유에 이처럼 앞장서는 것은 최고경영진 경영철학에 따른 것이다. 구본무 LG그룹 회장은 수시로 "구성원 스스로가 고객이 돼서 의견을 내고 새로운 방법을 찾아 실행하며 해냈다는 성취감이 조직내에 가득해야 한다"고 주문하고 "시장선도 상품의 개발과 유지에 대해 치열하게 고민하고, 하기로 결정한 일은 반드시 끝까지 집요하게 실행하라"고 강조하고 있다.

• 출처 : 매일경제, 2016년 1월 29일

임직원의 혁신 아이디어를 서로 공유하고 한 분야에서 나온 아이디어를 다른 분야에도 적용해보는 기회를 통해 시각을 넓히고 통찰력도 키워 더욱 창의적인 제품과 서비스개발로 연결시키는 것이 LG 오픈톡스목표다. LG 오픈톡스 강연자는 임직원 추천으로 선정되며 청중은 LG-LIFE 게시판을 통해 선착순 100~200명으로 구성된다.

또한 고객의 삶을 바꿀 수 있는 시장선도 제품아이디어를 직접 제안하고 시제품개발을 통해 타당성을 검증해보는 도전 프로그램인 퓨처 챌린저(Future Challenger), 해당 사업부에서 임직원의 집단지성을 빌려 제품이나 사업의 개선사항 등을 모으는 Big Questions(주제제안), 시장선도를 위해 시도해야 할 아이디어를 자유롭게 제안하는 LG Dots(자유제안) 등은 임직원 간의 혁신공유를 통해 다수의 베스트셀러를 만들어 내는 원동력이 되었다.

이는 최고경영진 경영철학이 "구성원 스스로가 고객이 돼서 의견을 내고 새로운 방법을 찾아 실행하며 해냈다는 성취감이 조직내에 가득해야 한다."는 주문을 구성원들에게 지속적으로 하고 있기 때문이다.

제1절 창업과 인사관리

1. 인사관리의 의의와 역할

조직내에서의 사람관리는 창업 이후 기업이 수명을 다 할 때까지 가장 중요한 단계이다. 왜냐하면 조직에서 일의 주체는 바로 사람이기 때문이다. 기업의 중심인 사람이 창업자와 서로 의사소통이 되지 않는다거나 각자의 의견만을 주장한다면 창업자는 그저 답답한 상황을 바라볼 수밖에 없다. 이러한 이유로 기업의 규모가 크든 자든 상관없이 사람에 대한 선발부터 교육 그리고 투자 등을 철저하게 관리해야만 경쟁력을 갖출 수 있는 것이다.

흔히 가정에도 사람이 잘 들어와야 한다는 옛말이 있다. 하물며 기업은 이윤을 추구하고 경쟁력으로 유지되는 조직이다. 가정보다 더 좋은 사람이 필요한 상황임에 틀림없다. 이러한 기업조직에 좋은 사람이 들어와야만 경쟁력이 생길 수 있는 것이며 그 경쟁력은 기업의 존립에 지대한 영향을 미칠 수밖에 없음은 극명한 사실이다.

1) 의 의

기업에는 인적자원말고도 기계, 원료, 정보, 자금 등 여러 자원이 있는데 기계설비나 자금을 효율적으로 다뤄야 기업성과를 높일 수 있음은 말할 필요도 없다. 이러한 물질적·재무적 자원을 얼마나 효율적으로 다루느냐의 여부는 그것을 다루는 사람의 능력과 의지에 달려 있다.

또한 이런 일을 관리하는 주체인 사원들을 얼마나 효율적으로 관리하느냐는 경영의 근본이 된다고 해도 맞는 말이다. 즉 기업은 물적자원 그 자체로부터 어떤 성과를 얻는 것이 아니라 이들 분야에서 일하는 사원의 활동에 의해서 목적을 달성하는 것이다. 따라서 인사관리는 기업의 모든 분야에 걸친 공통적이며 필수적인 활동이 되는 것이다.

창업 후 경영을 할 때 인사관리활동이 중요한 이유는 다음과 같이 요약될 수 있다.

- 경영을 잘하려면 우수한 인적자원을 확보해야 한다.
- 기업조직의 산출물은 인간의 활동에 의해서만 가능하기 때문이다. 아무리 기계가 좋아도 이러한 기계를 만들고 사용하는 주체는 사람이다.
- 인적자원은 물적자원과는 달리 개인의 목표가 따로 있는데 이를 회사의 목표와 조화시켜야만 양쪽에 모두 이익이다.
- 물적자원은 가치가 고정되어있지만 인적자원은 관리정도에 따라 개발이 가능하여 조직에 공헌도를 계속 높일 수 있다.

여기서 인사관리에 관한 학문적 정의는 명확하게 내릴 수 없다. 왜냐하면 학자마다 그 범위를 약간씩 달리 정하기 때문이다. 원래 기업의 인적자원을 관리하는데 관련된 모든 기능과 과

정을 의미하는 것은 인사관리라는 말로 통칭된다. 이는 회사가 인적자원을 확보, 훈련, 평가, 보상, 유지하는 일련의 경영과정을 의미하는 것이다. 그러나 여기서 노사관계관리(labor relations)를 포함시킬 것이냐의 여부를 놓고 학자에 따라 의견이 다르지만 대개 기업의 미시적인 노사관계관리도 포함시킨다.

이처럼 인사관리발전의 초기에는 인적자원을 노동력이라는 생산요소의 효율적 관리관점에서 인사관리(personnel management : PM)라고 통용되다가 인적자원의 개발측면이 강조되어 그 후 인적자원관리(human resource management : HRM)란 말이 새로이 등장하고 있다.

또한 회사전반의 전략적 관점에서 인사관리를 해야 한다는 전략적 인사관리(Strategic HRM)로 발전하고 있다.

2) 역 할

인사관리 활동은 그 관리의 대상이 돈이나 물건이 아니라 인간인지라 여러 측면에서 이중적이고 애매한 특성을 지니고 있는데 그 중에서 다음의 사항들은 특히 염두에 두고 관리에 임해야 하는 것들이다.

회사조직의 각 기능은 생산·판매·재무·인사 등으로 나누어지는데 생산은 생산팀 직원이, 판매는 판매팀 직원이 담당하기 마련이다.

그렇다면 인사관리는 인사팀직원이 하는 것인가? 그렇지만은 않다. 물론 인사팀의 인사전문가(personnel staff)들은 채용에서 보상에 이르기까지 전반적 기능을 담당하기는 하지만 당장 한계에 부딪치게 된다. 왜냐하면 이들에게는 현지 공장에서 조립생산을 담당하는 어느 팀원의 기술적 능력과 업적을 평가를 할 자세한 정보나 권리가 없기 때문이다. 이는 공장에 있는 해당사원의 동료나 직속상사가 가장 잘 해낼 수 있을 것이다. 그것은 해당팀원의 직속상사가 담당해야 한다. 따라서 생산팀장도, 마케팅이사도, 경리과 차 대리도, 사장도, 현장의 작업반장도 자기부하에 대한 지도와 관리, 평가와 훈련을 담당해야 하는 것이다.

그러므로 모든 관리자가 인사관리자인 것이다. 요즘은 과거보다도 더 현장경영과 권한위임을 강조하는 시대이다. 우리나라에서도 팀제의 도입으로 업무의 위임은 물론 평가와 보상, 심지어는 사원채용에 이르기까지 현장 부서장에게 맡기는 추세가 늘고 있는 것이다. 그럴수록 현장의 관리자들은 자기고유의 업무이외에도 인사업무를 추가해야 한다.

그러나 역시 현장 관리자들이 자기팀 구성원에 대한 인사업무를 모두 맡는 것은 한계가 있다. 생산팀장이 생산관리보다 인사관리에 투자할 시간이 더 많지 않고 인사관리지식도 부족할 것이다. 그러므로 인사부서의 전문적인 지원과 보조를 얻어서 관리할 수밖에 없다. 즉, 현장의 라인 담당자와 인사부서 스텝간의 긴밀한 협조가 필요한 것이다. 주의할 것은 인사관리란 인사팀직원들이 하는 것으로만 알아서는 안 된다는 사실이다.

생산관리, 재무관리, 마케팅관리 등은 기업의 목표를 달성하기 위해 자금, 원료, 기술 등을 이용함에 있어서 능률에 초점을 두고 있다. 인사관리도 경영의 한 분야이며 경영마인드를 갖고 관리에 임해야 함은 말할 필요도 없다. 따라서 효율성이 일차적인 관리기준이 된다. 하지만 그 관리대상이 물건이 아니라 인간이라는 점에서 접근을 달리하고 있다. 즉, 재무관리나 생산관리에서 말하는 효율이라는 의미와 인사관리에서의 효율이라는 의미는 다소 차이가 있다.

인사관리도 물론 능률과 성과를 무시하는 것은 아니다. 예를 들어 초과인원을 채용해서는 안되고 노동생산성에 비해 훨씬 더 많은 임금을 준다면 기업 자체가 계속 존속하기 어려울 것이다. 그렇다고 물적자원관리처럼 최소비용에 최대수익만을 목표로 한다면 기업의 인적자원을 혹사시키거나 불만을 해결해 주지못해서 그들로 하여금 기업을 떠나게 하는 결과를 가져온다.

돈, 기계, 건물같은 자원에는 인격이 없지만 인간자원은 인격을 소유하고 있으므로 잘못 관리하다가는 수익성이 인간보다 우선되거나 개인이 회사의 부속품이 되거나 회사인간을 만들어 냄으로써 비인간화를 초래하게 할 수도 있다. 경영학 발전의 초기에는 생산성을 우선하였기 때문에 사원들은 한낱 회사의 부속품에 지나지 않았었다. 그러나 점차 그들이 인간다운 삶을 원하고 욕구수준도 높아져서 상위욕구가 증대하였으므로 구성원들 개개인의 풍요로운 삶을 고려하게 되었다.

즉 창업자(회사)는 개인에게 욕구충족과 자아개발의 터전을 마련해 주는 역할을 담당하고

개인은 회사발전에 기여한다는 점이 강조되고 있는 것이다. 결국 인사관리자는 한편으로는 기업의 성과와 능률을 목표로 함과 동시에 다른 한편으로는 사원들의 만족향상과 인간다운 생활을 목표로 해야한다는 결론에 이른다.

그런데 이 성과중심목표와 인간중심목표라는 양대 목표는 상호보완관계에 있지만 경우에 따라서는 서로 상충적이고 이율배반적일 때도 많이 있으므로 이 두 개의 목표를 조화시키는 방법이라든지 어느 것을 더 강조할 것인가에 창업자의 상당한 관심과 지혜가 필요하다.

2. 인사관리활동의 변화

창업기업의 살림살이를 꾸려나가기 위해서는 자본, 시장기술, 정보 등 모두가 필수적인 요소이며 이들 모두가 급변하고 있지만 인적자원관리의 패러다임이 특히 많이 변했다. 여기서 인사관리의 혁신이라고 할 수 있는 몇 가지 변화를 요약해보기로 한다.

최근 기업들의 인사관리는 다양한 방향으로 변화하고 있고 기업은 이러한 변화대응을 위해 지속적인 노력과 조직운영에 힘쓰고 있는 것이 사실이다. 물론 이러한 변화는 국내기업뿐만 아니라 해외 수많은 기업에서 일어나는 현상이기도 하다.

1) 반응적 인사에서 대응적 인사로

문제가 발생하면 무계획적으로 단편적 처방을 하는 것이 아니라 인적자원에 대한 투자와 능동적인 개발과 전략에 의한 관리로 인적자원의 효율적 운용을 목표로 한다.

2) 연공중심에서 능력중심으로

학력, 근속년수, 온정주의, 연고주의에 만연해 있던 우리나라 기업들이 특히 최근 들어 승진과 보상결정에 능력과 업적을 감안하고 있다.

3) 비용관점에서 수익관점으로

과거에는 인건비를 비용으로 취급하여 가능한 한 최소화하려고 했다면 최근에는 교육·훈련에 투자도 많이 하면서 전문적이고 실적으로 우수한 인사관리를 목표로 한다.

4) 인사부서에서 전체부서로

과거에는 인사팀에서만 인사관리를 담당한다고 믿었으나 이제는 최고경영층에서부터 각 단위부서 담당자들 모두가 채용, 평가, 보상, 개발에 이르기까지 대부분의 인사기능을 담당하고

Highlight

75개 청정원 봉사팀, 전국 80개 시설서 매월 1회 이상 봉사활동
– 대상그룹 –

대상의 대표적인 사회공헌 활동은 임직원으로 구성된 청정원 봉사단을 꼽을 수 있다.

총 75개 청정원 자원봉사팀이 전국 80개 시설에서 매월 1회 이상 평일 근무시간을 이용해 정기적으로 봉사활동을 하고 있다. 특히 휴일을 활용하는 다른 기업과 달리 평일 근무시간의 봉사활동은 임직원으로부터 자발적인 참여를 유도하고 봉사활동의 능률을 높일 수 있다.

이와 별도로 청정원 주부봉사단도 운영하고 있다. 현재 서울 경기지역을 중심으로 팀별 20~30명씩 전국 19개 팀 총 350명이 활동하고 있다. 각 지역에 결성된 봉사팀이 지역내 복지시설과 연계해 지속적인 교류를 갖고, 제품지원과 함께 1분기 1회 요리봉사 활동에도 참여한다.

푸드뱅크 사업 또한 대표적 사회공헌 활동이다. 식품업계 최초로 1998년부터 어려운 이웃과 음식을 나누는 푸드뱅크 사업에 적극적으로 참여해 연간 20억원 상당의 제품을 꾸준히 지원해오고 있다. 현재까지 300억원 이상 제품을 기탁했다.

또 매년 연말에는 크리스마스를 앞두고 그해 햇수만큼 특별한 선물세트를 제작해 전국의 저소득 가정과 결식아동에게 전달하는 '사랑의 선물세트 제작'행사를 갖고 있다.

지난달 말 서울 광화문광장에서 개최된 '청정원 나눌수록 맛있는 2017개의 행복' 나눔 행사에는 대상 임직원과 청정원 주부봉사단 등 300여명이 참가했다.

• 출처 : 조선일보, 2017년 12월 22일

책임지는 방향으로 가고 있다.

5) 표준형 인재관에서 이질적 인재관으로

오직 조직에 순응하고 남들과 협조를 잘하는 회사형 인간을 채용하고 교육하던 방식을 바꾸어서 개별화되고 다양하며 이질적이면서 창의적 아이디어를 잘내고 혁신을 자극하고 변화를 주도하는 인재를 채용하고 길러내는 방향으로 변했다.

6) 내부 노동시장에서 외부 노동시장으로

과거에는 회사내의 다른 부서에서 훈련된 인재를 이동·배치하면서 운영해 나갔으나 이제는 유능한 인력시장에서 사원을 스카우트도 한고 아웃소싱을 하여 이미 밖에서 만들어진 기성품 인력을 확보하여 배치한다.

위에서 언급한 것처럼 다양한 인사관리의 변화를 창업자가 알지 못하면 결국 인재를 제대로 파악히지 못하고 다른 기업으로 뺏길 수밖에 없게 된다. 이것은 인사를 담당하는 전문가의 몫이라기보다는 기업을 운영하는 창업자 즉 경영자의 역할이고 그로 인해 얻어지는 경쟁력임을 명심해야 한다.

제2절 인사관리활동의 설계

구체적 인사관리활동이란 훌륭한 사람을 적정량 뽑아서 적합한 업무를 맡기고 일한 만큼 공정하게 보상을 하고 부족한 능력을 계속 향상시켜 주며 승진, 이동을 당사자와 회사의 목적에 부합되도록 조정해주며 노동자 단체의 집단적 요구를 적절하게 해결해 주는 것이라고 할 수 있다. 인사관리활동이 잘못되면 창업자는 잘못된 비용지출과 인적 경쟁력을 확보하지 못하게 된다. 각각에 대하여 기초적인 내용들만 훑어보기로 한다.

1. 확보관리

인사관리의 최종목표는 능력 있고 혁신적인 인력을 채용하여 유지하는 것이다. 적절한 인력이 없다면 아무리 잘 만들어진 계획과 잘 설계된 조직이 있더라도 효율적 경영이 이루어질 수

없다.

기업조직에서 우선 필요한 인적자원을 구성하기 위해 누구를 얼마만큼 채용해야 하느냐를 정해야 한다. 이 일을 위해서 이러한 인적자원들이 해야 할 일들의 특성을 우선 알아보는 직무분석(job analysis)이란 것이 있는데 이러한 직무분석을 통해 그 일에 필요한 사람의 학력과 자격, 기술정도와 능력, 심지어 신체조건과 성격에 이르기까지를 명시해 놓는다.

창업을 할 때 인재확보가 중요한 것은 기업의 존립에 영향을 줄 수 있기 때문이다. 그래서 인재등용이 중요하기 때문에 모집한 후보자들을 중심으로 서류전형, 필기시험, 면접 등의 시험절차를 거쳐 힘들게 채용을 결정하고 나면 비로소 적정업무에 배치하게 되는 것이다.

물론 노동시장의 여건과 회사의 기존 인력에 관한 상황을 감안해야 할 것이다. 이때 선발시험방법을 어느 것을 쓰느냐는 인재의 선발에 많은 영향을 미칠 수 있는데 기업의 특성, 전통, 사회적 분위기, 경쟁사의 전략 등을 고려해야 할 것이다.

2. 교육 · 훈련관리

일단 채용된 인력은 말할 것도 없고 기존 인력도 가끔 재훈련이 필요한데 교육 · 훈련내용은 크게 둘로 나눌 수 있다.

하나는 업무처리를 위한 기술 · 지식교육이요, 다른 하나는 사기부여, 태도변화를 위한 정신교육이다. 후자는 인간관계와 업무능률을 위해 전자 못지않게 중요한 부분인데 여유가 없는 기업에서는 사실 여기까지 눈을 돌릴겨를은 없다. 그러나 인적자원의 중요성이 강조되면 될수록 사원의 자질을 높이는 것이 아울러 중요하게 됨은 말할 필요도 없다.

교육의 종류도 그 대상이 누구냐에 따라 간부교육, 경영자교육, 신입사원교육 등으로 나누어지고 어디서 하느냐에 따라 사내교육과 위탁교육 등의 사외교육이 있을 수 있고, 사내교육

도 직접 업무현장에서 시행착오를 겪으면서 배우는 직장내(현장) 교육(On the job Training)과 현장에서 직접 교육하기에는 너무 위험하고 비용이 더 들 경우에는 별도 강의실이나 연수원을 이용하는 직장외(현장밖) 교육(Off the Job Training)으로 나눠지기도 하며 이 두 가지 방식은 시기적절하게 병용되기 마련이다.

특히 창업단계에서의 직장내 교육은 일에 대한 시스템을 갖출 수 있도록 하는 기본이다. 이 과정의 교육이 잘못되면 기업은 일에 대한 체계를 제대로 수립할 수 없게 되는 경우가 많다.

3. 보상관리

사원에 대한 보상은 한편으로는 노력의 대가로 지급되는 것이지만 다른 한편으로는 노력을 유인하는 수단이 되기 때문에 인사관리의 중요한 부분을 이룬다. 그 목표는 휴머니즘 차원을 너무 상소할 수도 없고 선혀 배제할 수도 없는 입장이지만 사원들의 생활비의 기초가 된다는 것을 감안하지 않을 수 없다. 따라서 임금수준은 이익과 생산량뿐만 아니라 물가수준, 정부정책, 경영방침 등에 의해서 결정해야 한다.

인력관리를 위한 보상의 유형으로는 기본급, 수당, 상여금 등의 직접임금과 교통비, 사녀장학금, 의료보험료, 전세보증금 보조, 중식비 등의 명목으로 지급되는 복리후생으로 구분될 수 있다. 그런데 직접보상은 사원들의 업적평가나 고과결과에 따라서 차등지급되겠지만 중식비, 의료비 등은 모든 사원들에게 비슷하게 지급되는 것이 보통이다. 그리고 복리후생은 선진국으로 갈수록 그 비중이 더 많아지는데 이는 노조의 요구도 있겠지만 소득세 부과율이 낮고 각종 요구사항들이 늘어나기 때문으로 보인다. 어떤 회사는 일정액의 복리후생경비를 들여서 문화

상품권, 여행티켓, 학자금 보조, 병원진료권 등 다양한 형태의 선택권을 사원들에게 주기도 한다. 사원들은 각자가 자신의 기호에 맞게 찾아 쓰도록 하여 그 효과를 극대화시키는데 이는 같은 금액을 내고 자기가 좋아하는 음식을 골라먹는 뷔페방식과 유사하여 카페테리아 복리후생제도(cafeteria benefit system)라고도 한다.

4. 사원평가

일단 전체적인 임금수준이 정해지더라도 이를 사원들 각자에게 어떤 기준으로 배분하느냐의 문제가 남는다. 대개는 신분을 기준으로 나이, 경력이 어느 정도냐(연공급), 하는 일이 무엇이냐(직무급), 어떤 기술과 자격을 가졌느냐(직능급), 회사목표를 얼마나 달성했느냐(성과급) 등이 고려되지만 이들 모두가 병행되는 것이 현실이며 각 기업의 형편과 특성에 따라 그 비중을 약간씩 달리하여 종합한다.

그러나 공정한 배분의 측면에서 이것이 여간 어려운 일이 아니기 때문에 직무평가(job evaluation), 인사고과(personnel assessment) 등의 방법이 매우 심도있게 발전되어 있으나 적용에는 많은 주의가 필요하다. 업적을 평가하고 나면 회사에 공헌한 대가로 사원에게 보상을 하게 되는데, 특히 보상은 생계비나 욕구충족 등 생활수준을 유지하며 나아가서 동기부여를 시키기에 충분한 역할을 해야 하는 것이다.

5. 유지관리

인적자원의 유지관리라 함은 확보된 인력을 훈련시켜서 업무를 주고 그에 대한 보상을 하는 것도 중요하지만 한편으로는 그들의 능력을 계속 유지시키고 회사에 붙어있도록 정신적 안정감을 주는 것도 필요하고 때로는 이직을 막고 때로는 적정인원의 유지를 위해 퇴직대책을 마련하면서까지 조직구성원을 효과적으로 유지하는 전략을 말한다. 그러므로 유지관리에는 사원의 사기 및 동기부여정책 뿐만 아니라 승진, 이동, 사직, 해고정책 등 모두가 포함된다.

시장의 변화나 회사정책의 변화 등으로 인하여 회사 각 부서의 필요인력의 규모나 자격수준은 수시로 변화한다. 또는 사직, 해고, 명예퇴직 등 수시로 사원은 회사를 들고나고 하기 마련이다. 회사내에서 어느 사원이 승진이나 직무이동을 하는 경우는 사내이동이 되지만 회사밖으로 나가게 되면 이직이라고 한다. 관리자는 회사내에 적정인력을 유지하는 것도 중요하지만 있는 사원들을 적재적소에 배치하고 수시로 회사와 개인의 필요에 맞추어 이동시키는 일도 매우 중요하다.

이직(turnover)에는 자발적으로 나가는 사직(resignation)과 강제로 퇴출되는 해고(lay off)가 있으며 정년이 다 되어 그만두는 퇴직(retirement)이 있는데 최근에는 회사의 구조조정으로 인원을 줄이기 위해 명예퇴직, 조기퇴직이란 이름으로 정년을 앞당겨 사직아닌 사직을 하기도 한다.

그러므로 이러한 불상사를 미연에 방지하기 위해서라도 장기인력계획과 미래 경기예측 그리고 사원들이 기술발전속도를 따라갈 수 있도록 교육훈련을 철저히 시키는 적극적인 대책이 마련되어야 한다.

제3절 새로운 인사관리과제

1. 싱장위한 혁신과 경영체세 필요

한국기업의 빠른 추종자(fast-follower) 전략이 한계를 노출하는 가운데 신제품과 서비스를 창출하기 위한 '창조경영'이 화두로 등장하게 되었다. 물론, 미래 성장동력의 발굴을 위한 신혁신 전략추진이 시급한 상황임을 기업들이 모두 인식하고 있다.

시대적 상황이 점점 열악해지고 있는 가운데 낮은 출산과 고령화로 인한 인력부족시대에 어떻게 대응할 것인가에 대한 과제가 새로운 경영체제로의 해법임에 틀림없으며 또한 과격한 노사분규와 갈등에 대한 해소가 기업의 안정적 성장의 기본이 될 것이라 믿는다.

Highlight

가구·인테리어 '남성고객' 늘어난다
온라인·홈쇼핑 유통늘고 독신족 증가로 매출의 10~20% 차지

혼자 사는 직장인 최모(38) 씨는 최근 옷장과 수제고급 CD장을 온라인으로 구입했다. 최씨는 "일 때문에 바쁜데다 남자 혼자 가구를 구입하러 돌아다니는 일이 쑥스러워 오프라인 매장에서 가구를 구입할 엄두를 못 냈는데, 요즘에는 온라인과 홈쇼핑채널을 통해 다양한 가구를 쉽게 구입한다"고 말했다.

가구·인테리어 시장에서 '남성고객'이 늘고 있다. 지금까지 인테리어 관련제품은 소비자가 직접 매장을 방문해 사고, 주류고객은 주부 등 여성이었다. 그런데 최근 이 등식이 깨지고 있다. 제품유통채널이 온라인, TV홈쇼핑 등으로 다양해지고, 독신남성이 늘어남에 따라 남성 소비자도 무시할 수 없는 고객층이 된 것이란 분석이다.

▶ 온라인 인테리어 시장에선 남성이 대세

조명·가구·블라인드·소품 등 인테리어 제품구매 고객 중 남성비중이 업체별로 10~20%에 이른다.

실제 BC카드 빅데이터 센터가 2013년 1월 1일부터 2016년 6월 30일까지 461개 사이트의 2297개 게시판에 올라온 1256만 건의 글을 분석한 결과도 이와 일치한다. 언급량이 항목별로 적게는 10%

에서 많게는 20% 이상 남성이었다.

온라인 쇼핑몰 11번가에선 지난 3개월(7월 11일~10월 10일) 동안 남성들의 인테리어·조명거래액이 지난해 같은 기간보다 40% 늘었다.

남성들의 관심은 관련업계의 온라인 매출상승으로 이어지고 있다. 한샘의 온라인사업 매출액은 2009년 279억원에서 지난해 1700억원으로 6배 가까이 늘었다. 올해 1/4분기에는 지난해 같은 기간보다 42% 증가한 570억원을 기록했는데, 이 중 10% 이상이 남성고객인 것으로 회사측은 추정하고 있다.

▶ 리모컨 쥔 남성을 공략하라

롯데홈쇼핑이 올해 9월까지 기록한 남성고객 매출액은 2,400억원으로 전체매출의 약 10%였다. 롯데홈쇼핑에 따르면 1~9월 남성구매 고객수는 160만명으로, 4년전 같은 기간보다 4배 가량 증가한 것으로 나타났다.

이에 따라 업계도 저렴한 가격과 다양한 혜택을 앞세운 홈쇼핑 제품을 내놓고 있다.

한샘은 최근 홈쇼핑을 통해 신제품 '럭스침대'를 선보였다. '럭스침대'는 합리적인 가격대의 가죽소재 제품으로, 홈쇼핑을 통해 다양한 혜택을 제공하며 눈길을 끌었다.

에몬스는 홈쇼핑 전용상품인 '레인보우 에디션 LED 침대'를 내놓았다. 이 제품은 기존의 4가지 LED 조명색상에 3단계 밝기를 적용해 총 12가지 색상을 구현하고, 소비자 생활패턴을 반영해 충전용 USB포트를 내장한 것이 특징이다.

체리쉬는 전동침대를 홈쇼핑을 통해 판매중이며, '웰레스트'라는 홈쇼핑 전용 침대제품을 출시하기도 했다.

모두 여성고객뿐 아니라 독신 남성고객을 염두에 둔 제품들이기도 하다.

인테리어업계 관계자는 "가구도 온라인 판매가 늘면서 의류처럼 패스트패션화하는 경향이 있고, 교체주기가 점점 빨라지고 있다. 여기에 남성 소비자의 관여도가 증가하는 경향이 가세했다"며 "관련기업들은 이제 제품기획과 마케팅전략 수립에서 남성을 고려하지 않을 수 없게 됐다"고 말했다.

• 출처 : 헤럴드경제, 2016년 10월 26일

2. 성장위한 인사부문의 미션(mission) 설정

1) 창의성이 발현되는 조직구현으로 성장동력 확보에 기여
2) 다양한 인재가 능력을 발휘할 수 있는 유연한 인사시스템 도입
3) 산업평화를 달성하여 지속성장을 위한 기반구축(상생적 노사관계구축)

3. 인사관리의 과제

1) 창의적 인재의 육성

창의적 인재의 확보와 육성을 위해 인사시스템의 혁신적 전환이 시급하다. 획일적 인사관리의 틀과 상식을 벗어나 창의적 인재들을 원하는 모든 것을 맞춰 줄 수 있는 맞춤형 인사관리로 사고전환을 할 필요가 있다.

원활한 인사관리를 위하여 창의적 인재들이 마음껏 일 할 수 있는 기업문화를 구축해야 한다. 그렇다고 해서 기존의 문화를 유지하고 있는 조직을 섣불리 개혁하기보다는 외부자원의

표 11-1 창의적 인재 육성 방향

주요 현안	대응 방향
· 독창적인 경쟁원천 창출이 시급 · 글로벌 기업 간 창의적 인재확보 경쟁가열	· 창의적 인재의 확보와 육성을 위한 인사기준 및 제도혁신 · 창의성을 개발하고 장려하는 조직운영과 기업문화 조성

표 11-2 창의적 인재 활용의 세 가지 유형

거대 벤처형	·3M은 내부인력의 창의성 발휘를 극대화하기 위해 사내벤처를 활성화하고 15%룰(개인 근무시간의 15%를 자율연구에 활용)과 40%룰(최근 4년간 출시한 신제품의 매출비중이 총매출의 40% 이상을 유지)등을 시행
외부 수리형	·P&G는 자사중심의 개발주의에서 탈피하여 개방형 혁신을 위해 Connect & Development 표방. 외부 아이디어와 기술을 적극적으로 수용
자유 공간형	·베네통은 미래의 트렌드 발굴 및 튀는인재들의 제품, 홍보 아이디어를 획득하기 위해 파브리카(Fabrica)를 운영 전 세계의 젊은 예술가들을 유치하여 창작활동을 지원

활용이나 기존 조직외부에 창조형 조직을 운영하는 방안이 검토되어야 한다.

2) 조직문화의 선진화

기업의 일하는 관행을 효율중심이 선진형으로 전환해야 한다. 한국의 직장인 5명 중 4명(81%)이 매일직장에서 스트레스에 시달린다고 보고된 바 있다.[1)] 한국근로자는 장시간 일하고는 있으나 노동생산성은 OECD 국가에 비해 상당히 낮은 수준이다. 이제 업무효율성을 넘어 창소석으로 일하는 선진형 관행을 정립해야 한다.

예를 들어, 불필요한 일을 세거한다든지, 십숭업부 시간제를 운영하여 좀 더 업무의 효율성을 유도한다든지, 회의문화개선을 통해 더 나은 창의력을 발휘할 수 있도록 근무여건을 혁신

1) AP통신이 시장조사 기관인 Ipsos와 공동으로 한국, 미국, 프랑스, 독일, 캐나다, 호주, 이탈리아, 멕시코, 스페인 등 10개국을 대상으로 조사한 결과임.

할 필요가 있다.

또한 일과 생활의 균형을 위한 인프라를 구축해야 한다. 기업환경이 일 중심의 근로관에서 이제 개인생활을 중시하는 방향으로 변화하고 있기 때문에 더욱 삶의 질에 대한 기대가 확산되고 있다. 특히 주 5일 근무제 시행으로 더욱 생활의 질을 지향하는 변화가 선호되게 되었다. 일과 생활의 균형을 위해서는 근무시간의 유연화와 육아 그리고 휴가지원제도 등을 적극 활용해야 한다.

이처럼 직원들을 위해서 무엇을 어떻게 지원해야 하는지 기업은 직접 직원들의 의견을 묻고 원하는 프로그램을 시행할 필요가 있다.

IBM은 매년 'IBM 글로벌 일과 삶의 균형 이슈조사(IBM Global Work and Life Issues Survey)'를 수행해 '직원들에게 가장 필요한 지원은 무엇인지' '어떠한 노력이 더 효과적인지'를 조사, 시행하고 있다.

3) 다원화된 인사시스템 구축

다원화된 인사시스템을 구축하기 위해서는 정규직뿐 아니라 프리랜서, 파트타이머, 아르바이트 등 다양한 고용형태에 적합한 인사제도를 개발할 필요가 있다. 특정 직종에 대해서는 연공서열보다는 직무가치와 역할, 성과 기여도에 따라 직급과 보상을 결정하는 직무성과급제로 단계적으로 전환해 나가야 한다. 우리나라 기업의 직무성과급제 도입사례로는 삼성생명이 2002년 딜러와 펀드매니저 등 자산운용 전문직군을 분리하여 시장가치를 보상하는 직무성과급제를 도입하였다.

우리은행은 2007년 3월에 영업점 창구를 담당하는 매스마케팅 직군과 사무직군 및 콜센터

표 11-3 다원화된 인사시스템

주요 현안	대응 방향
· 고용형태와 직종별 다양성 확대(외형적, 내면적 다양성 동시 증대) · 고령화의 급진전에 따른 고령인력의 활용 불가피	· 다양한 고용형태와 직종을 수용해 인사시스템을 다원화(직무/역할 특성 반영 강화) · 고령자의 유효활용을 위한 진로 선택제 및 전직지원 서비스 강화

의 CS직군에 대해 정규직으로 전환하는 대신 직군별 직무의 중요성에 따라 급여를 차등하는 직무급제 도입을 합의하였다. 이를 계기로 국민, 신한 등 은행권 및 이마트 등 유통업체를 중심으로 직무급제 도입을 활발히 추진하는 계기가 되었다.

또한 다원화된 인사시스템 구축을 위해서는 고령인력의 활용을 위한 제도 및 인프라가 정비되어야 한다. 임금피크제, 전문계약제, 명예퇴직제 등 다양한 진로선택 메뉴를 제시하여 고령인력의 진로선택의 폭을 확대해야 할 것이다. 퇴직인력에 대한 전직지원 서비스도 더욱 강화해야만 한다.

일본 프로축구 J리그는 선수들이 은퇴한 후에 제2의 인생을 찾을 수 있도록 "J리그 경력지원센터"를 설치하여 현역선수에 대해서는 협찬업체 직업체험 연수실시, 은퇴선수에 대해서는 카운슬링과 스포츠관련 취업정보를 제공하기도 한다.

4) 여성인력 활용도 제고

여성의 사회진출이 점점 더 증가하고 있다. 그러나 노동부의 설문조사에 의하면 "남녀 고용차별이 심하다"는 응답이 64.8%를 차지했다. 한국사회에서 여성의 사회적 성공은 여전히 차별받고 있다고 반증하는 결과일 수 있다. 이러한 상황에서 여성의 사회진출과 성장을 위한 장애요인으로는 육아와 가사부담이 가장 큰 비중을 차지하고 있다. 이런 문제로 인해 여성이 경제활동참가를 포기하게 되며 스스로의 능력을 발휘하지 못하고 있다고 응답하고 있다.

창업자와 경영자들은 "가족이 행복해야 직원이 행복해지고 기업이 성공할 수 있다."는 철학을 바탕으로 직원가정의 육아 및 가사부담을 우선 줄이고자 노력해야 하는 것이 기업의 새로운 할 일이다.

삼성전자는 '열린 상담소'를 운영하여 직원들의 '일과 생활의 균형'을 위해 투자하고 있으며 조직에서의 남성과 여성에 대한 이슈 혹은 가족친화적 기업문화구축을 위해 적극적인 지원을 하고 있다.

표 11-4 스웨덴의 육아지원을 통한 사례

☞1968년 육아관련 문제를 종합적으로 관리하는 국가육아위원회(NCC)가 발족하고, 1972년 NCC보고서에 따라 보육시설은 취학전 모든 영아를 수용할 수 있도록 설계

- 전일제 육아서비스를 받는 아동은 7만1천('70)에서 72만 명('98)으로 증가
- 스웨덴의 25~34세 여성 경제활동 참가율이 59%('70)에서 88%('85)로 상승

또한 여성의 사회활동수요가 늘어나면서 여성리더를 체계적으로 육성하기 위한 단계별 교육프로그램을 도입하고 다양한 인적 네트워크 구축을 지원해야 한다. 고급 여성인력이 증가하고 있는만큼 적극적인 활용방안을 모색하고 그들에게 경영관리자 및 CEO로 육성될 수 있는 성장비전을 제시해야 한다.

5) 글로벌 인력활용을 위한 인프라 구축

기업의 경쟁력은 이제 '우수한 인재발굴'이라고 해도 과언이 아니다. 한국기업이 글로벌기업으로 성장하기 위해서는 국적과 인종을 불문한 전 세계의 우수인력을 소싱(sourcing)해야 한다.

현재 진행되고 있는 3D 직종의 저숙련인력을 중심으로 한 외국인력활용에서 탈피하여 R&D 등 전문분야에서 우수한 외국인력의 유치를 대폭 확대할 필요가 있다는 것이다. 또한 외국인 근로자에 대한 부정적 인식을 줄이고 국적에 관계없이 마음놓고 일할 수 있도록 법적, 제도적 인프라를 시급히 개선해야만 한다.

현대모비스의 Global HR Forum

표 11-5 글로벌 통합 HR시스템 운영 효과

지역별 HR 시스템 운영	Global One HR System
· 현지 인력의 성장기회 제공미흡 · 글로벌 우수인력 Pool의 감소 · 현지 인력의 본사와의 문화적 일체감 미비 · 현지 인력의 높은 이직률 초래	· 글로벌로 동일한 승진/교육기회 제공 · 우수 인력의 글로벌 sourcing 촉진 · 현지의 문화적 일체감 및 소속감 증진 · 현지 인력의 유지(retention)증가

GE, IBM, HP 등은 지역 혹은 국적에 관계없이 모든 임직원에게 동일하게 적용되는 Global One HR 정책운영을 진행하고 있다. 이러한 정책들은 핵심적인 기업가치는 공유하되 문화적인 다양성을 존중하는 것이 특징이다.

6) 경쟁력 있는 노사관계구축

노사관계는 기업의 충분한 커뮤니케이션과 대화에 의해 더 완화될 수 있다. 창업자들이 가장 힘들어 하는 부분 중 하나가 종업원과의 충돌이다. 기업내에서의 종업원의 권리를 대변하는 노동조합은 시간이 갈수록 조합 이기주의와 분배중심의 교섭형태로부터 탈피하여 경영여건에 따른 생산적 교섭형태를 정착시켜야 한다. 노동조합이 주인의식을 가지고 경쟁력제고 활동에 적극 동참하도록 신뢰관계를 구축해야만 경쟁력 있는 관계가 형성되는 것이다.

기업의 생존을 위해서는 이제 윤리의식이 부족한 불합리한 노사관계보다는 건전한 교섭문화와 사회적 책임을 우선시 하는 성숙한 노사문화를 길러내야만 한다. 이는 노사공동으로 근로자의 직업능력 개발과 향상을 적극 지원함으로써 근로자의 장기적 고용안정과 소득증대를

교통안전공단의 노사 상생발전 공동선언

위한 밑거름을 제공하게 되는 것이다.

노조는 정치적, 대립적 성격의 노동운동보다는 현장의 목소리를 적극수렴하는 자세를 견지해야 한다.

반면 사용자는 경영투명성 제고, 원활한 정보공유 등을 통해 불신을 해소하고 경쟁력 있는 보상과 일할 맛 나는 근무환경에 노력해야 한다. 이것은 기업의 규모와는 상관없다. 작은 점포라도 투명한 경영을 통해 종업원에게 신뢰를 구축할 수 있도록 만들어야 한다.

과거 불합리한 관행극복을 위한 GM의 노사상생 노력은 대규모파업과 과도한 복지비용으로 심각한 경영위기를 초래하게 되었다. 1998년 대규모파업으로 20억 달러의 생산차질, 연간 50억달러 이상의 퇴직자 연금시원금으로 2005년 신용등급이 추락하였다. 이후, 2006년 6월 명예퇴직조건수락과 더불어 2007년 양보교섭을 천명하고 노사공동으로 품질, 안전, 인간관계 개선까지도 지속적으로 노력하고 있다.

제12장

창업과 경영전략

제1절 창업 후 경영전략의 개념

제2절 경영전략 모형

호모 고시오패스·비계인… 취업난에 슬픈 新조어 유행
〈고시준비로 예민해지는 사람〉〈비정규직·계약직·인턴반복〉

[꽁꽁 얼어붙은 2017 취업시장… 새해에도 '봄날'은 어려울듯]

취준생들 평균 38번 입사지원, 서류전형 합격은 3번에 그쳐
노동硏 "내년 취업자 증가 29만명"…
정부 전망치보다 2만 8000명 적어

'니트증후군' '공취생' '호모 고시오패스' '호모 스펙타쿠스'….

2017년 한해도 취업시장 상황을 엿볼 수 있는 각종 신조어(新造語)가 쏟아졌다. '니트증후군'은 1990년대 취직의욕이 전혀없는 이들을 일컬었던 니트족에서 유래한 말. 취업난이 극심하자 취업자체를 포기한 현상이다.

반대로 공시생과 취업준비생을 합한 '공취생'은 공무원과 일반기업 가리지 않고 취업을 위해 애쓰는 사람을 뜻한다. 치열하게 고시를 준비하며, 예민해지는 사람을 뜻하는 '호모 고시오패스', 취업 불안감에 끊임없이 '스펙'쌓기에만 몰두하는 '호모 스펙타쿠스'도 있다.

인턴과 비정규직, 계약직을 반복하는 '비계인', 취업을 해야 비로소 인류로 진화한다는 '취업인류'까지 대부분 심각한 취업난의 상황을 빗댄 자조섞인 신조어들이다.

◇2017년 키워드… 청년실업, 삼성공채 중단, 블라인드 채용

올해 취업시장은 꽁꽁 얼어붙었다. 구인·구직매체 사람인이 입사지원 경험이 있는 구직자 763명을 대상으로 조사해보니 올해 취업준비생들은 평균 38회 입사지원서를 냈지만, 서류전형에 합격한 횟수는 평균 3회에 불과했다.

민간기업 최초 공채시스템 도입, 대학생 인턴제도, 장애인·고졸자 공채 등 대기업 채용트렌드를 주도했던 삼성이 미래전략실을 해체하면서 그룹차원의 신입공채는 올 상반기가 마지막이었다. 지난 5월 출범한 문재인 정부의 비정규직의 정규직 전환, 2018년 최저임금 16.4%, 인상 등 일자리 정책은 기업과 구직자 모두에게 올해 가장 큰 이슈였다.

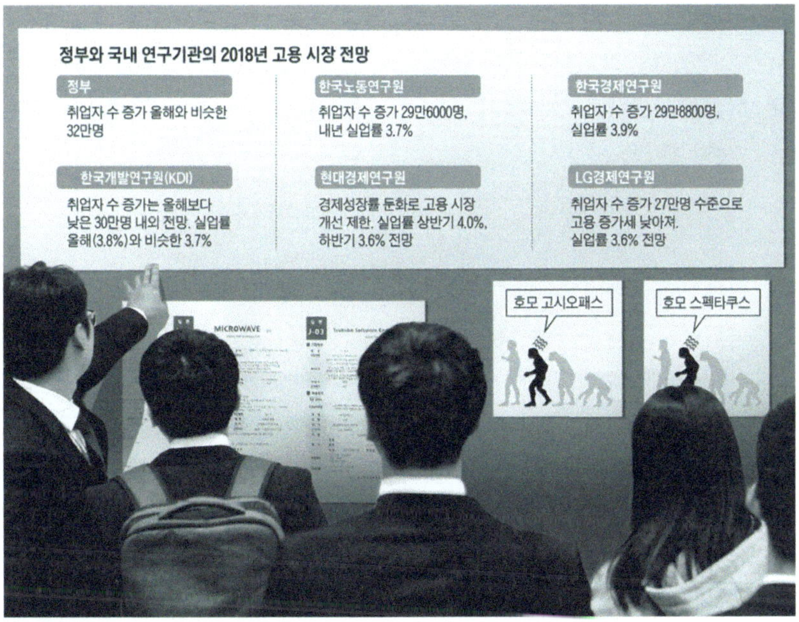

하반기 취업시장 키워드는 '블라인드 채용'이었다. 대부분 공기업과 공공기관이 이를 도입했고 대기업, 중견·중소기업 등도 스펙보다는 직무능력 중심의 채용방식을 강화하는 추세가 확대됐다.

◇2018년 취업시장도 찬바람

정부는 지난 27일 경제정책 방향에서 내년 취업자 수 증가를 올해와 비슷한 32만명으로 제시했다. 하지만 국내 국책·민간 연구기관이 내놓은 고용시장 전망은 훨씬 암울하다.

한국노동연구원은 지난 5일 발표한 '2017년 노동시장 평가와 2018년 고용전망'에서 내년 취업자 수 증가를 29만 6000명으로 예상했다. 올해 전망치(32만 4000명)보다 2만 8000명, 정부 예상치보다도 훨씬 낮은 수준이다. 청년채용 시장도 개선되기 어렵다는 전망이다. 한국노동연구원은 "청년채용이 개선되는 조짐은 나타나지 않고 이로 인해 고용률도 답보상태"라면서 "구조적 요인은 그대로여서 체감은 여전히 좋지 않을 것"이라고 밝혔다.

이어 "최저임금 인상은 일자리 질이나 소득개선에는 긍정적이지만 고용에는 부정적 영향을 줄 가능성이 있다"고 덧붙였다.

한국개발연구원(KDI)은 취업자 수 증가폭을 30만명 내외, 실업률은 올해(3.8%)와 유사한 3.7%를 예상했다. 민간 연구기관의 전망은 더 어둡다.

LG경제연구원은 내년 취업자 수 증가폭이 27만명에 그칠 것으로 봤다. 연구원은 "고용증가가 여성층과 은퇴 연령층을 중심으로 이어지면서 청년 실업문제는 내년에도 완화되기 어려울 것"이라고 전망했다.

현대경제연구원은 “2018년 경제성장률이 올해보다 소폭둔화되면서 고용시장 개선이 제한될 가능성이 존재한다”며 “특히 건설경기 둔화로 건설업부문 취업자가 감소해 실업률 상승압력으로 작용할 전망”이라고 했다.

◇취준생 10명 중 8명 “내년에도 취업힘들다”

취준생이나 기업 등 현장에서 느끼는 내년 채용시장 전망도 크게 다르지 않다. 사람인이 기업인사 담당자 199명을 대상으로 내년 상반기 채용계획을 물었더니 ‘예년과 비슷’이라는 응답이 59.3%였고, ‘축소하겠다’는 기업도 22.1% 였다. 인사담당자들은 ‘최저임금 논란으로 인한 채용축소’(39.2%·복수응답)를 내년 채용시장의 가장 큰 이슈로 꼽았다. 이어 ‘경력직 채용증가’(34.7%), ‘기업 간 채용양극화’(20.6%), ‘수시채용 증가’(19.6%), ‘블라인드 채용’(18.6%) 등 순이었다.

아르바이트 포털 알바몬이 취업준비생 781명을 대상으로 내년 취업시장 전망을 조사한 결과 응답자 절반이 넘는 54.2%가 ‘올해와 비슷할 것 같다(54.2%)’고 답했다. 응답자 29.1%는 ‘올해보다 더 나빠질 것 같다’고 내다봤다.

• 출처 : 조선일보, 2017년 12월 29일

'니트증후군'은 1990년대 취직의욕이 전혀없는 이들을 일컬었던 니트족에서 유래한 말로 취업난이 극심한 이유로 취업자체를 포기한 현상이다. 반대로 공시생과 취업준비생을 합한 '공취생'은 공무원과 일반기업 가리지 않고 취업을 위해 애쓰는 사람을 뜻한다. 치열하게 고시를 준비하며 예민해지는 사람을 뜻하는 '호모 고시오패스'라 부르고 취업불안감에 끊임없이 '스펙' 쌓기에만 몰두하는 '호모 스펙타쿠스'도 있다.

인턴과 비정규직, 계약직을 반복하는 '비계인', 취업을 해야 비로소 인류로 진화한다는 '취업인류'까지 대부분 현대사회의 심각한 취업난의 상황을 빗댄 자조섞인 신조어들이 최근 등장하고 있다.

이런 취업난을 창업의 아이디어로 전환해야 하는 사회상을 어느 정도 감안한다면 창업자가 창업이후 성공하기 위한 전략으로 어느 부분에 더 많은 관심을 가져야 하는지 반드시 알아야 할 것이다.

제1절 창업 후 경영전략의 개념

1. 경영전략의 정의

창업 이후 전략의 정의는 개인의 가치관에 따라, 조직의 목표에 따라, 외부의 환경이나 조건에 따라 다양한 형태나 내용으로 제시될 수 있다. 원래 '전략'(Strategy)이라는 용어는 고대

그리스어의 'Strategia'라는 말에서 유래된 것으로 술책이라는 뜻을 의미한다.

경영전략이라는 개념은 챈들러(A.D. Chandler, 1962)에 의해 처음으로 사용하였으며 "기업의 장기적 목적 및 목표의 결정, 이들 목표를 실행하기 위하여 필요한 활동방향과 자원배분의 결정"이라고 정의하였다.

경영전략이란 기업의 목표를 달성하기 위한 기업경영활동의 방향을 제시하는 기본적인 틀로서, 기업환경과 기업내부자원을 분석하여 기업의 목표를 달성하기 위한 구체적인 대책과 방법을 말한다. 즉, 경영전략은 기업의 장점과 약점을 기업환경의 기회와 위협에 적합하게 맞추기 위한 의사결정이다. 경영전략의 개념에는 몇 가지 핵심적인 개념들이 포함되어 있다.

첫째, 전략의 시간(time horizon)개념이다. 흔히 전략이라고 하면 적어도 중기 그리고 대개는 장기의 미래를 바라보고 수립한다는 것이 일반적인 인식이다. 그러나 오늘날과 같은 경영환경이 급변하는 시대에, 먼 미래를 예측하는 것은 매우 어렵다. 따라서 최근의 전략은 단기라는 시간개념도 반영하고 있다. 즉, 안정적이고 지속적인 추세에 대한 구조적이고 본질적인 대응이라는 측면과, 불안정하고 불규칙적인 변화에 대한 신축적이고 가변적인 대응이라는 측면을 동시에 고려하고 있는 것이다.

둘째, 전략의 주체(actor)개념이다. 전통적으로 전략은 소수의 최고경영층이 수립하고, 나머지 조직원들은 이미 수립된 전략에 따라 실천적인 전술(tactic)을 만들어, 구체적인 행동(action)으로 옮기면 되는 것으로 인식되어 왔다. 그러나 소수의 경영자가 정보와 지식을 독점한 상황에서 전략이 수립되고, 그 방향과 내용을 조직원들이 이해하고 공감할 수 없다면 전략의 성공가능성은 매우 낮다는 사실이 알려지면서, 전략의 수립과정에 최고경영층뿐 아니라 조직원 모두가 참여하는 것이 중요하다는 새로운 인식이 확산되고 있다. 또한 외부의 공급자, 수요자 나아가 경쟁자도 전략수립의 간접적인 참여대상이 되고 있다.

셋째, 전략의 기술(technology)개념이다. 전통적인 사고는 전략을 기술과 방법의 문제가 아니라 경험과 직관의 문제로 인식하였다. 그러나 오늘날의 거대하고 복잡한 경영시스템의 전략을 수립하기 위해서는 체계적이고 정량적인 기술이 필요하다. 그 과정에서는 경영프로세스에 대한 과학적인 분석방법도 필요하고, 정교하고 명확한 설계도를 작성할 수 있는 소프트웨어의 활용 및 수립된 전략을 사전적으로 예측할 수 있는 시뮬레이션 도구도 필요하다.

이러한 경영전략의 핵심적인 개념들은 창업 이후 기업의 성공여부를 보장해 주는 중요한 기준이 된다. 물론 경영전략이 좋다고 무조건 성공하는 것은 아니다. 그러나 경영전략은 기업의 전반적인 성과와 목표를 달성하기 위한 중요한 열쇠(key)임에 틀림없다.

2. 경영전략계획의 수준

경영전략계획은 조직규모에 따라 차이가 있다. 조직의 규모가 커짐에 따라 경영전략계획도 다양하다. 일반적으로 전사적 전략, 사업부 전략, 기능부서의 전략 등으로 구분수립하고 있다. 그러나 조직의 규모가 작은 경우 거창한 경영전략의 수립은 거의 하지 않는다.

창업자는 자기기업(점포)이 규모가 아주 작다고 해서 경영전략이 필요없다고 생각한다면 그것은 잘못된 것이다. 무슨 일이든 경영이 필요한 곳에는 전략이 반드시 필요하며 그것의 활용에 따라 결과가 달라진다는 것을 명심해야 한다.

1) 기업전략(전사적 전략)

기업전략(corporate strategy)은 기업의 최고 경영자(창업자)가 기업경영활동의 목표를 이루기 위해, 기업의 나아갈 방향을 정하기 위해 수립하는 전략이다. 기업의 사명을 정의하고, 사업수준과 기능수준에서 나오는 문제들을 검토하며 관련된 활동들 간의 연계성을 발견하고 전략적 우선순위에 따라 자원을 배분한다. 이와 같은 기업전략에는 기업의 합병이나 매수, 사업의 확장 및 포기, 해외진출 및 철수, 새로운 사업에의 진출 등이 포함된다.

Highlight

유튜브로 고르고 페북으로 사고판다, 우린 '82 피플' [新인류 아이젠(iGen)]

빠른 속도로 유행생겼다 사라져… 소셜미디어로 정보얻고 구매
아이유 액체괴물 동영상 뜨자 직접 만들어 판매해 수익도
아이젠 키즈, 모바일 기기에 익숙… 장난감 대신 유튜브 보며 놀아

늘 한 손에 스마트폰을 쥐고 있는 10 · 20대 '아이젠(iGen · 아이폰과 제너레이션의 합성어)'이 대학생 · 사회초년생이 되면서 새로운 소비층으로 등장하고 있다. 아이젠은 언제, 어디서나 인터넷과 연결돼 있다. 이전 세대보다 유행에 훨씬 민감하다. 마케팅 전문가들은 "아이젠은 소셜미디어로 다른 사람이 뭘 하는지 늘 들여다 보기때문에 '유행의 쏠림'이 극심하다. 전에는 아무것도 아니었던 게 갑자기 유행이 되는 등 종잡기 힘들다"고 말한다. 소셜미디어에서 화제가 되는 대로 유행이 빠른 속도로 생겼다 사라진다는 것이다.

◇이슈따라 소비, '82 피플'의 등장

최근 '액체괴물'이라는 장난감이 선풍적 인기를 끌었다. 일종의 '장난감 젤리'로, 다양한 색깔의 반고체 상태물체를 손으로 만지작거려 새로운 모양으로 만들 수 있다. 가수 아이유가 자신의 인스타그램 계정에 액체괴물을 가지고 노는 영상을 올리면서 20대 사이에서도 유행했다. 그러자 직접 만들어 파는 사람들이 생겼다. 한 고등학생은 "액체괴물의 성분을 보니 구하기 쉬운 재료들이라 직

접 만들어 팔았는데 수익이 많이 났다"고 했다.

이처럼 인기를 끄는 물건들을 직접 만들거나, 수집해 되파는 '반짝 상인'들을 '82 피플'이라고 부른다. '82 피플'들은 소셜미디어를 적극 활용한다. 유튜브 동영상으로 제품을 홍보하고 페이스북으로 상담도 한다. 눈길을 끌만한 영상을 올리면 사람을 모으는 것은 어렵지 않다. 제품을 사용하는 모습을 직접 영상으로 만들어 올린다. 박진수 대학내일20대 연구소장은 "아이젠은 기업의 일반적인 광고영상보다는 소셜미디어 친구들로부터 얻는 정보를 더 신뢰한다"며 "일반인들이 제품을 사용한 후 적나라하게 평가하는 '리뷰'형태의 광고영상에 더 많이 반응한다"고 했다.

일부 기업은 이러한 특성을 활용해 '소셜미디어용' 상품광고를 제작하기도 한다. 페이스북에서 큰 인기를 끌고 있는 한 코팩제품의 광고영상은 사용자 콧등의 피지가 코팩에 잔뜩 묻어나오는 모습을 적나라하게 보여준다. 한 제모크림 광고영상은 다리에 털이 수북이 난 남성이 직접 크림을 발라 털을 없애는 과정을 그대로 보여준다.

◇아이젠 키즈들도 등장

늘 스마트폰을 사용하며 모바일 기기와 친숙한 아이젠이 부모가 되면서 육아방식도 변하고 있다. '아이젠 키즈'는 태어나자마자 부모의 영향으로 각종 스마트 기기를 접하며 자라는 아이들이다. 아이젠 이전 세대부모들은 '아기의 사고능력이 둔화된다.'며 자녀에게 스마트 기기를 쥐여주는 것에 거부감을 보인다. 하지만 아이젠 부모들은 스마트폰에 영어로 된 애니메이션 영상을 담아 아이들에게 보여주는 등 스마트 기기를 교육목적으로 활용하려고 한다.

박정은(30)씨는 "두 살 된 딸이 태블릿PC만 보면 가지고 놀던 장난감을 내팽개칠 정도로 스마트 기기를 좋아한다"고 말했다. 서울 강서구의 19개월 아기엄마 송은영(29)씨는 "아이가 어렸을 때부터 스마트 기기와 친숙하다 보니 어른처럼 스마트폰을 다룰 줄 안다"고 했다.

아이젠 키즈를 겨냥해 놀이공간도 바뀌고 있다. 기존 영·유아 전용 키즈카페는 미끄럼틀, 볼 풀장 등 놀이기구와 블록 등 장난감을 배치했다. 지금은 장난감보다는 인터넷, 스마트 기술을 적극 활

용한다.

지난 27일 경기도 고양시에 있는 한 영·유아전용 카페를 찾았다. 카페바닥에 프로젝터로 영상을 비춰 바닷물이 흐르는 것처럼 꾸몄다. 영상 속 거북이와 물고기들이 카페바닥을 헤엄쳤다. 돌이 채 안 된 아기 3~4명은 신기한 듯 움직이는 물고기에 손을 갖다 댔다. 카페내 볼 풀장 옆 벽에는 스크린이 설치돼 있었다. 만화영상이 나오는 스크린에 공을 던지면 영상 속 동물들이 공에 맞는 것처럼 반응했다. 아이들은 공을 가지고 노는 것보다 화면속 동물들의 반응에 집중했다.

'아이젠 키즈'의 구매가 줄면서 전통적인 장난감 산업은 위기를 맞았다.

세계적인 장난감 회사 토이저러스는 지난 9월 파산을 신청했고, 미국 내 100여 개 매장을 폐쇄할 예정이다.

지난 9월 세계적인 장난감 제조업체인 '레고'는 올해 상반기 매출부진으로 연내 전 직원의 8%에 해당하는 1400여 명을 감원하기로 결정했다.

반면 스마트 기기용 아동용 앱을 만드는 기업은 꾸준히 성장하고 있다. 동요 등 유아용 영상만 나오는 '유튜브키즈'는 전 세계 1000만 명이 다운로드했다.

☞ 82피플 : 소셜미디어상에서 인기를 끄는 물건들을 직접 만들거나 주문해 온라인에서 파는 사람들을 일컫는 말. '(물건을) 파는 사람'이라는 뜻의 '~팔이'와 영단어 'people(사람들)'의 합성어다. 유행이 빨리(82) 변하는 아이템을 파는 사람이라는 뜻도 있다

• 출처 : 조선일보, 2017년 12월 30일

2) 사업전략(사업부 전략)

사업부란 자율적인 운영권을 행사하는 전략적 사업단위라고 하는데, 기업전략이 수립되면 각 사업부는 사업전략을 세운다. 사업전략(business strategy)에서는 기업환경의 정확한 인식, 해당사업의 경쟁우위, 기업전략에 의해 배분된 자원의 사업부에서의 활용에 대해 구체적인 방법을 결정한다.

예를 들면 식품사업부, 가전사업부 등 각 사업부 별로 해야 하는 일이 서로 다르며 각 사업부 전문가들의 시각으로 스스로의 경쟁력을 만들어 내는 일들을 해야 한다.

3) 기능별 전략(기능부서의 전략)

기능별 전략(functional strategy)이란 사업전략을 실행하기 쉽도록 각 기능조직 단위로 실행

할 전략으로서, 생산, 재무, 인사, 마케팅, 연구개발 등과 같은 각각의 기능부서의 활동방향을 정하기 위한 전략이다. 기능별 전략은 주로 기능부서의 전문적인 문제에 국한되고 있다.

3. 경영전략의 분석요소

1) 외부환경

기업이 경영전략을 수립할 때 가장 먼저 고려해야 할 것은 기업을 둘러싼 외부환경이다. 이때 기업에 직접적으로 영향을 미치는 과업환경뿐만 아니라, 기업이 통제할 수 없으나 영향을 미치는 정치적, 경제적, 사회적, 문화적 환경 등 일반환경에 대해서도 철저히 분석해야 한다.

기업환경의 변화는 기업에게 기회와 위협을 제공하기 때문에, 이에 대한 철저한 분석은 기업의 경영전략을 수립하는 데에 반드시 필요한 밑바탕이 된다.

2) 내부환경

외부환경에 대한 분석이 끝나면 기업내부의 강점과 약점을 분석하여야 한다. 즉, 기업자신의 능력과 한계를 정확하게 파악해야 한다. 이러한 내부환경에는 기업의 재무구조, 생산기술 및 설비, 인적자원, 영업능력 등이 포함된다. 기업내부환경에 대한 철저한 분석이 있다면 기업의 외부에서 주어지는 기회를 살릴 수 있는 기업의 강점이 무엇인지, 기업에 닥치는 위협을 모면하기 위해서는 어떤 약점을 보완해야 하는지 등을 쉽게 파악할 수 있을 것이다.

내부환경에 대한 파악은 기업의 강점과 약점의 정확한 인지로부터 경쟁사와의 경쟁력을 차별화하는 중요한 단계이다. 내부환경 파악이 제대로 이루어지지 않으면 향후 잘못된 의사결정을 할 수 있으며 창업단계의 사업계획서에 담았던 기업의 방향과 철학마저도 정체성을 잃게 된다.

3) 기업철학

외부환경과 내부환경에 대한 분석을 토대로 경영자는 전략을 수립하게 된다. 이때 기업의 비전, 사명, 가치관 등은 전략수립에 영향을 끼친다. 기업의 사명은 기업이 존재하는 이유를 밝히는 것으로, 기업활동의 방향을 정하는 기본이 되며, 이러한 기업의 사명을 바탕으로 기업의 목표를 정하게 된다.

4) 사회적 책임

기업은 계속적으로 유지되고 발전해야 할 책임을 지닌다고 하였다. 또 사회에 기여한 만큼 기업이미지가 재고된다. 따라서 경영전략을 수립할 때에 사회적 책임을 고려해야 한다는 것은 기업의 가장 기본적인 목표인 이윤추구와도 일맥상통한다고 할 수 있다.

제2절 경영전략 모형

경영전략에는 다양한 이론모형이 존재한다. 그러나 본 교재에서는 그 중에서 일반적으로 다루어지는 대표적인 모형에 대해서 설명하고자 한다. 경영전략분야에서 유명한 석학중에는 마이클 포터가 대표적이라 할 수 있으며 그의 이론모형에 대해 알아보자.

1. 가치사슬 모형

가치사슬 모형은 정보시스템이 경영활동을 지원하는데 어떻게 활용되는가를 분석하기 위하여 마이클 포터가 제시한 모형이다.

가치사슬은 제품과 서비스의 생산과 관련된 기업의 경영활동들을 분석하고, 이러한 활동들 중에서 기업의 경쟁우위를 획득할 수 있는 활동들을 파악하고 대응방안을 수립하는데 도움을 주도록 고안된 모형이다. 가치사슬이란 제품 및 서비스의 생산에 필요한 여러 업무를 구분하여 몇 개의 활동으로 나누어 연결시킨 것을 말하고 이 때 발생하는 여러 가지활동을 가치활동이라고 한다. 가치사슬에서 기업의 활동은 기본활동과 지원활동으로 이루어지는 가치 활동들(value activity)로 나누어지는데 [그림 12-1]에서 보는 바와 같이 이러한 활동들은 제품과 서비스의 생산에 필요한 활동들이다. 가치사슬은 '기본활동(primary activity)'과 '지원활동(support activity)'으로 이루어져 있다.

먼저 기본활동은 내부물류(inbound logistics), 생산활동(operations), 외부물류(outbound logistics), 마케팅판매(marketing and sales), 그리고 서비스(service)로 이루어져 있다.

제조업의 경우, 내부물류를 지원하는 활동들은 유입되는 원재료의 입고와 처리를 포함한다. 생산활동은 투입된 원자재를 최종제품 및 서비스로 변환하는 기능들을 의미한다. 외부물류는 주문처리와 구매자에게 제품을 보내거나 서비스를 제공하는 과정을 지원한다. 마케팅 및 판매

그림 12-1 가치사슬 모형

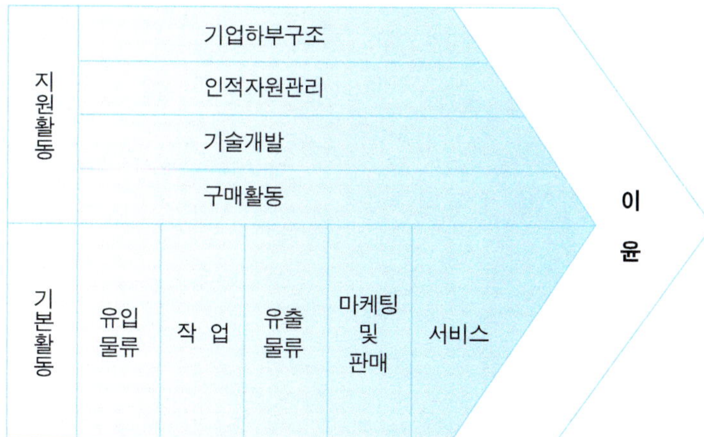

활동은 광고, 판촉, 영업사원관리를 포함한다. 서비스는 제품의 가치유지 및 향상을 위한 서비스 활동이다.

지원활동은 경영의 기본활동들을 지원하는 자원을 포함한다.

[그림 12-1]에서 보는 바와 같이 지원활동은 기본활동을 보조하기 위하여 기업하부구조, 인적자원관리, 기술개발, 구매활동 등을 제공한다. 예를 들어, 기업하부구조는 일반관리 및 기획업무, 재무관리, 법적수속, 회계 등을 의미하는데 이들은 가치사슬을 전반적으로 지원한다.

마이클 포터의 견해에 따르면, 가치사슬은 상호의존적인 연계시스템으로서 사실상 어떤 활동이 수행되는 방식은 다른 활동에도 영향을 미치게 된다. 예를 들어 비싼 제품의 디자인이나 고품질의 원재료에 대한 투자는 애프터서비스 비용을 줄일 수 있다. 경쟁우위를 확보하기 위해서 기업은 경쟁사들보다 더 낮은 비용으로 또는 구매자에게 부가가치나 서비스를 제공하는 방식으로 가치활동들을 수행할 수 있어야 한다고 마이클 포터는 주장한다.

특정한 산업의 가치사슬은 '가치시스템(value system)'이라고 불리는 더 큰 활동범위내에서 이루어진다.

가치시스템은 공급자의 가치사슬, 기업의 가치사슬, 기업의 제품과 서비스를 제공하는 재널의 가치사슬, 그리고 최종구매자의 가치사슬을 포함하는 개념이다. 공급자는 기업의 가지사슬에 대한 투입으로서 원재료를 공급하기 때문에 기업의 가치사슬은 공급자의 가치사슬과 상호작용을 한다. 공급자 가치사슬의 일부분인 분배활동은 공급받는 기업의 가치사슬과 상호교류한다. 공급자와 구매자 간의 가치활동들 간의 연결이 잘 이루어지면, 두 기업은 모두 비용을 절감할 수 있게 된다.

예를 들어 자동차회사는 가치사슬의 일부로 철강회사로부터 원재료를 획득한다. 이들 두 회사간의 긴밀한 협조를 통해서 가격과 운송날짜 등에 관한 정보가 제공되고, 이를 활용하여 주문과 배달을 용이하게 할 수 있다, 기업이 제공하는 제품이나 서비스는 최종 구매자에게로 이동하는 중에 채널의 가치사슬을 통과하는 경우도 있다. 이러한 예는 공급자와 구매자 사이에 가치사슬이 형성되는 경우를 들 수 있다. 자동차산업의 경우를 보면 생산자와 구매자간 채널의 가치사슬을 대리점이 제공하게 된다.

2. 경쟁세력 모형

1) 경쟁세력 모형의 개념

기업의 경영전략의 수립을 위해서는 바탕을 둔 경영환경에 대한 파악이 중요한데 현재 기업이 가지고 있는 제품과 서비스 그리고 업무처리기능의 기회와 위험요인들에 대한 철저한 분석이 선행되어야 한다. 마이클 포터는 이러한 경영환경분석을 도와주는 경쟁세력 모형을 발표하였다. [그림 12-2]에서 보는 바와 같이 모든 산업내에는 새로운 경쟁자의 시장진입위협, 경쟁자의 압력, 구매자의 협상력, 공급업자의 협상력, 전통적인 산업경쟁자들과의 경쟁 등 많은 외부적 위협과 기회가 존재한다.

그림 12-2 포터의 경쟁세력 모형

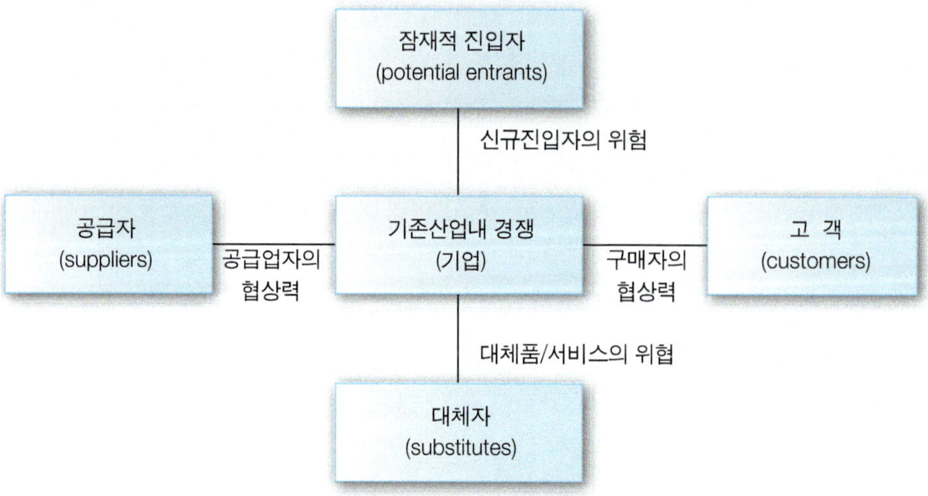

(1) 구매자(고객)

오늘날 기업들은 고객중심의 시장에서 경쟁해야만 한다. 다양한 고객의 요구에 신속히 대응하지 못하면 경쟁적 우위를 확보하기는커녕 생존조차 위협받을 수 있다. 어느 캠퍼스가 밀집한 지방도시에서 학교주변 음식업소들이 식대를 인상하자 그 지역의 학생들이 불매운동을 전개해서 식대를 원위치로 환원시킨 사례가 있었다.

이와 같이 소비자와 같은 구매자 집단은 경우에 따라서 단체로 협상력을 발휘하여 음식업소들의 이윤을 잠식할 수도 있다는 점에서 경쟁세력들 중의 하나에 해당한다. 대고객 협상력을 강화하고 대비하기 위해서는 고객이 다른 경쟁사로 옮길 경우 발생하는 교체비용(switching cost)을 높은 수준으로 유지하는 것이다.

(2) 공급자

공급자들은 기업들에게 판매하는 제품의 가격인상을 요구하거나 제품이나 서비스의 질을 떨어뜨리겠다고 위협을 가해 협상력을 발휘할 수 있다. 전통적으로 고임금의 노동력에 의존하여 왔던 자동차회사들은 생산라인 작업을 자동화함으로써 기하급수적으로 치솟는 임금을 효과적으로 상쇄하여 협상력을 제고시킬 수 있었다.

(3) 대체자

특정산업 내에서 경영활동을 수행하고 있는 기업들은 넓은 의미에서 대체품을 생산하고 있는 기업들과 경쟁을 벌이고 있는 것이다. 기존의 제품이나 서비스에 대한 대체재를 고객이 찾지 못하거나 힘들도록 하는 것이 필요하다.

예를 들어 철강생산자의 경우, 어떤 고객에게 있어서는 기존의 다른 철강생산자 외에 알루미늄 생산자나 플라스틱 생산자가 경쟁사가 될 수 있다. 대체품압력의 증대는 대체품의 가격이 상대적으로 낮은 경우, 혁신기술에 의해 대체품이 개발된 경우, 또는 고객의 선호가 바뀌는 경우에 발생하게 된다.

(4) 잠재적 진입자

잠재적 진입자는 현재 경쟁기업은 아니지만 앞으로 진입할 가능성이 있는 기업들을 말한다. 시장으로의 진입장벽을 구축하여 잠재적 진입자가 진입의사를 가지지 못하도록 이미지, 품질, 서비스수준, 납기 등을 관리하여야 한다.

(5) 기존 산업내의 경쟁자

산업 또는 시장내 기존 업체들 간의 경쟁은 비용우위전략이나 차별화 전략 등을 통하여 시장점유율을 높이고 기업의 인지도를 높이려고 하는데서 출발한다. 산업전체의 이윤에 영향을 주는 경쟁세력은 경쟁사이다.

기존 기업간의 경쟁정도가 심한 경우는 경쟁기업이 많거나 비슷한 시장점유율을 가지고 있는 경우, 제품수명주기가 성숙기에 있는 경우, 철수장벽이 높은 경우 등이 있다.

2) 경쟁전략

(1) 비용우위 전략

기업의 경쟁력을 위한 방법은 여러 가지가 있다. 그 중 비용우위는 경쟁하는 산업내에서 원가를 절감하거나 생산성 향상을 통하여 경쟁력을 제고시키는 전략을 말한다.

이 전략에서 중요한 것은 비용의 절감이 품질이나 서비스의 저하를 의미하지는 않는다. 기업들은 비용우위를 확보하기 위하여 최신설비의 도입, 불필요한 자원낭비의 최소화, 중복기능의 제거 등을 시도한다.

(2) 차별화 전략

차별화 전략은 자사의 제품이나 서비스를 타사의 것에 비하여 차별화함으로써 경쟁우위를

Highlight

2030 남성, 스마트가전 主고객이 되다 [현대百 생활가전 고객의 25%]

로봇청소기 · 스타일러 등 인기… 사물인터넷까지 갖추면 더 선호
드론 등 레저결합 상품도 잘 팔려
매장 주변엔 맥주 · 캠핑용품점… 스크린야구장도 갖춰 '男心잡기'

서울 용산구에 사는 회사원 김선오(32)씨는 지난달 백화점에서 영화 스타워즈에 등장하는 로봇 알투디투(R2D2) 캐릭터를 형상화한 로봇청소기를 구매했다. 일주일에 한두 번은 청소를 해야 하는데, 원룸에 혼자 살다보니 청소를 미루는 일이 많았다고 한다. 김씨는 "알아서 청소를 해주는 데다 영화 속 알투디투와 같은 작동음을 내는 것이 재미있어서 샀다"고 했다. 그는 지난가을에는 옷에 밴 냄새를 빼주고 구김을 펴주는 가전용품 '스타일러'도 장만했다. 매일 정장과 셔츠를 입어야 하는데, 수시로 옷을 빨고 다리기 불편해서다. 유통업계에서는 김씨같은 소비자를 '일렉트로테인먼트(가전제품과 엔터테인먼트의 합성어) 고객'이라고 부르고 있다.

◇생활가전 고객 4명 중 1명은 '2030 남성'

20~30대 남성이 생활 가전제품의 주요 소비층으로 떠오르고 있다. 유통업계에 따르면 오디오 · 카

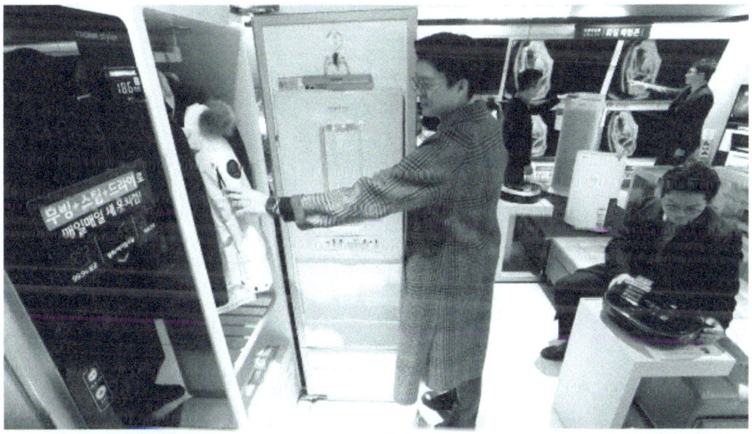

현대백화점 서울 무역센터점 9층 가전 매장에서 30대 남성 소비자들이 스타일러(왼쪽)와 로봇청소기(오른쪽) 등을 살펴보고 있다. 가전제품을 사는 젊은 남성이 느는 것에 맞춰, 현대백화점은 내년 중 '스마트 가전'을 한곳에 모아 판매하는 'IoT(사물인터넷) 전문관'을 열 예정이다.

메라 · 노트북같은 전자제품 시장에서 남성구매 비중은 원래 높은 편이었지만, 생활가전 시장에서 20~30대 남성층의 비중은 10%에도 미치지 못했다. 그러나 최근 1인 가구가 늘고 기혼가정의 경우도 남성들의 가사참여가 점차 늘고 있다. '엄마와 아내의 몫'으로 여겼던 가사를 젊은 남성이 직접 챙기게 되면서 가전제품도 자신의 취향에 맞는 제품을 직접 구매하는 것이다.

현대백화점이 가전제품 매출을 성별 · 연령대별로 분석한 결과 2015년 20~30대 남성의 매출 비중은 전체의 11%에 그쳤다. 그러나 지난해엔 17%, 올해는 25%로 급증했다. 현대백화점 관계자는 "올해 가전매출에서 남녀 비율은 40:60이었지만, 20~30대 층만 놓고 보면 69:31로 오히려 남성이 많다"고 했다.

20~30대 가전구매 고객의 남여 비율 외 온라인 유통업체에서도 사정은 비슷하다. SK플래닛 11번가에 따르면 지난 2015년 기준 20~30대의 '스마트 가전' 매출 남녀비는 60:40이었지만, 올해는 74:26으로 남성 비중이 높아졌다.

젊은 남성층이 선호하는 제품은 '편하고 재밌는' 가전이다. 로봇 청소기, 식기세척기, 스팀다리미, 스타일러 등 사람이 손을 최소한 덜 쓰게 해주는 제품들이다. 로봇 청소기의 경우 흡입력만 우수한 제품보단 스마트폰으로 청소를 마친 구역을 확인할 수 있는 제품이 더 잘 팔린다. 현대백화점 관계자는 "알아서 집안일을 해주면서도 스마트폰으로 원격조종이 가능한 사물인터넷(IoT) 가전제품을 특히 선호한다"며 "내년 중 '스마트 가전'을 한곳에 모아 판매하는 'IoT 전문관'을 열 계획"이라고 했다.

◇가전제품 옆에서 맥주 · 캠핑용품 팔며 남심잡기 나선 유통업계

쇼핑에 소극적이던 젊은 남성층이 생활가전을 사기 위해 백화점 · 마트 등을 찾자 유통업체들도 남

일산 킨텍스점 이마트타운 일렉트로마트 내부

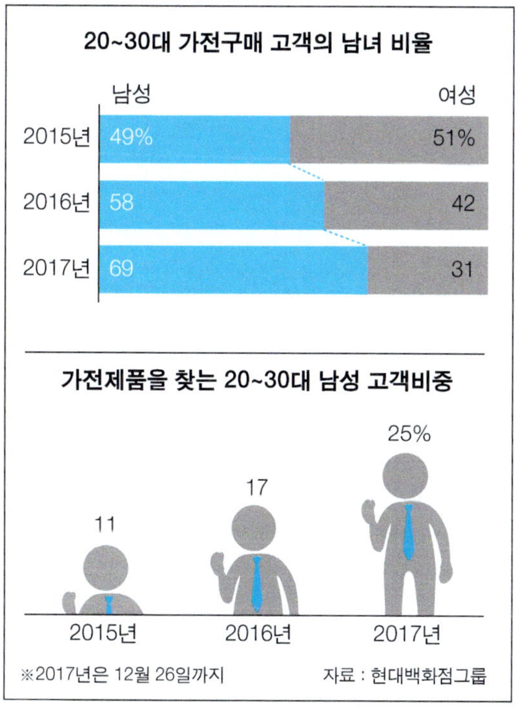

심(男心) 잡기에 나서고 있다. 이마트는 지난 2015년 가전제품 전문 편집숍 일렉트로마트를 열었다.

기존 가전매장처럼 각종 전자제품을 판매하면서도 3D프린터나 드론같은 젊은 남성층이 선호하는 제품을 현장에서 체험해볼 수 있도록 했다. 전자제품 매대옆에는 수입맥주·와인매장과 캠핑용품 매장에 스크린야구장까지 갖췄다.

이마트 관계자는 "이마트에서 20~30대 남성의 매출비중은 9%에 불과하지만, 일렉트로마트에선 20%에 이른다."며 "스마트폰과 연동해 전화·문자기능은 물론 운동보조 기능을 갖춘 '웨어러블 스마트워치'나 맥주전용 냉장고의 경우 고객 대부분이 20~30대 남성"이라고 했다.

홈쇼핑 업계도 생활가전 등을 앞세워 젊은 남성층 공략에 나서고 있다. CJ오쇼핑은 지난 5월 '어른들을 위한 장난감 가게'를 표방하는 온라인 쇼핑몰 '펀샵(FUNSHOP)'의 지분 70%를 인수하기도 했다.

• 출처 : 조선일보, 2017년 12월 29일

확보하려는 전략으로 제품차별화, 시장차별화, 서비스 차별화 등이 있다.

예를 들어, 제품의 이미지, 품질, 서비스 등을 개선하기 위하여 제품에 독특한 가치나 특성을 가미함으로써 제품차별화를 달성할 수 있다. 항공사들의 마일리지 서비스나 자동차회사들의 보증기간 무상수리서비스, 신설회사의 고급형 아파트 등도 이 전략에 해당된다.

(3) 집중화 전략

마이클 포터가 주장한 세 번째 경쟁전략은 집중화 전략이다. 이는 한정된 기업자원을 특정시장이나 특정제품에 집중함으로써 목표를 달성할 수 있게 된다.

제조회사는 시장집중화 전략을 지원하는 정보시스템을 통하여 특정시장에 대한 수익성을 파악하고 특정 마켓의 고객욕구를 충족시킬 수 있는 제품이나 서비스를 디자인하게 된다. 또한 물류업체는 이러한 제품이나 서비스를 제대로 판매할 수 있도록 지원할 수 있다.

집중화전략은 세분화된 특정시장에 대해 실시하며 비용우위 전략이나 차별화 전략은 산업전체를 대상으로 하고 있다는 점에서 차이가 있다.

3. 전략적 격자모형(= BCG 매트릭스)

기업의 제품과 서비스의 시장지위에 대한 평가는 제품의 성장가능성과 수익성을 예측하는데 반드시 필요하다. 전략적 격자모형은 상대적인 시장점유율과 시장성장률을 기준으로 기업이 생산하는 제품과 서비스의 위치를 분석하여 제품별 자원배분의 적정성을 평가하고 미래의 사업전략을 합리적으로 수립하는 기법이다. 즉 기업이 지속적으로 성장하기 위해서는 어느 사업에 주력하고 어떤 사업에서 철수해야 하는지를 결정하는 기본구조를 의미한다.

전략적 격자모형에서는 기업이 판매하는 각 제품에 대하여 상대적 시장점유율(=자사의 시장점유율/최대 경쟁기업의 시장점유율)을 가로에 표시하고, 각 제품의 전체시장 성장률을 세로에 표시하여 각 제품별 시장지위를 분석한다.

이 모형은 보스턴컨설팅 그룹(BCG)에서 개발한 모형으로서 BCG 매트릭스라고 부른다. 기업의 제품경쟁력이 시장점유율에 의해 결정된다는 근거는 시장점유율이 높을수록 기업은 가격 리더십이나 규모의 경제에 의해 시장지배력을 높일 수 있고 또한 학습효과에 의하여 단위당 생산원가가 절감된다는 데서 찾을 수 있다. 이 모형에는 의문부호, 스타, 개, 현금젖소 등 네 가지 구성요소가 있다.

1) 의문부호(question marks)

여기에 속하는 제품들은 높은 성장이 예상되어 시장에 도입되지만, 초기단계이기 때문에 시장점유율은 낮다. 시장점유율은 물론 브랜드에 대한 인지도도 낮은데다가 고비용이 발생하기 때문에 수입은 적을 수밖에 없다.

이처럼 신제품을 독자적으로 개발한다는 것은 위험부담이 크지만 이러한 신제품의 지속적인 개발없이는 성장이 불가능하다. 신제품이 위치하는 의문부호(question marks)에서는 현금유입보다 현금유출이 더 많게 된다. 그리고 경쟁기업에 의한 유사제품의 출현도 예상된다.

2) 스타(stars)

판매가 순조롭게 진행된 의문부호 상품은 점차 스타(stars)제품이 된다. 이 제품은 성장률은 물론 시장점유율도 높은데, 높은 수준의 성장은 높은 시장점유율을 통해 달성된다. 그러나 성장성이 있는 사업이기 때문에 경쟁이 치열할 뿐만 아니라 설비투자에도 막대한 자금이 소요된다.

이 유형에 속하는 제품은 현금젖소(cash cows)로 발전할 가능성이 있기 때문에 보유할 만한 가치는 있지만 너무 많이 보유할 경우에는 (−)의 현금흐름을 발생시켜 기업에 어려움을 줄 수도 있다.

3) 개(dogs)

판매가 순조롭게 진행되지 못한 제품은 여기로 이동된다. 개(dogs) 제품은 낮은 시장점유율과 낮은 시장성장률의 특징을 갖는다. 여기에 속하는 제품들은 실행 또는 쇠퇴기 제품으로서 (+)이든 (−)이든 현금흐름의 규모가 적다.

많은 기업들이 이러한 제품을 보유하는 경우가 있는데 경영자는 이러한 제품이 갖는 문제점을 인식하고 가급적 빨리 정리하기 위한 노력을 할 필요가 있다.

4) 현금젖소(cash cows)

시장성장률이 떨어지기 시작하면 스타제품은 여기로 이동하게 된다. 여기에 속하는 제품은 풍족한 현금흐름을 가져오기 때문에 현금젖소(cash cows) 제품이라 하며, 성숙기에 도달한 제품을 말한다. 성장률이 하락함에 따라 필요한 순운전자본도 감소하고 생산부문에서도 규모의

그림 12-3 **BCG 매트릭스**

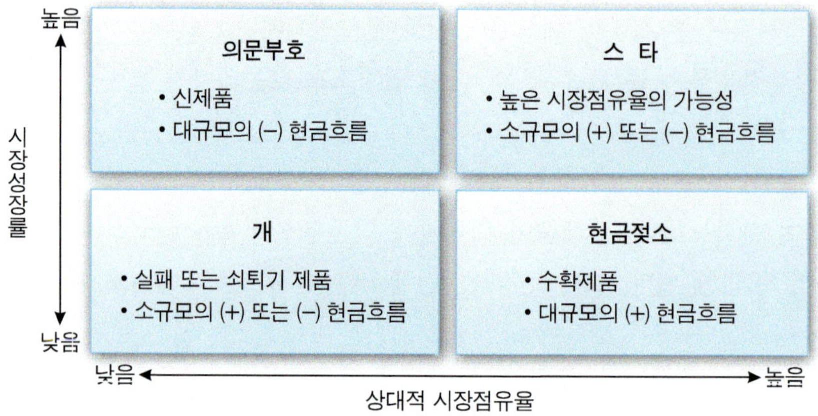

경제가 실현되므로 기존의 지출했던 자본을 회수할 수 있게 된다.

전략적 격자모형에서 가장 이상적인 경우는 현금젖소에서 나오는 현금흐름을 의문부호형과 스타형 제품을 유지하는 데서 발생하는 현금부족을 보충하고 개의 제품은 전혀 보유하지 않는 것이다.

이러한 이상적인 제품포트폴리오를 보유하는 기업은 기존제품에서 발생하는 현금흐름과 확고한 시장지위에 의해 신제품개발에 따른 불확실성 및 위험을 감수할 수 있게 된다.

4. SWOT 분석

1) SWOT 분석

경영에서 전략을 수립하기 이전에 하는 제일 처음의 일은 바로 상황을 분석하는 일이다. 기업을 둘러싼 주위의 환경을 차근차근 분석함으로 기업이 어떤 방향으로 가야하는지를 정확하게 파악하는 일이다.

물론 다음단계에서는 복잡하고 장황한 상황들을 파악된 자료를 근거로 기업의 강점과 약점, 기회와 위협이라는 네 개의 요인으로 요약하는 과정을 거치게 된다. 그것이 바로 SWOT 분석이다.

SWOT(strength, weakness, opportunity, threat) 분석은 내부환경으로부터의 강점요인과 약점요인, 외부환경으로부터의 기회요인과 위협요인을 구분하고 자사 눈높이에 맞는 전략을 수립하도록 만드는 출발점이라 할 수 있다.

기업뿐만 아니라 개인의 경우도 다르지 않다. 다양한 환경과 상황에서 나를 찾아내고 나에 맞는 적합한 직업을 찾아내기 위해서는 가장 먼저 나 자신을 알아야 한다.

기업을 둘러싼 많은 상황들을 분석함으로 얻어진 데이터와 정보를 활용하여 기업의 내적 혹은 외적환경을 통해 바라보고 내부적인 요소에서는 기업의 강점과 약점을 파악한다. 또한 외부적인 요소에서는 기업주변환경에서 일어나는 정치, 경제사회, 문화 등의 변화가 기업이 하고자 하는 일에 어떤 영향을 주고있는지 SWOT 분석을 통해 제대로 파악해 보는 것이 필요하다.

SWOT 분석을 통해서 얻을 수 있는 혜택은 기업의 현 위치를 파악하고 기업 스스로의 투자를 최적화할 수 있다는 것이다. 또한 정확한 기업진단과 파악이 더욱 효과적인 양적, 질적인 경쟁력을 만들어 준다.

(1) SWOT 분석시 유의점

① 초점을 맞추어라(stay focused)

분석시 너무 방대한 분석은 의미를 상실할 수 있게 한다. 가능하면 기업의 어떤 부분을 중심으로 분석할 것인지 좀 더 구체적으로 나누어 분석할 필요가 있다.

② 폭넓은 경쟁자를 찾아라

분석의 경우에 경쟁자 하나만을 조사할 것이 아니라 일반적인 해당 기업주변의 경쟁자를 제대로 파악하여야 한다. 물론 이런 경우 현재 눈에 보이는 부분 이외에도 잠재적인 부분까지도 조사하여 가까운 미래에 만날 수 있는 경우의 수를 사전에 예방해야 한다.

③ 주변 요소와 연결하라

SWOT 분석은 정보를 공유하여 주변의 여러 요소와 연결시킴으로 더욱 확실한 해결책을 찾아낼 수 있다.

④ 객관적으로 파악하라

남의 의견에 대해 기업은 주저없이 자신의 파악요소에 추가해야 한다. 그것은 경쟁사 혹은 이해관계자들이 바라보는 기업의 객관적이고 냉정한 모습일 수 있다.

⑤ 특징 아닌, 이유를 찾아라

일반적으로 SWOT 분석은 기업의 특징을 찾아내는 것이 아니다. 즉 왜 고객이 그렇게 행동하는지? 혹은 우리기업이 왜 이런 강점·약점이 있는지?에 대해서 그 이유를 찾아내는데 주력해야 한다.

그것은 이유가 파악되는 순간 기업의 문제는 해결될 수 있기 때문이다. 단지 분석을 통해 기업의 특징들만을 찾아낸다면 그것은 더 발전된 기업을 만들 수 없으며 이유에 대한 답변을 찾아내는데 시간을 허비할 수 있기 때문이다.

(2) SWOT 분석의 4요소

SWOT 분석의 4요소는 기업내부의 강점과 약점, 외부적인 환경이 기업에게 영향을 미칠 수 있는 기회와 위협의 요인으로 정리될 수 있다.

이 네 가지에서 도출되는 강점, 약점, 기회, 위협의 결합을 통해 기업은 효과적인 전략을 수립하고 도움을 받게 된다. 즉 SWOT 분석은 외부환경분석을 통하여 기회와 위협을 파악한 후 기회는 활용하고 위협은 회피하려는 전략을 만들면 된다. 그리고 내부분석을 통하여 강점과 약점을 파악한 후에 강점은 강화시키고 약점은 극복하는 전략을 수립하는데 이용되는 분석기법이다.

SWOT 분석은 ① 경영전략목표의 수립, ② SWOT의 분류 및 정리, ③ SWOT 매트릭스 작성, ④ SWOT에 대한 전략수립 및 선택의 절차를 밟게 된다.

이처럼 SWOT 분석을 통해 우리가 얻어내는 네 가지 요소를 통해서 기업이 준비해야 하는 기본적인 사항들을 파악하고 어떻게 전략을 만들것인지 스스로 발견해 내야만 한다.

특히 SWOT 분석을 통해 얻어낸 정보를 중심으로 그림에서 보는 것처럼 약점은 강점으로 위협의 요인은 기회의 요인으로 어떻게 전환시킬 것인지를 기업은 그 해답을 찾아야 한다. 아

그림 12-4 SWOT 분석 틀

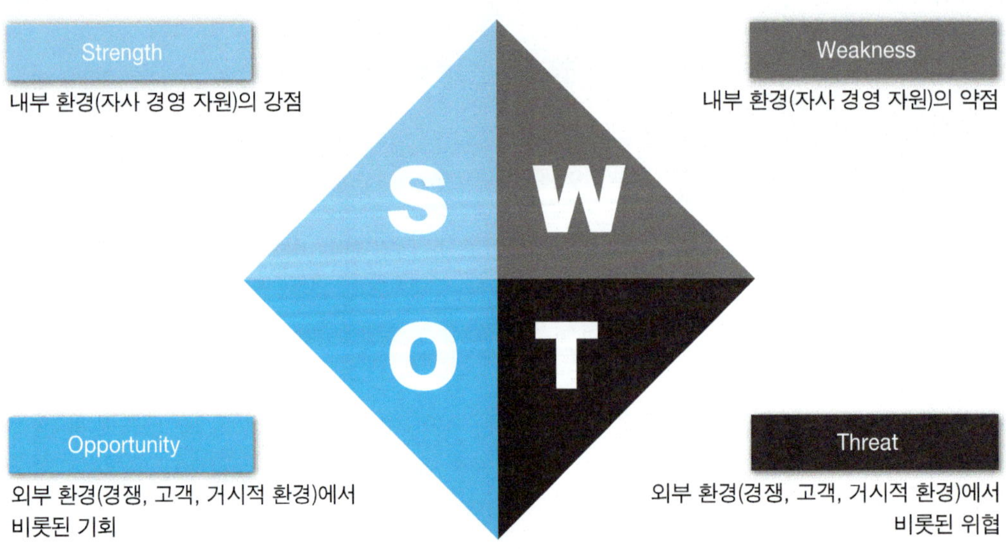

울러 외부요인인 위협과 기회의 요인은 통제 불가능한 경우가 자주 있게 된다. 그럴 경우 위협요인을 피할 수 없다면 어떻게 그 위협요인을 최소한으로 줄일 것인가를 심도있게 고민하고 그 방법을 찾아내야 한다.

이 과정이 쉬운 일은 아니지만 그 과정을 거치고 찾아내야만 기업은 생존게임에서 살아남을 수 있게 된다. 결국 기업은 그림의 틀을 이용해 기업분석을 실시한 후 기업자신의 약점과 위협의 요인을 어떻게 강점과 기회로 방향전환할 것인가를 고민하고 그 숙제의 해답을 찾아내야 한다.

5. 격차분석(gap analysis)

격차분석이란 기업이 보유하고 있는 전략자산, 지식자산, 고객과의 관계자산 등의 관점에서 이상적인 상태와 현재의 상태와의 격차를 분석하는 과정이다(그림 12-5 격차분석의 기본과정 참조).

격차분석은 전략격차, 지식격차 그리고 관계격차 등 세 가지 유형의 격차분석으로 구성되어진다.

1) 전략격차

현재 존재하는 시장격차를 해소시키기 위하여 기업이 추진해야 할 이상적인 전략 및 수행능

그림 12-5 격차분석의 기본과정

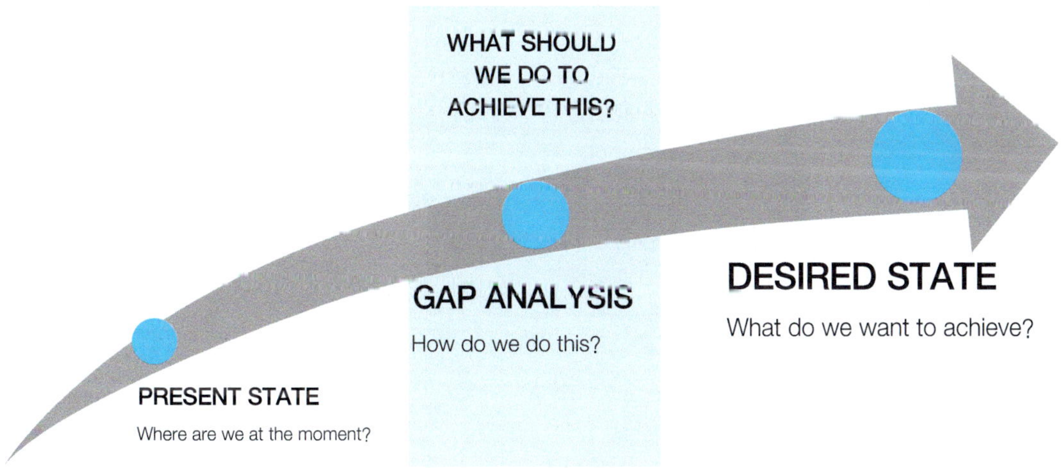

력과 현재의 전략 및 수행능력 사이의 격차를 말한다. 이는 기업이 가진 자산의 규모와 자원의 수준정도에 따라서 달라지기도 한다. 특히 경쟁사의 전략수준정도에 따라 자사의 전략이 어떻게 움직여야 하는지를 신중하게 검토하고 접근해야 한다.

2) 지식격차

지식격차는 기업이 보유하고 있는 이상적인 지식수준과 실제기업이 보유하고 있는 지식과의 격차를 의미한다.

이 격차는 실제로 기업이 알고 있는 지식수준과 일상적인 의사결정과정에 적용되는 지식수준의 차이를 의미하기도 한다. 특히 의사결정과정에서 지식격차가 있다고 판단되면 충분한 의사결정지원 시스템을 활용해야 한다. 의사결정지원 시스템의 사전구축과 도입이 지식격차를 극복할 수 있는 좋은 수단이 될 것이다.

3) 관계격차

관계격차란 현재 목표고객의 욕구를 만족시키기 위하여 기업이 보유해야 할 고객과의 이상적 관계와 고객과의 현재 관계수준과의 격차를 의미한다.

이 격차는 고객충성도, 공급자와의 전략적 파트너십, 제휴협력관계 등에도 영향을 미치게 된다. 관계격차는 당장 해결이 불가능하며 오랜 기간 기업이 고객에게 투자하고, 고객과의 원활한 커뮤니케이션을 유지해야만 극복할 수 있다. 또한 충분히 관계를 구축 및 유지하기 위해서는 고객과의 커뮤니케이션 문제만이 아닌 바른 품질제공, 공정한 가격유지, 균등한 서비스제공 등이 뒷받침되어야 한다.

제13장

창업과 조직

제1절 창업과 조직구조의 원칙

제2절 조직구조의 유형

제3절 조직구조의 최근 동향

이색적인 경험선호하는 MZ세대 취향공략한 '경험마케팅' 활발

산업통상자원부에서 발표한 '2022년 5월 주요 유통업체 매출동향'에 따르면, 사회적 거리두기 해제로 외부활동이 증가하면서 주요 유통업체매출이 전년도 5월 및 동월 기준 약 10% 상승했다. 특히 대부분의 매출이 오프라인에서 발생함에 따라, 관련 업계들이 오프라인 마케팅활동을 적극적으로 진행하고 있다.

이와 더불어 유통업계의 핵심 소비층으로 떠오른 MZ세대는 직접 느끼고 경험할 수 있는 것에 반응하고 소비하는 특징을 갖고 있다. MZ세대를 겨냥한 브랜드와 제품을 직접 경험할 수 있는 '경험마케팅'에 주목하고 있으며, 이러한 트렌드의 일환으로 야외 페스티벌 등 단계적 일상회복에 따른 오프라인 행사를 활발하게 진행 중이다. 이에 유통업계는 MZ세대의 이목을 집중시킬 수 있는 이색 오프라인 이벤트 및 프로모션 공간을 실시하며 제품을 직접 경험하고 브랜드 메시지에 공감할 수 있는 경험마케팅을 선보이고 있다.

◇ 지누스, 서울파크뮤직페스티벌 '함께 하는 공간' 포토존 운영성료

가구브랜드 지누스는 지난 달 25일과 26일에 서울 올림픽공원 88잔디마당에서 '2022 서울 파크뮤직페스티벌'에서 자사의 '함께하는 공간' 캠페인 홍보를 위해 지누스 포토존을 운영했다.

신제품 럭스 메모리폼 매트리스를 직접 경험할 수 있는 것은 물론 포토존 부스에서 찍은 사진을 본인의 인스타그램에 업로드하면 추첨을 통해 상품을 증정하는 등 이벤트를 진행했다. 이와 관련하여 인스타그램에 많은 인증샷을 생산한 지누스는 페스티벌에 참가한 관람객을 대상으로 제품을 직접 경험해볼 수 있도록 자리를 마련하고 그들에게 '함께하는 공간' 브랜드 캠페인을 각인시키며 포토존을 운영했다.

◇ 한국 코카-콜라, 이마트 매장에서 '원더플 캠페인' 시즌3 오프라인 체험부스 운영

한국 코카-콜라는 투명음료 페트병의 올바른 자원순환을 쉽고 재미있게 경험할 수 있도록 이마트 성수점에서 '한 번 더 사용되는 플라스틱: 원더플 캠페인 (이하 '원더플 캠페인')' 시즌3 오프라인 체험부스를 운영한다. 원더플 캠페인의 오프라인 체험공간은 온라인 상에서 진행되고 있는 캠페인 신청과 더불어, 소비자들이 즐겨찾는 오프라인 쇼핑공간에서 사용된 투명음료 페트병의 자원으로서의 가치와 자원순환의 필요성을 알리기 위해 마련됐다. 소비자들이 투명 페트병에 담긴 음료를 구매하는 대형마트 내에 부스를 마련하고, 보다 쉽고 재미있게 올바르게 분리배출된 투명음료 페트병이 유용한 굿즈로 재탄생되는 자원순환경험을 할 수 있도록 한 것이다.

이마트 성수점 1층에 마련된 체험공간에는 투명음료 페트병을 분리배출 할 수 있는 원더플 수거함과 투명페트병의 자원순환여정을 시각적으로 쉽게 풀어놓은 자원순환 체험존은 물론, 사용된 플라스틱으로 만든 시즌3의 업사이클링 굿즈 '코카-콜라 보랭 캠핑의자'를 만나볼 수 있다. 또한, 올바르게 분리배출한 투명음료 페트병 15개를 모아오면 코카-콜라의 플라스틱 업사이클링 굿즈인 '코카-콜라 라벨제거기(콕-따)'를 선착순으로 증정해 일상 속에서의 재미있는 자원순환경험을 도울 예정이다.

◇ 다이슨, 반려동물과 함께 방문가능한 '다이슨 펫 사이언스 팝업' 운영

다이슨이 펫 사이언스 전문성에 대해 소개하고, 다이슨의 최신 무선청소기에 적용된 반려동물 관련 주요 기술을 경험할 수 있는 '다이슨 펫 사이언스 팝업'을 한시적으로 운영한다. '다이슨 펫 사이언스 팝업'에서는 반려동물의 털로 인해 발생하는 일상의 문제를 해결하기 위해 다양한 동물들의 털의 구조에서부터 움직임까지 수년 동안 반려동물에 대한 연구를 지속해 온 다이슨의 노력과 혁신적인 기술

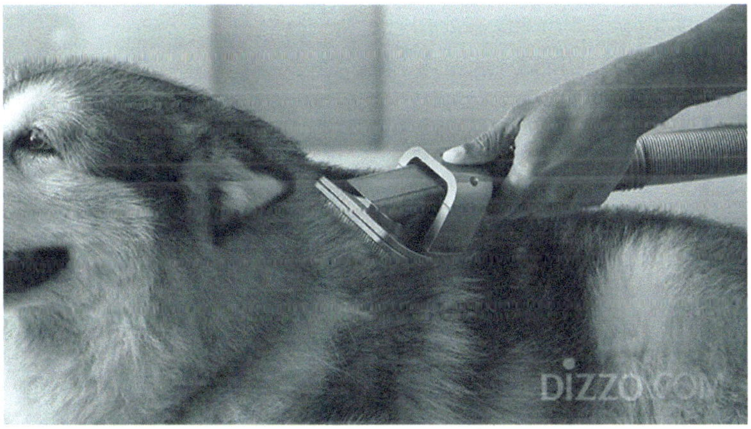

에 대해 확인할 수 있다.

반려동물과 함께 방문 가능한 '다이슨 펫 사이언스 팝업'은 7월 24일까지 하남 스타필드 1층 센트럴아트리움에서 만나볼 수 있다. 이번 팝업 이벤트 공간에서는 다양한 시연을 통해 다이슨 무선청소기의 엉킴방지기술, 신규 출시된 펫 그루밍 툴 등 반려인들의 현실 고충을 덜어줄 청소기의 기술 및 성능을 체험할 수 있다. 이 밖에도, 반려인과 반려동물이 함께 포토존에서 운영되는 포토이벤트, 일러스트 이벤트, 전문 트레이너와 함께하는 펫 장애물 코스, 그루밍 시연에 참여할 수 있으며 현장에서 제품구매 시 다양한 혜택을 제공받을 수 있다.

◇ 롯데시티호텔 마포, 메타버스 홈트 '야핏 사이클' 체험존 오픈

롯데시티호텔 마포는 국내 호텔 최초로 '야핏 사이클' 체험존을 연다. 야핏 사이클은 가상 세계에서 게임을 하듯 운동할 수 있는 메타버스 기반의 홈트레이닝(이하 홈트) 서비스이다. "야! 너두 할 수 있어"라는 특유의 캐치프레이즈로 유명한 카카오계열 에듀테크 기업 야나두에서 개발했다. 롯데시티호텔 마포는 호텔 내 피트니스 센터에 야핏 전용 사이클 2대를 설치하고 운동인증샷을 찍을 수 있는 포토존을 함께 구성했다. 호텔관계자는 건강관리의 재미를 공유하고 인증하고 싶어하는 '헬시 플레저(Healthy Pleasure)' 트렌드의 확산에 발맞춰 색다른 홈트서비스를 도입했다고 말했다. 야핏 사이클은 전용앱이 깔린 태블릿 PC와 연동된 기기를 이용해 전 세계 주요 도시의 랜드마크를 배경으로 홈트를 즐기고, 다른 사람들과 가상대결을 펼칠 수도 있다. 별도의 이용권 구매가 필요한 홈트 서비스지만 호텔투숙 시에는 체험존에서 누구나 무료로 이용 가능하다.

• 출처 : 디지털조선일보, 2022년 7월 11일

디자인이 좋은 제품을 사고싶다면 높은 가격을 감수해야 한다는 것이 일반적인 생각이다. 이런 고정관념에 도전한 소매기업이 있는데, 바로 덴마크의 디자인 브랜드스토어 '플라잉타이거코펜하겐(Flying Tiger Copenhagen)'이다. 플라잉타이거코펜하겐은 고급스러운 디자인으로 이름 높은 북유럽디자인을 접목한 천원숍 콘셉트의 브랜드스토어로서 '북유럽의 다이소', '이케아의 천원숍버전' 등으로 불리어진다.

플라잉타이거코펜하겐은 일상생활에 필요한 다양한 종류의 제품을 판매한다. 플라잉타이거코펜하겐은 세련되면서도 시선을 끄는 독특한 디자인으로 평범한 제품을 특별한 제품으로 탈바꿈시켰다. 플라잉타이거코펜하겐 최고경영자(CEO)는 "우리는 소매업계의 통념에 도전하고 싶다. 또 소비자들에게 놀라운 경험을 선사하고 싶다. 우리 비즈니스의 핵심은 가격이 낮으면 상품의 질도 낮고 디자인도 별볼일없다는 공식을 깨는 것"이라고 말한다. 플라잉타이거코펜하겐이 디자인을 중요시하는 건 멋진 디자인이 고객들을 행복하게 만든다는 신념을 갖고 있기 때문이다.

창업과 동시에 CEO들은 고객의 행복을 위해 고민해야 한다. 물론 그것이 비즈니스의 성공열쇠라 할 수 있다. 그러나 많은 기업은 고객우선의 조직경영을 하지 않고 비용과 성과에 초점을 두고 접근하기 쉽다. 창업 이후 조직운영과 관리는 고객의 행복에 맞는 조직운영이 반드시 필요하며 그것이 장기적인 성공비즈니스를 창출하는 방법임에 틀림없다.

제1절 창업과 조직구조의 원칙

창업경영자가 행하는 경영관리의 핵심기능은 계획, 조직화, 지휘, 조정, 통제를 포함한다. 이 장에서는 조직화 기능에 특히 초점을 맞춘다. 조직화는 기업이 계획을 수행하고 목적을 달성할 수 있게끔 기업의 자원을 조율하고 배분하는 일과 관련이 있다. 이런 조직화 과정 또는 구조화 과정은 다음의 과정을 통해 달성된다.

- 업무활동을 결정하고 과업을 분할하는 것(분업)
- 직무와 직원의 집단화(부문화=부분화)
- 권한과 책임의 할당(권한위임)

조직화 과정의 결과는 공식적인 조직구조다. 공식조직(formal organization)은 회사내부에 존재하는 관계의 체계와 구조이다. 공식조직은 공통의 목표와 명확한 목적을 위해 함께 일하는 둘 이상의 사람으로 구성된다.

공식조직은 뚜렷하게 규정된 권한계통, 정보흐름의 경로, 통제수단도 갖고 있다. 인적자원, 물적자원, 재무자원, 정보자원은 경영조직을 구성하기 위해 신중하게 연결된다. 일부 연결은 자금부서나 마케팅부서에 근무하는 사람들 사이의 유대관계처럼 오랫동안 지속된다. 다른 연결은 특정 문제를 연구하기 위해 위원회가 구성될 때처럼 거의 언제든 바뀔 수 있다.

조직의 다섯 가지 기본원칙은 효율적이고 효과적인 조직구조를 설계하는데 사용된다. 기본원칙은 분업, 부문화, 경영관리위계, 통제범위, 의사결정의 집중화이다.

1. 분 업

일을 별개의 직무(job)로 분할하고 노동자에게 과업(task)을 할당하는 과정을 분업(division of labor)이라 부른다.

예를 들어, 패스트푸드 레스토랑에서 일부직원들은 주문을 받거나 주문지를 작성하고, 다른 직원은 음식을 준비하며, 직원 몇 사람은 청소를 하고 장비를 정비한다. 그리고 최소한 한 사람은 모든 직원을 감독한다. 자동차 조립공장에서 일부노동자가 백미러를 장착하는 동안 다른 노동자는 범퍼 받침대에 범퍼를 설치한다. 과업이 더 작은 직무로 재분할되는 정도를 전문화(specialization)라 부른다. 조립라인 노동자처럼 대단히 전문화된 직무를 하는 직원들은 개수와 다양성이 제한된 과업을 수행한다. 한 가지 과업 또는 몇 가지 과업에 전문화된 직원은 그 특정한 직무를 빼어나게 수행하는 기술을 발전시킨다. 이런 기술발전은 생산과 기타 활동에서 상당한 효율과 일관성으로 이어질 수 있다. 그러나 고도의 전문화는 일의 다양성과 의욕이 결여된 까닭에 직원이 흥미를 잃거나 따분해하는 결과를 낳을 수도 있다.

직원들이 임파워되고 신뢰하는 환경에서 일을 하지 않을 경우, 전문화는 무관심보다 훨씬 더 큰 부정적인 결과를 초래할 수 있다. 노동자가 특정한 직무의 전문가일 경우, 그들은 고품질의 결과물을 다량 생산하는 혁신적 기법을 창안해서 생산성을 극도로 높일 수 있게 된다. 이런 과정은 노동자가 유익하게 활용할 수 있는 소중한 지식도 안겨줄 수 있다. 그러나 일부 경우에는 이런 상황이 회사에 어려움을 안겨줄 수도 있다.

제조회사인 보잉은 항공기에 사용되는 금속 샤프트를 절단하는 고도로 전문화된 노동자들이 운전하는 거대한 절삭기계를 사용한다. 정확성이 조금이라도 어긋나면 그 절단은 쓸모가 없어지고 불량품이 양산될 수도 있다.

2. 부문화

창업 이후 기업의 강한 조직구조를 만들기 위해 사용하는 두 번째 기본원칙은 부문화(departmentalization)라 불린다. 일을 직무로 분할한 후 직무를 다시 집단화해서 유사하거나 관련이 있는 직무들과 활동으로 조정해낼 수 있다. 또한 인력, 과업, 자원을 단위조직으로 집단화하는 작업은 계획, 지휘, 통제과정을 용이하게 해준다.

조직도(organization chart)는 특정 과업들을 행할 수 있는 권한이 주어졌을 때 과업과 인력 사이의 구조화된 관계를 시각적으로 보여주는 도표이다.

예를 들어, 영업매니저는 세일즈맨을 고용하고, 영업지역을 확정하며, 세일즈맨에게 동기를 부여하고 교육시키며, 영업활동을 통제해야만 한다. 조직도는 각각의 직위에서 행해지는 일의 일반적 유형도 보여준다.

다음과 같은 부문화의 다섯 가지 기본유형이 조직에서 보편적으로 활용된다.

- **기능별 부문화**(functional departmentalization) : 조직단위 내에서 행해지는 주요기능에 기초한다(마케팅, 재무, 생산, 영업 등).
- **제품별 부문화**(product departmentalization) : 조직단위에서 생산하거나 판매하는 제품이나 서비스에 기초한다(외래/응급 서비스, 소아청소년과, 심장과, 정형외과 등).
- **공정별 부문화**(process departmentalization) : 조직단위에서 사용하는 제조공정에 기초한다(절단과 처리, 가구 끝손질, 선적 등).
- **고객별 부문화**(customer departmentalization) : 조직단위가 봉사하는 고객의 주요유형에 기초한다(도매업자나 소매업자 등).
- **지역별 부문화**(geographic departmentalization) : 조직단위의 지리적 분할에 기초한다(미국과 캐나다 마케팅, 유럽마케팅, 남미마케팅 등).

사람들은 유사하거나 관련있는 과업을 수행하기 때문에 또는 제품, 고객, 시장에 공동으로 책임을 지기 때문에 특정 조직단위에 배치된다. 부문화를 어떻게 할 것인가에 대한 결정은 경영진이 권한 할당, 자원배분, 성과보상, 커뮤니케이션 계통수립 등을 하는 방식에 영향을 끼친다. 많은 대기업이 여러 가지 유형의 부문화를 활용하기도 한다.

3. 경영관리위계

효과적 조직구조를 만들어내는 세 번째 기본원칙은 경영관리위계(managerial hierarchy) 또는 조직내의 경영관리 계층이다. 일반적으로, 경영관리구조는 다음의 세 단계로 구성된다. 최고경영진, 중간관리자, 일선관리자가 그것이다. 이러한 경영관리구조는 기업의 규모와는 상관없이 대부분 존재한다. 경영관리위계에서 각 조직단위는 상위단계에 있는 경영관리자의 통제와 감독을 받는다. 물론 공식적인 권한을 많이 가진 사람들이 정상에 자리한다. 경영관리자는 위계가 높을수록 더 많은 권력을 갖는다. 따라서 권력의 크기는 경영관리 피라미드를 내려갈수록 줄어 든다. 동시에 위계의 아래쪽으로 옮겨가는 동안 직원의 수는 늘어난다.

오늘날 모든 조직이 이런 전통적인 배치를 활용하고 있는 것은 아니다. 기업의 경영관리구조를 설계하는 분야에서 흥미로운 경향은 거꾸로 선 피라미드다.

예를 들어, 토론토에 본사를 둔 엔지니어링 회사 핼샐 어소시에이츠(Halsall Associates Ltd.)의 피터 핼샐 사장은 회사의 경영관리구조를 언급하면서 역(逆) 피라미드를 그렸다. 그는 피라미드의 맨 아래에 자신을 배치했다. 그의 위에는 경영관리자들을 열거했고, 제일위에 말단직원을 그려 넣었다. 그가 이렇게 하는 까닭은 회사내에서는 직원이 최우선이라는 것을 그림으로 보여줄 수 있기 때문이었다. 그는 이렇게 설명했다. “나는 이 사람들의 기회를 극대화 할 수 있도록 의사결정을 한다.” 이러한 비범한 관점은 성과로 이어졌다.

핼샐 어소시에이츠는 캐나다의 주도적인 엔지니어링 회사중 하나이며, 근무하기 가장 좋은 곳 중에 한 곳으로 여겨지게 되었다.

명확하게 규정된 위계를 가진 조직은 뚜렷한 지휘계통(chain of command)을 갖는다. 지휘계통이란 조직의 상층부터 하층부까지 조직의 한 수준과 다음 수준간의 권한계통으로 누가 누구에게 보고를 해야 하는지를 명백하게 해준다. 지휘계통은 조직도에서 확인할 수 있으며

엔지니어링회사 Halsall Associates Ltd.

CEO로부터 제품과 서비스를 생산하는 종업원까지 일관되게 쫓아 내려갈 수 있다.

지휘단일성 원칙아래, 모든 조직구성원은 딱 한사람의 상사에게만 보고하고 그 상사의 지시만 받는다. 지휘단일성은 모든 조직구성원이 한 사람의 직업관리자만 갖게 될 것이며 상이한 여러 경영관리자로부터 명령을 받지 않을 것이라는 것을 보장한다. 지휘단일성과 지휘계통은 모든 조직구성원에게 명확한 지침을 제공하고 상이한 일을 하는 인력의 조율에 도움을 준다.

글로벌시장의 성장으로 인해 일부기업은 조직 상층부에 한 사람을 내세우는 전통적인 지휘단일성 원칙을 재검토하게 됐다. 이들 조직에는 세계 각지에서 유연하고 신속한 의사결정을 내려야 할 필요성이 대두됐는데, 이런 의사결정은 개인 한사람이 처리하기에는 너무 어렵다는 것을 알게 됐다. 많은 기업이 공동 CEO 심지어는 위원회 리더십모델같은 대안적 관리모델로 향하고 있다. 16세에서 34세 사이의 남녀를 겨냥해서 멋을 강조한 특수의류를 취급하는 아메리칸 이글 아웃피터스는 2명의 CEO를 선택했다. 로저 마크필드와 제임스 오도넬은 브랜드를 구축하기 위해 팀으로 일한다. 회사는 현재 미국과 캐나다에 700곳 이상의 매장을 전통적인 청바지 가게에서 더욱 패션 지향적인 상품을 취급하는 "라이프스타일 매장"으로 리포지셔닝하는 작업을 했다.

지휘계통의 일원인 개인은 조직의 다른 사람에게 행사할 수 있는 권한을 갖는다. 권한은 조직이 부여하고 종업원들이 인정한 합법적 권력으로 어떤 행위를 해줄것을 요청하는 개인이 그 요청이 받아들여질 것이라고 기대하게 해준다. 권한행사는 의사결정을 하고 그 결정이 수행되는 것을 감독하는 것을 뜻한다. 대부분의 경영관리자는 지휘계통에서 자신들보다 아래에 위치한 다른 이들에게 어느 정도의 권한과 책임을 위임하거나 할당한다. 권한위임은 직원들이 그들의 감독자에게 책임을 지도록 만든다. 책무는 결과에 대한 책임을 뜻한다. 전형적으로 권한과 책임은 경영관리자가 업무를 부하들에게 위임하고 의사결정을 그들과 공유할 수 있도록 조직의 아래쪽 방향으로 움직인다. 그리고 각 위계상의 경영관리자들이 부하들의 행위에 책임을 지면 질수록 책무는 조직의 상부로 움직이게 된다.

4. 통제범위

조직구조의 네 번째 기본원칙은 관리의 통제범위이다. 각 기업은 조직단위 내에서 수행하는 작업을 효율적으로 감독하기 위해 관리위계의 각각의 수준에 얼마나 많은 경영관리자가 필요한지를 결정해야만 한다.

경영관리자의 통제범위는 경영관리자가 직접 감독하는 직원의 수다. 관리범위는 2명에서 3명 정도로 좁을 수도 있지만 50명이나 그 이상처럼 넓을 수도 있다.

Highlight

아동 심리치유 '마음 톡톡'… 섬 거주 학생에 원어민 영어교실 GS칼텍스

GS칼텍스는 '에너지로 나누는 아름다운 세상'을 사회공헌 슬로건으로 해 기업의 사회적 책임을 다하기 위해 활발한 활동을 펼치고 있다.

GS칼텍스의 사회공헌 활동은 대표사업으로 추진중인 ▲아동심리·정서치유 '마음톡톡 사업'을 비롯해 ▲지역사회 복지증진을 위한 지역사회 공헌활동 ▲지역문화·예술발전을 위한 예울마루 사업 ▲에너지 기업으로서 책임을 다하기 위한 어린이 환경교육 ▲ GS칼텍스 사회봉사단 활동 등 5가지 영역에서 추진되고 있다. 특히 GS칼텍스의 사회공헌 활동은 임직원의 정기적인 기부와 자발적인 봉사참여를 기반으로 한다.

GS칼텍스는 2013년부터 우울·불안·공격성 등 심리정서적 문제로 학교생활과 또래 친구와 관계의 어려움을 겪는 아동을 대상으로 집단 예술정서 심리치유 프로그램을 지원하는 마음톡톡 사업을 펼치고 있다. 예술치유란 전문 예술 심리 치료사가 무용동작, 음악, 미술 등 예술매체를 사용해 억압된 감정과 내면세계를 표현하도록 하고 긴장과 스트레스를 이완시켜 심리정서적 문제를 치유하는 것이다. 2013년부터 지난해까지 마음톡톡에 참여해 치유의 기회를 가진 아동·청소년들은 9800여 명에 달한다.

또 도시보다 상대적으로 교육환경이 열악한 섬 지역 학생들의 교육불평등 해소에 기여하기 위해 2007년 3월부터 여수시 남면과 화정면의 섬 지역학생을 대상으로 진행중인 'GS칼텍스 도서학교 원

마음이 아픈 아동을 위한 심리 치유 프로그램인 GS칼텍스의 '마음톡톡' 캠프 참가자들이 공연 한마당을 펼치고 있다.

어민 영어교실'도 대표 사회공헌 활동이다. 지난해엔 섬에 거주하는 영어 원어민 강사가 여러 섬에 있는 초등학교와 중학교, 고등학교 총 5곳의 학생 120여 명을 위해 학교별로 매주 한 차례씩 순회교육을 했다.

GS칼텍스는 GS칼텍스 재단을 통해 '여수문화예술공원 GS칼텍스 예울마루' 조성 및 운영사업을 펼치고 있다. GS칼텍스 예울마루는 시민 삶의 질 향상과 2012년 여수세계박람회 개최도시에 걸맞은 지역 문화예술 인프라구축을 위해 재단이 여수시와 함께 여수시 망마산과 장도 일원의 21만 2000여 평 부지에 1100억 원을 들인 복합문화 예술공간이다.

• 출처 : 조선일보, 2017년 12월 22일

일반적으로 통제범위가 넓으면 조직은 더욱 능률적이다. 좁은 통제범위와 넓은 통제범위는 제각기 장단점이 있다. 직원 수백명이 같은 직무를 수행한다면 감독관 한 사람이 대단히 많은 직원을 관리 할 수도 있다.

재봉틀에 앉은 수백명이 동일한 패턴으로 작업하는 의류공장이 그런 사례가 될 것이다. 그런데 직원이 복잡하고 유사하지 않은 과업을 수행한다면 관리자는 훨씬 적은 수의 직원만 효과적으로 감독 할 수 있다.

예를 들어 제약회사의 R&D부서 관리자는 고도로 복잡한 직무의 본질로 인해 두 세 명의 연구화학자만 감독할 수 있을 것이다. 최적의 통제범위는 다음의 다섯 가지 요인에 의해 결정된다.

① 과업의 본질 : 과업이 복잡할수록 통제범위는 줄어든다.
② 작업자의 소재지 : 소재지가 많을수록 통제범위는 좁아진다.
③ 책임을 위임하는 관리자의 능력 : 위임하는 능력이 클수록 통제범위는 넓어진다.
④ 작업자와 관리자 사이의 상호작용과 피드백의 정도 : 피드백과 상호작용이 많이 필요할수록 통제범위는 좁아진다.
⑤ 작업자의 기술수준과 작업동기 : 기술수준과 작업동기가 높을수록 통제범위는 넓어진다.

5. 의사결정의 집중화

창업자가 효율적 조직구조를 구축하는데 있어 마지막 요소는 조직의 의사결정을 어느 수준에서 내려야 하는지를 결정하는 것이다.

집중화는 공식적 권한이 조직의 특정영역이나 계층에 집중되어있는 정도다. 고도로 집중화된 구조에서 최고경영자는 하위계층 직원들의 견해는 거의 참조하지 않으면서 조직의 핵심 의사결정의 대부분을 내린다. 최고경영자는 집중화로 인해 경영상황을 폭넓게 바라볼 수 있으며 자금에 대한 통제력도 강하게 행사할 수 있다. 또한 조직의 비효율적인 요소들을 제거해서 비용절감에 도움을 줄 수도 있다. 그러나 집중화는 하위계층 인력의 의사결정능력과 리더십능력을 계발할 기회를 제한할 수 있으며 고객의 요구에 신속하게 대응하는 능력을 감소시킬 수 있다.

분권화는 하위계층 인력이 의사결정을 내리고 그 결정을 실행할 수 있도록 그들에게 더 많은 책임과 권력을 부여하면서 의사결정권한을 조직위계의 하위구조에 위임하는 과정이다.

분권화의 이점으로는 신속한 의사결정, 혁신과 창조성 수준의 증대, 높은 수준의 조직유연성, 하위계층 경영관리자의 더 빠른 계발, 높은 수준의 직무만족과 종업원 몰입 등이 있다. 그러나 분권화도 위험성은 있다.

하위계층 인력이 필수적인 기술을 보유하지 못하고 효과적으로 업무를 수행할 수 있게끔 교육을 받지 못했다면, 그들은 많은 비용이 드는 실수를 저지를 가능성이 있다. 더군다나 분권화는 비효율적인 의사소통경로, 부적절하거나 상충하는 목표, 노력이 중첩되는 상황을 유발할 가능성이 있다.

조직내 의사결정권한을 얼마나 많이 위임할 것인가를 결정하는 때는 몇 가지 요인을 고려해야만 한다. 이런 요인들에는 조직의 크기, 환경의 변화속도, 권한을 포기하려는 경영관리자의 의지, 더 많은 권한을 받아들이려는 종업원의 의지, 조직의 지역적 분산도가 포함된다. 분권화는 다음과 같은 조건들이 충족되면 일반적으로 바람직하다.

- 엑손모빌(ExxonMobli), 포드, 제너럴 일렉트릭처럼 조직이 무척 방대한 경우
- 많은 하이테크 산업들처럼 회사가 신속하고 개별적인(local) 의사결정을 해야만 하는 역동적인 환경에 속해 있는 경우
- 경영관리자들이 직원들과 권력을 공유하려는 의지가 있는 경우
- 직원들이 더 많은 책임을 지려는 의지가 있고, 그럴 능력도 있는 경우

조직은 성장하고 변화함에 따라 구조가 목표를 달성하는데 도움을 주고있는지 여부를 판단

하기 위해 구조를 계속해서 재평가한다.

예를 들어 로스앤젤레스 경찰의 총 책임자 윌리엄 브래튼은 지역지휘관에게 더 많은 권한을 부여하고, 수뇌부에 민간인을 임명하며, 일부부서를 신설부서인 홈랜드 시큐리티 뷰로(Homeland Security Bureau) 밑으로 통합하는 식으로 경찰력을 재조직하기로 결정했다.

총 책임자는 시민의 불만에 대처할 책임을 경찰서장에게 더 많이 부여하는 방식으로 권한을 탈집중화하기로 결정했다. 또한 과거 말단경찰들의 부패문제에 대처하기 위해 총 책임자는 조직내 내부감사부서의 위상을 강화시켰다.

제2절 조직구조의 유형

1. 기계적 구조와 유기적 구조

위에서 묘사한 기본원칙을 상이하게 결합하면 조직은 대단히 폭넓고 다양한 조직구조들을 구축할 수 있다. 그럼에도 불구하고 조직구조는 일반적으로 기계적 구조와 유기적 구조중 한 가지를 따르게 된다.

기계적 조직(mechanistic organization)의 특징은 상대적으로 높은 수준의 직무전문화, 엄격한 부문화, 많은 경영관리계층(특히 중간관리자), 좁은 통제범위, 집중화된 의사결정 그리고 수직적 지휘계통이다. 이런 요인들의 결합은 소위 수직적 조직구조(tall organizational structure)를 낳는다. 미군이나 국제연합(UN)은 전형적인 기계적 조직이다. 이와는 대조적으로, 유기적 조직(organic organization)이 특징은 상대적으로 낮은 수준의 직무전문화, 느슨한 부문화, 적은 수의 경영관리계층, 넓은 통제범위, 분권화된 의사결정, 짧은 지휘계통이다.

이런 요인들의 결합은 수평적 조직구조(flat organizational structure)를 낳는다. 대학은 교수진과 총장 사이에 두세 단계의 경영관리자만 있는 납작한 조직구조를 갖는 경향이 있다.

순전히 기계적이거나 순전히 유기적인 조직은 매우 드물고 대부분의 조직은 둘 중 한 유형을 지향한다. 더욱 기계적이거나 더욱 유기적인 조직구조를 만들어내겠다는 결정은 회사의 전반적인 전략, 조직의 크기, 조직에서 사용하는 기술의 유형, 외부환경의 안정성 같은 요인들에 기초한다.

전자상거래 소프트웨어를 만드는 많은 회사나 연구 실험실은 기계적이기 보다는 유기적이다. 몇 가지 예는 다음과 같다.

2. 보편적인 조직구조

조직설계에 있어서 단일한 최선의 방법은 존재하지 않는다. 우리는 기본적인 기계적 모델과 유기적 모델 그리고 둘의 요소를 모두 가진 혼합모델의 범위내에서 거의 끝도없이 다양한 조직구조를 개발해낼 수 있다. 많은 조직이 그들 나름의 독특한 조직적 욕구를 충족시키기 위해 상이한 구조유형에서 얻은 요인들을 결합해서 활용한다.

이 절에서는 가장 보편적인 조직구조의 일부를 논의하겠다.

1) 라인조직

라인조직(line organization)은 최고경영진으로부터 하위방향으로 진행되는 직접적이고 명백한 권한계통과 의사소통경로를 갖도록 설계된다.

경영관리자들은 행정적 업무를 포함한 모든 활동에 대한 직접적인 통제력을 가진다. 이런 구조유형의 조직차트는 회사내의 모든 직위가 조직의 최상층으로부터 제품과 서비스의 생산이 직접 이뤄지는 최하층부까지 확장되는 가상의 선을 통해 직접 연결돼 있음을 보여준다.

단순한 설계, 명확한 지휘계통, 폭넓은 통제력을 갖춘 이 구조는 소기업이나 기업가정신에 의해 운영되는 회사에 적합하다.

그림 13-1 라인조직구조

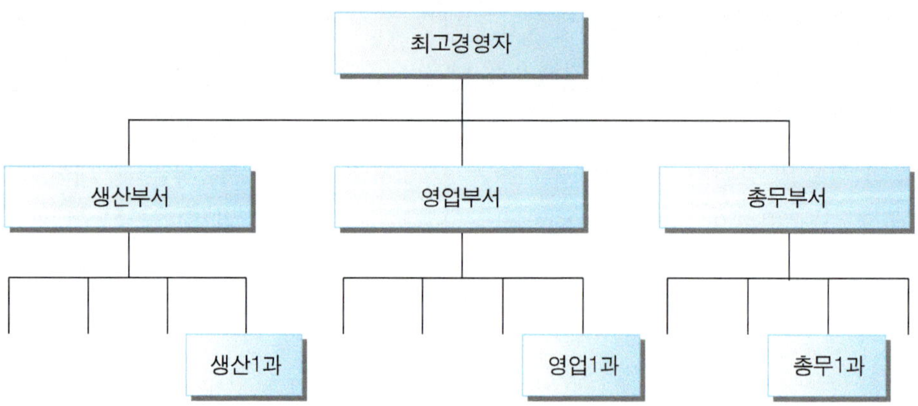

표 13-1 라인조직의 장·단점

장 점	단 점
· 조직이 간단하고 이해가 용이하다. · 권한과 책임의 구분이 분명하여 강한 지배력을 유지할 수 있다. · 신속한 의사결정과 임기웅변적 대응이 가능하다. · 직무평가를 효과적으로 할 수 있다.	· 중간라인의 독자적인 처사가능성이 존재한다. · 자발적 의욕과 창의성을 발휘하기 어렵다. · 각 부문 간의 유기적 조정이 어렵다. · 리더를 양성하기 어렵다.

2) 라인-스태프 조직

조직이 성장하고 복잡해짐에 따라 조직구조에 스태프 직위를 덧붙이는 것으로 라인조직을 강화할 수 있다.

기획조정실은 [그림 13-2]에 보이는 라인-스태프 조직(linc and taff organization)에서 라인 경영관리자에게 전문적인 자문을 해주거나 지원서비스를 제공한나.

일상적인 경영활동에서 라인직위(line position)에 있는 개인들은 제품과 서비스를 창출하는 공정에 직접적으로 관련된다. 기획조정실에 속한 개인들은 라인직원이 회사의 목표를 달성하기 위해 필요로 하는 행정서비스와 지원서비스를 제공한다. 조직내 라인직위는 보통 생산, 마케팅, 재무같은 분야에 속한다. 기획조정실은 법률자문, 경영컨설팅, 홍보, 인적자원관리 같은 영역에서 발견된다.

그림 13-2 라인-스텝 조직구조

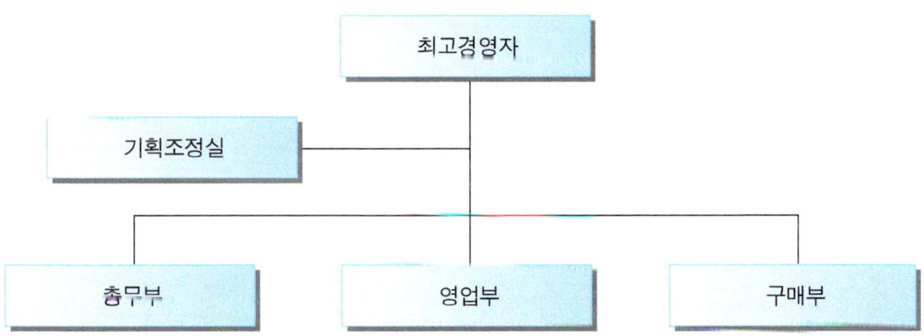

3) 사업부제 조직

사업부제 조직(divisionalized organization)은 기업의 경영활동을 제품과 서비스, 지역, 시장, 고객 등을 기준으로 사업부를 편성하고 각 사업부별로 독자적인 생산과 판매, 인사, R&D 등 모든 기능을 수행하도록 하여 자율적인 운영을 하도록 하는 조직형태이다.

각 사업부는 자주적이고 독립적인 지위를 가지며 하나의 이익단위가 되며 책임단위가 된다. 경영자는 각 사업부가 기업의 전체목표를 달성하는 데에 기여할 수 있도록 조정하고 통제하는 역할을 담당한다. 따라서 구조적으로 전문화의 정도가 목적별로 높고 권력이 사업부단위로 분권화되어 있다. 그렇기때문에 복잡성은 높고 집권화의 정도는 낮으며 공식화의 정도는 높다.

사업부제 조직은 사업단위별로 권한과 책임을 부여함으로써 신속하게 시장의 변화에 대응할 수 있으며 업무수행에 대한 통제를 용이하게 해준다. 또한 사업부의 특성에 맞게 경영활동을 집중할 수 있으며 사업에 대한 책임소재가 명확하다는 장점이 있다. 하지만 각 사업부마다 같은 업무를 담당하는 부서가 중복되어 있고 사업부 간의 지나친 경쟁으로 인해 갈등이 발생하기도 한다. 또한 사업부의 이익추구를 위해 기업전체의 이익을 해치는 등의 문제가 발생한다.

사업부제 조직은 조직의 규모가 대규모이면서 환경의 변화가 빨라 불안정적이고 예측하기 힘든 상황, 시장을 제품별 사업부(product division) 또는 지역별 사업부(regional division)로 세분화가 가능한 상황에서 효과적이다.

그림 13-3 **사업부제 조직**

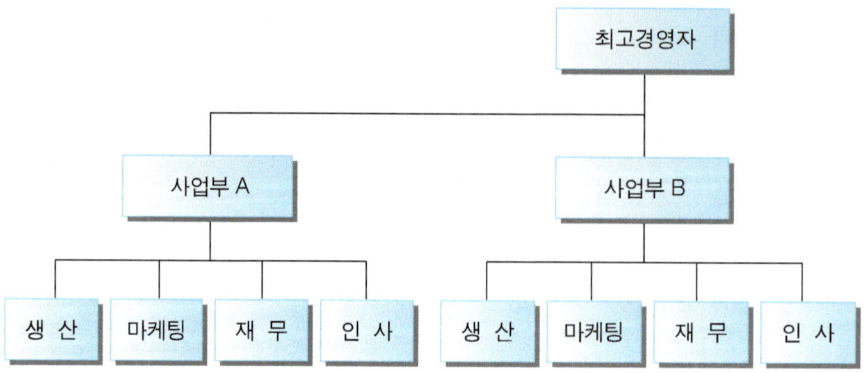

4) 위원회 조직

위원회 조직구조(committee structure)에서 권한과 책임은 개인이 아닌 집단이 보유한다. 위원회는 보통 거대한 라인-스태프 조직의 일부분이다. 위원회의 역할이 자문을 해주는 역할에 국한되는 것이 일반적이지만 일부상황에서는 위원회는 의사결정을 내리고 그것을 실행할 힘을 갖는다. 위원회는 조직내에서 과업들을 조율하는 일을 훨씬 수월하게 해낼 수 있다.

예를 들어 스위스의 거대한 제약회사 노바티스(Novartis)는 최근에 위원회 구조를 혁신했다. 위원회 구조는 이사회에 활동상황을 보고하게 되어 있다. 노바티스는 자신들의 기업지배구조(corporate governance)에 위와 같은 최선의 관행을 반영하고 싶었다.

노바티스는 이사회에 보고하는 다음의 네 가지 영구적인 위원회를 둘 예정이다. 회장직속위원회(chairman's committee), 보상위원회(compensation committee), 감사위원회(audit and compliance committee), 신설된 기업지배 구조관리위원회(corporate governance committee)가 이에 속한다.

회장직속 위원회는 이사회와 이사회 사이의 기간에 벌어지는 일들을 다루게 되며 중요한 제휴와 인수의 책임을 지게 된다. 보상위원회는 이사들이 받는 보상을 다시 검토하고, 감사위원회는 회계와 재무상태보고관행을 감독한다. 신설 기업지배구조관리위원회의 임무에는 신임이사, 이사회의 성과측정, 발생가능성이 있는 이익의 충돌에 초점을 맞추는 일도 포함된다.

이러한 위원회는 어떤 문제를 다양한 관점으로 볼 수 있게 해주며, 가능한 해결책의 범위를 확장할 수 있게 해준다. 그러나 몇 가지 단점도 있다.

위원회는 결론에 도달하는 속도가 느릴 수 있으며 때로는 한 사람의 개인이 위원회를 장악할 수도 있다. 집단이 내린 의사결정에 대한 책임소재가 불분명하기도 하다. 때때로 위원회의

제약회사 노비타스 전경

회의는 성과없이 장시간을 허비할 수도 있다. 이처럼 기업의 위원회는 창업시점에서도 검토되어야 한다. 창업자 혼자 의사결정하기에는 무언가 불확실성이 존재한다. 그러므로 이러한 위원회활용을 통해 더 나은 문제해결을 할 수 있도록 노력해야 한다.

5) 매트릭스 조직

매트릭스 조직구조(matrix structure)는 프로젝트관리(project management) 접근방식이라고도 불린다. 이는 조직내에서 전통적인 라인-스태프 조직과 결합하여 자주 활용된다.

본질적으로 이 구조는 기능별 부문화와 제품별 부문화의 두 가지 상이한 부문화 유형을 서로의 강점과 약점을 보완하게끔 결합시킨다.

매트릭스 구조는 특수 프로젝트를 작업할 수 있도록 생산, 재무, 마케팅 등과 같은 조직내의 상이한 기능적 영역에서 인력을 영입한다. 직원 각각에게는 직원이 속한 기능적 영역의 라인관리자와 프로젝트 관리자 등 2명의 직접관리자가 있다.

(1) 매트릭스 조직의 장점

매트릭스 조직구조의 장점은 다음과 같다.

- **팀워크** : 다양한 전문가들의 기술과 능력을 한데 모으는 것을 통해 기업은 창조력과 혁신을 제고할 수 있으며, 더욱 복잡한 과업을 다룰 수 있다.
- **자원의 효율적 활용** : 프로젝트 관리자는 유휴인력을 가진 거대집단을 구축하기보다는 일

그림 13-4 매트릭스 조직구조

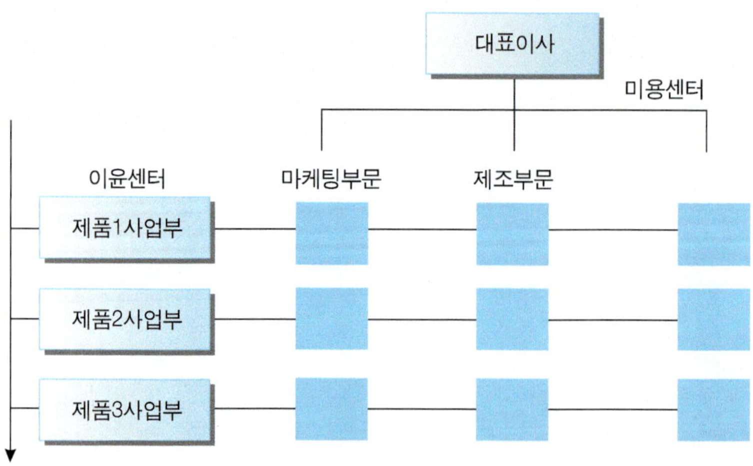

을 완수하기 위해 필요로 하는 전문화된 스태프만 활용한다.

- **유연성** : 프로젝트 구조는 유연하며 환경의 변화에 신속하게 적응할 수 있다. 집단은 더 이상 필요가 없어지면 신속하게 해체할 수 있다.
- **상충하는 목표들 사이에서 균형을 잡는 능력** : 고객은 품질좋은 제품을 예측가능한 가격에 구입하기를 원한다. 조직은 미래를 위해 고수익과 기술적 능력의 계발을 원한다. 이들 상충하는 목표들은 활동을 감독하고 갈등을 극복하는 구심점으로 작용한다. 마케팅대표자는 고객을 대변할 수 있으며, 재무대표자는 고수익을 옹호할 수 있고, 엔지니어는 기술적 능력의 제고를 요구할 수 있다.
- **높은 수준의 성과** : 특수 프로젝트 팀에서 작업하는 직원들은 높은 수준의 주인의식, 몰입도, 작업의욕을 체험할 수도 있다.
- **개인적이고 전문직인 계발의 기회** : 프로젝트 구조는 개인들에게 스스로를 계발하고, 기술적 능력과 인간관계능력을 강화할 기회를 제공한다.

(2) 매트릭스 조직의 단점

매트릭스 조직구조의 단점은 다음과 같다.

- **권력투쟁** : 기능관리자와 제품관리자는 목표와 관리스타일이 상이할 수도 있다.
- **팀 구성원들 사이의 혼란** : 보고관계와 직무에 대한 책임이 명확하지 않을 수도 있다.
- **응집력 결여** : 상이한 기능분야에서 온 팀 구성원들은 효과적으로 의사소통을 하고 같은 팀에서 일하는데 어려움을 느낄 수도 있다.

이와 같은 매트릭스 조직구조가 직접적으로 회사에 적용되었을 때 어떻게 그 결과가 이루어지는지 포드자동차에서 그 예를 찾아볼 수 있을 것이다.

포드자동차의 짐 케인(Jim Cain)에 따르면 매트릭스 조직활용으로 인해 거래와 관리, 실행의 분야에서 전문성을 활용하는 능력을 얻게 된다고 하였다. 이런 이유로 목표달성을 위해 포드는 회사의 재무그룹을 포드자동차 신용회사의 재무그룹과 통합시켜서 매트릭스 구조를 창출하기로 결정했다.

이는 투자은행, 상업은행, 브로커, 분석가 그리고 재무와 관련된 일을 하는 기타의 사람들이 접촉하는 부문을 단순화하겠다는 아이디어였다. 이런 목표는 자산관리, 신용관리, 연금관리, 트레이딩, 단기펀딩, 위기관리 등과 같은 특정 영역을 책임지는 담당자 팀을 감독할 보조 재무담당자 자리 3개를 만들어내는 것으로 달성되었다. 이들 영역에서 책임감이 늘어났다는 것은 또 다른 이점이었다. 이 변화를 통해 회사는 내부와 외부 커뮤니케이션 모두가 상당히 향상될 것이라고 기대하고 있다.

3. 조직구조의 리엔지니어링

모든 사업체는 자신들의 사업방식을 주기적으로 재평가 해야만 한다. 여기에는 조직구조가 효과적인지를 평가하는 작업도 포함된다. 기업들은 미래의 무시무시한 도전에 대응하기 위해 리엔지니어링에 착수하고 있다.

리엔지니어링(reengineering)은 경영활동을 향상시키기 위해 사업구조와 절차를 완전히 재설계하는 것이다. 리엔지니어링의 더 단순한 정의는 "처음부터 다시 시작하기"다.

요컨대, 최고경영자는 이렇게 자문한다. "우리가 신생회사라면, 우리는 이 회사를 어떻게 운영할 것인가?" 리엔지니어링의 목적은 현재의 경영활동을 이끄는 규율과 근본적인 가정들을 파악하고 그것들을 없애려는 것이다. 모든 기업은 더 이상 유효하지 않은 기술, 인력, 조직에 대한 가정에 기반을 둔 많은 공식·비공식규율들을 갖고 있다.

따라서 리엔지니어링의 목표는 비용통제, 제품의 품질, 고객만족, 속도의 향상을 달성할 사업절차를 재설계하는 것이다. 리엔지니어링 과정은 기업이 속한 산업의 현재(그리고 미래)의 경쟁적 분위기에 더 잘 어울리는 더욱 능률적이고 효과적인 조직구조를 만들어내는 과정이다.

4. 비공식 조직

지금까지 우리는 조직차트에 그려진 상자와 선으로 볼 수 있는 공식 조직구조에 초점을 맞춰왔다. 그러나 조직내에 있는 많은 중요한 관계들은 조직차트에 모습을 드러내지 않는다. 그럼에도 불구하고 이들 관계는 조직내 모든 수준에 있는 직원들의 의사결정과 성과에 영향을 끼칠 수 있다.

조직에 속한 개인들의 비공식적인 관계에 기초를 둔 관계네트워크와 의사소통통로는 비공식 조직(informal organization)으로 알려져 있다. 비공식 조직은 동일한 위계수준에 속한 사람들 사이 또는 다른 수준이나 다른 부서에 속한 사람들 사이에서 존재할 수 있다. 일부관계는 카풀을 하거나 같은 기차를 타고 출근하는 사람들이 형성하는 관계처럼 직무와 관련돼 있다. 다른 관계는 같은 교회나 헬스클럽을 다니거나 아이들이 같은 학교에 다니는 관계처럼 직무와 관련이 없는 공통점에 기초한다. 비공식 조직의 비공식적인 의사소통경로는 종종 포도덩굴, 입소문 출처 또는 정보네트워크로 불린다.

비공식 조직에는 몇 가지 중요한 기능이 있다.

Highlight

"인재 양성" 사회적 기업 93곳에 인센티브 48억 지원… 김장 5만6000포기 소외계층에 전달 SK

SK그룹은 연말연시를 맞아 어려운 이웃에게 따뜻한 겨울을 선물하는 '행복나눔계절' 활동을 릴레이로 진행하고 있다. 지난 11월에는 행복나눔 바자회를 통해 구성원과 스포츠 스타들의 기증품을 판매한 수익으로 어려운 이웃에게 난방비 등을 지원했다. 12월에는 'SK김장나눔행사'를 통해 사회적 기업이 생산한 김장 김치 5만 6000포기를 구매해 시민사회 단체를 통해 전국 사회복지 기관과 소외계층에 전달했다. SK의 사회공헌은 물고기를 나눠주는 일시적이고 시혜적(施惠的) 접근이 아니라 나눔을 통해 구조적 문제를 해결하자는 원칙에 따라 운용된다. SK의 사회공헌은 긴 호흡을 갖고 장기적으로 진행되고 있다.

◇'인재가 희망' SK의 칠학이 담긴 장학퀴즈

SK 사회공헌의 핵심 철학 중 하나는 '인재 양성' 기틀을 만드는 것이다. 지난 4월 SK그룹과 사회성과인센티브 추진단은 연세대학교 백주년기념관에서 '제2회 사회성과인센티브 어워드'를 열고 사회적 기업 93곳에 인센티브 48억원을 지원하는 행사를 가졌다. 사회성과인센티브 제도는 최태원 회장 주도 아래 SK가 사회적 기업을 지원하는 대표적 프로그램이다. 사회적 기업이 창출한 사회적 가치를 화폐단위로 측정해 그에 상응하는 인센티브를 지원하는 방식이다. 이는 최태원 회장이 자신의 저서 '새로운 모색, 사회적 기업'에서 "인센티브를 지원해 사회적 기업의 재무적 고민을 해결하고

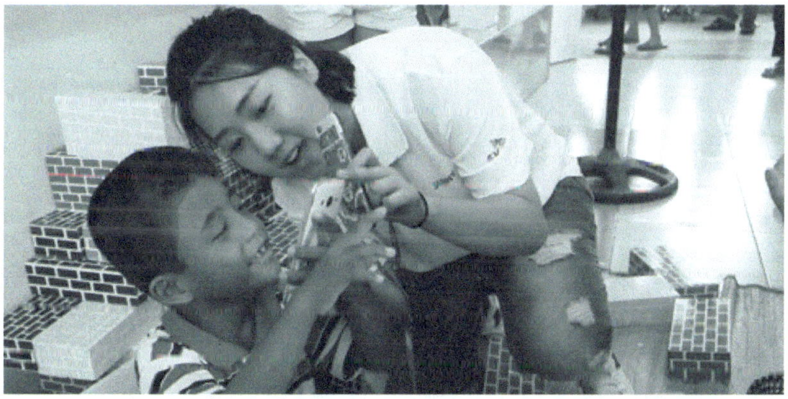

SK 대학생 자원봉사단 'SK써니' 단원이 베트남 호찌민시의 한 병원에서 얼굴기형 수술을 앞둔 아이와 놀아주고 있다. SK그룹은 22년째 베트남에서 얼굴기형 어린이 무료수술 활동을 펼치고 있다.

지난 11일 SK행복 나눔 김장 전달식에서 최광철(왼쪽에서 둘째) SK사회공헌위원장등이 기념 촬영을 하고 있다.

사회적 가치를 지속적으로 창출하면서 사회문제를 해결하는 시스템을 구축하자"는 제안에 따라 한국사회적기업진흥원 등과 함께 2015년부터 시작됐다.

최 회장은 지난 6월 고용노동부가 마련한 '2017 사회적 기업 국제포럼'에 기조연설자로 참석해 "사회적 혁신을 촉진하기 위해 사회적 기업 경제규모를 국내총생산(GDP)의 3% 수준으로 키워야 한다"며 '10만 사회적 기업창업'을 주창하기도 했다. 또 같은 달 SK그룹 확대경영회의에서도 최 회장은 "최근 우리사회가 단기간에 이뤄낸 고도성장 속에서 의도치 않았던 양극화와 같은 사회·경제적 이슈가 발생하고, 심각해지고 있다"면서 "앞으로 SK는 대기업으로서 무거운 책임감을 느끼면서 사회문제 해결에 임직원들이 더욱 적극적으로 나서야 한다"고 독려했다.

SK의 사회적 기업생태계 조성노력은 국내 최초 사회적 기업전용 '민간펀드' 결성으로 이어졌다. 지난 4월 SK그룹은 사회적 기업에 투자하는 국내 첫 사모펀드인 '사회적기업 전문사모 투자신탁 1호'를 결성하고 투자자로 참여했다. 투자수익과 사회문제를 해결하려는 민간기업과 NGO, 개인투자자들은 사회적 기업에 투자가 가능해졌고, 사회적 기업은 투자금을 마련할 수 있는 길이 열리게 됐다.

◇SK의 행복 나눔, 다양한 방식으로 사회적 가치 창출

SK그룹의 사회공헌 전문재단인 행복나눔재단은 지난 10년 동안 혁신적인 사회적 기업 육성 사업을 통해 사회문제를 실질적으로 해결하는 데 기여해 왔다. 지난 10월 기준 사회적 기업 11곳을 설립·운영하고 있으며, 총 1900여 명을 고용하고 다양한 분야에서 사회문제 해결을 위한 서비스를 제공하고 있다. 또 400곳 파트너 사회적 기업이 6956명을 고용할 수 있도록 임팩트 투자, 판로지원, 인센티브 지원 등을 하고 있다.

지난 4월에는 금호타이어, 인튜이티브서지컬, LIG, SM엔터테인먼트 임원과 소녀시대 서현 등 20개 기업의 주요 관계자와 한국사회적기업진흥원 오광성 원장이 참석한 가운데 적극적 협력을 약속하는 2017 행복 얼라이언스 협약식을 가졌다. 행복 얼라이언스는 기업들이 사회공헌 활동 및 자원·역량을 결합해 효과를 극대화하기 위해 작년 11월 결성한 사회공헌 연합체이다. 결식 이웃대상의 도시락형 공공급식 사회적 기업인 '행복도시락'과 교육격차 해소를 위한 방과후 학교사회적 기업인 '행복한학교'를 통해 아동의 영양개선과 교육의 질 향상에 집중하고 있다.

'SK Pro Bono(프로보노)'는 더 나은 세상을 위해 SK그룹 직원들이 자신의 전문적 역량을 사회와 나누는 대기업 최초이자 최대 규모의 사회공헌 활동이다. 작년 12월에는 '2016 SK Pro Bono Awards'를 개최해 선도적으로 프로보노 활동에 참여한 30명의 직원을 시상하기도 했다.

• 출처 : 조선일보, 2017년 12월 21일

첫째, 비공식 조직은 조직구성원을 위한 동료애와 사회적 접촉의 근거를 제공한다.

둘째, 대인관계와 비공식 집단은 회사안에서 발생하는 여러 가지 일에 대한 정보를 더 잘 전달하고 그 일에 대한 유대감을 더 잘 느끼도록 도와준다. 따라서 직원들에게 자신들의 작업환경을 더 잘 통제하고 있다는 느낌을 준다.

셋째, 비공식 조직을 통해 개인들은 공식조직이 제공하지 않는 특정 지위와 인지도를 획득할 수 있다.

넷째, 관계네트워크는 규율과 책임감, 기본 목표와 직무기대도 등을 비공식적으로 전달하는 과정을 통해 신입사원의 사회화를 지원할 수 있다.

다섯, 조직의 공식시스템이 도달하지 못하는 곳까지 정보를 신속하게 전달하는 역할을 통해 작업장에서 벌어지는 일을 더 잘 파악할 수 있도록 직원을 돕는다.

비공식 조직은 공식조직이 목표를 달성할 수 있도록 도움을 주기도 하지만, 제대로 관리되지 않을 경우에는 문제를 일으킬 수 있다. 집단규범(group norms : 일반적으로 받아들여지는 행동기준)은 회사의 기준과 충돌하면서 문제의 원인이 될 수 있다.

예를 들어 합병이나 인수가 진행되는 와중에 비공식 조직은 정보망을 통해 부정확한 정보를 유포하고 직원들 사이에 공포감을 조장하며 사기를 꺾는 식으로 변화(특히 구조적 변화)에 강하게 저항할 수도 있다.

경영관리자는 이것을 염두에 두고 기존의 비공식 조직을 공식조직에 도움을 줄 잠재력을 가진 도구로 활용하는 법을 터득할 필요가 있다. 비공식 조직을 회사에 도움이 될 수 있도록 활용하는 가장 좋은 방법은 비공식 조직의 리더들을 의사결정과정에 참여시키는 것이다.

제3절 조직구조의 최근 동향

창업 이후 장기목표를 달성하기 위해 조직들은 그들의 조직구조를 꾸준히 평가하고 경고를 던진다. 정보기술의 활용도와 세계화가 늘어나면서 창업과 더불어 사업을 조직화하는 새로운 대안들이 생겨나고 있다.

1. 가상기업

오늘날의 기업이 직면한 가장 큰 난제 중 하나는 산업전반에 영향을 끼치는 기술적 변화에 적응하는 것이다. 조직은 정보기술을 경쟁우위로 전환시키는 것을 도와줄 새로운 조직구조를 찾으려고 노력하고 있다. 널리 확산되고 있는 대안 중 하나가 가상기업이다.

이것은 기술, 비용 그리고 또 다른 시장에 접근하는 능력을 공유하기 위해 정보기술로 연결된 독립적인 회사들(공급자, 고객 심지어는 경쟁자들)의 네트워크를 가리킨다. 이 네트워크 구조는 기업들이 급격하게 변화하는 기회를 공동으로 신속하게 활용할 수 있도록 해준다.

가상기업의 핵심적인 특징은 다음과 같다.

- **기술** : 정보기술은 지리적으로 멀리 떨어진 기업들이 제휴해서 함께 일하는 것을 도와준다.
- **기회추구** : 제휴는 전통적인 동업관계보다는 덜 영구적이고, 덜 공식적이며, 더욱 기회추구적이다.
- **우수성** : 파트너 각자는 자신들의 핵심경쟁력을 제휴에 투입한다. 따라서 모든 기능분야에서 고도의 품질을 갖춘 기업을 창출하여 경쟁우위를 증대시키는 것이 가능하다.
- **신뢰** : 네트워크 구조는 기업들을 서로에게 더욱 의존하게끔 만들며 파트너들과 더욱 강한 관계를 맺도록 만든다.

- **경계가 없음** : 이 구조는 전통적인 조직의 경계를 확장한다.

이 개념의 가장 이상적인 수준에서는 가상기업을 창출하려고 다른 기업들과 연계한 각각의 기업은 핵심적인 부분까지 외부에 드러나게 된다. 이상적으로는 가상기업에는 본사나 조직차트, 위계, 수직적 통합도 존재하지 않는다.

각 기업들의 핵심경쟁력 또는 핵심능력만 가상기업에 기여한다. 최선의 결과를 만들어내기 위해 다른 기업이나 기업가들의 핵심경쟁력과 자신이 기여하는 바를 뒤섞는 것이다.

예를 들어, 제조업자는 제조만하는 한편, 무엇을 만들지를 결정하는 것은 제품설계회사에, 최종결과물을 판매하는 것은 마케팅회사에게 의존하는 방식이다. 순수하게 가상기업으로만 존재하는 회사는 드문편이지만 많은 기업이 가상구조의 여러 가지 특징을 받아들이고 있다.

시스코시스템은 대단히 훌륭한 사례다. 시스코의 제품을 생산하는 공장은 34곳이 있지만 회사는 그 중 2곳만 직접 소유하고 있다. 고객주문의 10%만이 수작업으로 처리된다. 시스코의 직원은 총주문의 절반미만만 처리한다. 그런데 평균적인 고객이 보기에 공급자와 재고시스템의 상호 의존성 덕분에 시스코는 매끄럽게 운영되는 거대한 하나의 회사로 보인다.

정보기술은 기업들이 가상작업팀을 만들어 낼 수 있게도 해준다. 작업팀을 결성하려고 직원들을 고려할 때, 지리적인 한계는 더 이상 한계가 아니다. 가상팀은 여행시간과 경비의 절감, 이주비용의 절감, 그리고 직원의 소재지와 무관한 전문화된 재능의 활용을 의미한다. 매년 4억 건 이상의 여행예약을 하는 사브르는 미국과 캐나다, 그리고 여러 곳의 외국에서 일하는 구성원들로 구성된 영구적 가상팀을 65개 만들었다. 각각의 팀은 평균 8명으로 구성돼있다.

프로젝트에 인력이 필요한 관리자가 할 일이라고는 필요한 기술의 목록과 그런 기술을 보유한 직원들의 명단을 작성하는 것이 전부다. 직원 풀(pool)이 알려지면 관리자는 최적의 인력배합을 선택해서 가상팀을 만들어 내기만 하면 된다. 가상팀이 겪는 특별한 어려움은 팀 구성

시스코시스템 전경

원들이 지리적으로 떨어져 있음에도 불구하고 구성원들을 프로젝트에 집중시키고, 동기를 부여하며, 긍정적인 의사소통을 해야 하는 것이 포함된다. 가능하다면 팀결성 초기단계에서 최소한 한 차례의 대면회의를 갖는 것이 이런 가능성 있는 문제들을 다루는데 도움이 될 것이다.

2. 사내벤처 · 분사조직

사내벤처 · 분사조직은 조직구성원들에게 기업가로서의 동기를 부여하기 위하여 조직의 내부 또는 외부에 자율적인 사내기업을 설치 · 운영하여 기업의 지속적인 혁신과 변화를 촉진시키려는 조직이다.

이는 중소기업의 장점과 대기업의 장점을 통합할 수 있는 조직으로 조직구성원의 창의성과 기업가정신을 높일 수 있다. 아울러 신규사업에 진출할 때 위험을 줄일 수 있다.

사내벤처분사조직의 양상은 기존 사업부문의 일부 혹은 신규 사업부문을 본사로부터 독립시켜 독립 · 법인화시키거나, 신규사업팀 조직을 완전자율경영체제로 운영하고 있는 사내벤처 · 분사조직의 형태를 나타낸다.

[그림 13-5]와 같이 커다란 대규모기업에 속한 독립적 소사업단위가 무수히 존재하거나 또는 새로운 제품아이디어를 가진 독립적 창업법인이 본사와 다른 분사들과 유기적으로 연결 관계를 구축하고 있는 모습을 보인다.

그림 13-5 사내벤처·분사 조직의 형태

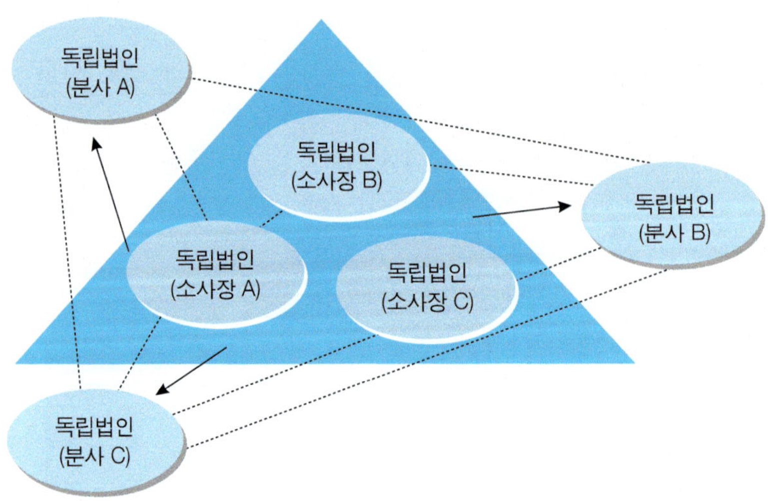

3. 역 피라미드형 조직

역 피라미드(upside-down structure)형 조직은 일명 고객주도형 조직(customer-driven organization)이라고도 한다. 고객을 맨위에 놓고 경영자가 맨아래로 가는 형태의 고객주도형 조직으로 경영조식이 경영자에 의한 명령보다 고객의 요구에 따라 설계되고 운영된다. 경영조직이 경영자에 의한 명령보다 고객의 욕구에 맞추어 설계되고 운영되는 조직이다.

이 조직에서 경영자의 위치는 사원들에게 군림하는 자리가 아니라 자율팀들이 고객에 대한 서비스를 향상시키는 데 필요한 자원과 정보들을 제공하는 역할 또한 새로운 기술정보를 즉각 흡수·적용할 수 있도록 지원하는 역할 등을 하는 서번트리더십(servant leadership)을 발휘하는 자리이다.

역피라미드형 조직은 고객가치를 존중하는 조직분화가 전 조직에 확산되도록 할 뿐 아니라 조직구성원들이 고객지향적으로 행동하고 사고할 수 있도록 한다.

그림 13-6 역피라미드 형 조직

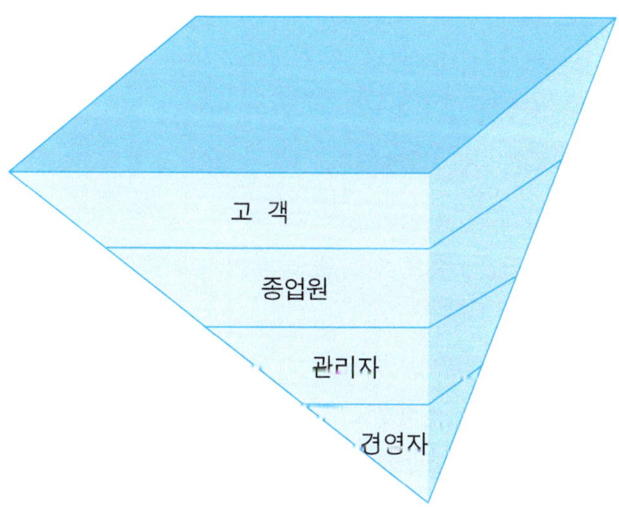

4. 네트워크 조직과 정보기술

전통적인 조직의 형태인 피라미드형 조직은 위계질서가 명확한 관계로 일을 수행하는 것은 뛰어나지만, 업무과정상 일일이 승인을 받아야 하는 등 새로운 것을 창조하는 데에는 한계가 있는 조직이다.

이러한 단점을 해결하기 위한 수단이 바로 네트워크 조직이다.

이는 조직의 위계서열과는 무관하게 조직구성원 개개인의 전문적 지식에 근거한 자율권을 기초로 개인능력발휘의 극대화와 제반기능, 사업부문 간의 의사소통의 활성화를 도모하기 위한 신축적인 조직운영방식을 지니는 조직 이다.

한편 미래의 창조성은 누군가가 생각해 낸 아이디어를 함께 지혜를 모아 사용할 수 있는 것으로 만들어가는 프로세스를 통하여 창출해 나가야 한다. 이를 실천하기 위해서는 구성원간 협력작업(collaboration)이 필요하다. 여기서 공동작업을 위한 커뮤니케이션을 원활하게 하기 위해서는 전자메일이나 그룹웨어같은 협력작업을 위한 상호 통신기술이 필요하다.

정보화 사회에서 요구되는 조직은 유연성이 풍부하고 기동력이 넘치는 조직이다. 이러한 조직에서는 각 단계에서 자율적으로 창조성을 발휘할 수 있어야 한다. 위와 같이 네트워크 조직과 정보기술을 이용한 협력방법이 그 하나의 답이라고 할 수 있다.

5. 하이퍼텍스트형 조직

일본의 Sharp에서는 '긴급개발프로젝트'가 있으면 조직구성원을 클릭해서 불러낸다. 동일한 조직내에 완전히 다른 세 개의 층(프로젝트 팀층, 사업단위층, 지식기반층)이 동시에 존재하는 형태의 학습조직이다. 따라서 구성원들은 상황의 변화에 따라 세 개의 층을 자유롭게 이동할 수 있고 관료제와 프로젝트 팀을 결합함으로써 양자의 장점을 취하고 있고 외부로부터 지식을 습득할 수 있는 능력을 가지고 있다.

하이퍼텍스트(hyper-text)는 주로 인터넷 홈페이지나 CD-ROM 등에서 사용되는 표현형식

일본 SHARP사 전경

이다. 화면에 나타난 단어나 그림에 데이터나 다른 어플리케이션 소프트웨어의 데이터가 연결되어 있어 마우스로 클릭하면 바로 그 데이터가 표시되거나 다른 페이지로 갈 수 있는 구조의 문서를 의미한다.

하이퍼텍스트형 조직은 '필요한 기술과 시장의 동향에 대해 다양한 전문지식을 가진 사람들을 신속히 조직하여, 공동으로 작업을 추진할 수 있게 되는 조직'이라고 규정할 수 있다.

즉 고도의 기술과 지식을 가진 사람이 본래의 소속부서에 있으면서 수시로 자유자재로 모여 융합하고 그 결과 새로운 지식을 창조하는 조직이 바로 하이퍼텍스트 조직이라는 것이다.

6. 심포니 오케스트라(symphony orchestra)형 조직

구성원들의 고도의 자율성과 팀워크를 기반으로 한 수평적이고 슬림화 된 조직으로 자율경영과 참여경영, 효율성과 유연성을 모두 담당할 수 있는 조직이다.

제5부

업종별 창업

제14장

업종별 창업

AI · 로봇이 블루칼라業 급속대체…
"美 일자리 38% 사라질 수도"
[올해는 '無人 노동시대' 원년]

고객서비스부터 물류운송까지 무인화 바람 전방위로 불어… 자율주행 택시 · 버스운행 시작, 3D프린터는 제조업 인력대체

"저소득층 일자리 집중적 빼앗아 고소득층과 격차 더 벌어질 것… 실직자 양산 대응 정부규제 필요"

미국 최대 오프라인 유통업체인 월마트 매장에는 '캐쉬 360'이라는 기계가 설치돼 있다. 이 기계는 매일 매장에서 오가는 매출전표를 자동으로 처리하는 기계다. 1초당 8개의 영수증을 처리하고, 1분당 3000개의 동전을 셀 수 있다. 이를 통해 하루에 매출이 얼마나 발생했고, 현금거래는 얼마였는지 자동으로 계산한다. 또 소프트웨어를 통해 매일 매장에 필요한 현금이 얼마인지도 예측한다.

캐쉬 360이 하는 업무는 1~2년 전까지만 하더라도 월마트 직원들이 맡았다. 하지만 IT(정보기술) 발전과 함께 기계가 현장에 급속도로 보급되면서 수천명의 직원업무가 하루아침에 사라진 것이다.

각종 산업현장에서 로봇과 인공지능(AI · Artificial Intelligence) 활용도가 높아지면서 무인화(無

월마트 캐쉬 360

人化)가 일자리에 악영향을 미칠 것이란 우려가 현실화하고 있다. 특히 미국에서 임금수준은 낮지만, 종사자 수가 가장 많은 블루칼라 업종인 유통·운수·건설업 분야에서 로봇에 의한 일자리 대체 현상이 가속화할 것이란 관측이 많다. 미 경제전문지 포브스는 "2018년은 무인화(無人化) 열풍이 걷잡을 수 없이 빨라지는 해가 될 것"이라고 전망했다.

◇고객서비스부터 물류운송까지. 무인바람 거세진다

그동안 매출전표를 처리했던 월마트 직원들은 현재 마트입구에서 고객을 응대하는 업무를 한다. 하지만 미 유통업체들은 고객을 응대하는 업무도 곧 로봇으로 바꿔나갈 채비를 착착 진행하고 있다. 월마트는 계산대에 얼굴인식 기계를 도입해 고객이 쇼핑에 만족했는지 여부를 자동으로 분석할 방침이다. 인간의 감정이나 속내를 살피는 일까지 기계가 대체하는 것이다.

미국 대형쇼핑몰인 웨스트필드 매장 곳곳에는 일본 소프트뱅크의 로봇 '페퍼'가 배치돼 고객들을 안내해준다. 매장을 찾거나 출구로 가는길 등을 물어보면 곧바로 안내해주고, 고객들과 '셀피(selfie·셀프 카메라)'까지 찍어준다.

쇼핑을 마치고 계산할 때도 점원의 역할은 점점 사라지고 있다. 세이프웨이·타깃 등 주요 유통업체들은 고객이 직접 물건 바코드를 찍고 카드결제까지 하는 무인계산대를 설치하고 있다. 미국 최대 전자상거래 업체인 아마존은 현재 시애틀에서 완전한 무인매장인 '아마존 고'를 시험하고 있다. 중국 2위 전자상거래 업체 JD닷컴도 중국전역에 무인편의점을 낼 것이라고 밝혔다. 유통업계의 무인화 바람이 전 세계에서 동시다발적으로 불고있는 것이다.

트럭·버스·오토바이 등을 통한 전통 운송업도 로봇·AI가 주도하는 무인화 열풍에 따라 큰 타격을 입을 것으로 예상된다. 트럭운송은 미국 내 물류운송량의 60% 이상을 담당할 정도로 규모가 큰 산

유통업체 세이프웨이 매장 전경

아피스 코르 3D 프린터

업이다. 하지만 독일 다임러, 스웨덴 볼보 등 대기업과 미국 실리콘밸리의 스타트업들은 연이어 자율주행 트럭을 시험하면서 빠르게 상용화를 추진중이다. 또 미국 실리콘밸리의 산타클라라 대학은 학기 중에 교내(校內)를 순회하는 무인버스를 운영하고 있다. 대학캠퍼스는 차량통행이 많지 않은 데다 저속으로 주행해야 하기 때문에 무인버스를 시험하기에 최적화된 장소라는 평가를 받고 있다. 구글의 무인차 자회사인 웨이모는 미 애리조나주 피닉스 일대에서 운전석에 사람이 탑승하지 않는 '완전 무인차'를 테스트 중이다. 버스·트럭 등 상업용 차량에 무인차가 대세로 자리잡는 것은 시간문제로 보인다.

3D(입체) 프린터는 제조업과 건설업에서 무인화 바람을 이끌고 있다. 독일의 스포츠용품 업체 아디다스는 3D프린터 업체인 카본과 손잡고 신발을 '찍어내는' 방식으로 만들고 있다. 기존에는 천을 꿰매고 붙이는 방식으로 운동화를 만들었지만, 앞으로는 신발 설계도만 넣으면 곧바로 출력해내는 방식으로 바꾸겠다는 것이다. 아디다스는 2018년까지 연간 10만켤레 이상의 운동화를 이런 방식으로 만들 계획이다. 건설업 분야에서도 이미 미국의 3D프린터 스타트업(초기 벤처기업)인 아피스 코르가 러시아에서 약 40㎡(약 12평) 크기의 집을 3D 프린터로 뽑아내는 방식으로 지었다. 외부 콘크리트 타설부터 내부 인테리어까지 3D프린터가 마무리하는 데 걸린 시간은 24시간에 불과했다.

◇수백만개 이상의 일자리 사라질 가능성

미국 산업계와 노동계 전문가들은 로봇과 AI에 의한 무인화가 미국의 일자리 공동화를 가속화시킬 가능성이 높다고 보고 있다. 대표적인 업종이 유통과 운수분야다. 현재 유통·운수분야에는 약 2000만명의 미국인이 종사하고 있다. 미국 한 가구당 구성원이 평균 2.58명인 것을 감안하면 대략 미국인구(3억 2600만명)의 15%가량인 5000만명이 유통·운수분야에 의존하는 셈이다. 게다가 이들은 대부분 시간당 임금이 15달러 수준으로 저소득층에 속한다. 무인화가 저소득층의 일자리를 집중적으로 빼앗아 가기 때문에 결국 빈부격차가 더 벌어질 것이란 전망도 나온다. 미 컨설팅 업체 PwC는 자동화로 인해 미국전역의 일자리 중 38%가 없어질 수 있다고 전망했다. 글로벌 컨설팅업체 맥킨지는 현재의 기술력으로도 인간의 일자리 중 45%가 로봇으로 대체될 수 있다고 분석했다.

일각에서는 로봇도입으로 인해 사라지는 일자리와 실직자 양산 등에 대비해 정부차원의 규제·관리·감독이 필요하다는 주장을 내놓고 있다. 일론 머스크 테슬라 최고경영자(CEO)는 "AI가 확산되면 일자리가 급속도로 줄어들고, 인류문명에 위협을 줄 것"이라며 "선제적으로 규제해야 한다"고 주장했다. 마이크로소프트의 빌 게이츠 창업자 역시 "인간노동력을 대체할 로봇의 노동에 세금을 매기고, 일자리를 잃은 인간을 재교육·재배치할 재원을 확보해야 한다"고 주장했다.

• 출처 : 조선일보, 2018년 1월 3일

각종 산업현장에서 로봇과 인공지능(AI : Artificial Intelligence) 활용도가 높아지면서 무인화(無人化)가 일자리에 악영향을 미칠 것이란 우려가 현실화하고 있다. 특히 미국에서 임금수준은 낮지만 종사자 수가 가장 많은 블루칼라 업종인 유통·운수·건설업 분야에서 로봇에 의한 일자리 대체현상이 가속화할 것이란 관측이 많다.

또한 그동안 매출전표를 처리했던 월마트직원들은 현재 마트입구에서 고객을 응대하는 업무를 한다. 하지만 미 유통업체들은 고객을 응대하는 업무도 곧 로봇으로 바꿔나갈 채비를 착착진행하고 있다. 월마트는 계산대에 얼굴인식 기계를 도입해 고객이 쇼핑에 만족했는지 여부를 자동으로 분석할 방침이다. 인간의 감정이나 속내를 살피는 일까지 기계가 대체하는 것이다.

이렇듯 무인화시대가 도래하고 있다. 이는 사람들의 일자리가 위협받고 있다는 명백한 증거이며 우리 모두는 더욱 다양한 창업분야에 깊은 관심을 가져야만 하는 충분한 이유가 있는 것이다.

제1절 제조업 창업

1. 제조업의 창업절차

제조업의 창업이 어려운 것은 제품을 직접 생산하는 분야이기 때문에 기술 즉 전문지식과 경험을 갖춘 인력이 필요하며 제품생산을 위한 기계설비와 이를 설치할 공장을 확보하는데 드는 비용 즉 초기투자 자금이 다른 산업에 비해 많기 때문이다. 특히 공장을 새로 설립하여 창업하려는 경우 그 절차가 복잡하고 공장을 건축하는데도 상당한 기간이 소요되므로 이를 성공적으로 창업하려면 업종선정, 입지선정, 시장분석, 자금조달계획 등 창업준비 사항에 대하여 충분한 기간을 가지고 검토하여야 한다.

제조업의 창업에서 창업자가 특별히 유의해야 할 과제는 공장설립과정이다. 창업자의 경우 처음부터 새로운 공장을 건축하여 창업하는 것보다 기존 공장을 매입하거나 임차하여 생산활동을 시작하는 것이 오히려 수월한 방법일 수 있다.

기존 공장을 매입하거나 임차하는 경우에도 유의해야 할 일이지만 특히 공장을 새로 신축하려는 창업자는 공장입지에 관련된 규제사항 및 인·허가사항을 사전에 파악하여 공장설립 기본계획을 수립하고 계획에 따라 공장설립을 추진하여야 한다. 그리고 제조업의 업종중에는 허가, 신고, 등록 등의 인·허가가 필요한 업종과 인·허가없이도 제조활동을 할 수 있는 업종이 있으므로 창업자는 창업준비단계에서 자신이 창업하려는 업종이 인·허가절차가 필요한 업종인지 여부를 확인하여야 한다.

만약 개별법에 의해 인·허가가 필요한 업종인데도 그 절차를 몰라서 인·허가를 받지않고 창업하였을 때에는 벌금형 등 제재조치뿐만 아니라 그로 인해 창업이 지연되고 생산활동도 할 수 없는 경우가 발생하기 때문이다.

여기서는 별도 인·허가를 필요로 하지 않는 업종에 대해서는 일반적인 창업절차를 소개함으로써 각각의 업종별 절차에 대한 설명을 생략하고 그 절차를 소개하고자 한다.

제조업 창업의 기본절차는 크게 나누어 ① 창업 예비절차, ② 회사설립 및 신고절차, ③ 공장설립 및 자금조달절차, ④ 창업준비절차의 4단계로 나누어 볼 수 있다.

2. 제조업 창업의 단계별 창업절차

1) 창업예비절차

창업 예비절차에서 체계화되지 못하고 실현가능성이 검증되지 못하면 사업구상은 하나의 망상으로 끝날 수도 있다. 따라서 사업구상은 좀 더 구체화되고 객관화되어야 사업성공 가능성이 인정되고 이들 내용이 구체적으로 사업계획화될 때 비로소 사업이 추진된다.

이런 관점에서 창업 예비절차에서 결정되어야 하거나 검토되어야 할 핵심요소는 크게 나누어 ① 사업핵심 요소의 결정, ② 사업타당성 분석, ③ 사업계획서 작성 등이 있다.

사업핵심요소란 사업을 시작함에 있어서 미리 결정하여야 할 사업의 중요요소를 말한다. 이들 요소에는 업종 및 사업아이템 선정, 사업규모 결정, 기업형태 결정, 창업핵심 멤버와 경영조직의 구성, 기타 요소의 결정문제 등이 있다.

사업타당성 분석은 사업성공 가능성을 분석하기 위한 절차로서 주로 창업자의 경영능력, 제품의 기술성, 시장성 및 판매전망, 수익성 등이 분석된다. 이러한 타당성 분석을 기초로 한 사업계획서 작성은 사업성공 가능성이 인정된 후 성공가능한 사업내용을 좀 더 체계화하는 데 목적이 있다.

2) 회사설립 및 신고절차

회사설립은 창업이 구체화되기 위한 제1단계 과정이라고 할 수 있다. 창업 예비절차가 사업계획단계라고 한다면 회사설립 단계는 법률적으로 정당하게 회사가 설립되는 과정이라고 볼 수 있다. 따라서 회사설립절차에서 수행하여야 할 핵심요소에는 창업예정 아이템에 대한 정부의 각종 인·허가 또는 신고의 이행, 사업을 수행하기 위해 세법에서 규정하고 있는 사업자등록신청 그리고 법인설립의 경우 법인설립등기와 법인설립신고 등의 절차를 이행하여야만 한다.

3) 공장설립 및 자금조달절차

회사설립 절차가 일단 완료되면 다음 단계가 공장설립 단계이다. 공장설립은 제조업 창업 중에서 가장 절차가 복잡하고 창업지연이 잦은 단계이다.

공장설립 시에는 공장건축 공사 이외에 공장건축 공사를 전후해서 관련관청에 공장설립신고 그리고 공장설립완료보고 등 각종 검사도 함께 받아야 한다. 또한 공장설립단계에서는 공장건축과 병행하거나 공장준공 예정일에 맞춰 생산설비의 설계, 시설발주 등이 필요하게 되며 생산설비 설치 등에 따라 자기자금 이외에 투자유치를 통한 추가자금 조달이 이루어지지 않으면 안 된다.

4) 창업준비절차

창업준비절차에서는 우선 창업멤버 이외에 본격적인 영업에 돌입하기 위해 필요한 관리, 영업, 생산직 직원을 충원하고 훈련하는 일에서부터 체계적인 조직의 구성으로 이어진다. 회사

제조공장 작업모습

실정에 맞는 조직이 구성되면 각 분야별로 생산파트에서는 원·부자재 조달, 생산설비 시운전 및 시제품 생산과정을 거친 후, 본격생산에 돌입해야 한다. 그리고 이어서 공장등록, 공장설립 완료보고, 부동산등기 등의 절차도 이행하여야 한다.

관리분야에서는 급여규정, 회계규정 등 각종 회사내규의 제정 및 업무에 필요한 각종 장표와 서식제정과 더불어 직원연수도 집중적으로 실시해야 한다. 그리고 대외기관에 신고해야 할 각종 사규 즉 취업규칙신고, 사업장 설치계획신고, 산업재해보험관계성립신고 그리고 기타 대외기관 신고 등을 이행해야 한다.

반면 영업분야에서는 영업체계의 확립, 시장개척활동 및 시장조사 등을 병행하여 실시함으로써 본격영업에 대비하여 자사제품을 홍보하고, 소비자반응을 체크하여 제품의 성공가능성을 타진해보는 등 보다 더 좋은 제품으로 발전해갈 수 있도록 다양한 측면에서 소비자반응을 살피는 일이 중요하다.

5) 인·허가사항

제조업은 업종의 특성상 창업절차가 복잡하기 때문에 인·허가사항도 도·소매업이나 서비스업보다는 복잡하기 때문에 일반적으로 인·허가사항을 먼저 마친 후 창업을 하는 것이 무엇보다도 중요하다. 그러므로 창업자는 자신이 창업하려는 업종이 관련법에 의해 허가, 등록 또는 신고가 필요한 업종인지 여부를 파악하여 창업준비를 하여야 한다.

인가가 필요한 업종은 개별법률마다 약간의 차이는 있지만 일반적으로 금치산자 또는 한정치산자, 파산선고를 받고 복권되지 아니한 자, 금고 이상의 형의 선고를 받고 그 집행이 종료되거나 집행을 받지 아니하기로 확정된 후 1~2년이 경과하지 아니한 자, 각 업종별로 개별법을 위반하여 허가 등이 취소된 후 2년이 경과하지 아니한 자 등은 결격사유자로 인·허가를 받을 수 없다.

제2절 도·소매 창업

1. 도·소매업의 범위와 분류

1) 유통의 개념과 도·소매업

유통업으로도 불리는 도·소매업은 1차산업의 생산물 즉 농·임·수산물과 2차산업의 광·공업제품을 수요자에게 직접 공급(판매)하기까지의 과정을 맡아서 하는 산업이다.

도·소매업을 창업하려는 자는 경제활동 중에서 유통업이 갖는 경제적 의미와 개념을 먼저 이해할 필요가 있다.

"유통"이라는 말은 생산물이 최종 소비자에게 이전되는 과정 즉 생산물의 경제적, 사회적 이전을 말한다. 여기서 단순한 이전이 아니라 경제적, 사회적 이전이라는 말로 표현되는 것은 생산물의 생산자와 소비자, 생산지와 소비지가 서로 달라야 하는 사회성과 이전과정을 통하여 생산물의 효용이 높아져서 부가가치가 증대되는 경제성이 있어야 한다는 뜻이다. 따라서 집에서 재배한 야채를 부엌에서 요리하여 식탁에 올리는 행위는 비록 생산자에서 수요자로, 생산지에서 수요지로 이전하였다 하더라도 경제성과 사회성이 없기 때문에 유통에 해당하지 않는다.

생산물이 소비자에게 이르는 유통경로는 대체로 제조업자(생산자) → 도매업자 → 소매업자 → 소비자(최종 수요자)로 이루어지는데 경우에 따라 도매업자가 2개 이상이 될 수도 있다.

"유통업"이라고 말할 때는 도·소매업자가 담당하는 범위 즉 생산물을 매매하고 그 소유권을 이전시키는 활동인 상적거래와 생산물이 최종 수요자에게 이전하기까지 수송이나 보관의 과정인 물적유통이 모두 포함되는 개념이다. 그러나 일반적으로 유통경로라고 말할 때는 상적(商的) 유통경로를 뜻한다.

2) 도매업의 구조

도매업은 최종 수요자에게 판매하지 않고 소매업에 생산물을 도매하는 사업자로서 전통적인 형태의 도매상과 무역업자 등이 이에 속한다. 그리고 제조업체의 지점이나 영업소도 도매상이나 소매점을 상대로 영업하기 때문에 엄격한 의미에서는 도매업이라 할 수 있다.

Highlight

스마트항공 · 물류 · 의료까지…5G 특화망 시대 서막 열렸다

20일 과기정통부 주최 '5G 특화망 융합서비스 성과공유회'서 사업현황 논의

"5G 특화망은 맞춤형 네트워크를 구축하면서도 높은 보안성을 가지고 있다. 기업의 생산성 높이고 공공의 문제를 해결해 대한민국의 디지털 혁신(DX)을 이끌 핵심수단이다."

이종호 과학기술정통부 장관은 20일 서울 강남구 소재 코엑스 아셈볼룸에서 개최된 '5G 특화망 융합서비스 성과공유회'에서 이같이 말했다. '5G 특화망'은 통신사 외 기업이 특정 토지 · 건물 등에 5G 기지국을 구축, 산업용으로 활용하는 네트워크다.

과학기술정보통신부가 주최하고 NIA · NIPA가 주관한 이날 행사에서는 5G 융합서비스 실증사업 수행기관과 공공기관 및 기업, 학계전문가 등이 발표에 나서 5G 특화망 관련 사업현황을 점검했다. 스마트항공 · 물류 · 의료서비스 등 각 분야에서의 활용사례도 이어졌다.

◆ KT, 5G로 스마트항공 구현…"군 우선 도입 · 추후 IoT와 접목"

이날 '5G 특화망을 활용한 스마트 항공 융합서비스 구현'을 주제로 발표한 김홍진 KT 부장은 "향후 해군 2함대의 5G 커버리지 확장을 고려해 활주로 내 이물 탐지, 제설 · 제초 기능을 추가할 예정"이라며 "5G 특화망 커버리지 확장 등을 군에 먼저 도입한 뒤 스마트부대의 IoT(사물인터넷)와 접목, 효과성을 극대화할 것"이라고 말했다.

◆SKT, '로보틱스' 활용 사업소개…"가장 '핫' 한 기술골랐다"

SK텔레콤은 5G 특화망 기반사업으로 '로보틱스(로봇 기술)'를 활용한 물류사업을 소개했다. 윤종필 SK텔레콤 PM은 'Robotics와 5G 특화망을 활용한 Shared 공공물류 서비스'를 주제로 발표하며 "가장 먼저 신경썼던 부분은 현재 가장 '핫'한 기술이 무엇이냐에 초점을 두어 로보틱스(Robotics)와 AI(인공지능)하였고, 실제로 수요기관을 먼저 설정하기보단 가장 시의성 있게 논의되는 기술을 선정, 활용방안을 논의했다.

이에 따라 선정된 기관 및 사업은 전라북도 익산의 한국식품산업클러스터진흥원에 도입된 로봇 기술을 활용한 물류이송 서비스와 장원 로봇랜드에 마련된 로봇을 기반으로 움직이는 공용 물류창고 두 개다.

윤 PM은 "AI 기반 물류이송 서비스의 경우 한국식품산업클러스터진흥원에 있는 12개 가량의 건물 중 이음 5G망이 필요한 ▲제형센터 ▲패키징센터 ▲파일럿 플랜트 3가지의 센터를 선정했다"고 했다.

◆ KT, 공공의료에 5G 접목…"의료계도 '디지털 전환' 이룩"

현진섭 KT 부장도 '5G 융합서비스 공공의료분야 3대 핵심 서비스 적용성과'를 주제로 발표를 이어갔다. 현 부장은 "병원에 가보신 분들은 아시겠지만 대다수 휠체어는 병원입구에 배열돼 있다. 회수가 잘 되지 않거나 휠체어가 어디에 있는지 모르는 경우도 많다"며 "5G 특화망 기반 자동주행 전동휠체어는 이러한 애로사항을 해소하고 직원과 환자 편의성을 높인 서비스"라고 설명했다.

앞서 KT는 분당서울대병원과 5G 특화망 융합서비스 구축을 통한 공공의료 선도 등 내용을 담은 업무협약(MOU)을 체결했다. 이는 병원 DX(디지털전환)를 통해 미래병원을 선도하고 국민보건 수준을 향상시키겠다는 취지다. 실제로 분당서울대병원은 먼저 환자 안전과 관리 효율화를 위한 자동주행 전동휠체어를 요구했다. 이에 KT컨소가 자동주행과 호출·관리 앱, 관제플랫폼을 연동한 휠체어를 분당서울대병원에 배치하게 됐다.

KT는 감염 위험 경감과 의료품질 강화를 위한 물류무인이송서비스(AMR)도 구현했다. 자동이송 로봇 등을 활용, 약품 운반 거리와 노동력을 경감시킨 것이다. 이에 더해 스마트수술실과 5G 특화망 융합서비스를 연결하기도 했다. 현 부장에 따르면 이는 비대면 의료교육서비스를 구현한 것으로, 기존 수술실 참관을 대체할 수 있는 무안경 3D 기반 현미경 수술교육과 실시간 교육 등이 대표적이다.

• 출처 : 아이뉴스24, 2022년 12월 20일

도매업은 기능에 따라 전(全)기능 도매업과 한정기능 도매업으로 분류하는 데 전기능 도매업은 상거래행위는 물론 생산물의 수송, 보관 등 물적유통과 생산물의 수급관련 정보는 물론 소매점의 판매전략에 이르기까지 총체적으로 관장하는 도매업이며, 한정기능 도매업은 특정

도심의 다양한 소매점포들

의 기능만 수행하는 도매업으로 수송이나 보관과 같은 물적유통은 하지 않고 판매와 정보기능만을 한정적으로 수행하는 도매업이 이에 속한다.

산업분류 기준에 따라 생산재 도매업과 소비재 도매업으로 분류하며, 취급하는 상품이 어느 정도인가에 따라 단일품도매, 전문품도매, 복합도매, 종합도매로 나누기도 하고, 상권에 따라 지방도매, 지역도매, 전국도매로 또는 입지기준에 따라 산지도매, 집산지도매, 소비지도매로 분류하기도 한다.

3) 소매업의 구조

소매업은 생산자 또는 도매업자로부터 매입한 물품을 최종 수요자에게 판매하는 모든 활동을 말하며 생산자(제조업자)나 도매업자가 최종소비자에게 직접 상품과 이에 부수되는 서비스를 판매하는 행위도 소매행위에 속한다. 따라서 소매상 또는 소매업자는 최종소비사에세 상품과 이에 수반된 서비스를 직접 판매하는 것을 주된 업무로 하는 상인이라고 규정할 수 있다.

특히 소매라고하여 규모가 작은 판매행위에 그치는 것이 아니고 가격설정, 재고관리, 상품의 매입, 진열, 광고, 판촉활동 등 최종소비자에 상품을 판매하기 위한 모든 활동을 포함하는 개념으로 이해하여야 한다.

소매업도 판매방법에 따른 업태별 분류를 비롯하여 점포의 유무에 따라 유점포와 무점포로, 경영방식에 따라 독립점과 체인점으로, 입지에 따라 단일점포와 집합점포로 분류할 수 있다.

2. 도 · 소매업의 창업절차

1) 일반적 창업절차

도 · 소매업은 제조업과 달리 공장설립이나 기계장치 등이 필요없고 특히 소규모 자영업자가 대부분으로서 법인형태보다 개인기업으로 경영하기 때문에 창업절차가 비교적 간단하다. 그러나 여기서 간단하다는 것은 제조업에 비해서 그러하다는 의미이며 경영의 초보인 창업자에게는 쉬운 것만도 아니다.

도 · 소매업이라 하더라도 나름대로 사전준비가 철저하지 않으면 창업조기에 시행착오를 겪게되고 착오가 거듭되면 경영을 제대로 해보지도 못하고 사업에 사신감을 잃게되기 때문이다. 그러므로 도 · 소매업도 창업을 준비함에 있어 점포의 입지선정, 취급할 아이템선정, 자금조달능력 등이 종합적으로 검토되어야 할 뿐만 아니라 이와 함께 상권분석 및 마케팅전략 등에 대한 충분하고 세밀한 연구가 반드시 필요하다.

예컨대 의류를 취급하려면 유동인구가 많은 곳으로, 생필품은 아파트단지 등 거주인구가 많은 장소 등에서 성공할 확률이 높다는 일반적 시장분석은 물론 아이템별로 판매대상, 판매장소, 판매시기, 판매방법 등을 복합적으로 검토하여야 한다.

도·소매업도 제조업과 마찬가지로 창업자가 사업자등록이나 법인신고만 하면 영업활동이 가능한 업종과 일정한 시설과 요건을 갖춘 자만이 사업활동을 할 수 있는 인·허가업종으로 구분할 수 있다.

도·소매업은 일반적으로 어떤 아이템을 어떤 장소에서 판매하느냐에 따라 사업의 성패가 달려있다고 할 정도로 아이템에 따른 입지의 중요성이 강조되고 있다. 따라서 도·소매업의 창업절차도 사업아이템을 선정할 때부터 자료조사와 시장조사를 하지 않으면 안 된다.

도·소매업의 창업절차를 순서별로 보면 사업아이템 선정단계인 창업예비 절차와 점포입지 선정절차 및 개업준비 절차의 3단계로 나눌 수 있다.

2) 창업예비절차

(1) 사업아이템 선정

사업아이템 선정 즉 어떤 품목을 취급할 것인가 하는 문제가 창업자에게 가장 중요한 과제인 것은 도·소매업뿐 아니라 모든 산업에 공통된 것이다.

창업의 성패가 바로 여기에 달려있다고 할 수 있는 아이템선정은 서두르지 말고 신중한 자세로 다양한 정보와 자료를 분석하며 실제상황 확인 즉 시장조사 과정을 거쳐 결정되어야 한다. 가능하다면 해외시장까지 살펴보는 것이 좋다.

① 아이템에 대한 정보수집 및 분석

창업할 아이템을 선정하기에 앞서 창업자는 창업할 아이템과 취급할 상품에 관한 정보를 수집하고 면밀히 분석하여야 한다. 정보의 수집방법은 자신의 경험과 지식을 먼저 체계있게 정리한 후에 창업할 아이템에 전문지식을 갖고 있는 동료나 전문가의 조언과 관련서적들을 수집하고, 특히 도·소매업을 경영하고 있는 점포를 순회하며 개별면담과 영업실태를 시간대별로 관찰하여 기초자료를 확보한다. 이때는 가급적이면 여러 개의 아이템을 대상으로 하는 것이 바람직하다.

기초자료 분석과 영업실태관찰을 통해 어느 정도 확신을 갖게 되면 구체적인 자료수집에 착수하여야 한다. 구체적 정보수집 대상은 상품의 공급처(도매상, 대리점, 제조원, 수입상 등), 창업하고자 하는 아이템이나 취급상품과 관련된 협회 등 전문단체, 상품시장을 전문적으로 조사하는 민간연구기관, 소상공인지원센터 등이 있다.

② 사업타당성 검토 및 아이템 선정

두 개 이상의 아이템을 대상으로 관련정보와 전문가의 조언을 구한 뒤 창업자는 사업아이템에 대한 타당성 분석을 실시하여야 한다. 특히 사업타당성 분석은 그 결과에 따라 창업을 결정하게 되는 최종적인 분석인 만큼 어느 것 하나에도 소홀함이 없이 정밀하게 분석하되, 그 내용에는 사업아이템의 적합도, 사업입지의 타당성, 시장성과 판매전망, 수익성과 경제성, 성장성과 투자의 위험성 및 경쟁점포의 대응책을 포함한 관련요소들에 대한 비교분석을 실시한다.

이 모든 과정을 거쳐 작성된 사업타당성 분석결과를 토대로하여 창업자는 자신에 맞는 업종 및 사업아이템을 최종적으로 선택하게되며 이때에 한 번 더 컨설턴트의 최종자문을 받는 것이 바람직하다.

(2) 사업유형 및 규모결정

창업자는 사업아이템을 최종적으로 선정함과 동시에 사업의 유형 즉 도·소매업의 형태를 결정하여야 한다. 그 형태는 당연히 도매인가, 소매인기에서 비롯하여 대리점, 가맹점, 편의점, 독립점, 전문점 등 도·소매업의 점포형태가 종합적으로 검토대상이 된다. 여기에다 창업자의 자금동원 능력도 함께 고려해야 한다.

사업규모는 사업아이템 및 사업유형에 따라 결정하되 그 내용이 자기자금 조달능력의 범위 내에서 소요자금의 용도 및 필요시기 등을 고려하여야 한다.

(3) 점포입지 선정절차

① 후보점포상권 및 입지조사

도·소매업의 창업자는 자신에게 적합한 아이템을 선정할 때 그 아이템에 맞는 상권과 입지를 선정하여야 한다.

상권이란 점포 또는 집단에 관계된 고객이 분포하고 있는 지리적 범위로서 구체적으로는 해당 상점가가 고객흡인력이 있고, 취급하는 상품에 대해 상시로 해당 상점에서 구입하는 고객이 분포하고 있는 지역의 범위를 말한다.

창업자는 대상점포의 입지선정과정에서 기존 상권을 선택할 것인가 아니면 스스로 새로운 상권을 개발한 것인가의 문제에 부딪치는데 그 결심여하에 따라 경영전략이 근본적으로 달라진다. 따라서 새로운 상권을 개척하기로 결심하게되면 점포신설 지역에서 창업아이템에 대해 새로운 경영환경을 창조하고 고객층을 새로 형성시키기 위한 새로운 마케팅전략을 수립하여 확장 위주의 경영계획을 추진하여야 한다.

그러나 기존 상권에 진입하는 경우는 이미 형성되어 있는 상권의 분위기에 적절히 대응하고 고객의 기호나 니즈에 적응하기 위한 마케팅을 통해 기존 고객을 새로운 점포로 수렴해 들이는 전략이 중심이 되므로 새로운 점포의 차별성을 부각시키기 위한 점포의 면적, 점포간 거리는 물론 광고, 홍보전략도 달라져야 한다.

② 점포입지 선정

도·소매업 즉 소비자가 점포에 직접 찾아오지 않으면 상품을 팔 수 없으므로 입지선정이 사업성공의 60~70%를 차지한다고 할 수 있다. 따라서 점포의 입지는 상권내에 소비대상 인구가 많고 소득수준 및 소비성향이 높고 구매력이 왕성한 다양한 계층의 거주자 즉 계획사업 아이템에 적합한 소비자가 다수 존재하는 곳을 선택하여야 한다.

소매업은 도로, 지하철, 버스노선 등 교통체계를 비롯하여 다수의 소비자를 유인할 수 있는 시설이 주변에 존재하고 기존 상권이 형성되어 있는 곳이 경험이 적은 창업자에게는 유리하며, 도매업인 경우 유사아이템 상권이 형성된 곳을 선정하는 것이 좋다.

③ 점포계약시의 조건 및 하자확인

점포입지가 결정되면 계약과정에서 창업자는 점포매매 또는 임차를 위한 조건과 하자의 내용을 확인하여야 한다. 해당점포의 대지와 건물에 대한 법적주인과 계약체결자와의 관계, 근저당설정, 가등기 및 가압류 여부 등을 등기부등본을 발급받아 확인하고, 토지대장, 건축물대장을 발급받아 무허가나 가건물인지의 여부와 도시계획에 따른 용도는 도시계획확인원을 발급받아 도시계획상의 철거대상인지 아닌지를 확인한다.

이와 함께 창업자는 계약조건에 대해서도 철저히 확인하여야 한다. 즉 임차보증금의 조건, 월세액, 각종 공과금 및 세금납부유무 등이 계약서상에 명시되어야 하며, 계약할 때 인수할 물품과 비품목록, 계약기간, 명도일, 계약기간 만료 후 재연장조건, 향후 사업성패에 따른 아이템 변경 시 제약조건여부, 월세금 지불방법, 해약조건, 하자보수 등도 명시해야 한다.

④ 창업준비절차

창업준비절차에 있어서는 우선 사업아이템에 적합한 직원을 채용하여야 한다. 판매업은 직원의 이직률은 높으나, 시간제 근무가 가능하며, 성수기에는 임시직을 파트타임으로 활용할 수 있다. 따라서 가급적이면 직원의 수를 최소한으로 하고 경우에 따라서는 가족경영형태를 취하며, 시간제 파트타임 직원을 최대한 활용하도록 한다.

상품수급계약은 안정적으로 공급받도록 거래처와 문서로 계약하되, 주문방법, 납품방법, 가격, 발주 후 입고까지의 시간, 하차 및 진열유무, 선수금하자 반품조건, 결제방법, 재고품의 반품방법 등을 계약서에 명시하여 책임소재를 명확히 하고, 자금조달범위 내에서 적정한 상품종류와 적정구매량을 발주한다.

점포의 실내인테리어 및 내부장식은 투자계획에 따라 예상투자비가 초과하지 않는 범위 내에서 추진하되 매장시설은 전문업체와 일괄계약이 유리(허가관련 처리가 용이)하며, 프랜차이즈 가맹점인 경우에는 본사에 직접 의뢰하거나 본사에서 제공하는 설계에 따라 하도록 한다. 점포의 외관디자인은 고객이 외부에서 점포내의 분위기를 느낄 수 있도록 설계한다.

상품매입은 찾아온 고객이 원하는 상품을 위주로 하는 상품구색과 재고수량을 감안하여 상품매입을 결정한다.

3. 도·소매업의 인·허가기준과 절차

도·소매업은 업종의 특성상 인·허가사항이 적으며 창업절차가 간단하기 때문에 일반적으로 점포를 확보하고 사업자등록을 하면 영업을 할 수 있지만 담배, 양곡과 같이 유통질서확립이 필요한 제품과 의약품과 같이 전문지식을 필요로 하는 업종 등에 대하여는 개별법에서 시설기준 및 자격요건 등을 규정하고 있다. 따라서 창업자는 업종을 선정하고자 할 때 자신이 창업하려는 업종이 관련법에 의해 허가, 등록 또는 신고가 필요한 업종인지 여부를 파악하여 창업준비를 하여야 한다.

그리고 제조업과 마찬가지로 도·소매업도 개별법마다 약간의 차이는 있지만 일반적으로 금치산자 또는 한정치산자, 파산선고를 받고 복권되지 아니한 자, 금고 이상의 형의 선고를 받고 그 집행이 종료되거나 집행을 받지 아니하기로 확정된 후 1~2년이 경과되지 아니한 자, 각 업종관련 개별법을 위반하여 허가 등이 취소된 후 2년이 경과하지 아니한 자 등이 인·허가 업종의 창업자 또는 법인의 임원이 될 경우 결격사유자로 인·허가를 받을 수 없다.

제3절 서비스업 창업

1. 서비스업의 범위와 분류

1) 서비스업의 개념

계속되는 산업의 고도화로 산업이 점점 전문화, 분업화되고 국민소득이 향상되면서 서비스산업은 선진국이나 개도국의 구분없이 한나라의 산업구조에서 가장 큰 비중을 차지하게 되었다.

특히 빠른 속도로 이루어지는 기술혁신과 정보화로 인해 서비스에 대한 소비자의 니즈가 다양화, 고급화, 전문화됨에 따라 서비스산업 자체의 영역이 확대되고 끊임없이 분화되고 있다.

특히 최근 들어 급진전되고 있는 정보처리기술의 발전은 정보산업자체뿐 아니라 이를 활용하는 제조업, 금융, 유통, 운수, 건설 등 관련산업의 동반발전을 주도하고 있는데서 산업혁명에 견줄만한 정보혁명 이를 좀 더 확대하여 서비스혁명의 시대로 진입하고 있다.

이제는 제조업을 하더라도 세계적 정보를 활용하여 제품의 디자인, 가격, 품질을 수요자의 니즈에 인식시켜야 할 뿐 아니라 판매원의 친절, 적기공급, 양질의 애프터서비스 등 다양한 서비스활동이 고려된 통합적 차원의 경영을 하지 않으면 안 된다. 이처럼 서비스산업의 영역이 확대되고 비중이 높아지는데 특히 무엇보다도 소비자의 니즈(needs)가 복잡 다양화됨에 따라 창업의 기회도 많아져 창업자의 창업욕구를 북돋우고 있다.

우리나라도 소득과 여가시간의 증가에 따라 건강관련 서비스업, 외식산업 등이 크게 성장하

예비창업자를 위한 중소형 호텔 창업과정 교육장 모습

고 있으며 기업환경의 변화에 부응하여 금융서비스, 정보서비스, 사업관련 서비스 등의 수요가 괄목할 만큼 증가하고 있다. 그러나 우리나라는 아직도 선진국에 비해 서비스업의 경쟁력이 매우 낮은 상태로서 서비스시장이 개방됨에 따라 선진기술과 기업을 보유한 외국의 서비스기업들이 국내시장에 진출하여 국내시장 점유율을 확대하고 있는 실정이다.

서비스산업에 신규참여하려는 창업자는 우선 서비스의 개념에 대한 이해와 서비스산업에는 어떤 업종들이 포함되는지 알아둘 필요가 있다. 서비스라는 용어는 최근에 매우 일반화되어 있으며 일반적으로 서비스는 "소비자의 편익이나 만족을 목적으로 인간 또는 설비와의 상호작용을 통하여 제공되는 무형의 행위"라는 말로 정의하고 있다. 이를 좀 더 구체적으로 설명하면 경제사회에는 유형·무형의 각종 가치물들이 유통되고 있는데, 이 중에서 유형의 가치물을 재화라고 통칭하고 무형의 가치물을 용역 또는 서비스라는 말로 부르고 있다.

재화는 쉽세 밀해서 농·임·수산업이나 광공업에서 생산유통시키는 경제재로 형체가 있는 것이나 서비스는 볼 수도 만질 수도 없고 타인의 이익을 도모하기 위해 제공되는 육체적, 정신적 노력이며 그 결과 수요자의 요구가 어느 정도 충족되었는가에 따라 그에 상응하는 대가를 받는 무형의 행위 또는 과정이다.

따라서 서비스는 형태없는 활동 즉 소비자에게 만족을 주기위해 제공되는 행위와 과정으로서 제공 즉시 사라지며, 누릴 수 있어도 가질 수는 없고 생산 또는 분배과정에 사람이 개입하기 때문에 그 제공되는 내용과 수준이 사람에 따라 모두 다를 수밖에 없는 특성을 가지고 있다.

2) 서비스업의 특징

생활양식의 변화, 여가시간의 증가, 기대수명의 연장, 생활의 중요성 등에 따라 소비자의 요구수준은 점차 다양화, 고급화, 개성화되어 가고 있다. 그러므로 서비스업종을 창업하고자 하는 자는 창업업종과 관련된 사회적 환경 및 소비자생활양식의 변화 등 급속하게 변하고 있는 시대흐름을 잘 파악하여야 한다. 또한 창업자는 서비스업이 갖고 있는 특징을 잘 파악하여 그 특성에 맞게 경영노하우를 계발하고 고객을 창출하기 위한 노력을 끊임없이 하여야 한다.

서비스업에서 가장 중요한 것은 서비스의 질이라고 할 수 있다. 즉 서비스의 품질을 높이는 것은 고객에게 편리함이나 편익을 제공하는 것을 통해서 고객의 만족감을 극대화하는 것이다. 그러므로 창업자는 성공적인 경영을 위하여 품질 높은 서비스를 제공할 수 있도록 고객만족을 목표로 하는 경영전략을 수립하여야 한다.

2. 서비스업의 창업절차

1) 일반적 창업절차

서비스업은 유통업을 비롯하여 표준산업분류표에서 볼 수 있듯이 수리·수선업, 숙박업, 음식점업, 운수업, 창고업, 통신업, 금융·보험업, 부동산업, 임대업, 교육서비스업, 보건업, 사회복지사업, 사업서비스업, 개인서비스업에 이르기까지 그 영역이 광범위하고 다양하여 어느 한 가지 모델을 정하여 창업절차를 설명하기가 쉽지 않다.

예를 들어 학교나 병원을 설립하려면 제조업의 설립절차보다 훨씬 더 복잡하고 까다로운 절차를 거쳐야 하는가하면, 음식점이나 여관, 창고업, 자동차수리센터 등을 창업하려는 경우에는 도·소매업에서 이미 설명한 점포의 입지선정을 비롯한 제반설립 절차와 거의 비슷한 순서로 이루어진다. 그러나 컨설팅사나 부동산중개소, 개인서비스업의 경우는 관련법에 개업의 자격이 정해진 때는 유자격자가 비교적 쉽게 창업할 수 있으며 그렇지 않은 때는 전문적인 경험이나 아이디어를 갖고 있는 창업자가 사전준비 과정을 거쳐 건물내 사무실을 임차하여 비교적 쉽게 개업할 수 있다.

여기에서는 일반적으로 서비스업종에 공통적으로 적용될 수 있는 창업예비절차, 회사설립절차, 사업장 입지선정절차, 개업준비절차로 구분하여 각 단계별로 쉽게 설명하고자 한다. 그리고 서비스업도 제조업 및 도·소매업과 마찬가지로 창업자가 사업자등록이나 법인신고만으로 영업활동이 가능한 업종과 사업을 영위하기 위해서는 필요한 시설 및 자격을 갖추고 관계정부기관에 인·허가를 받아야 하는 인·허가 업종으로 구분할 수 있다.

특히 서비스업은 정보화사회가 도래함에 따라 상상할 수 없을 만큼 빠른 속도로 그 영역이 확대되고 서비스의 니즈도 다양해지기 때문에 비교적 소자본과 개인 또는 가족중심의 창업에 초점을 맞추어 설명한다.

2) 예비창업절차

서비스산업은 다양한 사업아이템들 속에서 비교적 창업이 용이한 편이다. 그러나 사업구상은 구체화되고 객관화되어야 사업에 성공할 가능성이 높다고 할 수 있다. 사업을 구체화하기 위해서는 사업추진시 필요한 핵심요소의 결정이 무엇보다 중요하다.

예비창업자 입장에서 사업아이템 선정은 창업자의 지식·경험·노하우 등이 집약된 분야의 사업아이템을 선정하는 것이 좋다. 사업아이템 선정과 함께 사업규모와 기업의 형태가 결정되고, 창업핵심멤버 및 그 조직구성 등이 결정되면 그 사업에 대한 타당성을 분석하여 사업의 성공가능성을 분석하게 된다.

사업타당성 분석은 창업할 사업아이템에 대한 성공가능성 여부를 분석하는 것으로 그 분석 결과에 따라 창업할 아이템이 최종적으로 결정하게 되는 것이다. 그 내용으로는 창업자의 경영능력, 사업아이템의 기술성, 시장성 및 판매전망, 수익성과 성장성 등을 분석한다. 사업타당성 분석이 끝나면 분석자료를 기초로 한 사업계획서 작성은 사업성공 가능성이 인정된 후 작성하는 것으로 사업전략과 사업수익목표를 구체적으로 제시하고 창업과정을 차질없이 계획성 있게 추진하는데 목적이 있다.

3) 회사설립절차

회사설립절차는 계획사업을 보다 구체적으로 추진하기 위한 단계라고 할 수 있다. 회사설립절차단계에서는 창업기업의 자본금규모나 예상매출액에 따라서 개인기업으로 할 것인지 아니면 법인기업으로 할 것인지를 결정하게 된다.

그리고 창업예정인 사업아이템에 대한 정보의 각종 인·허가 및 신고의 이행과 함께 사업을 수행하기 위해 필요한 사업자등록신청 그리고 법인인 경우 법인설립과 법인설립신고 등의 절차를 이행하여야 한다.

4) 사업장 입지선정 절차

(1) 입지타당성 분석

회사가 설립되고 나면 다음 단계가 사업장의 입지를 선정하는 단계이다. 서비스업의 사업장은 사무실 또는 점포, 자택 등이 될 수 있다. 따라서 사업장의 입지를 결정할 때는 계획하고 있는 입지와 창업할 아이템과의 적합성 여부를 확인하여야 한다. 그러기 위해서는 고객이 이용편의성을 기준으로 하여 입지타당성 분석을 실시하여야 한다.

먼저 입지조건으로 고객들이 얼마나 편안하게 이용할 수 있는가에 초점을 두고 분석을 하는 것이 중요하다.

입지선정을 위한 중요한 분석요소들로는 지역고용상태, 서비스활동, 동종업종 경쟁자의 입지, 교통량, 주거밀도, 소득수준, 접근용이성 등이 있다. 이러한 분석요소들을 토대로 예정 사업장의 입지타당성 분석결과가 적합하다고 판단되면 사업장으로 결정한다.

(2) 사업장 계약조건 및 하자확인

사업장입지가 결정되면 계약과정에서 창업자는 사업장을 매매 또는 임차를 위한 조건과 하자의 내용을 확인하여야 한다.

해당 사업장의 대지와 건물에 대한 법적주인과 계약체결자와의 관계, 근저당설정, 가등기 및 가압류 여부 등을 등기부등본을 발급받아 확인하고, 토지대장, 건축물대장을 발급받아 무허가나 가건물인지의 여부와 도시계획에 따른 용도는 도시계획확인원을 발급받아 도시계획상의 철거대상인지 아닌지를 확인한다.

이와 함께 창업자는 계약조건에 대해서도 철저히 확인하여야 한다. 즉 임차보증금의 조건, 월세액, 각종 공과금 및 세금납부유무 등이 계약서상에 명시되어야 하며, 계약할 때 인수할 물품과 비품목록, 계약기간, 명도일, 계약기간만료 후 재연장조건, 향후 사업성패에 따른 아이템변경 시 제약조건여부, 월세금지불방법, 해약조건, 하자보수 등도 명시해야 한다.

5) 개업준비절차

개업준비 절차에서는 먼저 창업예정인 업종에 적합한 직원을 채용하여 업무에 적응토록 교육 및 훈련을 시켜야 한다. 경우에 따라서는 기술이나 기능이 필요한 경우 경력사원을 채용하여야 하는 등 회사의 실정에 맞는 조직을 구성하여야 한다. 이때 신입사원의 경우 직원연수도 집중적으로 실시해야 한다.

기업의 규모에 따라 다르겠지만 회사의 내부규정인 사규의 제정과 업무전반에 필요한 각종 장표 및 서식의 제정 등을 통하여 경영전략 수립에 필요한 기초를 마련한다. 그리고 대외기관에 신고해야할 각종 취업규칙신고, 고용보험, 국민연금, 건강보험신고 등을 이행하여야 한다.

서비스업 경영전략수립은 구체적으로 사업아이템에 따라 달라질 수도 있겠지만 기본적인 접근방법은 같다고 볼 수 있다. 서비스업은 서비스의 대상이 되는 고객과 효과적으로 상호작용하여 서비스가 제공되는 동안 가치창출을 할 수 있기 때문이다. 이러한 가치창출을 위해서는 체계적인 경영전략이 필요하다. 무엇보다도 서비스업의 과제라 할 수 있는 마케팅을 중심으로 전략을 구성하는 것이 효과적일 수 있다.

그중 가격경쟁의 해결방법으로서 ① 제공하는 서비스의 전달 및 이미지를 차별화 하는 것, ② 고객이 기대하는 서비스 품질을 경쟁사보다 더 높은 수준으로 꾸준히 제공하는 것, ③ 서비스의 원가가 증가함에 따라 서비스 생산성을 향상시키는 전략을 수립하는 것이 필요하다.

3. 서비스업의 인·허가기준과 절차

서비스업은 도·소매업과 마찬가지로 업종의 특성상 인·허가사항이 적으며 창업절차가 간단하기 때문에 일반적으로 사업장을 확보하고 사업자등록을 마치면 사업을 영위할 수 있지만 공중위생과 관련이 있는 업종, 사행행위 등 행정규제가 필요한 업종, 전문지식이 요구되는 서비스업 등에 대하여는 개별법령에서 시설기준 및 자격요건 등을 규정하여 국민생활을 보고하고 있다.

그러므로 창업자는 업종을 선정하고자 할 때 자신이 창업하려는 업종이 관련법에 의해 허가, 등록 또는 신고가 필요한 업종인지 여부를 먼저 파악하고 창업준비를 하여야 한다.

제4절 프랜차이즈 창업

1. 프랜차이즈의 이해

1) 프랜차이즈란?

프랜차이즈(Franchise)란 어떤 상인(가맹점)이 타인(가맹본부)의 상호, 상표 등 영업권을 이용하여 상품 또는 서비스를 판매하거나 기타 영업을 할 수 있는 권리를 부여받으며 그러한 영업권의 소유자로부터 영업에 관하여 일정한 통제지원을 받고 이러한 포괄적 관계에 대하여 일정한 대가를 지급하는 계속적 채권관계가 있는 것을 말한다.

프랜차이즈 비즈니스는 곧 최소한의 위험부담과 투자를 가지고 이미 검증된 상품, 서비스와 경영방식을 통해 성공기회를 잡으려는 욕구를 충족시키는 편리하고도 경제적인 수단이다. 이러한 프랜차이즈는 가맹본부(Franchisor)가 가맹점(Franchisee)에 조직, 교육, 상품공급, 영업, 관리, 점포개설 등의 노하우를 브랜드와 함께 제공하여 사업을 영위해 나가는 관계를 말한다.

다시 말하면 프랜차이즈 비즈니스란 제품을 만들어서 판매하는 제조업체나 판매업체가 가맹본부가 되고, 독립소매점이 가맹점이 되어 소매영업을 체인화하는 사업형태이다.

가맹본부는 가맹점에게 해당지역 내에서의 독점적 영업권을 주는 대신, 가맹본부가 취급하

다양한 가맹본부 브랜드

는 상품의 종류, 광고, 점포인테리어, 서비스 등을 직접 구성하고 관리하는 것은 물론, 가맹점에 교육지원, 경영지도, 판촉지원 등 각종 경영노하우도 제공한다. 이에 대해서 가맹점은 가맹본부에 가맹비, 로열티 등 일정한 대가를 지불하고, 사업에 필요한 자금을 직접 투자해서 가맹본부의 지도와 협조를 통해 독립된 사업을 영위하는 사업시스템인 것이다. 결국 프랜차이즈 비즈니스(Franchise business)란 가맹본부와 가맹점 간의 수평적인 협력사업 시스템이라고 할 수 있다.

2) 프랜차이즈 본부의 기능

프랜차이즈 본부는 가맹본부 자신과 가맹점을 위하여 본부의 제대로 된 기능을 수행해야 한다. 그러나 모든 프랜차이즈 가맹본부가 다음의 기능을 반드시 수행하고 있는 것은 아니며 업종상황 및 가맹본부와 가맹점간의 다양한 계약관계에 따라 그 기능은 다를 수 있다.

통상적으로 가맹본부의 확실한 기능과 지원은 프랜차이즈 가맹점을 운영하고자 하는 예비창업자들이 가맹본부를 선정할 때 판단의 기준으로 삼아야 하는 중요한 사항임에 틀림없다.

(1) 시스템개발

가맹본부의 가장 중요한 기능은 원자재개발, 제품 및 서비스개발, 교육·훈련, 지도, 판매촉진, 금융, 정보, 경영관리 등 개개의 기능을 유기적으로 통합하여 프랜차이즈 상품(일명 프랜차이즈 패키지라고 함)을 만들어 내는 일이다.

가맹본부가 시스템을 개발하고 실행하기 위해서는 다음 사항에 특히 유의하여야 한다.

① 가맹본부에서 갖추어야할 여러 기능을 어떻게 배분해야 하는지, 그리고 각 기능과의 관계를 어떻게 구분할 것인지를 결정해야 한다.
② 모든 상황에 따라 각 기능이 잘 발휘될 수 있도록 가맹본부의 조직이 정비되어야 한다.
③ 가맹본부에서 가맹점을 지원할 때 개개의 기능을 어떠한 순서로, 어떠한 방법으로 제시할 것인가를 결정해야 한다.
④ 시장환경의 변화, 가맹본부 내부의 변화 등 상황변화에 따라 시스템 전체가 어떻게 대응하고 각각의 기능은 어떻게 변화시킬 것인지를 명확히 해두어야 한다.

(2) 원자재 개발

경쟁력 있는 제품을 소비자에게 판매하려면 가격, 품질 등 여러 측면에서 원자재가 우수해야하므로 본사에서는 우수한 원자재를 개발하여야 한다. 그러나 가맹본부에서 직접 모든 원자재를 개발할 수 없는 없다. 이때 가맹본부가 제조하기에 부담이 큰 1차 원자재는 외부로부터 공급받아 가공하거나 원자재회사와 공동으로 개발하는 방법을 선택할 수 있는데, 그러한 경우 가맹본부는 원자재개발에 있어서 나름대로의 독특한 기술적 수준을 유지할 수 있어야 한다.

또 프랜차이즈 시스템에서 가맹본부는 지속적으로 질 좋은 원자재를 각 가맹점에 공급해 주어야 하므로 합리적인 원자재 공급체계를 갖추어야 한다.

(3) 제품 및 서비스개발

소비자가 선호하는 독창적인 제품과 서비스 체계를 개발하는 것은 프랜차이즈 시스템의 성공을 위한 제일의 조건이다. 경쟁업체가 없는 제품이나 서비스체계를 갖추게 되면 우수한 가맹점을 확보할 수 있고, 가맹점 또한 많은 고객을 확보하게 됨으로써 안정된 경영이 가능하게 된다. 가맹본부에서 개발하는 제품 및 서비스는 다음 세 가지를 명심해야 한다.

① 새로 만든 제품을 적절한 가격과 적절한 방법으로 가맹점에 제공해야 한다.
② 경쟁업체와 차별화 되어 있는 주력제품을 중심으로 운영하되 관련있는 제품의 구색을 갖추어야 한다.
③ 소비자의 취향 및 기호변화에 유의하여 품질, 제품구성, 제공방법 등을 개선해 나가야 한다.

(4) 교육 및 훈련

프랜차이즈 시스템에 있어서 교육 및 훈련은 주로 가맹점 경영자의 경영능력향상과 이익 증대를 목적으로 하는 것이며 특히 가맹점 경영자가 사업에 경험이 전혀없는 경우, 가맹본부에서 실시하는 교육, 훈련의 내용과 질이 매우 중요하다. 가맹본부에서 아무리 훌륭한 프랜차이즈 상품을 개발하더라도 소비자와 직접 접촉하는 것은 가맹점이므로 가맹점이 소비자에게 확실한 판매활동과 서비스활동을 실시하지 않으면 아무런 의미가 없다. 따라서 가맹본부는 다음과 같은 교육, 훈련체계를 갖추어야 한다.

- 상세한 교육훈련의 내용과 방법이 담긴 교육·훈련과정을 준비해야 하며 가맹점이 되어 처음으로 영업을 하는 가맹점 경영자에 대해서는 필요한 지식과 기술 등을 지속적으로 익히게 하는 과정이 있어야 한다.
- 이미 가맹점이 되어 영업을 하고 있는 가맹점 경영자에 대해서 수시로 필요한 지식과 기술 등을 가르쳐주는 과정이 있어야 한다.
- 기대한 만큼의 이익이 오르지 않는 가맹점 경영자를 대상으로 지식과 기술 등을 가르쳐주는 과정이 있어야 한다.

이러한 교육·훈련과정을 통해 가맹본부가 가맹점에 제공하는 다양한 내용에는 가맹본부의 경영철학, 상품관련 지식, 제조기술, 고객서비스, 상품 및 설비관리, 위생관리, 생산관리 및 재무관리, 점포관리, 판매촉진방법, 사고대처 및 처리방법, 종업원관리, 수요예측 등이 포함된다.

(5) 판매촉진

가맹본부에서 지원해야할 여러 기능 가운데 한 가지인 판매촉진 활동은

첫째, 가맹조건에 포함되어 있는 판매촉진 지원활동과
둘째, 가맹조건과는 관계없이 가맹본부의 영업전략과 가맹점의 수시 요구에 의하여 계속적으로 계획되고 실시되는 판촉활동으로 나눌 수 있다.

전자의 판매촉진지원활동은 점포의 형태, 점포의 레이아웃, 간판, 진열대와 광고물, 통일된 색상유지 등 가맹점 개점과 동시에 지원되는 상황이고 후자의 판매촉진 활동은 시장환경 변화에 대처하고 영업이득을 높이기 위한 목표와 계획에 의하여 이루어지게 된다.

즉 가맹본부에서 시행하는 판매촉진활동은 가맹점의 경영이 계획대로 이루어지게 하고 프랜차이즈 시스템 전체의 이미지 상승을 꾀하거나 신제품을 보급시키기 위한 목적으로 전개되

는 것이다.

이와 같은 목적아래 전개되는 판매촉진활동의 수단으로는 TV, 신문, 라디오 등 대중매체를 이용한 광고, POP 광고와 같이 점포에서 이루어지는 광고, 특가상품의 제공, 지역사회의 각종 행사에 협력, 사은행사와 같은 점포별 행사 등을 들 수 있다.

(6) 금 융

가맹본부가 가맹점에 대한 금융지원 기능을 갖는 것은 프랜차이즈 시스템의 원활한 운영을 위하여 매우 유용한 일이다. 가맹점이 자기자본으로 경영을 하는 것이 원칙이라 하더라도 프랜차이즈를 확장·강화해 나가기 위해서는 가맹본부의 금융지원이 필요한 경우가 많다.

가맹본부의 금융지원은 신규 가맹점의 개설에 필요한 자금의 융자, 기존 가맹점의 내부수리, 장비·비품의 설치 등 시설자금의 융자와 가맹점의 운영자금 융자 등이 해당된다.

2. 프랜차이즈 시스템의 장점과 단점

1) 프랜차이즈 시스템의 장점

- 가맹본부에서 개발한 우수제품, 제품포장, 상표 등을 사용하고 점포경영에 관한 교육 및 지도를 실시하고 있기 때문에 사업경험이 없어도 점포운영이 가능하다.
- 가맹본부에서 시스템을 갖추어 소비자에게 구매력 있는 제품을 개발하여 공급하기 때문에 실패의 위험성이 적다.
- 가맹본부에서 일괄적으로 영업, 광고, 판촉 등을 지원하므로 개별적인 활동보다 훨씬 큰 판촉활동의 효과를 기대할 수 있다.
- 가맹점 운영에 필요한 설비와 도구 등을 가맹본부로부터 유리한 조건으로 알선 받을 수 있으며, 대량구입에 따른 경비절감의 효과를 얻을 수 있다.
- 가맹점으로서 성공하여 자금여유가 생기면 새로운 가맹점을 만드는 등 여러 개의 가맹점을 소유함으로써 사업확대가 가능하다.
- 시장변화, 소비자행동의 변화에 따라 가맹본부에서 기본제품을 개선하거나 새로운 제품을 개발하여 계속적으로 가맹점에 제공해 주기 때문에 시상의 변화에 능동적으로 대처할 수 있다.
- 가맹본부에는 법규, 매장 디스플레이, 경영 등 여러 분야에 전문가를 두고 있기 때문에 이들 전문가의 지도와 도움을 받을 수 있다.

2) 프랜차이즈 시스템의 단점

- 가맹본부의 영업경쟁력이 약화되거나 판매정책의 변화에 따라 가맹본부로부터의 지도와 지원을 충분히 받을 수 없게 될 우려가 있다.
- 가맹본부는 전체적으로 효과를 생각해서 경영정책을 입안하여 실시하고 있기 때문에 특정 가맹점에서는 그 지역특성에 맞지 않을 수도 있다.
- 가맹본부에서 제품을 개발하여 경영 및 판매지원을 실행하기 때문에 의타심이 생겨서 가맹점 경영자 스스로의 문제해결이나 경영개선의 노력을 게을리 할 우려가 있다.
- 제품의 원재료, 판매방법, 가격, 인테리어 등이 표준화되어 있고 통일적인 운영을 원칙으로 하므로 가맹점 경영자가 보다 좋은 방법을 개발하더라도 바로 그것을 이용할 수 없는 경우가 있다.
- 가맹본부와 가맹점의 이해가 상반되는 경우 쌍방 모두 독립된 사업자이기 때문에 가맹본부가 자기의 이익을 위해서 가맹점의 의사를 무시하는 경우가 있다.
- 가맹본부의 방침변경이 있을 경우, 가맹점은 그 의사결정에 참여할 수 없다.
- 가맹점과 가맹본부 간의 계약이 가맹본부의 의사를 따라야 하는 종속계약이기 때문에 계약내용에 대하여 가맹점 희망자가 자기의 요구사항이나 조건 등을 요구할 여지가 없다.

3. 가맹본부 선별기준

1) 제조와 물류시스템의 운영상태를 점검

가맹본부는 가맹점과 지속적으로 접촉하므로 상품의 공급이나 서비스제공에 필요한 용품을 얼마나 원활하게 공급하는 확인해야 한다. 판매물건의 경우 가맹본부에 제조공장이 있다면 안정적인 공급을 받을 수 있을 뿐만 아니라 가격경쟁에도 우위에 있을 수 있다.

2) 가맹점 지원항목을 파악

물품공급 외 직원 및 점주교육과 판촉활동에 대한 지원사항과 관련하여 얼마나 다양한 지원책을 마련하고 있는지? 판촉프로그램을 보유했는지 기존 점주들을 통해 파악한다.

3) 관련 법규가 없는 신업종

새로운 비즈니스의 경우 업종이 먼저 생긴 후 그에 맞춰 법규가 만들어지게 된다. 경우에 따라 도덕적, 사회적으로 무리가 가는 업종들도 많이 있기 때문에 당장 법규가 만들어지지 못한 업종의 경우에는 입법후 제재를 받아 피해를 보는 경우가 많다.

4) 신규 브랜드를 무조건 늘리는 업종

기존 브랜드 관리보다는 신규 브랜드를 늘리는 가맹본부의 경우, 가맹점 개점을 통한 이익을 얻기에 급급해서 피해를 보는 사례가 많음으로 그러한 체인점에 가맹해서는 절대 안 된다.

5) 가맹비 점검

프랜차이즈 가맹본부의 주 수입원은 로열티와 가맹비로 구분할 수 있다. 지원해주는 것도 없이 가맹비를 높게 책정한 가맹본부도 문제가 되지만 가맹비를 받지 않는 가맹본부는 인테리어나 설비, 초도상품, 도매마진 등에서 회수할 가능성이 크므로 진정한 파트너로서의 역할이 어려울 것이다.

6) 독점 영업권(상권보호)을 확보해 주는지 확인

신규점포를 무조건 허가해 주는 경우 경쟁이 치열해 질 수 있다. 계약자는 상권을 정확히 요구하고 향후 영업권을 보장해 주는지도 확인해야 한다.

7) 기존 가맹점주들을 통한 정보수집

실제 가맹하여 현재 운영중인 가맹점주를 만나 조사해보면 가맹본부의 실체를 좀 더 정확하게 파악할 수 있다. 일반적인 접근과는 달리 새롭게 점포를 오픈한다고 이야기하고 경청하게 되면 실제적인 가맹본부의 여러 정책과 정보에 대해 충분히 들을 수 있다.

4. 프랜차이즈 결정시 검토 사항

1) 창업자 자신에 대한 검토 사항

- 자신의 성격이 판매업종에 적당한 성격이며 리더십은 있는가?
- 자신이 경영자의 소질을 갖고있는가? 없다면 가맹본부의 방침과 경영방법에 따라 경영할 수 있는가?
- 프랜차이즈 시스템의 장점과 단점을 잘 이해하고 있는가?
- 사업을 시작하는 데 필요한 자기자금조달 가능금액은 얼마인가?
- 자신이 해당 아이템에 대해 잘 알고 있는가?
- 종업원을 스스로 채용할 수 있는 결정을 할 수 있는가?

2) 가맹본부 선정시 검토 사항

- 가맹본부에 대하여 사전에 철저한 조사가 요망된다.
- 보증금, 가맹비, 로열티, 보증금이 없다는 파격적인 조건을 내건곳은 사후관리가 부실할 가능서이 높기 때문에 조심해야 한다.
- 가맹점 수가 너무 적거나 너무 많아도 좋지 않다.
- 가맹본부가 지정해준 가맹점 외에 직접 선택하여 최소 3곳 이상 방문한다.
- 직영점 수를 체크한다.
- 물류시스템을 확인해야 한다.
- 마진율이 제대로 지켜지는지 조사한다.
- 가맹본부 자체의 특별한 노하우가 있는지 점검한다.
- 영업권 보장이 명확히 이루어지는지 점검한다.

5. 계약서 작성 시 검토 사항

프랜차이저(Franchisor)와 프랜차이지(Franchisee)관계가 되기 위해서는 계약서를 작성하는데 이 계약서는 프랜차이저가 만들어 놓은 기본계약서에 당사자 간의 합의에 의하여 약간의 수정을 거쳐 서로 서명을 하게 된다.

이 계약서는 주로 프랜차이저의 시각에 의하여 작성되었기 때문에 프랜차이지에게는 불리한 점이 많다. 그 대표적인 것이 로열티, 계약기간, 계약종료의 조건이다.

Highlight

가격결정 땐 생산원가 아닌 '고객이 느끼는 가치' 따져 봐라

가격은 살아있는 생물
샤넬 · 롤렉스는 고가정책유지
월마트는 '상시 저가' 마케팅 성공
1만 원짜리 제품 9900원에 팔면 단위당 이익 100원 감소하지만
소비자 체감가치는 100원 넘어

애덤 스미스가 1776년에 쓴 ≪국부론≫은 '보이지 않는 손' 즉 가격(price)에 의해 수요와 공급의 균형이 이뤄지는 시장경제 메커니즘을 설명한다. 1974년 노벨 경제학상을 수상한 프리드리히 하이에크는 제품과 시장상황에 대한 정보가 가격에 시시각각 반영돼 경제주체들의 의사결정을 돕는다는 점에서 가격의 정보전달 및 커뮤니케이션 기능을 강조했다. 현대재무학의 아버지 유진 파마는 효율적 시장가설(efficient market hypothesis)을 통해 주식시장에서 정보가 가격에 반영되는 속도와 정확성에 대한 다양한 논의를 이끌어낸 공로로 2013년 노벨 경제학상을 받았다. 이처럼 가격은 경제학에서 매우 중요한 변수다.

마케팅에서도 가격은 중요한 위치를 차지한다. 마케터 입장에서 가격은 제품 또는 브랜드의 포지셔닝 툴인 4P's(제품, 가격, 유통, 광고홍보) 중 하나다. 소비자 입장에서 가격은 구매 시 지급하는 비용(cost)에 해당하며, 소비자는 구매로 얻는 가치와 비용을 비교해 의사결정을 한다. 이때 회사가 가격을 높이면 단위당 이익률, 즉 수익성은 증가하지만 매출량이 감소하고, 가격을 낮추면 반대로 매출량은 증가하지만 수익성이 감소한다.

단기적 이익극대화를 위해서라면 가격변화에 따른 이익변동분을 계산해 가격을 결정하면 간단하다. 하지만 장기적으로 고객과 관계를 맺어 나가면서 기존 경쟁사 및 잠재적 경쟁자와의 차별화를 고민하는 마케터는 가격설정이 지닌 전략적 의미를 중요하게 여긴다. 예컨대 진에어, 제주항공과 같은 중저가형 항공서비스 브랜드는 적당한 가격대에 괜찮은 품질을 제공해 이익률보다 매출내지 점유율에 집중하는 포지셔닝을 추구한다. 소비자 입장에서는 편안하고 안락한 서비스에 높은 가치를 느끼는 장거리 여행과 달리 단거리 여행시는 약간 불편함이 있더라도 비용절감을 선호할 때가 많다.

이에 따라 단거리 노선에서는 중저가형 포지셔닝을 가진 기업이 점차 많아지게 되고, 이들 간에 치열한 가격경쟁이 일어나면서 전반적인 수익성이 악화된다. 결국 대한항공이나 아시아나 항공과 같은 고가형 브랜드는 수익성이 높은 장거리 노선에 집중하게 돼 자연스럽게 차별화가 이뤄진다.

이런 양상을 미리 예측한다면 처음부터 그에 맞는 브랜드 이미지 구축 및 경쟁우위 확보를 위한 마케팅전략 수립이 가능하다.

가격변화에 따른 매출변화는 '수요의 가격탄력성(price elasticity of demand)'으로 측정한다. 기존 연구에 따르면 수요의 가격탄력성은 평균적으로 대략 1.5라고 한다. 예컨대 가격을 10% 낮추면 매출량은 그 1.5배인 15% 증가한다는 것이다. 물론 탄력성의 정도는 개별제품 또는 국가·시장의 특성에 따라 달라진다.

예컨대 콜라처럼 보관 가능한 제품은 가격탄력성이 좀 더 큰 반면 우유처럼 유통기한이 있는 제품은 가격이 싸졌다고 해서 덮어놓고 구매할 수는 없기에 가격탄력성이 작은 편이다. 콜라처럼 가격을 낮춰 매출을 많이 늘릴 수 있는 아이템이라도 가격할인을 지나치게 자주 활용하면 곤란하다. 보통 충성고객(loyal customer)이라 함은 가격을 깎아주지 않아도 특정 브랜드를 좋아해서 구입하는 사람들을 말한다. 그런데 코카콜라 애호가들이 정기적인 가격할인 행사를 예측한다면 그들은 브랜드 충성도가 높음에도 불구하고 가격할인 행사때까지 기다렸다가 싼 가격에 대량구입해 장기간 소비함으로써 비용을 줄이고 효용을 극대화할 것이다. 이는 코카콜라의 충성고객을 가격에 민감한 고객으로 만드는 결과를 낳게 되고 결국 수익성의 장기적 저하로 이어지게 된다.

소비자도 결국 사람이기 때문에 가격을 어떻게 인지하는지, 즉 가격에 대한 심리적 반응이 중요하다. 예컨대 1만원짜리 제품을 9900원에 팔게되면 회사가 얻는 단위당 이익은 100원 감소하지만, 소비자가 느끼는 비용절감 내지 가치증가는 100원 이상이 돼 재무성과 증대로 이어질 가능성이 크다. 이를 '9로 끝나는 가격(9-ending pricing) 정책'이라고 부른다. 보험사의 경우 1년치 자동차 보험료가 70만원이라고 하는 것보다 '하루에 2000원으로 당신의 자동차를 보호해 드립니다'라고 비용을 잘게 쪼개 말하는 것이 소비자 입장에서는 훨씬 저렴하게 느껴진다.

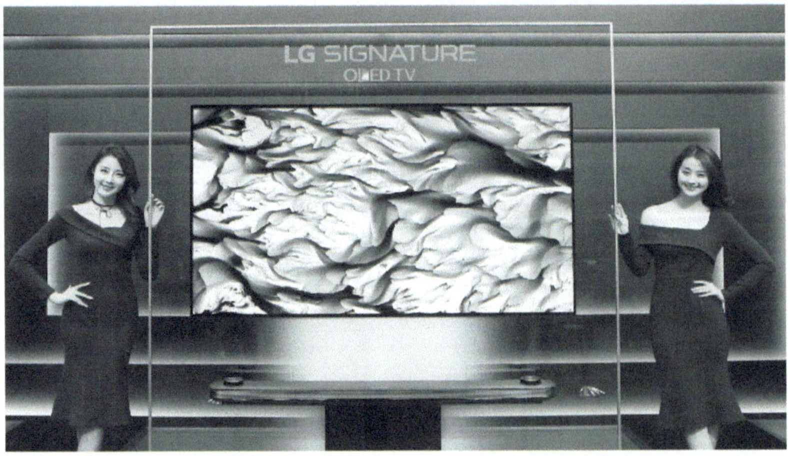

'싼게 비지떡'이라는 말처럼 가격은 품질에 대한 신호효과(signaling effect)를 지닌다. '할증가격(premium pricing)' 정책은 샤넬이나 롤렉스처럼 고가전략을 유지하는 것이며, 제품의 탁월한 품질 및 명성에 대한 신호를 전달하기 위함이다. LG전자가 최근 1000만원이 넘는 시그니처 올레드 TV를 출시한 것은 프리미엄 가전 브랜드 이미지 구축을 위한 노력의 일환으로 볼 수 있다. 비싼가격은 제품의 희소성을 높여주는 역할도 하기 때문에 소비자의 자기만족 내지 사회적 지위를 과시하려는 욕구충족에 효과적이다. 한편 약이나 화장품처럼 건강 또는 미용에 직결돼 소비자가 느끼는 리스크가 크면 상대적으로 비싼가격을 책정해 소비자에게 안심하라는 메시지를 보내기도 한다. 반면 월마트는 '상시 저가(everyday low price)' 정책으로 성공한 사례다. 저소득층 고객을 대상으로 중국 등지에서 저가제품을 대량수입하고 효율적 유통망을 통해 배송비를 절감해 경쟁사보다 매우 저렴한 가격에 많은 제품을 팔 수 있었다.

이처럼 가격은 소비자 반응과 기업의 재무성과에 직접적 영향을 미치는 중요한 전략변수이므로 신중하게 관리해야 한다. 따라서 제품생산 원가를 기준으로 가격을 매기기보다 고객이 느끼는 가치, 경쟁제품에 대비한 가격경쟁력 등 시장의 관점에서 가격을 결정해야 한다. 한편 자원이 효율적으로 배분되는 건전한 시장경제 시스템을 위해서는 가격 왜곡을 막아야 한다.

• 출처 : 한국경제, 2016년 11월 25일

6. 독립창업과 프랜차이즈 시스템의 차이

결론부터 말한다면 프랜차이즈 시스템은 가맹본사로 지칭되는 프랜차이저의 아이템을 바탕으로 운영되는 것이며 독립창업은 개인이 아이템을 만들고 그에 맞춰 전 분야를 준비하고 운영한다는 데서 차이점을 갖는다.

개인성이 강한 독립적인 창업과는 달리 프랜차이즈 시스템은 프랜차이저(가맹본부)가 프랜차이지(가맹점)를 조직해 형성되는 체인기업으로 정의할 수 있다. 이러한 프랜차이저는 자기자본의 많은 투하없이 조직을 확장·발굴해 시장점유율을 늘려갈 수 있으며 반면 프랜차이지는 프랜차이저가 구축한 시스템에 동승해 단기간에 시장성을 획득할 수 있게 된다.

궁극적으로 프랜차이즈 시스템은 모기업의 성공적인 아이템과 시스템을 최대한 수용한다는 점에서 독립창업과 차별화된다. 그래서 이미 선진국에서는 성공적인 비즈니스 모델로 프랜차이즈 시스템이 주목받고 있으며 20세기 초 소매업을 시작으로 외식업, 호텔업 등 다양한 부분으로 확대되고 있다.

또한 국내시장과는 달리 외식업 편중현상없이 비외식업 분야의 아이템에도 폭넓게 진입하고 있는 실정이다. 반면 국내시장의 프랜차이즈 업태는 미국과 일본의 아이템모방이 만연돼 있고 비외식업 아이템부재와 더불어 외식업치중 현상이 강한 편에 속한다. 또 모기업인 프랜차이저가 브랜드를 사용하는 조건으로 로열티를 요구한 뒤 사후관리에 소홀한 경우가 많아 분쟁건수도 매년 증가하고 있다. 이에 가맹사업을 관리 및 감독하는 공정거래위원회가 기존의 가맹사업법을 지속적으로 개정해 시행하고 있으나 최근 가맹본부와 가맹점 사이의 갑을관계로 인한 많은 문제점들은 여전히 사라지지 않고 있다.

창업에 앞서 예비창업자들은 자신이 어떤 방식으로 창업할 것인지와 어떤 업종을 선택하고 입지와 상권을 선별할지를 두고 고민하게 된다. 그러나 창업전문가들은 '본인의 능력을 과신해 독립창업을 하는 경우 로열티를 지불하는 프랜차이즈 시스템보다 수익을 내지 못하는 경우가 많다'고 지적한다.

이럴 경우 자신의 능력이 어느 정도인지를 판단할 수 있는 객관적 기준을 찾기 위해서는 지역에 마련된 소상공인 지원센터를 적극 활용할 필요가 있다.

제5절 인터넷을 통한 창업

1. 인터넷 창업환경

1) 시장규모의 확대

인터넷 비즈니스는 컴퓨터의 보급증대와 인터넷 사용인구의 급증, 인터넷 비즈니스에 대한 관심의 고조로 시장규모가 확대되고 있다. 인터넷 비즈니스에서는 더 많은 고객을 대상으로 할수록 사업의 효과와 효율이 기하급수적으로 증가하게 된다. 인터넷이 갖는 사용의 편리성과 접속의 용이성은 시장의 확대를 가능하게 하며 특히 창업시장을 더욱 확대하고 있다. 인터넷 사용비용의 저렴함과 정보의 풍부함으로 인한 거래비용의 감소는 고객규모의 확대에 따라 더욱 커지기 때문이다.

2) 수요자 중심의 시장변화

인터넷 비즈니스에서는 인터넷의 접속성 및 사용의 편의성 등에 기인한 낮은 전환비용 그리고 거래의 불완전성과 고객확보의 어려움 등으로 인하여 기존의 물리적 시장에서보다 고객의 중요성이 더욱 강조된다.

이처럼 통신의 발달은 기존시장의 중심이던 공급자중심에서 서서히 수요를 발생시키는 수요자중심으로 중심축이 바뀌고 있다. 이것은 인터넷에 많은 공급자들이 치열하게 경쟁하면서 소비자들은 높은 가치를 제공받음에 따라 고객이 기대하고 있는 가치는 더욱 커지고, 보다 저렴하고, 보다 효율적이고, 보다 용이한 거래방식을 요구하는 수요자중심으로의 시장변화를 입증하는 것이다.

3) 경쟁심화

인터넷 비즈니스 시장은 많은 사업자들이 참여하여 치열한 경쟁양상을 보이고 있다. 이러한 원인은 인터넷매체를 통한 사업은 누구나 가능하여 많은 공급자가 존재하는 공급과잉 현상이 발생하기 때문이다. 이러한 경쟁의 확대는 고객중심적 시장속성과 결합하여 사업자의 초과수익창출을 어렵게 한다. 기존에는 공급자가 더 많은 정보를 갖고 있으므로 초과수익의 창출이 가능하였으나, 이제는 소비자들이 제품의 특성이나 가격에 대한 충분한 정보를 갖게 되어 공급자가 더 큰 이익을 얻기 어려워지고 있다.

4) 비대면적 접촉

오프라인과 다르게 인터넷을 기반으로 한 비즈니스에서는 나름대로의 한계를 가지고 있다. 대표적인 한계는 바로 고객의 얼굴을 마주보고 비즈니스할 수 없다는 것이다. 이로 인해 늘 고객확보의 어려움이 존재한다.

인터넷매체의 수동적 특성으로 인하여 고객유치를 위한 많은 노력이 필요하며, 인터넷의 비대면성은 처음 방문객을 진정한 고객으로 만들기를 어렵게 한다. 또한 많은 공급자가 존재하여 선택적 대안이 많아지고 공급자가 정보의 제공을 독점할 가능성이 급격히 하락함에 따라 구매자의 교섭력이 증가하고 있다.

5) 사업모델의 모방 용이성

독창적인 사업모델을 이용한 사업이라 하더라도 인터넷을 통해 많은 것들이 노출되므로 경쟁자가 사업모델을 모방하기 쉽다. 이는 인터넷을 통한 사업의 아이디어가 장기적으로 지속적인 경쟁우위를 보장하기가 어렵다는 것이다.

6) 지속적인 혁신

인터넷 비즈니스에서 새로운 시장은 최상의 강자만이 살아남게 되는 특성을 갖고 있다. 인터넷 비즈니스에서의 경쟁은 점점 심화되고, 인터넷매체의 사용편의성과 접속용이성 그리고 정보의 풍부성에 기인한 고객정보의 획득력 향상은 고객의 전환비용을 감소시키게 된다.

따라서 인터넷 비즈니스는 기존의 사업에서처럼 정보의 불균형이나 지리적 제약요건에 의한 불완전경쟁이 어려워지고 거의 완전한 경쟁에 가까워지면서 최상의 서비스와 고객을 만족시키는 경쟁우위를 갖춘 업체만이 생존하며 성장할 수 있는 지속적인 혁신을 요구하는 분야이다.

2. 인터넷창업 성공전략

1) 창업성공을 위한 원칙

인터넷창업에 성공하려면 정확한 시장예측과 창의성, 상품성과 협력자, 인적구성원의 원칙을 고려해야 한다. 또한 인터넷창업을 위해서는 무한한 가능성만을 믿지 말고 업종선택에 유의해야 한다.

이럴 경우 경쟁업체가 적은 아이템을 선택하는 것이 중요하다. 즉 블루오션 시장의 선택으로 치열한 경쟁을 미리 피할 수 있도록 하는 것이다. 특히 대기업과의 경쟁을 가급적 피하는 것이 좋다. 또한 많은 자금이 드는 업종투자는 신중히 해야 하며 시대적 흐름을 파악해야 한다. 가급적 외부자금에 의존하지 않고 단기효과는 기대하지 않는 것이 좋다. 그리고 혼자서 창업하기보다는 관련분야의 기술력과 능력을 갖춘 팀멤버를 구성하여 함께 창업하는 것이 유리하며 새로운 아이템이라면 바로 모방하는 인터넷 특성과 경쟁심화의 환경에서 자만은 금물이다.

그러므로 인터넷시장의 환경과 고객, 경쟁업체 등의 동향분석을 통해서 정확한 시장예측을 해야 한다. 그리고 사업영역과 아이템선정 시 차별적이고 독특한 창의성이 성공의 관건이 된다. 또한 고객의 욕구를 충족시킬 수 있는 내재가치와 고객이 필요로 하는 것을 가장 빠르고 편리하게 제공하느냐에 따라서 성공이 좌우된다. 뿐만 아니라 좋은 협력자와 공존해야만 인터넷 세계에서 살아 남을 수 있으며 자신의 사업과 같은 마음으로 일해 줄 인적구성원이 인터넷 비즈니스에 있어 사업성패의 관건이 된다.

(1) 시작은 작게하라

일정기간 꾸준히 고객들과 접촉하기 위해서는 작은 규모에서 출발해 내실을 다지는 게 중요하다. 예를 들어 택배창업을 위해 사무실을 구할 때, 무조건 사무실을 임대하기보다는 가능하다면 남의 택배회사 안에 마련하여 택배이용건수에 따라 임대료가 저렴해질 수 있도록 하거나 혹은 아예 무료로 이용할 수도 있다.

사이트의 경우 처음부터 완벽하게 갖추고 시작하기보다 돈이 모일때마다 단계적으로 업그레이드하는 게 좋다. 직원도 신규채용하는 것보다 동원가능한 가족과 함께 시작하는 것이 위험요인을 줄이는 방법이다.

(2) 관심분야를 공략하라

창업은 자신이 가장 잘 아는 분야를 시도하는 것이 중요하다. 자신이 관심이 있거나 잘 할 수 있는 분야에 대해 살펴보면 그렇지 못한 사람에 비해 분명 생각지 않던 시장이 보이기 마련이다.

이때 중요한 것은 '성공적 대중화'다. 전문영역의 지식을 나눠 사업화 단계로 가기 위한 필수적인 조건은 바로 대중적인 '공감'을 유도하는 것이다. 그러므로 성공창업을 위해서는 자신의 주변을 먼저 살펴보아야 한다.

(3) 고객감동으로 승부하라

소규모 인터넷 쇼핑몰을 창업했다면 가장 시급한 과제는 안정적인 소비자 신뢰도를 확보하는 일이다. 이를 위해서는 여러 가지 장벽을 뛰어넘어야 한다. 대형쇼핑몰보다 친절하고, 세심하게 고객의 요구사항을 반영해야 하며 실시간 고객의 소리에 귀 기울일 줄 알아야 한다.

이를 테면 맞춤형의 일대일 마케팅만이 대형쇼핑몰과 경쟁할 수 있는 유일한 방법이다. 즉 고객만족을 넘어 고객감동으로 이어져야만 대형몰과의 경쟁에서 승리할 수 있다.

(4) 전문가의 모습이 필요하다

전문인터넷 쇼핑몰은 단순히 세분화된 업종의 상품을 파는 게 아니라 해당업종의 전문가적 식견을 바탕으로 운영되어야 한다.

자동차용품 전문인터넷 쇼핑몰이라면 관련업계 뉴스의 흐름을 주도할 정도의 전문가적인 지식이 준비되어야 하며 의류전문점이라면 새로운 의류트렌드(trends)를 미리 예측할 줄 알아야 한다. 이는 결국 해당 분야와 업종의 전문가로서의 역할수행과 더불어 상품의 질(quality)을 끌어올릴 수 있는 요인이 되기도 한다.

(5) 온 · 오프라인을 연계하라

온라인창업이 성황인 것이 사실이다. 그러나 아직 우리사회는 인터넷 쇼핑몰만으로는 '2%' 부족하다. 소규모 인터넷 쇼핑몰의 신뢰성을 높이려면 오프라인에 작은 공간을 확보하여 매장을 여는 것도 중요하다.

보수적인 소비자는 온라인에서 물건을 점찍은 뒤 오프라인 매장을 방문하여 직접 확인하고 제품에 대한 비교를 눈으로 한 이후에 비로소 최종적으로 구매를 시행한다. 이는 창업자들이 온라인에만 전념하는 것보다는 오프라인을 온라인 활성화의 전초기지로 활용해야 함을 의미한다.

(6) 매니아를 공략하라

인터넷 창업에서만 볼 수 있는 현상중에 매니아 중심의 구매자그룹형성을 들 수 있다. 매니아들에게 전문인터넷 쇼핑몰은 의사소통의 장이 되기도 한다. 이들은 인터넷몰을 해당상품의 지식정보공유에서부터 다양한 취미활동을 지원하는 축으로 활용하기도 한다. 쇼핑몰창업자는 이런 부분을 염두에 두고 인터넷시장에서의 창업을 통해 자연스럽게 자리잡는 방법도 생각해 볼 필요가 있다.

2) 성공창업을 위한 인터넷광고

인터넷광고는 적은 비용으로 많은 효과를 기대할 수 있다는 점에서 새롭게 인식되고 있는 분야이다. 인터넷을 이용한 성공적인 인터넷광고를 시행하기 위해서는 확실한 목적을 갖고 매력있는 콘텐츠를 제공하는 것이 기본이다. 물론 다양하고 특성화된 정보를 제공해야 하며 사용자의 욕구를 정확하게 파악하여 인터넷 광고에 반영하는 것이 중요한데 성공창업을 위한 인터넷 광고는 다음과 같은 점을 고려해야 한다.

- 사용자가 원하는 정보제공
- 차별화된 사이트
- 검색엔진 등록
- 그래픽이 고려된 웹 사이트
- 인터넷만의 기능활용
- 배너광고 및 교환

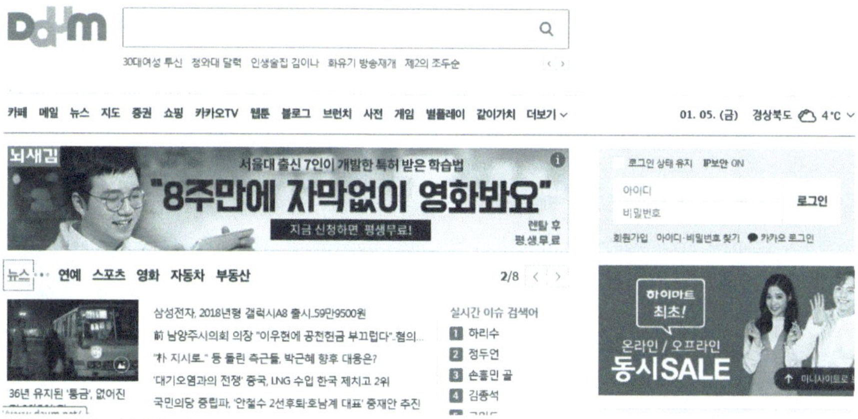

검색포털의 다양한 광고

- 경품제공이나 이벤트개최

3. 인터넷창업 시 고려 사항

1) 고객중심의 웹사이트 구축

인터넷창업에서 눈여겨 볼 것은 인터넷 특성상 웹사이트를 방문한 고객이 마음에 들지 않으면 바로 다른 사이트로 쉽게 이동할 수 있는 특징이 있다는 것이다. 그러므로 인터넷창업을 성공적으로 수행하기 위해서는 고객에게 최적의 경험과 최고의 가치를 제공할 수 있도록 고객중심의 웹사이트를 제작해야 한다. 인터넷을 통한 사업에 대한 모든 결정은 비즈니스를 이용하는 고객이 결정하므로 고객의 필요와 욕구를 사전에 파악하여 그에 맞도록 운영해야 한다.

2) 프로세스 중심의 웹사이트 구축

고객에게 최적의 경험을 제공하기 위하여 웹사이트를 프로세스 중심으로 설계해야 한다.

인터넷 비즈니스가 가진 무한한 가능성과 성장성으로 인해 많은 사람들이 인터넷으로 사업을 시작하려고 뛰어들고 있다. 하지만 현재의 인터넷 시장은 단기적으로 수익을 얻을 수 있는 시장은 아니다. 꾸준히 사업에 관한 장기적인 전략을 짜고 시장에 능동적으로 대처 할 수 있도록 장기적인 관점에서 시장을 바라보아야 한다.

3) 컨셉(concept)의 재확인

인터넷 비즈니스에서 중요한 것은 자신이 취급하고 있는 상품과 서비스의 컨셉을 명확히 분석하여 사업에 필요한 철저한 준비과정과 객관적 시각으로 시장에 대처하는 것이다.

지금 인터넷 창업시장에는 기술적인 속도와 외국의 비즈니스 모델을 그대로 따라서 적은 투자와 좀 더 쉬운 마케팅전략을 가지고 단기적으로 승부하려고 하는 사람들이 대부분이다. 그러나 인터넷사업은 자신이 가지고 있는 비즈니스 컨셉과 전략을 장기적인 안목을 가지고 꾸준히 노력하고 대처하는 창업자만이 그 결실을 얻을 수 있다.

4) 정확한 시장위치 잡기(positioning)

인터넷업계의 경우, 매출순이익이 적기 때문에 한 분야에 중점적으로 투자하기보다 많은 부분에 사업을 확장하여 수익을 극대화하는 모델을 가진 업체들이 많이 있다. 흔히 업계에서 인터넷업체는 많은데 전문업체가 없다는 말을 많이 한다. 이러한 실정은 인터넷업체 대부분이 사업을 다각화 모델로 이끌고 있기 때문이다. 물론 시장에서 살아남기 위해서 무엇이 잘 된다고 하면 거기에 무언가 연관된 부분을 가지고 생존하려는 것은 인지상정이다.

그러나 진정한 인터넷창업을 통해 자기만의 노하우를 고객에게 소구(appeal)하기 위해서는 시장내에서의 정확한 자기브랜드의 위치를 잡아야 한다. 예를 들면 고급백화점하면 '현대백화점'을 기억하고 가죽제품을 기억할 때 '가파치'라는 국내브랜드를 떠올리는 것이 바로 자기분야에서의 명확한 위치를 잡는 것과 같다. 앞으로 인터넷창업을 통해 시장을 펼쳐나가기 위해서는 각 분야의 전문화된 서비스 및 브랜드강화를 통해 창업자는 정확한 포지셔닝(positioning)에 힘써야 한다.

5) 시장원리파악

인터넷 또한 엄연한 시장경제원리가 살아있는 곳이다. 많은 인터넷 창업기업들이 기술과 아이디어로 인터넷시장에 승부하려고 덤벼들고 있지만 대부분이 시장경제목표인 이익창출에 관한 구체적인 대안을 가지고 있지 않다.

많은 인터넷기업들이 무수히 쓰러지는 것은 단발적인 기술과 아이디어로 단기적인 이익창출에만 눈을 돌리고 있기 때문이다. 인터넷창업을 준비하는 사람들은 좀 더 철저한 시장원리에 능동적 대처를 위해 집중해야 한다.

6) 수익모델설정

인터넷창업 시 확실한 수익모델을 설정해야 한다. 흔히들 인터넷창업을 하기만 하면 대박을 낼 것이라는 위험한 생각들을 하고 있다. 그러나 경기가 좋지 않은 상황에서는 인터넷창업도 수익구조가 불투명하기 때문에 최소한 6개월에서 2년 사이의 장기적인 투자계획과 수익구조 창출에 관한 자세한 계획서가 작성되어야 한다.

이는 창업 이후 기업이 급속한 비즈니스 시장변화에 대응할 수 있도록 경쟁력을 갖추는 것이며 안정적인 수익모델을 통해 기업이 생존할 수 있는 방법을 찾아내는 것만이 지속적인 비즈니스를 전개할 수 있기 때문이다.

4. 인터넷창업 분야

인터넷창업 분야로는 인터넷 쇼핑몰과 정보 및 서비스판매, 각종 검색엔진, 엔터테인먼트 분야, 인터넷방송, 출판, 인터넷 컨설턴트, 인터넷광고, 인터넷금융, 인터넷교육, 인터넷무역, 웹사이트 제작분야 등 다양한 분야가 있다.

1) 인터넷 쇼핑몰

인터넷에서 쇼핑몰이 등장하게 된 배경은 인터넷 보편화와 시간이 없는 많은 사용자 그리고 구축비용이 저렴하다는 이유에서 찾아볼 수 있다. 인터넷 쇼핑몰은 크게 백화점식 대단위 쇼핑몰과 전문쇼핑몰이 있다. 백화점식 대단위 쇼핑몰은 여러 가지 제품을 구비하고 있으며, 전문쇼핑몰은 한 가지 제품만을 전문적으로 판매하고 있다.

특히 인터넷 쇼핑몰은 개인용 컴퓨터의 보급증대에 의한 접근의 용이성과 고객과의 직접적인 커뮤니케이션, 원가 및 비용절감, 새로운 잠재고객에의 접근이 가능하다는 특징을 갖추고 있다.

2) 정보 및 서비스의 판매

인터넷을 통하여 양질의 논문이나 리포트를 수집하고 수집된 논문이나 리포트를 가공하여 리포트를 해야 하는 학생들에게 일정한 대가를 받고 리포트를 다시 파는 사업이나 양질의 정보를 제공받아서 다시 판매하는 사업을 말한다.

이러한 사업을 IP사업이라고 하며 이러한 사업은 자신의 사이트가 타사보다는 양질의 서비스를 제공하고 고객들에게 충분한 설득력이 있어야 하며 많은 관련 데이터베이스가 구축되어야 한다.

3) 검색엔진

인터넷에서 자신이 원하는 정보에 해당하는 사이트를 검색해주는 일을 하고 있는 것을 말한다.

정보검색엔진의 사업성에 가장 큰 특징은 인터넷 광고라는 부분과 상호 밀접한 관계에 있다. 광고를 하는 목적은 많은 사람들이 해당 사이트를 봐주기를 바라기 때문이라고 할 수 있을 것이다. 그만큼 많은 사람들이 찾아가는 곳에 자신의 사이트를 알리는 배너광고를 하는 것은 광고주에게 많은 긍정적인 효과를 제공하고 있기 때문이다.

4) 엔터테인먼트

인터넷 엔터테인먼트 산업은 전망있는 인터넷산업 분야중의 하나이다. 이는 사람들에게 즐거움을 주는 산업 즉 영화, 연극, 게임, 만화 등 헤아릴 수 없을 정도로 많은 수익 사이트가 생겨나고 있는 분야이며 새로운 창업자들이 눈여겨 볼 분야이다.

5) 인터넷 방송

인터넷 발전의 새로운 분야가 인터넷 방송인데 인터넷 전문방송국은 컴퓨터와 네트워크 시설만으로 운영되고 있기 때문에 소자본으로 창업이 가능하다. 우리나라의 방송국 3사 이외에도 인터넷 전문방송국은 엠투 TV와 Q넷 온라인 등이 대표적인 곳으로 기존 공중파방송으로 대변되던 방송의 개념을 파괴하고 이미 개인방송국 시대가 도래했다.

6) 인터넷 컨설팅

자신의 독특한 아이디어 하나만을 가지고 각 개인이나 기업이 필요로 하는 것을 제공할 수 있는 분야로 초기 투자비용이 들지 않아 앞으로 많은 발전이 있는 사업이라 할 수 있다.

7) 인터넷 출판

인터넷 출판은 광고의 영역과 바로 연결될 수 있다는 점에서 황금 알을 낳는 시장으로 변할 수 있는 영역이다. 인터넷을 이용하여 신문이나 서적 등의 내용이 디지털화 되어서 다운로드하여 구독하거나 구입이 쉽게 이루어질 수 있다.

8) 인터넷 광고

인터넷 사이트를 이용한 광고거래는 웹 페이지 화면 곳곳이 바로 광고영역이 되는 것으로 일반 홈페이지를 가지고 있는 사람이라면 누구나 할 수 있다. 인터넷이 새로운 광고매체로 부상하면서 인터넷 웹사이트에 광고를 내보내줌으로써 수입을 올리는 사업 외에도 같은 분야의 새로운 비즈니스가 나타나고 있다. 웹 사용자 수가 증가함에 따라 많은 상업사이트에서는 트래픽을 추정할 필요성을 느끼게 되었다. 그 이유는 사이트의 방문자가 누구인가? 주로 어디에 관심이 있는가? 어떻게 접속하는가? 등을 파악하여 그 결과를 사이트수정 및 업그레이드를 반영하기 위해서이다.

또한 광고주들에게 광고효과를 제시해주기 위해서 시행하기도 한다. 왜냐하면 방문자들이 얼마나 되고, 그들이 누구이며, 광고에 대해 어느 정도의 관심을 보였는가를 알아보는 것은 광고수익과도 직결되기 때문이다. 이러한 트래픽관리에 사용하는 통계를 작성하고, 광고대행사나 광고주가 웹 광고를 효과적으로 관리하게 해주는 전문프로그램이 개발되고 있다. 이들 전문프로그램에는 카운터(counter), 트랙커(tracker), 배너관리 소프트웨어(banner management software) 등이 있다.

카운터는 사이트의 첫 웹페이지에 위치해 단순히 방문자의 접속횟수만을 카운트한다. 다시 말하자면 이 프로그램은 카운터가 있는 웹페이지의 전송요구 횟수를 세는 것이다. 따라서 트래픽 정도를 추정할 수는 있으나, 정확하고 세부적인 통계와 보고서를 만들어내지 못한다.

반면 트랙커는 카운터 기능외에 추가적인 기능을 갖고 있다. 각 제품에 따라 조금씩 다른 기능을 가지고 있지만, 각 웹 페이지 전송횟수, 방문자 수, 전송오류 횟수 등을 통계와 보고서로 작성해준다.

9) 인터넷 금융

현재 인터넷에는 인터넷에만 존재하는 가상은행과 증권회사가 있으며 인터넷 가상은행과 증권사는 모든 거래가 인터넷을 통해서 이루어지고 있다.

최근 우리나라에도 인터넷에만 존재하는 케이뱅크, 카카오배크 등이 문을 열었다.

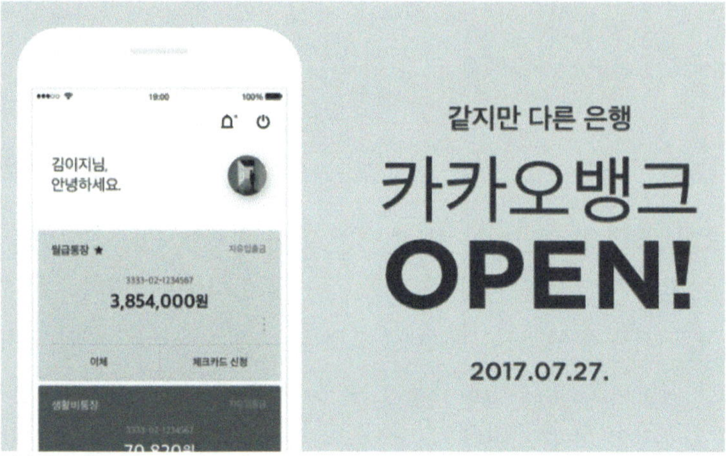

인터넷 금융

10) 인터넷 교육

인터넷 교육은 학원이나 교육기관을 직접 찾아가는 수고를 하지 않고도 가정에서 인터넷을 이용하여 교육을 받을 수 있는 장점을 갖고 있으며 교육장소가 인터넷이므로 학원을 설립할 비용이 절감되는 장점도 가지고 있다.

11) 인터넷 무역

인터넷의 상업화로 인하여 인터넷 무역이 점차 자리를 잡고 있는 추세이다. 아직은 거래 알선 수준에 미치고 있지만 점차 활동영역이 확대되고 있는 실정이다.

12) 웹사이트 제작

(1) 서버구축

서버를 구입해서 관리까지 대행해주는 업체와 실제 서버가 아닌 가상서버를 임대해주는 웹 호스팅업체로 나누어 볼 수 있다.

웹 호스팅사업은 자신이 가지고 있는 서버를 일정공간을 할애하여 타인에게 임대해주는 사업을 말하며, 소규모 창업을 하는 사람들에게 매우 합리적인 것으로는 웹 하우징과는 달리 일반사용자가 웹 호스팅을 하여 사업을 영위하는지 아니면 자신의 서버를 가지고 사업을 영위하는지 알 수 없다는 장점을 가지고 있다.

(2) 웹사이트 제작

인터넷 창업을 위해서 좋은 아이템은 가지고 있지만 웹 사이트제작에 대해서는 아무것도 모른다고 해도 웹사이트를 전문적으로 제작하는 회사들이 많이 있기 때문에 걱정을 하지 않아도 된다.

웹사이트를 제작하는 회사들은 대부분 웹 디자인에서부터 서버에 올리는 작업까지를 하게 되며 이에 따라 가격차이가 천차만별이다.

기업의 웹사아트 모습

찾 아 보 기

<국문색인>

ㄱ

ㅈ

<영문색인>

A

B

C

D

E

F

P

Q · R

S

T

U · V · W

[저 · 자 · 소 · 개]

■조 삼 현

현) 동의대학교 상경대학 유통물류학과 교수
동의대학교 유통물류연구소 소장
(사)신남북방해양경제연구소 소장
전) 한국철도공사 철도연구원 책임연구원
(재)부산발전연구원 전문위원
중국심천대학교 경제학원 교환교수
중국일기현통자동차유한공사 한국지사장

■황 선 주

현) 부산외국어대학교 경영학과 초빙교수, ㈜유이디자인 경영자문이사
저역서 : 경영학의 이해(초아출판사)
논문 : 포스트 코로나 시대를 대비한 항공 서비스품질 개발에 대한 탐색 및 사례연구(무역경영연구, 2022년)외 다수
경력) 한국산업정보학회 이사, 한국인터넷전자상거래학회 상임이사
㈜제이컴즈 자문위원

■전 타 식

현) 한국농수산식품유통공사 aT농식품유통교육원 마케팅대학 교수
산업통상자원부 한국산업기술평가관리원 기술개발기획평가단 정위원
중소기업기술정보진흥원 중소기업 R&D평가위원
전) 장안대학교 지식융합경영학부 프랜차이즈경영학과 교수
IBK창공 및 스마트벤처캠퍼스 창업컨설팅 자문 멘토
관심분야 : 감성지능/세일즈/고객관계관리/농산물 유통 및 마케팅/TV홈쇼핑 등
강의, 워크숍 및 컨설팅 문의 : ibecomeceo@hanmail.net

저 자 와 의
협 의 하 에
인지생략함

창업경영

2023년 3월 5일 1쇄 인쇄
2023년 3월 10일 1쇄 발행

저 자 조상현 · 황선주 · 전타식
발행인 류재식 · 박용범
발행처 도서출판 북 넷

서울시 용산구 효창원로70길 46 (내신빌딩 2층)
등 록 2010년 6월 7일(제2010-000069호)
전 화 (02) 395-2341
팩 스 (02) 395-2303

정가 32,000원

ISBN 979-11-86947-70-8 (93320) e-mail : book2341@naver.com